사회주의 체제의

정치경제학

2

나남
nanam

한국연구재단 학술명저번역총서
서양편 401

사회주의 체제의 정치경제학 2

2019년 8월 30일 발행
2019년 8월 30일 1쇄

지은이_야노쉬 코르나이
옮긴이_차문석 · 박순성
발행자_趙相浩
발행처_(주) 나남
주소_10881 경기도 파주시 회동길 193
전화_(031) 955-4601 (代)
FAX_(031) 955-4555
등록_제 1-71호 (1979.5.12.)
홈페이지_http://www.nanam.net
전자우편_post@nanam.net
인쇄인_유성근 (삼화인쇄주식회사)

ISBN 978-89-300-4014-3
ISBN 978-89-300-8215-0 (세트)

책값은 뒤표지에 있습니다.

'한국연구재단 학술명저번역총서'는 우리 시대 기초학문의 부흥을 위해
한국연구재단과 (주)나남이 공동으로 펼치는 서양명저 번역간행사업입니다.

사회주의 체제의 정치경제학 2

야노쉬 코르나이 지음
차문석 · 박순성 옮김

나남
nanam

The Socialist System

The Political Economy of Communism

by János Kornai

사회주의 체제의 정치경제학 2

차 례

1권 차례

제 3 부

고전적 사회주의 체제의 변화

제 16 장 변화의 동학

일관성은 고전적 체제의 강점이자 약점이다. 약간 과장해서 말한다면, 고전적 체제는 아주 잘 짜여 있는 천과 같아서 실이 한 가닥만 끊어지면 조만간 전체가 풀어지고 만다.

우리는 1980년대와 1990년대에 걸쳐 그러한 분열 현상을 목격했다. 거의 예외 없이 세계 어디에서나 고전적 체제는 종말을 고했으며, 상당수 국가에서는 변화가 더 진행되어 사회주의 체제 전체가 붕괴했다. 16장부터 24장까지는 고전적 체제의 분열 현상을 검토하고 분석한다. 16장은 그 출발점이며, 고전적 체제하에서 이탈 현상이 나타나는 원인들과 이탈과정이 어떻게 진행되는가를 살펴볼 것이다.

1. 변화의 유인

모든 사회주의 국가에서 고전적 체제로부터 이탈하여 다른 방향으로 나아가는 변화는 누적된 긴장과 모순 때문에 일어난다.[1] 15장에서 강조했듯이, 고전적 체제는 하나의 일관된 체계로서 상당 기간 작동할 수 있다. 그런데 이러한 서술은 논리적으로나 경험적으로나 이와 다른 서술을 배제하지 않는다. 고전적 체제는 어느 정도는 심각한 내부 문제를 품은 채, 기능장애를 일으키면서 작동한다. 우리는 앞에서 이러한 내부 문제들 각각을 자세하게 논의하였으므로, 여기에서는 그것들을 간단히 요약할 것이다. 모든 다양한 부정적 현상들은 체제의 변화를 초래하는 네 가지 부류의 유인으로 구분할 수 있다. 비록 여러 가지 특수한 문제와 모순이 각 국가에서 서로 다른 정도로 나타나긴 하지만, 이들 대부분의 문제가 고전적 체제하에서 작동하는 모든 국가들에게는 심각한 곤란을 초래한다.

첫 번째 부류의 증상은 경제적 곤란이 누적되는 것이다. 고전적 체제는 전 기간에 걸쳐서 기술발전의 심각한 지체, 결핍, 소비 위축, 낭비, 여타 다른 손실 등 중대한 경제적 문제에 직면한다. 그러나 동시에 경제는 놀라운 속도로 성장하기 때문에, 고전적 체제의 열성적 지지자들은 이러한 난관들이 고도성장에 따른 불가피한 대가라고 믿으려 한다. 하지만 얼마 지나지 않아 성장률은 저하된다(〈표 9-11〉 참

1) 체제의 개혁, 그리고/또는 붕괴를 가져오는 내적 긴장에 대한 종합적 분석과 관련해서는 미국 의회 상·하원 공동경제위원회(Joint Economic Committee, U. S. Congress, 1989)의 발간물들과 함께 T. G. Ash(1990), Z. Brzezinski(1990), E. Hankiss(1990), J. Staniszkis(1989, 1991) 참조.

조).[2] 그사이에 이전의 경제적 재난은 더 악화된다. 강행성장전략은 무한히 계속될 수 없다. 미루어 놓았던 사업들이 오랜 시간에 걸쳐 증가하고, 점점 더 견디기 힘든 과제로 쌓인다. 심각하게 무시되었던 부문들(주택, 교통과 통신, 공공의료시설 등)의 상태가 악화되어 감에 따라, 경제의 작동은 더욱더 어려워진다. 고도성장기에 외연적 방식에 따라 쉽게 동원할 수 있었던 잉여들은 고갈된다. 몇몇 국가에서는 노동공급이 거의 물리적 한계에 도달하게 되었다(〈표 10-2〉 참조).

경제에서 심각한 문제들, 특히 기술발전의 낙후와 생산의 비효율 및 병목 현상은 사회주의 국가들의 군사력에 위협 요소가 된다. 소련이 동맹국들과 함께 이 분야에서 자본주의 세계에 뒤처지지 않아야 한다는 목표는 언제나 더 큰, 거의 견디기 힘든 희생을 요구한다. 생산량에서 훨씬 뒤떨어지는 바르샤바조약기구가 북대서양조약기구에 대해 군사력에서 균등한 수준을 유지하기 위해서는 훨씬 더 많은 생산물을 사용해야만 한다. 한편 지난 수십 년 동안 점점 더 많은 경제적으로 매우 빈곤한 국가들이 소련 진영의 동맹국이 됨에 따라, 그들 국가들에 대한 군사적·경제적 지원은 소련과 그 동맹국들에게 큰 부담이 되었다. 이 모든 상황들은 소비로 돌아가야 할 생산의 몫을 더욱더 갉아먹고, 결국 삶의 질을 낮은 수준에 머무르게 한다. 소련 진영 바깥에 있지만 고전적 체제하에서 운영되는 다른 국가들도 유사한 어려움에

---

2) 소련의 성장률 저하에 대한 분석과 관련해서는 A. Bergson(1978c), D. L. Bond and H. S. Levine(1983), P. Desai(1986a, 1986b), G. E. Schroeder(1985), M. L. Weitzman(1983) 참조. 체코슬로바키아의 성장률 저하에 대해서는 F. Levcik(1986), 폴란드의 성장률 저하에 대해서는 L. Balcerowicz(1988), B. Kaminski(1989) 참조.

직면한다.

두 번째 부류의 변화 유인은 대중의 불만이다. 경제사정과 대중의 불만 사이에는 부분적으로 연관성이 있다. 노동자, 농민, 공무원, 연금생활자, 학생, 교사, 보건 분야 종사자 등 사회의 많은 영역들에서 삶의 수준이 낮은 것에 대해, 또한 물자 부족으로 야기되는 불안감, 박탈감 및 무방비 상태에 대해 종종 불만들이 표출된다. 생산물은 질이 떨어지고 선택의 폭이 제한되며, 서비스 영역은 후진적이고, 또한 사람이 만든 생활환경은 추레하고 황량하며, 자연환경은 파괴된다. 이 모든 것들 때문에 좌절감은 증대하고, 절망적이고 심지어 비참하기까지 한 분노가 터져 나온다.

그러나 단지 좁은 의미의 경제 분야에 대한 불만만 있는 것은 아니다. 시민들은 공무원들의 오만과 관료조직의 전횡에 시달린다. 모든 사람들, 특히 지식인들은 개인의 자유에 대한 매우 엄격한 제한, 자유로운 표현의 결핍, 공식 선전에 나타나는 얼버무림 또는 거짓말, 수많은 형태의 억압 때문에 숨이 막힌다. 인민들이 그러한 것들에 아무리 익숙해지고, 또한 그러한 것들이 아무리 보통의 일상생활이 되더라도, 그러한 것들을 무한정 견디는 것은 인간본성을 넘어서는 일이다.

이 두 부류의 현상들과 결합되어서, 세 번째 부류의 변화 유인이 존재한다. 이는 권력을 가진 사람들의 자신감 또는 신뢰 상실이다. 고전적 체제는 관료들에게 거의 전적인 권력을 보장한다. 하지만 관료 자체가 자기 권력의 정당성, 자신들이 운영하는 체제의 우월성, 사회 변혁과 관련한 자신들의 생각이 지닌 과학적 근거와 무오류성, 자신들의 구원자적 임무, 자신들의 군사력이 지닌 무적불패의 역량 등에 대해 적어도 확신을 가지고 있는 한에서만, 고전적 체제는 안정적일 것이다. 관료 내부에서, 그리고 충실한 공산당 지지자들 사이에서 이 신념이 일단 흔들리기 시작하면, 변화는 예정되어 있다. 그리고 신념의 위기가 깊어질수록, 체제 전체의 붕괴는 더 가까이 다가온다.[3)]

사회주의 국가들에서는 경제적 난관이 더 심해지고 있는데 자본주의 체제는 강건하게 유지되고 있다는 사실을 인식하게 됨으로써, 권력을 가진 사람들의 불안감과 신뢰 상실은 확실히 더 심해졌다. 서독, 일본 및 이른바 신흥공업국가들(NICs) 전체에서 경제성장, 기술발전, 수출 등이 엄청난 성과를 이루었다.[4)]

잔혹한 억압은 고전적 체제하에서 필수불가결한 통제 수단이다. 그렇지만 그것은 단순히 의식적인 체제 반대자들만 괴롭히지 않는다. 모든 사람들, 심지어 체제 지지자들과 통치 엘리트 일원들조차도 위협을 받는다. 그들 역시 최소한 자신들을 위해서는 법적 안전과 적법성을 요구하게 된다. 그런데 이렇게 함으로써 그들은, 비록 억압 수단을 무조건적으로 사용하는 것이 고전적 체제의 안정을 보장하는 기본조건의 하나이긴 하지만, 그것의 적법성에 대해 의문을 던지는 것이다.

고전적 체제의 구조물은 다양한 종류의 접합제로 유지되고 있다.

---

3) 여기에서 혁명의 이론과 실천 양 분야에서 위대한 전문가인 레닌을 인용할 만하다. "착취와 억압을 당하는 대중이 낡은 방식으로 살아가는 것이 불가능하다고 깨닫고 변화를 요구하는 것만으로는 혁명에 충분하지 않다. 혁명을 위해서는 착취자들이 낡은 방식으로 살고 통치하는 것이 반드시 불가능해져야만 한다."(V. I. Lenin, 1920/1966, pp. 84~85)

4) 고르바초프의 가장 가까운 동료들 중 한 명인 야코브레프(A. N. Yakovlev)는 1990년 소련 공산당 전당대회에서 한 연설에서 이렇게 말했다. "노동생산물 총량은 남한이 북한보다 10배나 크며, 인민들은 동독에서보다 서독에서 더 잘산다는 사실을 우리는 부정할 수 없다."(*The New York Times*, 1990. 7. 8, p. 4)

그중에서도 권력을 행사하는 엘리트의 신념, 그리고 어떠한 법이나 윤리적 규범의 제약도 받지 않는 적나라한 억압이 중요하다. 구조물의 구성요소들을 결합하는 이 두 가지 접합제가 망가지기 시작하면, 구조물은 불안정해진다.

끝으로, 외부 사례들이 네 번째 변화 유인으로 작용한다. 사회주의 국가들 각각은 다른 사회주의 국가에서 일어나는 사건들로부터 영향을 받는다. 소련과 동유럽에서 일어난 정치적 변화는 1989년 중국 베이징에서 시위를 일으킨 학생들에게 영향을 미쳤다. 마찬가지로 1989년의 극적인 시기에 일어난 동독과 체코슬로바키아 사태는 상호 간에 거의 실시간으로 영향을 미쳤다. 체제가 극단적인 전체주의 형태를 띠면서 다른 사회주의 국가들의 소식으로부터 주민들을 어떻게 해서든지 격리하려고 오랫동안 노력한 루마니아와 알바니아 같은 곳에서조차, 그러한 노력은 결국에는 무위로 끝나고 말았다. 현대적 방식의 정보소통은 어떠한 경계선도 무시하며, 철조망이나 경비병으로도 막을 수 없다. 인민들이 외국 라디오 방송을 듣고 외국 TV 프로그램을 보았다는 사실은 사회주의 국가들에서 '도미노 현상'을 일으키는 데 크게 기여했다. 이외에도 소련 외교정책의 변화는 동유럽에 대한 소련의 통치를 결국 포기하도록 만드는 데 결정적 기여를 했다.[5)]

---

5) 소련 외교정책의 이러한 변화는 동유럽 국가들의 관점에서는 외부적 요인이라고 하더라도, 이는 소련 내부에서 체제가 약화됨으로써 일어났다.

2. 변화의 심도와 급진성

고전적 체제로부터의 이탈과정은 사회활동의 여러 영역에서 일어나는 복잡한 과정이다. 변화는 정치구조, 이데올로기, 재산권의 분배, 여러 가지 조정기제들의 상대적 비중, 경제성장의 구조, 공급과 수요의 관계 등에서 일어난다. 경제영역에서 많은 행위자들의 행동이 바뀐다. 변화에 대한 분석을 어떤 특정 영역에만 국한하면 우리는 한쪽 면만 보게 된다.

개별 현상 각각의 경우에, 우리는 특정 시기의 특정 국가를 관찰하면서 그 국가가 고전적 체제로부터 또는 더 정확하게는 고전적 체제의 이론적 원형으로부터 얼마나 멀리 벗어났는지를 살펴볼 수 있다. 이를 분석하기 위해서는 여러 가지를 살펴보아야 하지만, 여기에서는 단순화를 위해서 두 가지 차원에서 분석을 시도한다.

첫 번째 차원은 변화의 **심도**이다. '심도'는 15장의 〈그림 15-1〉을 참조하여 해석될 수 있다. 어떤 변화가 고전적 체제의 특징들을 설명하는 인과연쇄의 첫 부분에 가까울수록, 그 변화는 더 깊다. 어떤 변화가 사슬의 첫 부분에서 멀수록, 그 변화는 더 얕다. 그래서 조정기제(블록 3)의 변경은 성장의 우선순위에 관한 변화보다 더 깊은 것이다. 그런데 재산관계(블록 2)의 전환은 조정기제의 변경보다 더 깊으며, 가장 깊고도 근본적인 변화는 정치구조(블록 1)를 변경함으로써 일어난다. 이처럼 '깊음'과 '얕음'의 정도는 체제가 변화하는 영역과 관련 있다.

두 번째 차원은 변화의 **급진성**이다. 〈그림 15-1〉의 도식을 사용해서, 우리는 어떤 블록에서 일어난 변화라도 그것을 급진적이다, 부분적이다, 미미하다 또는 심지어 허울뿐이다, 곧 '대용적' 행동이다 등과 같이 말할 수 있다. 이러한 방식의 서술은 17장부터 24장까지 반복적으로 사용될 것이므로 여기에서는 생생한 예를 두 가지만 들겠다. 조정기제(블록 3)를 논의할 때, 단기 계획수행을 위한 지시사항을 완전히 없애는 것과 부분적으로 없애는 것을 구분하는 것은 의미가 있다. 전자는 분명 더 급진적인 변화이며, 후자는 더 온건한 변화이다. 한편 정치(블록 1)를 예로 들어 보면, 다당제의 공개적 인정과 반대 집단에 대한 묵시적 허용 사이에는 중대한 차이가 존재한다. 후자는 중요한 변경이지만, 제한적인 것이다. 반면 전자는 체제의 근본적 변화를 야기한다.

심도와 급진성의 정도가 다른 여러 변화 사이에는 여러 종류의 관계가 존재하며, 그것들에 대한 연구는 많은 까다로운 문제를 불러일으킨다. 어떤 피상적인 변화가 보다 심도 있는 변화들에 바탕을 두지 않았을 때 얼마나 오래 유지될 수 있는가? 심도 있는 변화는 그것의 결과로 다른 피상적인 변화들을 필연적으로 가져오는가? 변화를 가져오는 데에서 어떤 종류의 지체가 발생하는가? 한 블록(예를 들면, 조정기제)에서 급진적 변화가 일어났지만 더 심도 있는 블록(예를 들면, 재산관계)에서 부분적이고 온건한 변화만이 일어났을 때 최초의 급진적 변화는 계속 유지될 수 있는가? 이 모든 경우에, 고전적 체제에 대한 분석은, 그중에서도 특히 15장에서 제시된 분석의 요약은 변화의 심도와 급진성에 대한 복합적이고 잘 결합된 분석을 위한 도구들을 제공한다.

3. 개혁과 혁명

무엇을 '개혁', '개조'(고르바초프에 의해 유명해진 러시아어 표현인 **페레스트로이카**), '전환', '이행' 또는 '혁명'이라고 불러야 하는지와 관련하여, 사회주의 체제를 다루는 문헌이나 일상의 정치용어에는 어떠한 합의도 존재하지 않는다. 우리가 여기에서 할 수 있는 것이라고는 이 책에서 이 용어들이 어떤 의미로 사용될지를 명확하게 하는 일뿐이다.

우선 몇 가지 부정적 형태의 서술을 통해 개념들을 명료하게 하는 일부터 시작하자. 〈그림 15-1〉에서 블록 1과 2, 3의 기본 속성들에 최소한 어느 정도의 급진적인 변경을 가져오지 못하는 변화에는 '개혁'이라는 명칭이 주어질 수 없다. 블록 4와 5, 곧 인과연쇄의 마지막 고리들인 경제활동의 피상적 현상들에 국한된 변화는 비록 그것이 중요하더라도 개혁이라고 간주되지 않는다. 또한 인과연쇄의 더 깊은 영역에 영향을 미치지만 그곳에 사소한 변경만을 가져오거나 심지어는 단지 변화한다는 착각만을 만드는 변화는 개혁이라고 평가하지 않는다. 그러한 사이비 개혁들은 다음 장에서 다룰 것이다.

이제 개혁이란 개념에 대한 적극적 정의를 시도해 보자. 어떤 변화가 블록 1과 2, 3 중 최소한 하나에서 그것의 기본 속성 중 최소한 하나를 영구히, 그리고 본질적으로 변경하지만 그 체제를 사회주의 체제의 범주로부터 완전히 벗어나게 하지 않을 때, 나는 그러한 변화를 **개혁**이라고 부른다. 따라서 개혁은 세 가지 조건을 포함한다.

1. 변화는 깊어야 한다. 변화는 정치구조, 재산관계, 조정기제라는 세 영역 중 최소한 하나에는 영향을 미쳐야 한다.

2. 변화는 최소한 '적당한 정도로 급진적'이어야 한다. 부분적이고 적당한 정도의 변화는 일상적 어법에 따라 여기에서도 개혁이라고 부를 것이다.

3. 동시에 개혁이라는 용어는 역시 일상적 어법에 따라서 체제가 완전히 바뀌는 경우를 포함하지 않는다.[6]

일어날 수 있는 가장 급진적인 변화가 인과연쇄의 가장 깊은 고리인 정치구조에서 일어나면, 다시 말해 공산당의 권력독점이 무너지면, 그 변화는 '루비콘 강을 건넌 것이다'. 이는 더 이상 개혁이 아니라 **혁명**이다. 다른 말로 하면, 개혁은 깊고 본질적이며 근본적인 변화를 망라하지만, 심도에서나 급진성에서나 사회주의 체제를 기본적으로 구분하는 특징인 공산당의 유일 권력을 포기하는 정도로까지 나아가지는 않는다.

일단 공산당의 권력독점이 영구히 끝나면, 그 국가는 혁명을 겪는다. 이때 혁명은 한 범주에서 다른 범주의 체제로 움직이는 것까지를 포함한다. 이런 관점에서 본다면, 이 해석은 헤겔과 마르크스의 정식화를 사용한다. 혁명은 단순히 '양적' 변화가 아니라 '질적' 변화를 의미한다. 혁명 이후 체제의 기본 특성은 혁명 이전 체제와 다르다.

이러한 해석은 변화의 최종 결과에 주목하며, 그러한 결과를 최종적으로 낳는 사건들의 개별적 특징에 주목하지 않는다. 역사학자들과

---

6) 여기에서 사용된 정의는 내가 이전의 연구(Kornai, 1986b)에서 사용한 정의보다 더 포괄적이다.

사회과학자들은 물론 일반인들도 '혁명'이라는 용어를 여러 가지 다른 방식으로 정의한다. 그중 세 가지를 들어 보자. ⓐ 혁명은 급속하고 급작스러운 폭발처럼 일어나며, 느리면서 지속적인 과정인 진화에 대비된다. ⓑ 혁명은 시위, 파업 또는 심지어 폭동의 형태를 띤 대중의 압력에 의해 '아래로부터' 일어나지만, 개혁은 기존 체제(*regime*)에 불만을 품은 기존 지배집단 내부의 개명한(*enlightened*) 구성원에 의해 '위에서' 시작된다. ⓒ 혁명은 폭력적이며 살인, 유혈 사태와 때로는 내전까지도 가져오지만, 개혁은 평화적이며 비폭력적이다.

이 모든 세 가지 해석은 부정할 수도 없이 널리 퍼져 있으며, 의심할 바 없이 사람들은 그러한 해석을 정당하게 사용할 수 있다. 그런데 여기에서 특별히 강조해 두어야 할 점이 있다. 이 책에서 사용하는 혁명의 개념에 대한 해석은 이러한 ⓐ, ⓑ, ⓒ의 세 가지 기준에 바탕을 두고 있지 않다. 이 책은 앞에서 설명된 1, 2, 3의 세 가지 기준에 바탕을 두고 일어난 변화의 최종 결과만을 고려한다.

사회주의 국가들에서 일어나는 변화들은 이미 언급된 혁명에 대한 다른 정의들의 측면에서는 모호한 측면이 있다는 사실을 반드시 덧붙여야 한다. ⓐ 거대한 변화들이 일부 국가들에서는 급속하고 때로는 폭발적으로 일어났지만, 다른 국가들에서는 상대적으로 천천히, 그리고 안정적으로 일어났다. ⓑ '위에서' 시작된 변화와 '아래로부터' 강요된 변화가 여러 방식으로 결합되었다. ⓒ 대부분의 국가들에서 변화는 폭력적이지 않았지만, 유혈 사태를 동반한 폭력적 변화가 일어나기도 했다(1956년 헝가리, 1989년 루마니아).

블록 1에서 일어난 급진적 사태 진전 — 공산당 권력독점의 종식 — 은 동시에 다른 블록에서도 변화를 가져온다. 이는 내가 **탈사회주의적**

이행(2장 2절 참조)이라는 표현을 사용하려는 종류의 전환이다. 사회주의 체제로부터 많은 특징들을 물려받았다고 하더라도, 이제 사회는 자본주의 시장경제를 향한 이행 과정에 있다. 이것에 대한 자세한 분석은 이 책의 범위를 벗어나기 때문에, 다음 각 장들의 마지막 절에서 간단하게만 다루어질 것이다.[7] 우리는 확실한 예측만을 논의할 것인데, 이러한 예측은 이전 체제로부터 물려받은 유산의 결과들이라고 할 만한 것들을 보여 준다. 따라서 이 책에서 나는 탈사회주의적 이행에 대해서는 우리가 행한 분석으로부터 직접 도출되는 것들만 논의할 것이다.[8]

여기에서 사용되는 개혁과 혁명 사이의 구분은 자본주의 체제에 대해서도 동일한 논리로 적용될 수 있다. 개혁은 본질적 변화들의 복합체인데, 이러한 변화들은 매우 급진적인 개조를 불러일으킬지는 모르지만 사회를 한 범주의 체제로부터 벗어나 다른 범주의 체제로 들어가게 하지는 않는다. 이런 의미에서, 케인스(Keynes)가 주창한 노선에

---

7) 참고문헌 목록의 부록(*appendix*)은 탈사회주의적 이행에 관한 영어권 문헌에 대한 정선된 문헌목록을 제시한다. 가장 최근의 자료들을 다 포함하면서 동시에 그것들을 가장 최근 형태로 담으려는 시도가 이 책의 원고가 이미 편집 완료된 시점에 이루어졌다. 바로 이러한 이유 때문에, 탈사회주의적 이행의 특정 측면을 다루는 다음 장들의 끝에 있는 짧은 절들에서는 어떠한 문헌자료도 제시되지 않았으며, 또한 부록에 있는 문헌에 대해 어떤 참조 표시도 제시되지 않았다.

8) 이 책의 서문에서 이미 언급하였듯이, 나는 탈사회주의적 이행에 대한 나 자신의 규범적 입장과 경제정책 제안을 *The Road to a Free Economy*(1990)에서 정리하였다. 이러한 제안들은 이 책에서 요약된 실증적 분석에 거의 대부분 의존한다. 그렇지만, 두 책의 주제는 분명하게 차이가 있다. 이 책의 주제는 사회주의 체제의 실증적 분석이고, 반면 다른 책의 주제는 탈사회주의 체제에 관련한 규범적 제안이다.

따라 정부 주도의 적극적 경제정책을 펴고 복지국가를 발전시키려는 자본주의의 혁신은 개혁이지 혁명이 아니다. 노동당하의 영국이나 사회민주당하의 스웨덴은 소련, 동유럽 국가들 및 북한이 속한 범주의 체제로 넘어가지 않았다. 다른 한편, 1917년 러시아와 1949년 중국에서 공산당이 완전히 단일한 권력을 잡고 두 국가가 사회주의 체제라는 범주로 들어왔을 때, 혁명이 일어난 것이다. 당연히 나는 '혁명'이라는 용어를 1917년 러시아와 1989년 동유럽에서 일어난 체제 변화에 대해 사용한다. 이들 모두에서 한 범주에서 다른 범주의 체제로 넘어가는 질적 급변(비록 방향은 정반대였지만)이 일어났기 때문이다.

이 책은 체제의 한 범주에서 다른 범주로 넘어가는 어떤 급변이 혁명인지 또는 반혁명인지를 논의하지는 않으려고 한다. 고전적 사회주의의 공식 이데올로기에서는 '혁명'이라는 단어가 함의하는 긍정적 의미는 사회 발전이 '전진'의 형태를 갖는 급변에만 주어지며, '반혁명'이라는 오명은 사회를 '후퇴'시키는, 곧 열등한 자본주의로 되돌리는 급변에 붙여진다. 이전에 지적했듯이 나는 이처럼 우월과 열등으로 나누어 평가하는 것을 거부한다. 따라서 '혁명'과 '반혁명'의 구분도 당연히 거부한다. 어떤 사회의 가장 심층에 깔려 있는 근본적인 속성들에서 일어나는 일관성 있는 급진적 변화, 바로 그것만이 이 책에서 혁명이라고 인정을 받는다.9)

---

9) 사회주의의 개혁과정에서 많은 주요 인물들이 개혁〔즉, 개조(*perestroika*)〕을 혁명이라고 불렀다. "개조는 많은 의미를 가진 단어이다. 하지만 우리가 그 단어의 많은 그럴듯한 동의어들 중에서 그 진수를 가장 정확하게 표현하는 핵심 단어를 골라야 한다면, 우리는 이렇게 말할 수 있을 것이다. 개조는 혁명이다(*perestroika is a revolution*). 개조는 혁명적 과정인데, 이는 사회주의의 발전, 곧 사회주의의 핵심적 특징의 실현에서 전진을 위한 도약이기 때문이다." M.

이와 같이 개념 체계를 정리한 상태에서, 고전적 체제로부터 벗어나는 이탈과정으로 되돌아가 보자. 몇몇 국가에서 혁명은 얼마 동안의 개혁과정 뒤에 일어난다. 예를 들면 헝가리와 폴란드가 그런 경우이다. 그러나 다른 국가들에서는 사회가 개혁단계를 거치지 않고 곧바로 혁명으로 나아가고, 이어서 탈사회주의적 이행으로 접어든다. 예를 들면 동독에서 일어났던 일이다.

이 절에서 정리한 개념 체계는 '순수이론적인' 범주들을 도입한다. 역사에서 실제로 일어나는 형태들 중에서 일부는 순수이론적인 범주들 중의 이런저런 것에 의해 쉽게 서술될 수 있지만 다른 일부는 덜 명확히 구분된다. 여기에서 몇 가지 예를 들어보자.

소련과 유고슬라비아의 일부 공화국들은 다당제 정치체제로 바뀌었다. 최초의 자유선거를 실시했고, 공산당은 권력을 잃었다. 그러한 정도로 혁명은 그곳에서 일어난 것이다. 그러나 양 지역에서 연방의 미래는 분명하지 않았다. 연방을 구성하는 공화국들이 독립하고자 하는 자신들의 꿈을 언제, 어느 정도까지 실현하게 될 것인지는 불확실했다. 혁명적 변화가 어떤 형태를 띠게 될 것인지, 어떠한 이행 단계들이 나타나게 될 것인지, 진행과정이 역방향으로 나아가지는 않을 것인지 등도 분명하지 않았다.

개혁사회주의 시기와 탈사회주의적 이행의 시기는 예를 들면 헝가

S. Gorbachev(1987, pp. 50~51).

관념의 혼란을 피하기 위해, 이 책의 용법에서 개조는 고전적 체제로부터 벗어나는 본질적이고 깊숙하며 급진적인 이탈과정, 다른 말로 진정한 개혁이라는 점을 강조하겠다. 그러나 그것은 혁명이 아니다. 아주 높이 평가해도, 그것은 혁명을 위한 기반을 준비하는 것이며, 아마도 한걸음씩 혁명 속으로 나아가는 정도일 것이다.

리와 폴란드에서는 역사적 사건들의 연대기 차원에서 꽤 분명하게 구분할 수 있다. 하지만 소련에 대해서는 동일한 방식으로 말할 수 없다. 소련에서는 두 과정이 1980년대 후반과 1990년대 초반에 다양한 방식으로, 특히 정치영역에서 서로 뒤섞여 있었다. 루마니아, 불가리아, 알바니아에서 일어난 극적 사건들이 최종 결과 차원에서 고전적 체제를 거의 변경되지 않은 형태로 유지할 것인지, 개혁사회주의의 과정을 불러일으킬 것인지, 아니면 두 국가를 탈사회주의적 이행의 경로로 내보낼 진정한 혁명을 만들 것인지 하는 점은 분명하지 않다.

이들 국가에 대한 이러한 질문들에 지금 바로 답할 수 없다고 해서 개념적 틀이 작동하지 않는다는 것은 아니다. 오히려 그 반대로, 바로 이 순수하고 명확하게 정의된 범주들 덕분에 우리는 이 국가들의 (체제) 전환의 상태에 대한 질문들을 정확하게 만들 수 있다. 이 책의 원고를 날짜 단위로까지 맞추어 기록해 나갈 수는 없다. 이 책이 인쇄되어 나올 때면, 아마도 루마니아 혹은 소련의 상황이 이 부분을 쓰고 있을 때의 상황과는 다를 것이다. 하지만 사회주의 국가들의 운명에서 앞으로 몇 년 동안 진전이 일어나더라도, 이러한 개념적 장치 또는 일련의 분석 도구들이 여전히 작동할 것으로 나는 기대한다. 사실 미래의 사태 진전은 이론적 도구들에 대한 시금석이 될 것이다. 다시 말해, 미래의 사태 진전은 이러한 이론적 도구들이 최근의 정보와 사건들을 분석하는 방법으로서 유용한지를 확인하거나 부정해 줄 것이다.

비록 국가의 일시적 상태가 이러한 개념적 틀 내에서 완전히 확실하게 규정될 수 없을지라도, 또한 어떠한 방향 전환이 언제라도 많은 국가들에서 일어날지 모르지만, 앞에서 언급된 두 요새 국가인 북한 및 쿠바를 제외한 모든 강고한 사회주의 국가들이 고전적 체제로부터 멀어진 것은 확실해 보인다. 1977년 당시 세계 인구의 약 32%가 고전적 사회주의 체제하에서 살았지만, 1991년 봄, 그 비율은 0.6%였다. 따라서 고전적 체제는 역사에서 막을 내렸다고 말해도 무방한 것처럼 보인다. 사회주의 세계의 압도적 다수가 개혁과 혁명의 길을 따라 멀리 나아갔다.

4. 개혁과 혁명의 연대기적 조사

고전적 체제로부터 벗어나는 이탈과정을 조사하여 분류할 수 있도록 도와주는 개념 체계가 앞의 두 절에서 소개되었다.[10]

〈표 16-1〉은 일군의 국가들을 고전적 체제로부터 최초의 이탈이 일어난 순서에 따라 나열한 후, 그 국가들에서 일어난 사건들을 개관하였다. 표는 어느 국가에서 어느 때에 변화가 개혁과 함께 시작되었는지(세로줄 1, 2), 개혁이 혁명으로 전환되었는지(세로줄 3), 이탈이 개혁의 과정을 생략하고 곧바로 혁명으로 시작되었는지(세로줄 4) 등을 보여 준다.[11]

---

10) 다양한 국가들의 개혁과정에 대한 간략한 조사들이 이루어졌다. 예를 들면, 유고슬라비아에 대해서는 D. A. Dyker(1990), 헝가리에 대해서는 I. T. Berend(1990), J. Kornai(1986b), G. Révész(1990), 중국에 대해서는 D. Perkins(1988), J. S. Prybyla(1990), B. L. Reynolds, ed. (1988), 폴란드에 대해서는 L. Balcerowicz(1988), J. B. Kaminski(1989), 소련에 대해서는 J. Adam(1989), A. Åslund(1989), P. Desai(1989), E. A. Hewett(1988), J. B. Tedstrom, ed. (1990) 참조. 개혁과정에 대한 뛰어난 종합 분석이 제시된 저서로는 W. Brus and K. Laski(1989) 참조.

〈표 16-1〉 개혁과 혁명: 연대기적 개관

국가	개혁	혁명과 탈사회주의적 이행		각 연도에 연결된 사건들
		개혁 연장	개혁 추월	
유고슬라비아	1949~			1949: 유고, 소련 블록과 단절
일부 지역	1949~1990	1990		1990: 일부 공화국에서 최초 다당제 선거
헝가리	1953~1954			1953: 나기 (Imre Nagy) 수상, 정부 차원 개혁 프로그램 발표 1954: 나기, 권력에서 축출
			1956	1956. 10. 23: 인민 봉기 1956. 11. 4: 소련군 개입
	1963~1989	1989		1963: 정치 사면으로 탄압 약화 시작 1989: 다당제 선포
소련	1953~1964			1953: 스탈린 사망 1964: 흐루쇼프 축출, 브레즈네프 권력 장악
	1985~			1985: 고르바초프 권력 인수
일부 지역	1985~1990	1990		1990: 일부 공화국에서 최초 다당제 선거
체코슬로바키아	1968			1968. 1: '프라하의 봄' 시작 1968. 8: 바르샤바조약기구의 군사적 개입
			1989	1989: '조용한 혁명'
중국	1978~			1978: 덩샤오핑, 개혁 정책 선포 1979: 농업 사유화 시작
폴란드	1980~1981			1980: 연대노조 형성
			1989	1989: 공산당 정부와 연대노조 간 '원탁회의 합의' 도달
베트남	1987~			1987: 경제개혁 선포
동독			1989	1989: 베를린 장벽 붕괴

참조: 이 표는 모든 것을 다 포함하고 있지는 않으며, 〈표 1-1〉에 제시한 국가들 중 일부가 선택되었다. 이 국가들을 선별하는 데 사용한 주요 기준은 집필 당시 이용할 수 있던, 그리고 이 장에서 도입된 시기 구분에 유용한 정보의 명확성이었다. 개혁이든 혁명이든 형태와 무관하게, 고전적 체제로부터 이탈한 첫 시기의 순서에 따라 선택된 국가들을 정리했다. 제일 오른쪽 세로줄은 표에 있는 연도에 일어난 사건들을 설명한다.

---

11) 대상 국가들을 선택할 때 사용한 주요 기준은 이 책이 집필되고 있던 당시 이용할 수 있던 정보의 명확성이다. 역사적 변화과정을 명확하게 시기별로 구분할 수 있었던 국가들만이 선택되었다.

이 표는 이탈과정이 단일한 방향성을 갖지 않는다는 사실을 그대로 보여 준다. 고전적 체제로부터 벗어나는 승리의 행군, 즉 바람직한 정도의 전환을 체제가 달성할 때까지 쉬지 않고 나아가는 전진은 존재하지 않는다. 이탈과정은 전진하기도 하고 후퇴하기도 하며, 어떤 지역에서는 전진도 후퇴도 하지 않으면서 상당 기간 정지해 있기도 한다. 유혈진압을 당하였거나 적어도 탄압을 당한 운동들도 존재한다(1954년 1차 헝가리 개혁의 탄압, 1956년 헝가리 혁명의 군사 진압, 1958년 1차 소련 개혁의 중단, 1968년 체코슬로바키아 개혁의 완전 분쇄).

표는 이처럼 전진하기도 하고 후퇴하기도 하는 극적인 운동을 고전적 체제, 개혁, 혁명이라는 세 가지 대비되는 용어만으로 설명한다.

개혁의 각 단계가 어떻게 시작하며 각각의 혁명이 어떻게 시작하는지를 낱낱이 지적할 필요가 있다. 이 책은 모든 사회주의 체제하에서 발생하는 여러 가지 부정적 현상들을 서술한다. 물론 현상들의 부정적인 정도는 한결같지 않다. 이러한 현상들은 살아 있는 생명체의 심각한 질병과 비슷하다. 질병은 긴 잠복기를 거친다. 때로는 아주 오랜 기간 잠복해 있다가 마침내 발병하여 환자를 침대에 드러눕게 만든다. 심각하고 장기적인 체제의 기능부전은 놀랄 만한 기세로 문제들을 일으키고 나서는 향후의 변화를 초래할 최초의 유인을 제공하는 우발적 사건들과는 구분되어야 한다. 총이 정비되고 장전되었다고 하더라도 총을 쏘아서 그 과정을 촉발하는 손가락이 있어야 한다.

다양한 국가들에서 나타난 사건들의 추이와 사회세력들의 양상에는 분명한 규칙성이 보이지 않는다. 어느 국가에서는 이탈과정이 고전적 체제를 이끈 위대한 지도자(소련의 스탈린 또는 중국의 마오쩌둥)의 죽음으로 촉발될지도 모르지만, 다른 국가에서는 고전적 체제의 권력기구를 장악했던 동일한 종류의 지도자(예를 들면, 유고슬라비아의 티토)가 개혁과정 역시 주도한다. 어느 경우에나 외부세력과 내부세력이 모두 관련하지만, 그들의 상대적 영향력과 그들이 미친 실제적 영향의 구체적 양상은 국가나 시기에 따라 다르다.

'위로부터의' 주도가, 지배 엘리트 내 개명한 구성원들이 추진한 조치들이 개혁의 개시 및 진전 과정에서, 그 뒤 혁명의 준비 과정에서 큰 영향력을 발휘한다.12) 동시에 '아래로부터의' 압력이 강력한 실제적 영향을 미친다. 이 압력은 미미하지만 들릴 정도의 불평에서부터 소란스러운 항의까지, 파업에서부터 유혈 폭동까지 이른다. '위로부터의' 그리고 '아래로부터의' 충격의 상대적 강도와 상호 영향은 국가와 시기에 따라 차이가 있다. 이 장은 첫머리에서 하나의 비유를 제시했다. 즉, 고전적 체제는 아주 잘 맞추어 짠 천과 같아서 실이 한 가닥만 끊어지면 조만간 전체가 풀어진다. 이 비유를 발전시켜 말하면, 어느 지점에서 실들이 끊어지기 시작할지, 또는 어떤 순서로 어느 정도의 기간에 걸쳐 천의 다른 부분이 풀어질지 등과 관련한 어떤 규칙성도 존재하지 않는다. 하지만 확실한 것은 만일 어떤 핵심 지점에서 실들이 끊어지기 시작하면 분열 과정이 시작된다는 사실이다.

이 책은 개별 사건들에 대한 세세한 역사적 분석을 시도할 수 없다. 이는 다른 작업에 맡겨 둔다. 앞으로의 장에서는 이탈과정들을 분석하

---

12) 헝가리에서 당은 경제 관리자들과 경제학자들로 구성된 전문가 위원회에게 1968년 경제개혁을 위한 세부적인 청사진을 준비해 달라고 요청하였다. 소련에서 당 지도부는 1985년 개혁조치들을 고안할 유사한 위원회를 구성하였다. 포포프(G. K. Popov, 1987b)는 이 과정을 알렉산더 2세 황제하 '대개혁'(*great reforms*)의 준비에 비교하였다. 마찬가지로 당시에도 개혁과 동반해서 관료 차원의 교섭이 있었다.

기 위해 횡단면 분석을 사용하며, 시간에 따르는 종단면 분석은 사용하지 않는다. 우리의 목표는 고전적 체제를 버리는 모든 사회에서 관찰되는 몇 가지 **변화경향들**을 잡아냄으로써 일반화에 도달하는 것이다. 하지만 우리는 각각의 경향이 어느 국가들에서 나타나는지, 어떤 조건들에서 발전하는지, 또한 그에 앞서 어떤 일들이 일어나는지 등에 대해 설명하지 않는다. 사실상, 여기에서 '경향'이라고 부르는 일군의 현상들은 모형 그 자체이다. 각각의 경향은 다양한 적절한 시기에 다양한 국가들에서 발견되는 가지각색의 역사적 사실들로부터 추출된 하나의 추상물이다.

3부의 접근법은 2부의 접근법과 다소 차이가 있다. 3장부터 15장까지는 고전적 체제의 항구적인 특징들에 초점을 맞췄다. 이는 오랜 기간 안정적이었던 성숙한 체제를 살펴보았기 때문에 가능했다. 처음과 끝이 분명하게 규정되는 역사적 시기에 대한 개관이 이루어진 것이다. 이와 반대로 고전적 체제로부터의 이탈과정은 아직 규정되지 않은 조건들을 보인다. 이는 아직 끝나지 않은 역사적 개조과정이다. 하나의 개혁체제에 대해 말한다고 하더라도, 그 체제는 고전적 사회주의의 모든 본질적 내부 모순들이 터져 나오는 체제이기 때문에 이전 체제에 비해 더 유동적이다. 따라서 운동과 변화의 경향들을 그것들과 반대로 작동하는 역-경향들과 함께 분석의 중심에 놓는 것이 실용적으로 보인다.

제 17 장 통제의 '완성'

첫 번째 경향은 역설적이다. 진정한 변화가 있을 것이라는 느낌이 공식적인 선언, 규정 및 선전 등을 통해 전달되고 있다고 하더라도, 고전적 체제의 모든 기본 특징은 사실상 전혀 영향을 받지 않고 그대로 남아 있다.

1. 완성 경향에 대한 개괄적 서술

이러한 경향을 만들어 내는 사건들을 주도한 사람들은 16장 1절에서 제시된 동인들의 영향하에 있다. 그들은 고전적 체제가 몇 가지 심각한 내재적 모순에 직면했다고 깨닫고, 이러한 곤란들을 해결하기 위해서는 무언가를 해야만 한다고 생각한다. 그렇지만 그들은 고전적 체제의 기본 원리가 틀리지 않았으며 또한 우월하다는 점에 대해서는 여전히 확신하고 있다. 따라서 그들은 이 모든 난관들이 단지(또한 적어도 대부분) 올바른 원리들을 충분히 일관성 있게 적용하지 않았기 때문에 야기되었다고 주장한다. 근본 원리들이 그대로 유지되는 상태에서 몇몇 부차적 원리, 법적 조치, 제도 등이 더 효과적인 것들로 바뀌고 또한 해결책들이 더 일관성 있게 적용된다면, 고전적 체제는 본질적으로 더 잘 작동할 것이다.

이러한 논지를 제시하던 많은 공식적 해결책과 경제 연구는 '우리의 계획 체제를 완성하자', '작업 조직을 완성하자' 등과 같은 호소를 담고 있다. 그러한 주장들은 논의되는 현상이 그 자체로 매우 좋은 상태이며 약간의 최종 손질만으로도 완벽하게 될 것이라는 느낌을 준다.[1] 이와 같이 판에 박힌 처방들을 보고, 일부 저자들은 이런 모든 경향에 대해 반어적 의도를 가지고 인용부호를 사용하면서, **통제의 '완성'** 전략이라는 이름을 붙였다.[2]

---

1) 예를 들면, 동독의 마지막 지도자였던 호네커(E. Honecker)는 콤비나트(연합기업화) 운동에 대해 언급하면서(17장 3절 참조), 그것을 "독일 민주공화국 경제기구의 '완성'(*Vervollkommnung*)을 향한 가장 중요한 단계"라고 불렀다. I. Jeffries and M. Melzer, eds. (1987, p. 57). 북한의 표어는 이렇다. "우리 조국의 사회주의의 우월성을 한층 높이 일떠세우자."

유사한 공식 구호가 루마니아 독재자 차우셰스쿠의 저작(1978, pp. 41~42)에서도 발견된다. "근로인민들이 사회의 여러 부문에서 일어나는 어떤 부정적 현상이나 오류를 비판하고 있다는 사실은 사회주의적 사회체제에 대해 그들이 의구심을 가지고 있다는 것을 의미하지 않는다. 오히려 이는 그러한 현상들을 제거해야 한다는 근로대중의 욕구를 표현하고 있으며, 또한 사회를 지도하는 형식과 방법을 완벽하게 하자는 당의 관심과 일치한다."

2) 바우어(T. Bauer, 1987)는 이러한 경향에 대한 개요를 제공한다. 완성 경향에 대한 더 자세한 검토로는 알바니아의 경우는 A. Schnytzer(1982, chap. 2)에서, 불가리아의 경우는 R. J. McIntyre(1988, chap. 4)와 M. L. Boyd(1990)에서, 동독과 루마니아의 경우는 D. Granick(1975, parts 2 and 3)에

완성 경향이라고 할 수 있는 모든 변화는 고전적 체제의 보다 근본적인 특징, 즉 당의 권력독점과 재산관계에 어떤 영향도 미치지 않는다. 〈그림 15-1〉의 용어를 사용한다면, 변화는 주로 블록 3에서 일어나며, 그곳에서도 단지 아주 피상적인 변화만 일어난다. 기본적으로 관료적 조정은 지배적 역할을 그대로 유지하며, 관료적 조정의 주된 수단들은 여전히 직접 통제와 계획수행을 위한 지시사항이다. 완성 캠페인은 명령경제의 방법과 제도만을 어설프게 고치려고 한 것이 전부였다. 행위에 관한 규칙에서는 본질적 변화가 일어나지 않았다.[3]

여러 국가의 역사적 사실들을 비교해 보면, 완성 시도와 개혁 사이에는 시간상으로 분명한 상관관계가 존재하지 않는다. 헝가리와 소련 같은 일부 국가에서는 한때 또는 여러 차례에 걸쳐 관료집단이 처음에는 완성을 위한 규제를 시도하다가 그 뒤에 개혁의 길로 나아가기도 하였다. 쿠바 같은 다른 국가들에서는 완성 프로그램이 반복적으로 선포되었지만, 결코 그 너머로까지 나아가지는 않았다. 하지만 동독 같은 국가들에서는 고전적 사회주의 체제나 더 정확하게는 반복해서

서 발견된다.

3) 고전적 체제의 완성 전략을 주장하는 일부 경제학자와 정치가가 자신들의 생각에 대해 '개혁'이라는 용어를 사용한다는 사실 때문에, 관찰자들은 현혹될지도 모른다. 그러한 용어를 왜 사용하지 못하겠는가? 개혁이라는 단어의 사용과 관련하여 특허가 존재하는 것은 아니다. 누구든지 그 단어를 자신들이 좋아하는 대로 정의한다.

16장 3절에서 언급하였듯이, 이 책은 개혁이라는 단어를 제한된 의미로 사용한다. 하지만 독자들을 이 책의 용어법에 따르도록 하는 이러한 명확한 개념적 정의가, 이 주제와 관련한 수많은 정치적 선언이나 학술적 저작에서 개혁에 대한 여러 가지 다른, 종종 상호 모순적인 정의들을 발견하게 되는 어려움을 해소하지는 못한다.

시도되던 고전적 체제의 완성 시도로부터, 더 깊고 더 급진적인 개혁의 단계를 전혀 거치지도 않고, 탈사회주의적 이행의 상태로 곧바로 뛰어넘어 갔다.

이런 점에서, 완성 프로그램을 위한 공식적 또는 비공식적 제안은 당의 결의안이나 국가의 법규로 정형화되기도 하고, 그 후 실제로 그러한 결의안이나 법규의 집행으로 이어지기도 한다. 결의안이나 법규는 대개의 경우 완성 프로그램을 위한 최초의 제안을 부분적으로 담고 있으며, 부분적으로 집행된다. 어떤 시도가 효과가 없다고 드러나면 곧바로 다음 시도가 이루어진다.[4] 완성 캠페인은 결코 바라던 목표를 달성하지 못한다. 문제의 실질적 근원은 훨씬 더 깊은 곳에 놓여 있고, 수선이나 보수로는 결코 이러한 문제의 근원을 흔들어 놓지 못하기 때문이다.

---

4) G. E. Schroeder (1979) 는 1953년 이후 반복해서 추진된 소련의 완성 캠페인 시도들을 "개혁의 쳇바퀴"라고 적절하게 이름 붙였다. 이러한 연속적인 개혁의 한 단계가 1965년 프로그램이었다. 이 프로그램은 제안자인 당시 소련 수상의 이름을 따서 종종 "코시긴 개혁"이라고 불렸다. 코시긴 개혁을 포함해서 소련의 완성 캠페인에 대한 보다 자세한 설명은 이미 언급한 G. E. Schroeder의 저작과 M. Bornstein (1985) 의 연구를 참조하라. 고르바초프 시기 초기에 있었던 완성 캠페인은 17장 4절에서 살펴볼 것이다.

동독에서 나타난 완성 제안과 캠페인에 대한 문헌은 특히 풍부하다. 예를 들자면, M. Keren (1973), G. Leptin and M. Melzser (1978) 를 참조하라.

2. 상층부의 재조직화

잘못된 상황이 발생하면 반드시 누군가가 책임을 지도록 해야만 한다는 생각이 만연해 있었다. 국가기관 하나를 지정해서 그러한 문제의 해결에 대한 책임을 지도록 만들어야 한다는 것이다. 예를 들면, 1986년 소련은 생산물의 품질을 감시하는 법적 권력을 광범위하게 가진 국가조직을 새로 만들었다. 그런데 고스프리엠키(Gospriemki) 라는 그 조직은 잦은 간섭과 시범적 징계를 남발하였고, 궁극적으로는 생산과정의 속도를 둔화시켰으며, 품질 문제는 전혀 해결하지 못했다. 부족과 품질 저하 같은 고전적 체제의 문제들은 그 원인이 너무나 근본적인 데 있었기 때문에 한 개의 국가 결의안을 제정하거나 문제들을 극복할 책임을 지는 조직을 지정하는 방식으로는 해결될 수 없었다.

조직을 새롭게 만드는 캠페인은 반복적으로 일어난다. 이러한 일들은 변화의 인상을 주는 거짓 활동과 사이비 개혁만이 이루어지고 있다는 사실을 보여 주는 아주 분명한 예들이다. 기존의 재산관계는 그대로 유지되고, 그와 함께 직접적인 관료적 통제가 사회적 생산의 기본 조정자로서 남는다. 조직의 형태를 바꾸는 끊임없는 땜질 조치만 이루어진다. 경직되고 시의적절하지 않은 통제와 관련하여 종종 제시되는 논지는 다음과 같다. 위계질서의 최고위 지도부와 최하위 집행부 사이에 너무 많은 층위들이 존재하기 때문에, 권력당국과 기업들은 사이가 더 가까워져야 한다. 때로는 정부 부처의 조직을 분할함으로써 이러한 목표는 달성된다. 개별 부처가 소속 기업들을 더 직접적으로 운영할 수 있게 되기 때문이다. 때로는 정확하게 정반대 조치가 취해진다. 국가기구 내의 직원 수를 감축하고, 직접적 간섭을 축소하

〈표 17-1〉 소련의 고위 경제담당 권력기구 수

연도	경제부처 수	국가위원회 및 국 수	고위 경제담당 권력당국 전체 수
1939	21	-	21
1947	33	-	33
1958	13	11	24
1963	6	45	51
1966	41	12	53
1975	52	14	66
1979	55	20	75
1984	56	22	78
1986	51	27	78
1987	52	28	80
1989	48	30	78

출처: 다음 문헌에 기초하여 C. Krüger가 이 책을 위해 집계하였다. 1939년과 1947년은 A. Nove(1969, pp. 267~295), 다른 모든 자료의 출처는 *Directory of Soviet Officials - National Organizations*(Washington, D. C.: Government Printing Office, 1958; 1963; 1966; 1975; 1979; 1984; 1986; 1987; 1989).

고, 새로이 만들어진 거대 부처에 의해 통제되는 기업들과 경제부문들 간의 조정을 더 원활하게 하기 위해, 부처들이 통합되어야만 한다. 상위 권력당국들의 통합과 분할의 흐름은 〈표 17-1〉이 보여 준다.

관료적 조정하에서는 한편에는 다양한 기능(재정, 노동, 기술발전 등에 관한 통제)의 수행에 초점이 맞추어진 활동들이, 다른 한편에는 지역적 측면들의 문제가 중요하게 다루어지는 활동들이 반드시 존재한다. 조직과 관련된 조치의 한 형태는 기능적 원칙 또는 지역적 원칙 중 하나가 압도적으로 더 중요하다고 선언하는 것이다. 예를 들면, 흐루쇼프는 1957년에 갑자기 소련 경제의 전체 운영을 지역적 차원에서 재조직하였다. 그 후, 브레즈네프-코시긴 시기에는 기능적 원칙에 우선순위를 두는 새로운 재조직화가 이루어졌다. 지역적 차원의 재조직화에 관한 조치들은 다음에 논의할 것이다(18장 4절 참조).

3. 기업의 통합

재조직화는 상층부에서뿐만 아니라 하층부에서도 추진되었다. 재조직화의 주된 방향은 국유 부문과 협동적 소유 부문 모두에서 기업을 통합하는 것이었다. 국제 비교를 위한 수치들 몇 가지가 〈표 17-2〉, 〈표 17-3〉, 〈표 17-4〉에 제시되었다.

제시된 표들은 생산의 집중화가 자본주의 경제에서보다 사회주의

〈표 17-2〉 제조업 기업의 규모 분포: 국제 비교(1970)

	사회주의 국가 a	자본주의 국가 b
제조업 전체		
기업당 평균 고용(명)	197	80
대기업 고용 비율(%) c	66	32
섬유산업		
기업당 평균 고용(명)	355	81
대기업 고용 비율(%)	75	17
철금속		
기업당 평균 고용(명)	2,542	350
대기업 고용 비율(%)	95	79
기계		
기업당 평균 고용(명)	253	82
대기업 고용 비율(%)	61	28
화학		
기업당 평균 고용(명)	325	104
대기업 고용 비율(%)	79	35
식품가공		
기업당 평균 고용(명)	103	65
대기업 고용 비율(%)	39	16

주석: a) 체코슬로바키아, 동독, 헝가리, 폴란드.
b) 오스트리아, 벨기에, 프랑스, 이탈리아, 일본, 스웨덴.
c) 대기업은 500인 이상 고용하는 기업임.
출처: É. Ehrlich (1985a, pp. 278~283).

〈표 17-3〉 건설 부문 기업의 규모 분포: 국제 비교(1980년경)

	건설 부문 총고용 중 해당 기업의 비중 (%)		
	10인 미만	10~499인	500인 이상
사회주의 국가			
동독	-	21.0[a]	79.0
헝가리	14.6	15.4	70.0
폴란드	8.7	15.1	76.2
자본주의 국가			
오스트리아	2.4	74.9	22.7
덴마크	41.8	51.5	6.7
핀란드	13.3	66.7	20.0
프랑스	48.3	47.1	4.6
아일랜드	16.6	56.2	27.2
네덜란드	17.3	71.8	10.9
영국	28.1	45.2	26.7
서독	11.6	81.1	7.3

주석: a) 1~499인 고용 기업.
출처: United Nations(1986a, 표 4.6) 및 UN 사무국과의 직접 접촉에 기초하여 P. Mihályi가 이 책을 위해 작성하였다.

경제에서 더 높다는 점을 보여 준다. 이러한 차이가 나타나는 이유는 여러 가지다. 비록 규모의 경제라는 현상이 자본주의 경제에서도 집중화를 촉진하지만, 이와는 반대 방향으로 작동하는 힘들도 존재한다. 사실 '규모의 비경제'가 똑같이 존재하며, 또한 많은 산업부문에서 중소규모 단위들이 대규모 단위들과 나란히 지속적으로, 또한 성공적으로 살아남을 수 있다. 사적 자유기업 제도는 신규 중소기업의 끊임없는 진입을 허용한다. 시장에 존재하는 기업 규모의 분포를 규제하는 주된 힘은 시장경쟁이라는 조건하에서 작용하는 자연선택이다. 이것은 관료적 국가개입으로부터 어느 정도 영향을 받을 수 있는데, 자본주의 경제에서 국가개입은 많은 경우 집중화 경향을 억제하

〈표 17-4〉 동 · 서독의 기업 규모(1988)

부문	기업당 고용인 수	
	동독a	서독
화학산업	1,419	296
건설 자재	712	71
전기 · 전자산업	1,554	333
식품산업	480	125
경공업	671	95
기계 및 운송산업	838	217
금속산업	3,209	474
섬유산업	1,301	169
공업 전체	893	190

주석: a) 실습생 제외.
출처: C. Schnabel(1991, 표 3).

는 방식으로 작동한다. 많은 자본주의 국가들이 독점이나 카르텔 등과 같은 특정 종류의 통합이 발생하는 것을 방지하는 법들을 갖는다. 게다가 농장주, 자영 기능공 및 소규모 상인 같은 소규모 사업자들 중 일부 집단은 보조금이나 조세 또는 관세 감면의 형태로 정부지원을 받는다.

고전적 사회주의 체제는 근본적으로 재산관계의 변경을 통해 전혀 다른 상황을 만든다. 중소 규모 기업들이 사적 기업가들의 새로운 진입에 의해 자연적으로 대체되는 현상은 더 이상 일어나지 않는다. 새롭게 만들어진 공적 소유 기업들은 처음부터 규모가 크다. 나중에 이 기업들은 시장의 힘이 아니라 관료적 개입에 의한 반복적 통합을 거친다(7장 3절 참조). 관료들은 여러 가지 동기 때문에 이러한 방식으로 행동한다(5장 5절, 9장 4절 참조).[5] 여기에서는 한 가지 동기만 강조해 두자. 기업을 통합하면 개별 기업의 사업 현황이 더 잘 드러난다.

〈표 17-5〉 동독의 기업 통합(1950~1970)

연도	기업의 수 (%)	고용 (%)
1950	100	100
1960	68	135
1970	49	138
1980	19	150
1987	13	153

참조: 표는 제조업을 대상으로 한 것임.
출처: H. G. Babbasch (1990, 표 2), Kleuver Academic Publishers의 허가를 받아 사용.

통제를 받아야 할 기업의 숫자가 적을수록 통제나 감시는 더 쉬워진다. 사실 통제의 관점에서 보았을 때 가장 쉬운 방법은 기업들의 생산에서 모든 중복을 없애고 완전한 독점을 만드는 것이다.[6] 이러한 논지는 기업 통합 노력이 고전적 체제의 '완성' 경향과 얼마나 잘 일치하는지를 보인다.

기업 통합은 종종 더 깊고 더 근본적인 개혁을 대체한다. 예를 들면, 동독이 그러한 경우이다. 〈표 17-5〉는 동독에서 어떻게 집중이 끊임없이 일어났는가를 보여 준다. 이러한 통합 과정은 특히 헝가리

---

5) 최고지도자들만이 합병과 관련하여 이해관계를 갖는 유일한 사람들은 아니다. 거대기업의 지배인들도 합병에서 자신들의 경제적, 정치적 지위가 강화되는 것을 충분히 즐긴다. 헝가리에 관해서는 E. Szalai (1982, 1989) 를, 폴란드에 관해서는 J. Winiecki (1989) 를 참조하라.

6) 소련에서 독점은 여러 부문에 걸쳐 발전했다. R. I. McKinnon (1990a), V. Tsapelik and A. Iakovlev (1990) 를 참조하라.

기업 합병과 독점 형성은 동독에서 가장 극단적인 형태로 나타났다. 그곳에서는 이른바 기업연합이 전체 하위 부문에 속한 모든 단위들을 총괄하거나 특정 지역의 한 하위 부문에 속한 모든 단위들을 총괄하였다. P. J. Bryson and M. Melzer (1987), D. Cornelsen (1990), W. Gössmann (1987) 을 참조하라.

〈표 17-6〉 헝가리의 기업 규모 분포

	규모 분포(비율)		
	1958	1964a	1968
소기업(고용인 100인 이하)	27.9	13.6	11.2
중기업(고용인 101~1,000인)	62.1	57.0	54.2
대기업(고용인 1,001인 이상)	10.0	29.4	34.6

주석: a) 가장 대대적인 기업 통합 캠페인은 1962~1964년에 일어났다.
출처: I. Schweitzer (1982, p. 35).

에서 강화되었는데, 헝가리에서는 변화에 반대하는 사람들이 개혁을 미루는 방법의 하나로 이 과정을 활용하려고 시도하였다. 당시 헝가리의 합병 캠페인은 1968년의 주요 개혁조치들이 이루어지기 직전에 나타났는데, 그 효과는 〈표 17-6〉에 나와 있다. 다른 사회주의 국가들에서도 이와 비슷한 현상들이 나타났다.

4. 계획과 직접 통제의 발전

재조직화와 구분되는 완성 경향의 다른 주요 요소는 계획과 직접 통제의 방식에서 나타난 전환이다. 수많은 제안, 실험 및 실질적 변경에서 몇 가지 전형적 경향을 뽑아낼 수 있다.

계획을 정교하게 작성하는 과정에서 수학적 방법과 컴퓨터를 사용하려는 시도가 연구자들의 주도로 나타났다.[7] 이러한 시도는 상당한

7) 소련에서 나타난 선구적 작업으로는 L. V. Kantorovich (1937/1960, 1965), V. S. Nemchinov, ed. (1965), N. P. Fedorenko, ed. (1975)를 참조하라. 헝가리의 경우는 A. Bródy (1964, 1969a), J. Kornai and T. Lipták (1965),

호응을 끌어내었고, 계획기구의 일부 종사자들이 이러한 작업을 하려는 시도에 학자들을 합류시켰다. 여러 사회주의 국가들의 중앙계획부처에는 수학적 방법을 실제로 적용하는 일을 전문적으로 담당하는 독립 부서들이 생겨났다. 이러한 추세를 자세히 기술하거나 그것의 이론적이고 실제적인 성취와 실패를 평가하는 것은 이 책의 범위를 넘어선다. 수학적 방법들, 이론적이고 계량경제학적인 모형들, 컴퓨터 처리 방식들은 어느 체제에서나 상위, 중위, 하위 수준에서 결정을 내리려고 할 때 쓸모가 있다.[8] 이런 관점에서, 고전적인 계획화 방법들과 밀접하게 연결되어 있고 또한 그것들을 완성하는 것을 목표로 한 실험들에 대해서만 간단하게 언급하자.

수학적 계획화의 선구자들은 자신들의 방법이 잘 수용될 것이라고 기대했다. 그들은 세련되지 못한 어림짐작을 종종 사용하던 계획 담당 관료들이 자신들의 정교하고 명료한 일련의 도구들을 이질적인 존재라고 거부할 때 크게 환멸을 느꼈다. 계획 운영의 공언된 원리가 아니라 계획 운영의 사회학적 현실을 고려한다면, 관료들의 그러한 저

J. Kornai (1965)를 참조하라.

계획에서 수학적 방법을 사용하는 것에 대한 서구의 접근으로는 W. Leontief (1953a, 1953b), E. Malinvaud (1967)를 참조하라.

이에 대한 개관과 평가로는 M. Ellman (1973), G. M. Heal (1973), P. Sutela (1984, 1991), A. Zauebrman (1975, 1976)을 참조하라.

8) 수학적 계획 모형에 대한 저작을 포함하여 수학적 경제 분석방법이 사회주의 국가들에서 보급·전파됨으로써, 마르크스주의 정치경제학의 지적 독점이 깨어지고 경제학자들 또한 근대경제학의 국제적 조류를 알게 되었다. 근대경제학 연구자들은 죽은 교리 대신에 엄격한 논리적 관계와 사실 자료 등을 중시하도록 훈련을 받았다. 그러한 측면에서, 근대경제학은 낡은 계획화 방법론을 유지하거나 전환하는 데에서 했던 역할과 무관하게, 이데올로기를 뒤흔드는 데에는 유용했다.

항은 이해할 수 있다. 정치 지도자들은 자신들의 진정한 정치적 목표를 '후생함수'와 '계획자의 선호'의 형태로 분명하게 밝히려는 바람을 전혀 갖지 않았다. 계획기구의 모든 관료들은 수직적 협상이나 수평적 조정에서 자신들의 이익에 따라 위로나 아래로나 정보의 일부를 숨기고 왜곡함으로써 자신들의 협상지위를 강화한다. 모든 것을 솔직하게 밝힌다면 그들의 삶은 오히려 더 힘들어질 것이다. 그들의 이해타산이라는 관점에서의 목표는 어떤 절대적인 '사회적 이익'에 봉사하는 것이 아니라, 자신들의 관점을 유지하고 지지하는 것이다. 이러한 일은 오직 그들이 제시하는 수치들이 컴퓨터에 입력되기 전에 외부로부터 면밀한 점검과 대조를 받을 때에만 방지될 수 있다. 또한 그들의 조작은 수학적 방정식 체계의 빈틈없는 논리에 의해 엉터리로 드러난다.

그러나 관료들의 저항이 없다고 잠시 가정해 보자. 심지어 가장 최신의 컴퓨터 기술조차도 국민경제 내 변수들 수백만 개를 가지고 일관성 있는 계산을 해내는 데는 실패하고 말 것이다. 그것을 해낼 수 있는 유일한 '컴퓨터'는 시장이다. 수학과 컴퓨터로 시장을 대체하려는 기대를 가졌던 사람들은 좌절할 수밖에 없었다.[9]

계획 완성과 관련하여 나타난 또 다른 경향은 계획 지표의 체계를 바꾸려고 노력하는 것이었다.[10] 이러한 경향의 대표자들은 종종 과도

9) 사실 수학적 계획화 진영에 있던 연구자들 중 이것에 기대를 건 사람은 많지 않았다. 나 또한 헝가리에서 최초의 계획 모형을 구상하고 적용하는 데에서 주도적 역할을 했지만, E. Neuberger (1966) 가 '컴퓨토피아'라고 아주 적절하게 묘사했던 종류의 환상을 결코 조장하지 않았다.

10) 수학적 계획화를 도입하려는 시도에 대한 과거의 논의와 계획 지표의 체계를 개선하려는 노력에 대한 현재의 논의는 이 두 가지를 분리된 경향으로 취급하였다. 물론 이 둘은 상호배타적이지 않다. 여러 곳에서 그것들은 동시에 나타

한 집중화의 결점과 분권화의 이득을 강조한다. 그때까지 사용하던 지표들 대신에 다른 지표들을 사용할 것을 권장하는 제안과 규정이 있었다.[11] 그러한 제안들을 모아서 제시한 사람들은 계획지시들이 명령적 성격을 유지하는 것에 대해 찬성하거나 반대하는 논의를 전개하지 않았다. 그들의 관심은 처방을 필요로 하는 것과 정확히 관련 있다. 여기 몇 가지 예들이 있다.[12]

1. 강제적인 계획 지표들의 숫자는 줄일 필요가 있다. 지표들은 더 큰 범주로 통합되어야 하며, 이렇게 해서 개수가 줄어든 통합 지표들의 달성은 반드시 실패 없이 강제되어야만 한다.

2. 가격 단위로 표현된 지표에는 더 큰 여지를 주고, 실물 단위로 측정된 지표에는 여지를 적게 주어야 한다. 물량 단위 지표는 위로부터의 간섭을 더 많이 유발하는 경향이 있기 때문이다.

3. 계획 지표의 체계는 당시까지 달성된 수준을 기준으로 변화를 측정하는 지수에 바탕을 두어서는 안 된다. 이러한 체계는 목표 달성 억

났으며, 또한 서로 결합해서 나타나기도 했다.

11) 여기에서 여러 사회주의 국가들에서 나타났던 (15년 또는 20년 단위의) 장기 계획 구상을 목표로 한 실험들에 대해 언급해야만 할 것이다. 이러한 계획운영은, 연간계획과 5개년계획에서 사용되었거나 관련된 규제 메커니즘에서 사용되었던 방법론을 변화시키지는 않았다. 이러한 이유만으로도 그것들을 '완성' 범주에 넣어도 타당하다.

12) 이와 관련된 논의들에 대한 개관으로는 J. M. Kovács(1990, 광범위한 문헌 목록이 매우 유용함), L. Szamuely(1982, 1984) 참조.

제와 허위보고 작성을 유발할 것이다.

4. 고전적 체제하에서 '동등한 것들 중 첫 번째'가 되는 계획 지표는 통상 '총생산가치', 즉 총산출 지표이다. 이 지표에 대한 엄격한 규제는 당국이 생산자들을 생산량 증대로 몰아가는 주된 방식이다. 그런데 이러한 방식은 투입요소 집약적 생산을 야기할 수 있으며, 또한 생산가치가 높은 생산물만을 지나치게 강조하도록 만들 수 있다. 따라서 순생산이나 기업이윤과 같은 지표들에 강조점을 두어야만 한다.

이 제안들은 계획 지표 체계의 변경을 권고하면서, 보통 그러한 변경을 새로운 인센티브 체계와 연결한다.[13] 많은 경우, 기업들을 연결하는 수평적 연계가 기업 간 장기 계약의 형태로 강화되어야만 한다는 제안도 함께 이루어진다.

이 모든 구상들은 정보의 수집·처리 및 정책의 결정·집행과 관련한 낡은 인위적 방식을, 새롭지만 여전히 인위적인 방식과 '술수'로 단지 대체할 뿐이다. 기업들은 어떤 방식이 도입되더라도 이보다 한 수 앞서 나간다. 상급조직이 어떤 지표 하나에 주의를 집중하면, 기업들은 주의가 덜 집중되는 지표들을 희생함으로써 이 '주요 지표'를 개선한다. 실질적인 경쟁시장경제에서는 이러한 일이 일어날 수 없다. 그곳에서는 만일 한 기업이 어떤 일에서 실패하거나 기회를 놓치면 곧바로 다른 기업이 이윤을 획득하려는 기대를 가지고 그 기회를 잡아챈

---

13) 1963년 동독에서 도입된 신경제체제는 '완성' 경향의 전형적인 예이다. 계획 지표 체계의 전환은 새로운 인센티브 원리와 결합되었다. G. Leptin and M. Melzer (1978)를 참조하라.

다. 자유로운 진입과 경쟁은 어떠한 관료적 감시자도 대체할 수 없는 매우 날카로운 감독관이다.

여기에서 언급된 제안들 중에서 가장 최근의 것은 기업이윤을 '핵심 강제 지표'의 지위로 승격시킨 것이며, 이는 자본주의의 인센티브 방식과 비슷하기 때문에 매우 급진적인 것처럼 보인다.[14] 그런데 실제로는, 경제행위자들이 자신들의 이윤을 극대화한다는 사실이 사적 소유에 기반을 둔 시장기제에서 가장 중요한 속성은 아니다. 시장기제의 주요 특징은 분권화, 자유 진입, 자유 경쟁이다.

실질적인 분권화의 조건들이 존재하지 않기 때문에, 앞에서 언급된 네 가지 사항으로 정리된 분권화의 제안들과 수정사항들은 관료적 조정의 내적 논리와 실질적으로 일치하지 않는다. 만약 계획 지표 체계와 이를 보완하는 직접적인 관료적 통제의 규칙, 이 양자의 그물코가 더욱 성기게 되면, 중앙의 구상과 갈등을 일으키는 개별 이익은 더욱 쉽게 개입하게 된다. 일단 경험적으로 이러한 결론이 확인되면 이와 반대되는 완성 경향이 나타난다. 집중화를 축소하는 제안 대신에 강화하는 제안들이 나타난다. 관료적 그물은 어떤 것도 통과할 수 없을 정도로 더욱 촘촘해져야만 한다. 만약 지정된 이런저런 집계지표가

---

14) 리버만(E. G. Liberman, 1962/1972)의 제안들은 기업에 대한 인센티브가 기업이윤에 반드시 연결되어야만 한다고 제시하였는데, 이는 세계적으로 큰 주목을 끌었다. 일부 부분적 변화들이 리버만의 제안에 뿌리를 둔, 코시긴-브레즈네프 시기에 취해진 몇 개의 애매한 조치들로부터 일어났다. 이 책에서 사용된 분류방식에 따르면, 리버만의 개념은 '완성' 경향과 소박한 '시장사회주의' 경향 사이의 경계선 위에 놓일 수 있다(21장 참조). 이 때문에 두 부분의 논의에서 모두 그것을 언급한다.

리버만의 제안에 대해서는 M. Bornstein(1985), E. A. Hewett(1988), G. E. Schroeder(1979)를 참조하라.

통제를 벗어나게 되면 더욱더 세세한 지표들이 요구된다. 만약 규제가 너무 일반적이거나 포괄적이면, 더 세부적인 규제들이 필요하게 된다. 기존의 계획 담당 기구들이 이 모든 규제 업무를 담당할 수 없으면, 추가적인 정부기관들이 만들어질 필요가 있다.

관료적 조정이 최대한 완성될 수 있는 방법은 모든 세부사항을 규제하는 것이다. 정책결정을 적용하려는 더욱 강경한 행동, 더욱 엄격한 규제가 동반하는 일이 뚜렷하게 나타난다. 이것은 소련에서 안드로포프하에서뿐만 아니라 고르바초프 초기에도 다시 강조되었는데, 그때는 근로규율을 해치는 무단결근이나 알코올 중독에 대한 비난도 시작되었다.

여러 사회주의 국가의 역사를 비교하면, 완성 경향의 효과는 균질하지 않다. 예를 들어 1970년대의 동독이나 체코슬로바키아에서처럼 고전적 체제의 정치구조가 완벽하게 고정된 형태로 세워져 있고 공식 이데올로기의 견해가 철저하게 유지되는 곳에서는, 완성 과정이라는 거짓 개혁은 보수 세력이 그들의 입장을 유지하도록 도와준다. 단지 겉보기에만 변화한 것인데도 어떤 변화가 일어나는 것처럼 보이기 때문에, 보수 세력은 불만스러워 하지만 잘 속아 넘어가는 관료기구 구성원들을 쉽게 현혹한다. 1960년대의 헝가리나 고르바초프 시대 초기의 소련과 같은 국가들에서는 상황이 다르다. 그 국가들에서는 정치구조의 경직성이 느슨해지기 시작했고, 그와 함께 관료기구의 일부 구성원들이 과거를 재평가하기 시작했다. 그곳에서 완성 캠페인들은 문제를 해결하지 못하고 오히려 실패함으로써 인민들이 눈을 뜨도록 만들었다. 단 하나의 실패나 차질조차도 고전적 체제의 자화자찬식 공식 이데올로기를 무너뜨리도록 작용했다.

지도부 집단조차 재조직화, 지령체계의 수정 또는 규율을 개선하기 위해 고안된 엄격한 조치 등 그 어떤 것도 지속적으로 더 악화되는 문제들을 어떤 식으로도 해결하지 못할 것이라는 사실을 직시하게 되는 순간에, 고전적 체제의 완성보다 더욱 깊고 더욱 급진적인 변화를 향한 경향은 일어난다.

5. 미리 보기: 탈사회주의 체제하의 조직 구조

체제의 탈사회주의적 변화에 있어 그 출발점은 당시에 지배적이던 제도와 조직의 구조를 보여 주는, 사회주의로부터 물려받은 상황 그 자체이다. 완성 경향의 효과들 중 하나는 시장의 자연선택에 따라 다양한 규모의 기업이 분포하는 경제에서보다 생산 집중이 더욱 심화되도록 만드는 것이다. 때로는 특정 국유기업이 광범위한 생산 영역 또는 무역 영역에서 완전독점을 이룬다. 그 기업이 실질적인 독점을 형성하지 않은 경우에라도, 인위적인 기업 통합은 진정한 시장경쟁의 조건하에서 획득할 수 없는 훨씬 큰 시장 점유율을 부여할 것이다. 이처럼 인위적으로 만들어진 기업 형태들은 자신들을 더 작은 단위로 분할하려는 노력을 방해한다. 이에 따라 사유화 과정(19장 7절 참조)과 진정한 경쟁적 환경 발전은 저해될 수밖에 없다.

이와 어느 정도 비슷한 문제가 국가행정 분야에서도 발생한다. 완성 캠페인은 수많은 정부기관과 중앙조직을 만들었으며, 이것들은 존속하기 위해 완강하게 버텼다. 이 때문에 탈사회주의적 전환을 위한 과제들 중 하나인 국가기구의 축소는 방해를 받았다.

완성 경향은 다른 측면에서는 많은 도움이 되는 유산도 남겼다. 앞에서 나는 수학적 계획화 방법을 도입하려는 시도들이 체제의 작동방식에 어떠한 급진적 개선도 가져오지 못했다는 사실을 지적했다. 하지만 이미 언급하였듯이, 그러한 시도들은 적어도 교육적 효과는 가져왔다. 수학, 통계학, 계량경제학, 컴퓨터 기술 등에서 최신의 지식을 가진 새로운 세대의 경제학자들이 형성되었다. 또한 최소한 그들 중 일부는 당대의 서구 경제학 문헌에도 정통하였다.[15] 그들은 하나의 집단으로서 탈사회주의 체제하에서 경제학자들에게 부과된 과제들을 해결하는 데 많은 도움이 되는 지적 기초를 갖게 되었다.

15) 자신들의 경력 초기에 수리경제학에 대한 연구에 몰두하였던 경제학자들이 헝가리, 폴란드, 그리고 나중에는 소련의 급진적 개혁가들 사이에서 얼마나 중요한 역할을 하였는가는 언급할 만하다.

제 18 장 정치적 자유화

17장이 사이비 개혁의 경향에 대해 서술하였다면, 다음 장들은 진정한 개혁의 경향들을 다룬다. 먼저 18장은 정치적 자유화의 경향에서부터 시작한다. 이 경향은 어떤 형태를 띠는가? 어떤 세력들의 영향력이 이러한 경향이 나타나도록 만드는가? 마찬가지로 중요한 질문이 있다. 반대 세력들은 이와 같이 요구되는 경향들을 약화하거나 또는 완전히 제거하기 위해 얼마나 노력하는가? 두 세력들 사이의 투쟁은 국가에 따라, 시기에 따라 다르며, 그러한 투쟁을 자세하게 그리는 것은 이 책의 목적이 아니다. 이 책에서는 가장 전형적이라고 간주할 수 있는 상황과 갈등에 초점을 맞출 것이다.

15장의 주요 결론을 상기해 보면, 독특한 정치구조가 고전적 체제의 발전과 공고화 과정에서 주요한 역할을 하며, 이러한 정치구조는 고전적 체제를 설명하는 인과연쇄에서 가장 깊은 곳에 있는 층위를 형성한다. 이로부터 나오는 논리적 결과는 다음과 같다. 체제 전체가 고전적 형태로부터 얼마나 멀리 이탈할 수 있는가는 기본적으로 정치구조의 변화에서 나타나는 급진성에 따라 결정된다.

사회주의 국가에 관한 학술적 저술의 어법과 정치학의 용어법에 따르면, 권력구조와 공식 이데올로기의 변화가 뚜렷하고 본질적이더라도 진정한 정치적 민주주의를 제도화하는 데까지 완전히 나아가지 않을 때에, 그러한 변화는 정치개혁이라고 일컬어진다.[1] 이는 앞에서 주어진 개혁에 대한 정의와도 일치한다(16장 3절 참조). 가장 급진적인 종류의 변화가 가장 깊은 곳에 있는 층위에서 일어나면, 이는 더 이상 개혁이 아니고 혁명이다. 이 문제는 이 장의 말미에서 간단하게 논의한다.

정치개혁과 경제개혁 사이에는 밀접한 관계가 존재한다. 좀더 명확한 분석을 위해서는 정치영역을 일정 정도까지 이러한 상호영향력의 망에서 분리해야 한다.

1. 권력의 독점

고전적 체제하에서 일어나는 일이 단순히 개혁에 불과하고 혁명적인 정치적 전환이 일어나지 않는 한, 일당체제는 유지된다. 공산당의 권력독점이 지속되는 것이다. 여기서는 주요한 권력 지위 몇 개와 함께

---

1) 소련에서 나타난 정치개혁의 가능성과 한계에 관한 논의로는 A. Åslund(1989), S. Bialer(1980), W. D. Connor(1975), S. F. Cohen(1984, 1985), T. J. Colton(1986), M. I. Goldman(1987) 참조. 논의 중 대외 정책에 초점을 맞춘 것으로는 R. Pipes(1984a, 1984b), M. D. Shulman(1966) 참조.

분할되지 않은 권력 행사의 일부 예들을 검토할 것이다.

1. **임명.** 이전의 고전적 체제하에서와 마찬가지로, 개혁 국면에서 당은 누가 주요 직책들을 맡아야 할지를 결정한다. 이는 당의 직위뿐만 아니라 국가기구의 주요 직책, 경제 분야 지도부의 중요 관리직, 사법부 관직, 대중조직의 지도적 직무 등에도 그대로 적용된다.

노멘클라투라 체제는 일반적으로 그대로 유지된다(3장 2절 참조).[2] 형식적으로는 자치 메커니즘이 여러 선발 절차에서 작동한다. 따라서 지방정부 자치기구(소비에트, 위원회, 지방 자치체)의 대표들이 일반대중에 의해 선출되고, 정부 행정기관의 수장이 의회에 의해 선출되고, 지방 자치기구와 대중조직의 수장들이 조직 구성원들에 의해 선출된다. 하지만 이러한 사실에도, 실제로는 후보자 지명권이나 적어도 지명에 대한 승인권은 여러 관료기구 기관들 사이의 협력을 통해 당 조직들의 수중에 그대로 남아 있다.[3]

의회 절차를 통해 복수 후보자 중에서 선출을 한다는 새로운 현상이

---

2) 헝가리에서 이러한 규칙은 1953년 시작한 최초의 개혁 시도 이후 30년이 지난 지금에도 여전히 작동하고 있다. 1985년 현재 지방정부 공무원 중 당원의 비율은 다음과 같다. 수도와 주 의회: 99%, 시 의회: 96%, 규모가 큰 농촌 의회: 91%, 농촌 의회: 79%이다. T. M. Horváth(1988, p. 92)를 참조하라.
국가기구와 국유기업의 상층 공무원에 대한 표본조사를 포함하는 폴란드 관련 연구 프로젝트에 따르면, 1986년의 경우 표본의 88%가 공산당원이었다. J. Wasilewski(1990, p. 750)를 참조하라.

3) 주목할 만한 사실로서, 비록 당이 여전히 임명 과정에서 결정적 영향력을 가지고 있긴 하지만, 주요 직책에서 비당원의 비율은 증가한다. 개혁 시기 동안에 당 지도부는 비당원도 위계제 속에서 경력을 쌓을 기회를 가진다는 점을 보이려 한다.

이러한 전체 상황과 어느 정도까지 일치하는가를 판정하는 것은 어렵다. 몇몇 경우에 이는 여전히 단지 형식일 뿐이다. 동일한 당 조직이 경쟁후보자들을 선출하는데, 그들은 동일한 정책을 지지하기 때문이다. 그러나 일부 의회 선출 과정에서 공식후보자들은 대안적 정책을 가진 실질적 반대자를 만나기도 한다. 그러한 반대 후보자들은 자발적으로 선거운동에 들어가거나, 준(準)조직적 또는 반(半)합법적 운동으로부터 지명을 받는다.[4] 현안과 관련하여 독자적인 정치적 의견을 표명하는 구성원들이 의회 내부에 등장하며, 그들은 공식 정책을 비판할 뿐만 아니라 때때로 당과 정부의 제안에 대해 반대투표를 한다. 물론, 공식적으로 선출된 후보자로서 의회에 들어간 구성원들이 의회의 다수파를 확고하게 장악하고 있다. 따라서 정부의 결정은 필요한 승인을 얻을 수 있다. 하지만 독자 후보가 선출되어 의회 활동에 들어가면서 나타나는 독자 후보의 의회 투표 참가는 개혁사회주의 체제 이후를 바라보는, 거의 그것을 '넘어서는', 그리고 최초로 의회민주주의의 희미한 윤곽을 그리는 새로운 현상이다. 권력을 장악한 사람들에 대해 비판적인 이러한 대표들이 여러 집단으로 조직화될 때, 다당제 체제의 씨앗들이 나타난다(18장 4절 참조).[5] 이것은 혁명적 성격을 지닌 변화들을 구성하는 요소들 중 하나이다.

2. 정부 명령에 의한 통치. 권력독점을 보여 주는 주요한 특징 중 하나는 입법, 행정, 사법 권력의 분리가 실제로 운용되지 못한다는 사실

---

4) 예를 들면 1985년 헝가리 선거와 1989년 소련 선거에서 그러한 경우가 있었다.
5) 이러한 변화들은 1989~1990년 소련 의회에서 발견할 수 있다.

이다. 관료조직은 입법부에 종속적이지 않고, 시민들은 행정부를 상대로 법정에 재판을 청구할 수 없다. 본질적인 차원에서 볼 때, 이러한 상태는 고전적 체제 이후부터 개혁 국면에 이르러서도 바뀌지 않았다. 정부의 조치가 형식적으로는 의회에서 통과된 법률의 자격을 얻게 된다고 하더라도, 정부 통치는 기본적으로 정부 명령에 의해 운용된다. 지배정당이 의회에서 압도적 다수를 확고하게 유지하는 한, 지배정당의 의지는 거의 자동적으로 관철된다.[6] 일부 정부 명령과 내부 규제는 의회에서 통과된 법률을 부정한다. 게다가 드러나지 않은 수많은 정부의 명령과 지시가 존재한다.

개혁에 대한 토론, 특히 개혁과정 후기에 일어나는 토론은 종종 국가가 **법치국가**(*a state of law*, 독일어의 *Rechtsstaat*)가 되어야 한다는 요구를 끌어낸다. 이것의 주요 기준은 어떤 사람이나 제도도 법 위에 존립하지 않는다는 것이다. 이러한 엄격한 의미에서 볼 때, 고전적 체제의 국가뿐만 아니라 개혁 국면의 국가도 입헌국가(*a constitutional state*)의 기준을 통과할 수 없다. 당은 법 위에 존립하며, 또한 이와 함께 관료기구 전체는 법에 종속되지 않는다고 말할 수 있다. 반대로, 법은 행정부의 일반적인 의지에 맞추어 조정된다.

3. 무력의 장악. 당-국가의 조직은 군대, 경찰, 준시민적이고 준군사적인 의용대, 형벌기관 등을 장악하고 있다. 이러한 재량권은 명백하며 또한 분할할 수 없는 것이다. 당 지도부는 무력기관 내부의 인사문제, 해임 및 승진 등과 관련한 모든 본질적인 부분에 대해 결정권을

6) 바로 이러한 자동적 관철이 독자적인 입법부 구성원의 등장으로 무너진다.

갖는다. 마찬가지로 당 지도부는 무력 집단이 사용할 예산 및 물적 자원을 결정한다. 이와 관련해서 의회의 역할은 매우 형식적이다. 의회 구성원은 심지어 가장 기본적인 정보조차 얻을 수 없다.

정치적 자유화를 향한 개혁이 진전하지 못했다는 사실은 권력을 장악한 이들이 외부 개입이나 내부 소요 진압을 위해 무력을 사용할 수 있는 역량을 계속 가지고 있다는 사실에 의해 분명하게 확인된다.[7] 무력 사용 이전이나 이후 그 어느 때에도, 무력 사용 결정에 대한 (그것에 반대하는 투표를 할 다른 조직화된 정치세력들이나 반대운동들 또는 야당들이 존재하는) 입법부의 승인을 필요로 하지 않는다. 따라서 당 지도부는 무력을 마음대로 지배할 수 있다. 만일 레닌주의적 국가론을 레닌주의적 체제 자체에 적용한다면, 권력의 핵심 문제는 정확하게 '억압기구'의 장악이다. 사실, 그러한 관점에서 보면 고전적 사회주의 체제와 개혁사회주의 체제 사이에는 별반 차이가 없다.[8]

---

7) 몇 개의 주요한 역사적 사건들이 이러한 서술을 뒷받침해 준다. 예를 들면, 헝가리 지도부는 내부 개혁과정이 한창 진행되던 중인데도, 1968년 체코슬로바키아의 개혁과정을 진압한 바르샤바조약기구의 간섭에 자신들의 무력이 참가하도록 할 수 있었다. 1981년 폴란드 지도부는 경찰과 군대를 동원하고 비상사태를 선포함으로써 개혁과정을 중단하고 되돌려 놓았다. 덧붙여, 중국, 소련, 유고슬라비아 등에서 개혁과정이 한창이던 때에, 군대와 경찰은 여러 차례에 걸쳐 소수자 보호 운동, 민족자치를 위한 시위, 공식정책에 대한 항의 등을 억압하는 데 사용되었다.

8) 소련과 중국의 개혁과정 동안에 군 지휘관들의 영향력이 당-국가 내부에서 증가하였다는 많은 표시가 존재한다. 그러나 그러한 국가들에서조차 그들은 독립된 정치세력이 되지는 않았다.

2. 억압의 완화

앞 절은 개혁 국면에서도 근본적 변화가 없었던 정치체제의 특징들 중에서 가장 중요한 것에 초점을 맞추었지만, 2절부터 5절까지는 개혁 국면에서 뚜렷한 변화가 일어났던 특징들에 대해 다룰 것이다.

첫 번째 언급해야 할 변화는 억압의 완화이다.[9] 고전적 체제하에서는 체제의 적대자뿐만 아니라 옹호자도 체포, 구금, 고문, 죽음의 공포 속에서 살았다. 심지어 체제를 위해 헌신적으로 일하는 공무원들조차도 종종 무고하게 유죄선고를 받았다. 이는 고전적 체제가 최초의 형태대로 유지되기 힘들도록 만드는 현상들 중 하나이다. 개혁 시기 동안 상황은 변화한다. 관료기구의 충직한 구성원은 그 누구라도 규정에 따라 복무했어도 처벌을 받을 수 있다는 염려를 할 필요가 없다. 그렇지만 이러한 확신은 복합적 효과를 갖는다. 이것 덕분에 관료기구 내부의 긴장은 줄어들고 개혁은 안정될 수 있지만, 관료기구 내부에서 비판과 반대 견해가 일어날 여지가 더 커지고 고전적 체제의 기본적 결합력 중 하나인 공포에 의해 강요되는 철의 규율은 약화된다.

억압의 방식들은 기존 정치노선에 반대하는 사람들에 대해서는, 특히 만일 그들이 공식적인 정치권력에 대해 독립적이거나 적대적인 조직을 세우려고 할 때에는 계속 사용된다.[10]

---

9) 스탈린의 사망 이후, 다른 관점에서 개혁과 자유화의 길로 나아가지 않고 기본적으로 고전적 체제의 틀 내부에 남아 있던 대부분의 국가들에서도 억압은 완화되었다.

10) 관료기구는 정치적 자유의 행사에 대해서는 여전히 빈틈없는 통제를 유지한다. 시위, 협회나 신문 설립 혹은 심지어 복사기의 운영을 위해서는 반드시 허

고전적 체제의 방식 중 일부는 개인들에 대해 여전히 사용될 수 있다. 구성원은 당에 의해 징계를 받거나 당으로부터 축출될 수 있다. 반대자라면 누구라도 자칫하면 직위나 직장의 상실, 체포, 구금, 국내유배, 강제이주 등을 당할 수 있다. 그러한 모든 수단들은 고전적 체제하에서보다는 적게 사용되고, 대부분 덜 강압적이고 무자비하다. 여러 억압 수단을 사용할 때 법률상의 정식 절차를 지키려고 더 조심한다. 자연히 이는 더 완화된 조치를 가져온다.

경찰, 사법 및 형벌 실무에서의 이러한 변화들은 이전에 실시되었던 극단적 형태의 억압에 대한 비난 이후, 또는 비난과 함께 시작되었다. 소련에서 공포정치 시기에 저질러진 범죄를 폭로한 획기적인 사건은 그 유명한 1956년의 흐루쇼프 연설이었다.11) 비록 폐쇄된 당 회합에서 이루어졌지만, 그 소식은 곧 퍼져 나갔다. 스탈린 시기에 유죄 판결을 받은 사람들 중 일부의 복권과 몇몇 생존 죄수들의 석방이 바로 착수되었다. 잔혹행위와 공포정치에 대한 훨씬 더 광범위한 두 번째 폭로는 고르바초프가 집권하자 시작되었다.12) 이와 비슷한 조처들

가를 받아야만 한다.

11) 흐루쇼프 비밀연설의 영역본은 T. P. Whitney, ed. (1963) 에서 찾을 수 있다.

12) 스탈린 시대 공포정치의 결과를 기록문서에 바탕을 두고 평가하는 자료들이 1980년대 소련에서 점점 더 많이 나타났다. 일부는 준합법적인 비밀출판물(*samizdat*) 형태의 보고서로, 일부는 합법적인 출판물로 발간되었다. 나중에 영어로도 발간된 R. A. Medvedev의 기념비적인 저작(1989) 은 특별히 언급할 필요가 있다.

공포정치 희생자들의 공식적인 복권도 이루어졌다. 부하린(N. Bukharin)과 그의 동료들에 대한 당원 자격 회복을 결정한 1988년 당 결의안은 획기적인 돌파구였다. 한때 코민테른 의장이었고 트로츠키와 함께 스탈린 반대 세력의 주요 지도자였던 부하린은 1938년 전 세계적으로 악명 높은 재판에서 비방을

이 동유럽과 중국에서 이루어졌다.

이러한 사건들은 박해로부터 살아남은 사람들이나 무고한 사망자들의 친척들에게만 영향을 미친 것이 아니다. 개인적으로 억압을 받지 않았던 사회주의 체제의 진실한 신봉자들 대다수도 깊은 혼란에 빠졌다. 권력의 구조와 이데올로기를 다룬 3장과 4장은 당원과 관료기구 공무원 중 얼마나 많은 사람들이 전적으로 선의에 따라 고귀한 지향을 갖고 행동하는가를 강조한다. 그들 중 많은 사람들은 자신들이 비록 의식적이지는 않았다고 하더라도 소름끼치는 범죄의 공범이었다는 사실을 인식하고 엄청난 정신적 충격에 빠졌다. 도덕적 위기는 지식인 집단을 넘어 대다수 공무원에게까지 퍼져 나갔다. 그들은 자신들이 속았다는 것을 깨달았고, 또한 스스로 현혹되었다는 수치심에 빠졌다. 그들은 사회주의의 역사에서 새롭고 깨끗한 장을 열기를 원했다. 공무원(18장 4절 참조)과 지식계급(*intelligentsia*) 가운데 '개혁 공산주의자'라 불리는 이 집단은 개혁과정을 조직화하는 데에서 매우 중요한 역할을 한다.

억압의 완화는 근본적으로 매우 중요한 변화이다. 일단 이 중요성을 파악한다면, 이는 개혁과 관련한 모든 다른 문제들을 분석하는 데 필요한 열쇠를 얻는 것이다. 개혁과정 동안에 사회주의 체제는 공포로부터 벗어난 삶을 보장하는 것과는 여전히 상당한 거리가 있지만, 공포는 이전보다는 실제적으로 줄어든다.

받았으며, 이후 처형되었다.

3. 공식 이데올로기의 불변 요소와 가변 요소

공식 이데올로기는 그것의 기능상 당연히 항상 '현실에 잘 맞추어져' 있어야만 한다. 개혁과정의 정치노선은 고전적 체제의 정치노선과 다르기 때문에, 이전 시기의 공식 이데올로기는 불가피하게 수정되어야 한다. 하지만 이러한 수정은 느리게, 마지못해 이루어진다. 공식 이데올로기를 만들고 선전하는 사람들은 현재의 정책을 이데올로기적으로 뒷받침하는 데 필요한 관념들과 전통적으로 공포되어 있는 원칙들 사이에 존재하는 불일치를 최소화하려고 노력한다. 일부 원칙들은 자명한 것으로 취급되고, 그 경우에 개혁체제의 공식 이데올로기는 고전적 체제로부터 물려받은 교리들을 완전히 그대로 유지한다. 이 시기에 만들어진 정부 명령들을 이해하기 위해서는, 이러한 교리들을 적어도 주제별로 간단히 검토할 필요가 있다. 4장에서처럼, 우리는 그것들을 유효성에 대한 평가 없이 단지 열거만 하겠다.

1. 공산당은 유능한 사회지도 세력이다. 공산당의 권력독점은 정당하며, 공산당의 변함없는 유지는 인민의 이익에 도움이 된다. 당파의 금지, 민주적 중앙집중제의 원칙, 당 규율의 필요성 등 당의 내부적 작동 원칙들은 공산당의 권력독점과 밀접하게 연결된다.

2. 마르크스-레닌주의의 모든 본질적 가르침과 이 사상의 두 고전적 대표자인 마르크스와 레닌은 변함없이 타당하다고 인정된다.[13] 스

13) "다시 한 번 말하지만 우리는 사회주의로부터, 마르크스-레닌주의로부터, 인

탈린, 마오쩌둥, 그리고 고전적 체제하에서 권력을 장악하고 있던 다른 공산당 지도자들은 마르크스와 레닌의 가르침에서 벗어났기 때문에 많은 문제들에서 잘못된 견해를 가지게 되었다. 고전적 사회주의 시기의 문제들은 마르크스-레닌주의의 원칙들이 많은 측면에서 실현되었기 때문이 아니라, 반대로 마르크스와 레닌의 가르침에서 벗어났기 때문에 일어났다.

3. 공적 소유는 사적 소유보다 우월하다. 공적 소유의 지배는 사회주의에서는 반드시 일어날 수밖에 없다.

4. 소련과 동맹을 맺은 사회주의 국가들에서는 이러한 원칙들에 덧붙여, 결코 비난할 수 없는 다른 기본 원칙들이 존재한다. 이는 소련에 대한 무조건적인 충성과 소련과의 동맹 유지이며, 여기에는 여러 동유럽 국가에 대한 소련 군대의 주둔이 포함된다.

이 목록은 모든 것을 다 열거하고 있지는 않지만, 공식 이데올로기에서 '금기시되는' 관념들이 나타날 수 있는 주요 영역들을 보여 준다.

민에 의해 성취되고 창조된 모든 것으로부터 멀어지지 않는다. 반면에 우리는 결단코 교조적이고, 관료적이고, 주의주의적(主意主義的)인 유산을 거부한다. 이러한 유산은 마르크스-레닌주의 또는 진정한 사회주의와 아무런 공통점도 갖지 않는다."(M. S. Gorbachev, *Pravda*, 1988. 2. 19.)

중국 개혁의 설계자인 덩샤오핑에 의해 제시된 '4대 기본 원칙'은 1982년 '신헌법' 수정에서 지침이 되었다. 헌법기초위원회 위원장이었던 펑첸(Peng Zhen)에 따르면, "헌법의 기초는 사회주의 노선 유지, 민주적 인민독재 유지, 중국 공산당 지도 유지, 마르크스-레닌주의 및 마오쩌둥 사상 유지라는 4대 기본 원칙의 방침에 따라 만들어졌다"(*Beijing Review*, 1982. 12. 13, p. 10).

따라서 금기들은 개혁 시기에조차 국가의 면밀한 보호 아래에서 여전히 유지된다. 이러한 사안들에 대한 토론은 합법적 상황에서 이루어지는 강연이나 합법적으로 출판된 간행물에서는 결코 일어날 수 없다. 고전적 체제가 형성된 이래로, 모든 강연이나 저술에서 이러한 원칙들에 대한 충성서약을 반복하는 것이 더 이상 의무적이지 않다는 점에서만 단지 입장 변화가 일어났다. 이러한 문제들은 우회할 수 있다. 이러한 방식을 통해, 금기사항인 주제와 관련하여 조금이라도 공식 이데올로기와 마찰을 일으키는 생각을 갖는 일부 지식계급은 심리적으로 조금 더 편하게 작업을 할 수 있다. 그렇지만 공식적인 또는 비공식적인 검열은 여전히 누구라도 이러한 주요 영역에서 공식견해와 다른 견해를 발표하지 못하도록 한다.[14] 이를 알고 있는 상황에서 강연자나 저술가는 통상적으로 '자기검열'을 실시하며, 금지된 것이라고 일반적으로 알려진 논지를 생략한다.[15]

이러한 금지들은 합법적으로 허가를 받지 않고 발간되는 지하출판물이나 불법적으로 '몰래 유지되는 대학들'에서 행해지는 강연이나 강의들에서는 무시된다.[16] 게다가, 종종 집에 있는 반체제 문헌들에는

---

14) 국가검열기관은 소련과 같이 개혁을 진행 중인 여러 국가들에서 존재한다. 개혁을 진행 중인 일부 다른 국가들에서는 검열이 비공식적인 방식으로 이루어진다. 원하지 않는 글이나 저작의 발간은 신문, 정기간행물 또는 출판사의 책임자로 임명된 편집자들이나 그들 주변의 업무 담당자들에 의해 금지된다. 비슷한 방식으로 학교나 대학의 최고책임자들은 원하지 않는 강연이나 강의가 이루어지지 않도록 보장하는 등의 강제 의무를 진다.

15) 독립적인 생각을 가진 저술자, 저널리스트, 사회과학자는 공식 노선과 다르거나 그에 비판적인 내용을 자신들의 글이나 저작에 은밀한 방식으로 살짝 포함한다. 저술가들이나 학자들은 행간에 생각을 표현하는 방법을 익히고, 독자들도 행간을 읽는 법을 배운다.

정치적 망명자들에 의해 저술되어 사회주의 국가에 몰래 반입된 저작들의 지적 영향력이 결합되어 나타난다. 이러한 것들이 서로 결합되어 발휘하는 영향력은 억압이나 제한이 실제로 얼마나 작동하는가에 따라 크기도 하고 작기도 하다. 그리고 이는 개혁과정이 혁명적 변화의 단계로 언제 넘어갔는가를 결정하는 주요 기준들 중 하나를 제공한다. 이전에는 금기시되던 주제들이 더 이상 금기시되지 않고 신문·잡지, 라디오, TV 또는 대중적인 일반 회합에서 합법적으로 문제로 제기되기 시작할 때에, 그러한 시점은 이미 도달한 것이다. 이전에는 단지 비밀출판물 형태로만 퍼져 나갈 수 있었을 저작물들이 당 기관의 허가도 없이, 아니 사실은 당 기관의 이의 제기가 있음에도 점점 더 많은 일반대중에게 다가갈 때, 이제 개혁은 혁명으로 접어든 것이다.

---

16) 소련, 헝가리, 폴란드, 체코슬로바키아 및 다른 사회주의 국가들에서 쓰인 비밀출판물들과 정치적·지적 망명자들의 연구와 저서는 그 자체만으로 도서관 하나 분량이 된다. 이 문헌들은 사회주의 체제를 분석하려는 모든 연구에서 근본적 중요성을 지닌 원천 자료이다. 불행하게도, 이 풍부한 저작물들의 대부분은 아직 일반 도서관에서 열람할 수 없으며, 또한 아주 일부만이 영어로 번역되었다.

그중 가장 영향력 있는 저작은 솔제니친(A. I. Solzhenitsyn)의 《수용소 군도》(*The Gulag Archipelago*, 1974~1978)였다. 이 책은 여러 사회주의 국가들에서 비밀출판물로 퍼져 나갔다. 사회주의 국가들에서 큰 영향력을 미쳤고 영어로도 읽을 수 있는 비밀출판물의 다른 예로는 A. Amalrik(1970), V. Havel(1975, ed., 1985), E. Pipinski(1976), M. Lopinski, M. Moskit, and M. Wilk eds. (1990), M. Meerson-Aksenov and B. Shragin, eds. (1978), A. Michnik(1985), J. Patocka(1977), A. D. Sakharov(1968, 1974, 1975, 1979), A. Zinoviev(1984) 등이 있다. 헝가리의 비밀출판물과 관련해서는 이미 두 저작, M. Haraszti(1978)와 J. Kenedi(1981)가 주요한 참고가 된다. 발췌문은 G. Demszky, G. Gadó, and F. Köszeg, eds. (1987)에서 읽을 수 있다. J. Kis(1989)는 불어판으로 볼 수 있다.

개혁 이전 공식 이데올로기의 일부 관념들이 개혁단계에 엄격하게 보존된다고 하더라도, 다른 주요 영역은 다양한 수정을 거친다. 중국 개혁의 지도자인 덩샤오핑은 개혁체제의 실용주의를 사실적으로 표현하였다. "어떤 고양이라도 쥐를 잡을 수 있다면, 흰 색이든 검은 색이든 상관없이 좋은 고양이다."[17] 주요한 개조가 사적 재산과 시장 역할에 대한 평가에서 일어난다. 이 문제들은 사적 영역과 시장사회주의를 다루는 이후 장들(19장 3절, 21장 1절 참조)에서 언급하는 것이 적합하다. 대신, 여기에서는 고전적 체제의 공식 이데올로기가 일부 다른 문제들에 대한 개혁 요구에 맞춰 조정된 공식 이데올로기의 새로운 해석과 어떻게 비교되는지 검토하려고 한다.

이전에는 공식 이데올로기에서 사회주의 체제의 자본주의 체제에 대한 우월성을 매우 강조했다(4장 2절 참조). 따라서 기이한 형태의 오만함이 나타났다. 사회주의하에서 일어난 일은 그것이 무엇이라고 하더라도 다른 체제하에서 일어나고 있거나 일어났던 일보다 당연히 더 높은 차원의 것이라는 생각이다. 그런데 이러한 우월감이 이제 흔들린다. 사회주의 체제의 정치제도는 사회를 폭정으로부터 보호하기는 커녕 실제로는 오히려 폭정을 손쉽게 만들었으며, 반면 현대 의회민주주의 제도들이 폭정으로부터 사회를 더 효과적으로 확실히 보호했다는 사실은 거부하기 힘들다. 마찬가지로, 선진 자본주의 국가들과 사회주의 국가들 사이의 경제발전 차이가 수십 년에 걸쳐 좁혀지지 못했으며 실제로는 많은 국가들의 경우 확대되었다면, 사회주의의 경제적 우월성을 주장하기는 힘들다. 많은 경우 심지어 공식 출판물과 대

17) Deng Xiaoping(1962/1989, p. 305).

중매체조차, 예를 들어 시장기제의 장점들을 소개할 때에는, 자본주의 체제의 성공을 지적한다.

고전적 체제는 영웅적 희생의 정신을 높이려고 노력하였다(4장 5절 참조). 개혁체제의 이데올로기는 영웅적 관념들을 물질적 행복을 더 중시하는 관념들로 대체한다. 규율을 강요해야 한다는 관념은 덜 강조된다. 그 대신에 사람들에게 물질적 인센티브를 제공하는 방식이 장려된다.

이전의 변화들에 밀접하게 연결된 또 하나의 변화도 존재한다. 고전적 체제의 공식 이데올로기는 대중의 복리가 시간이 지나면 결국 증대할 것이라고 약속했다. 그런데 강행적 공업화 시기에는 이 약속을 신속하게 달성하는 것이 불가능했다. 그래서 생활수준의 급속하면서도 안정적인 향상이라는 관념을 포기해야 할 필요성이 이데올로기 내부에서 광범위하게 나타났다(4장 5절, 9장 3절 참조). 현재의 소비증가는 미래를 위해 포기되어야만 한다. 개혁체제의 이데올로기는 적어도 경제적 번영의 기간에는 이러한 관념과 단절하고, 소비증가를 전면에 내세운다. 이 분야에서 사회주의 운동의 이데올로기적 전통들은 다시 살아나게 된다. 그것은 바로 서구 저널리스트들이 헝가리에서 추진된 개혁과정의 첫 번째 단계에 "먹고사는 공산주의"(*goulash communism*)라고 명명했던 관념의 영역이다. 중국에서 성장이 한창 구가되던 시기에 "부자가 되어라!"는 구호는 다시 강조되기 시작했다. 그러나 이러한 경향은 생산과 소비에서 급속한 증가가 유지되는 동안에만 지속된다. 일단 경제 문제가 악화되면 검약, 인내, 희생에 대한 요청이 선전창고로부터 다시 밖으로 나온다.

공식 이데올로기에서 하나의 주요 요소는 시민들을 대상으로 강제적으로 실시되는 가부장주의이다. 국가는 대중에게 국가보조로 값싼 주택, 무상 의료 서비스와 교육, 문화 서비스를 공급하고 또한 국가예산으로 사회간접자본 서비스와 대중교통을 제공할 책임을 제도적으로 진다(4장 3, 4절 참조). 개혁 시기에 이러한 약속은 하나씩 철회된다. 경제 문제가 심각한 가운데, 국가는 주택 건설 및 유지·보수, 의료 서비스, 상수도 및 TV 서비스 설비 공사 등의 비용과 육로 수송 관련 재정부담을 개인, 가계, 가족에게 쉬지 않고 되돌려 보낸다(19장 6절 참조). 이러한 부담들을 전가하면서, 국가는 그렇게 하는 것이 올바르다고 말할 수 있는 논지를 전개한다.

이상으로부터 자명한 사실은 개혁 시기의 공식 이데올로기가 고전 시기의 이데올로기보다 일관성이 부족한 사상체계라는 것이다. 그것은 훨씬 많은 내적 모순을 담고 있다.[18] 그것은 낡고 틀에 박힌 교리들과 새롭고도 현실에 의해 강요된 더 실제적인 견해들이 혼합된 가변물이다.

개혁과정의 동학과 관련해서 가장 두드러진 특징은 끊임없이 계속되는 분열이다. 최초의 교리는 느슨해지고, 단호하고 엄격한 교조적 사상은 점차 무기력하고 관대한 성격을 지니게 된다. 공산당에 맞지 않는 이질적 사상에 의한 '정신의 오염'에 대한 항변은 효과가 없다.[19]

---

18) 오해를 피하기 위해 덧붙이자면, 이러한 문장의 취지는 고전적 체제하에서의 또는 개혁과정에서의 공식 이데올로기가 주장하는 것 속에 들어 있는 진리나 허위의 정도를 밝히려는 것도 아니고 또는 그것의 약속이 어느 정도까지 충족될 수 있는지를 결정하려는 것도 아니다. 두 개의 이데올로기 체계는 서로 일치하거나 또는 모순되는 가르침들을 그 자체에 얼마나 담고 있나 하는 차원에서만 여기에서 비교될 뿐이다.

19) '정신의 오염'에 대한 중국의 반대운동은 Deng Xiaoping(1987) 참조.

이 과정은 되돌릴 수 없다. 이전에는 논란의 여지가 없다고 생각했던 지적 금기를 내버린 사람들이 그러한 금기를 다시 자신들 내부에 세울 수는 없다. 자신들 속의 낡은 세계관이 무너져 버린 것을 경험한 사람들이 과거 자신들의 신념과 열정을 지금 다시 강화하고 복구할 수는 없다. 또한 실패만이 이데올로기적으로 분열효과를 갖는 것은 아니다. 만약 고전적 교리들을 포기하는 대가로, 예를 들면 공적 소유나 계획을 축소함으로써 성공이 이루어지게 된다면, 이러한 성공 역시 공식 이데올로기의 낡은 교리들에 대한 맹목적 신념을 파괴한다. 궁극적으로 공식 이데올로기의 분열은 체제의 토대를 침식한다.

공식 이데올로기를 논의하면서, 제도적 틀에 대해서도 간단하게 언급해야 한다. 관료기구는 대중매체나 교육에 대해, 더 정확히는 그것들 중 공식적으로 조직된 부분에 대해서는 독점적 권력을 유지한다. 이는 앞에서 언급했던(18장 1절 참조) 당이 장악한 권력들에 추가할 수 있다. 그러나 이데올로기 전선에서의 규율은 고전적 체제하에서만큼은 전체주의적이지 않다. (비록 대부분 비공식적이긴 하지만) 어느 정도 영향력을 가진 다른 집단들이 존재한다(18장 4절 참조). 외부세계의 지적 영향력도 증가한다(18장 5절 참조).

권력 중심부가 신문·잡지, 라디오, TV 등을 고전적 체제하에서보다는 덜 엄격하게 통제한다는 사실도 별도로 강조해야 한다. 대중매체에서 획일성은 줄어들고, 비판을 포함하여 더 독립적인 견해들이 때로는 공개적으로, 때로는 은근하게 표출된다. 자유언론이라고 불릴 수 있는 것과는 아직 거리가 멀지만, 대중매체는 권력자에 대한 사회적 통제와 여론의 표출이라고 하는, 자신이 반드시 해야 할 사명을 훨씬 많이 할 수 있다.

4. 다원주의의 씨앗

고전적 체제의 권력구조조차 완전히 단일하지는 않다. 그 속에는 비록 약하긴 하지만 정치적 다원주의의 요소들이 섞여 있다(3장 5절 참조). 이러한 요소들은 정치적 개혁 시기에 현저하게 강해진다. 중앙으로 끌려가는 구심력에 대항하는, 중앙으로부터 벗어나려는 원심력이 고전적 체제하에서보다 더 강해진다. 하지만 원심력이 지배적이지는 않다. 단지 몇 가지 변화만을 제시하겠다. 여기에서는 경제운영에 영향을 미치는 변화들에 대해서만 주로 주목할 것이다.

1. 분야별 압력단체. 고전적 체제하에서조차 어떤 특정 분야를 위해서 지도부 상층에 압력을 행사하는 집단이나 압력단체가 존재했다. 그들의 역할은 개혁과정에서 증가한다. 이는 중앙집권이 약화된 결과이지만, 또한 이 자체가 중앙의 절대적 통치권을 줄이는 방향으로 동일하게 작동한다. 압력단체들은 투자 배분에서 임금 인상을 거쳐 적자기업 재정지원에 이르기까지 많은 종류의 결정에 영향을 미치려는 시도를 한다.[20]

2. 지역, 민족, 소수민족 차원의 압력집단. 고전적 체제하에서도 이미 지역 차원의 압력단체들은 존재했다. 그들은 어떤 지리적 또는 행정적 단위의 실질적 또는 가상적 이익을 주장하고, 대부분 그 단위를 위한 더 많은 투자자금 조달이나 재정 보조금을 획득하려고 노력한다.

---

20) É. Voszka (1984, 1988), E. Gaidar (1990)를 참조하라.

헝가리나 폴란드 같이 상대적으로 작고 민족적으로 단일한 국가들에서조차 변화가 보이기 시작하면, 그러한 지역 차원 압력단체의 힘은 실질적으로 증가한다. 그러한 문제는 소련이나 유고슬라비아 같은 다민족국가에서는 특별히 강하게 나타난다. 그러한 국가에서 지역 차원의 이익은 (그 국가의 다수 민족집단에 비교하여 소수자인) 특정 민족집단의 이익과 결합되어 있다.

아래로부터의 압력과 함께 중앙조직들 내의 분권화 노력도 나타난다. 중앙조직의 분권화는 중앙집권화에 의해 야기된 정보와 행정 차원의 곤란 때문에 강요된다. 결국에는 지역조직들(연방 성격의 국가들에서 공화국 또는 지역의 당 위원회와 정부, 더 작은 단위로 영토 분할이 일어나면 지방의 당 위원회와 국가기관)의 권력 지위가 높아지는 경향이 강하게 나타난다.[21] 지역조직들의 이러한 권한 증대는 의사결정 영역의 확대를 동반하며, 그 영역에서는 자치적 조정기제가 역할을 일부 담당하게 된다(6장 5절 참조). (민주적 선출과 통제 방식들이 국가행정의 지역조직들 내부에서 단지 매우 제한된 범위에서만 적용되기 때문에, '일부'라는 제한적 표현이 필요하다.)

중앙 조직들은 일정 정도 스스로 지역 차원의 분권화를 강요하지만, 이 경향이 (공식 이데올로기가 규정하듯이) '민족주의적'으로 변하면 그것을 긍정적으로 보지 않는다. 지역 단위의 분권화로 나아가는 경향이 역사적으로 발전해 온 공동체가 민족자치를 획득하기 위해 자

---

21) 이는 시작부터 유고슬라비아 개혁의 이면에 있던 주요 요인들 중 하나였다. A. Djilas(1991)를 참조하라. 지역 수준에서의 분권화는 흐루쇼프의 1957년 개혁에서도 두드러진 현상이었다. E. A. Hewett(1988)과 O. Hoeffding(1959)을 참조하라.

신의 전통, 문화, 언어, 종교 등을 보존하려는 노력과 더 밀접하게 결합할수록, 중앙에서의 반대는 더 심해진다. 몇몇 경우에는 폭발과 유혈 갈등이 뒤따른다. 개혁과정 동안, 연방정부와 연방을 구성하는 공화국들의 권리와 의무가 조화롭게 균형 잡힌 진정한 연방국가를 만드는 것이 가능하다고는 어디에서도 확인되지 않았다. 개혁사회주의 단계에서 독립을 추구하는 어떤 민족도, 분리하여 진정한 주권 국가를 세우는 데 성공하지 못했다.[22] 이러한 상황하에서 민족적 열망은 개혁의 길에 있는 사회주의 체제 내에서 가장 강력하고 폭발적인 힘들 중 하나를 대표한다.

3. **교회.** 고전적 체제하에서, 교회를 폐지하거나 교회 운영을 철저하게 제한하려는 경향은 시대에 따라 강도가 변화하기는 했지만, 교회 활동에 대해 관용을 베풀려는 태도와 공존했다. 정치개혁이 진행되면서 교회를 폐지하거나 교회 운영을 철저하게 제한하려는 경향이 사라지지는 않지만, 관용의 태도가 지배적으로 변한다. 그동안에 교회의 영향력은 증가한다. 사실 이러한 일이 어느 정도까지 관료기구의 관용이 확대된 결과인지, 아니면 그 반대의 논리를 어느 정도까지 적용할 수 있는지를 말하기는 쉽지 않다. 교회의 강화는 관료기구가 교회 활동의 확장을 용인하지 않을 수 없도록 만들었다. 어느 경우이

---

22) 1989년에서 1991년 사이에 일련의 소련 공화국들은 자신들의 입법기관을 통해 자신들의 주권을 선포했다. 비슷한 과정이 몇몇 유고슬라비아 공화국들에서도 일어났다. 그러나 이러한 공화국들의 실제 지위는 모호하게 남아 있다. 여러 주요 측면에서 연방정부에 종속하지는 않지만, 그들은 주권국으로서 가져야 할 일부 기본 특징들을 여전히 가지고 있지 않다.

든, 종교적 믿음의 확산은 사회의 도덕적 위기에 의해, 그리고 이전의 사회주의적 신념에 대한 광범위한 환멸에 의해 촉진된다. 비록 교회가 세속적 권력을 갖지는 않지만, 지배적 권력구조로부터 독립적인 교회의 정신적 영향력은 상당한 힘을 보인다.23)

4. 노조와 특정 이익을 대변하는 조직체. 폴란드에서 연대(*solidarity*) 노조가 발달하여 공적 영역의 문제와 관련한 역할을 맡은 것은 역사적으로 매우 독특한 사건이다. 이는 개혁국가들 전체에서 전형적인 일이라고 생각할 수 없다. 하지만, 노조의 관료적 성격이 약화되는 경향이 존재한다는 정도까지 일반화할 수는 있다. 노조 임원은 당의 명령과 의지를 노조원들에게 '전달하는 자'로서 활동하는 것이 자신들의 유일한 의무라고 생각하는 경향을 점점 더 적게 가진다. 그들 자신을 노조원이라고 인식하고 자신들의 이익을 더욱 강하게 대변하기 시작하는 것이 더욱더 통상적인 일이 된다.

언급할 만한 변화 하나는 여러 국가에서 개혁과정이 파업을 합법화하거나 적어도 용인하였다는 사실이다. 이는 고전적 체제하에서는 상상할 수 없는 일이었다. 파업이 일어난다면, 일부는 노조의 후원하에 일어나고, 일부는 독립적으로 또는 아마도 비공식적 노조의 조직하에

---

23) 특별히 거대했던 힘 중 하나는 폴란드의 가톨릭 교회였다. 체제의 변화를 압박하는 운동은 폴란드의 추기경이 교황으로 추대되었다는 사실로부터 커다란 후원을 얻었다.

일부 지역에서는 2번에서 지적된 민족적 열망이 종교적 차별성과 결합한다. 예를 들면, 티베트의 경우이다. 또한 소련 내 아제르바이잔과 아르메니아 간의 갈등의 이면에는 어느 정도 이슬람교와 기독교(아르메니아 정교회) 사이의 적대감이 존재한다.

일어난다.

비슷한 추세가 고전적 체제 관료기구의 필수 구성요소로서 작동을 했던 다른 직업조직들에서도 나타난다. 그러한 조직체의 예로는 국가 과학아카데미, 저술가 협회, 영화인 협회, 음악인 협회, 예술가 협회, 다른 예술 분야 협회들, 대학생 연합회, 기술자 단체, 농민 협회, 기능인 조합, 사영업자 조합 등이 있다. 이러한 조직체들은 언제나 두 가지 의무를 갖고 있었다. 하나는 상층 지도부와 조직에 속한 집단 사이의 '하향식' 전달자의 의무였고, 다른 하나는 집단을 대표하는 '상향식' 전달자의 의무였다. 이제는 상향식 전달자의 역할이 뚜렷하게 강화되고, 자치적 조정과 조직 자율성이 상당히 증가한다.

여기에서 정치개혁의 또 다른 특징이 언급될 수 있다. 많은 수의 새로운 협회, 단체, 조직이 조직 기준의 차원에서도 아주 다양하게 나타난다. 지식계급, 연금 수령자, 국유주택 거주자, 장애인, 자선사업 종사자 등이 각각 분리된 조직을 만든다. 환경운동도 조직된다. 새로운 협회의 일부는 집단을 대표하는 기능도 담당한다. 일부는 정치에 참여하고, 일부는 분명하게 탈정치적 방식으로 활동하려고 한다. 어떤 경우이든, 그들의 공통된 특징은 그들의 지위가 위에서부터 할당되지 않았고, 또한 그들에게 독점적 권리가 곧바로 주어지지 않았다는 것이다. 대신, 그들은 아래로부터의 발의에 따라 자생적으로 조직되었다.[24] 고전적 체제의 전체주의적 성격은 사회 내에서 어떠한 자발적 자생조직 활동도 배제했다는 점에서, 이와 같은 국가 권력으로

---

24) 6장에서 도입된 용어법을 사용하면, 고전적 사회주의 체제하에서 거의 완전히 소멸하였던 자치적이고 윤리적인 조정기제는 더 큰 역할을 하게 된다.

부터 독립적인 시민사회의 초기적 발현 양태들은 고전적 체제로부터 주목할 만한 변화를 만든다.

5. 당내 분파. 공산당은 고전적 체제하에서조차 완전히 단일한 통일체는 아니다(3장 5절 참조). 그러나 지배적인 당의 노선에 반대하는 아주 사소한 저항이라도 무자비하게 박해를 받는다. 여기에서도 개혁시기는 억압의 완화를 가져오고, 체제의 해체가 진행되면서 조직된 분파들이 발달하기 시작한다. 이런저런 국가에서 이들은 어떤 걸출한 '개혁 공산주의자' 주변에 자발적으로 모여든다. 사실상 이 지점에서 다당제의 씨앗이 지배정당 내부에 나타나는 것이다.

6. 대안적 정치운동. 개혁체제에서는 권력자들로부터 독립적인 정치적 표현들, 또는 정치적 입장이나 프로그램이 당의 공식노선과 다른 '대안적' 운동들이 합법성과 불법성 사이의 경계영역에서 등장한다. 정치적 이의제기나 반대는 다양한 형태로 나타난다. 여기에는 공식적 조직체의 내부 토론이나 비공식적으로 조직된 회합의 토론에 참여하는 형태, 항의서한과 청원서명 수집의 형태, 허가받지 않은 출판과 비밀출판 간행물이나 서적의 배포 형태, 거리시위, 대중집회, 정치적 파업의 형태 등이 있다.[25)]

---

25) 때로는 5번과 6번으로 각각 분류된 다원주의의 씨앗들 사이의 구분선은 모호하다. 예를 들면 소련의 옐친(B. Yeltsin), 포포프(G. K. Popov) 및 몇몇 다른 정치가들은 개혁을 위한 자신들의 투쟁을 공산당 내부의 반대자로서 시작했지만, 독립적인 정치조직을 새로 시작하기 위해 그것을 그만두었다. 이는 진정한 다당제를 향한, 따라서 그를 통한 체제의 혁명적 변화로 향하는 일보 진전을 상징한다.

이 모든 활동의 법적 지위는 불확실하다. 한편으로 언론과 집회의 자유는 헌법에 명문화되어 있지만, 다른 한편으로 형법은 '반국가적 선동', '국가 질서를 전복하려는 음모', '반국가적 조직 활동' 등을 금지한다. 더욱이 이러한 금지는 어떤 행위가 언제 이러한 범주들 중 하나가 되는지를 결정하는 명확한 기준을 세우지도 않고 시행된다. 이러한 상황에서, 어떤 종류의 정치활동을 불법적이라고 간주하는가를 결정하는 것은 법집행기관들이나 사법기관, 그리고 궁극적으로는 그 기관들을 통제하는 당-국가조직들에 달려 있다.

사회주의 체제의 고전적 국면과 개혁적 국면 사이의 변화는 헌법이나 형법의 자구·조문이 아니라 실제적 집행에서 나타난다. 여전히 정치재판이 열리지만, 이제는 훨씬 드물게 열린다. 그리고 일반적으로 피고인에 대한 육체적 고문 뒤에 정치재판이 열리는 일은 없다. 주민들은 여전히 정치적 이유 때문에 투옥되기도 하지만, 숫자는 훨씬 적으며 형량도 보통 더 가볍다. 자신들의 견해가 권력자들의 입장과 다른 사람들은 위험을 감수해야 하지만, 위험은 이제 스탈린과 마오쩌둥 또는 그 시기 다른 지도자들의 공포정치 기간보다는 줄어들었다.[26] 이런 의미에서, 정치적 개혁 이후의 사회주의 체제는 독립적이고 반체제적인 다양한 정치적 표현들과 공존하며, 또한 그들에게 압박을 가하지만 어느 정도는 그들의 존재를 용인한다고 결론을 내릴 수 있다.[27] 관용은 정치적 권력 관계에 의해 결정된다. 공식 정책에 반

---

26) 이러한 서술은 반(半)합법적이거나 불법적인 행동에 참가하는 사람들의 개인적 용기나 위험을 평가절하하려는 의도를 가지지 않는다. 위험의 감소에 대한 서술은 확률적 의미에서만 유효하다. 어떤 반체제 활동가들도 자신이나 자신의 동료들에게 박해가 가해지지 않을 것이라고 확신할 수 없다.

대하는 집단들의 존재가 어느 시기에 한번 용인되면, 그들을 탄압하기는 더 어려워진다. 그러한 탄압은 소요를 야기하고 일반대중과 해외에서 반감을 불러일으키기 때문이다.

반(半) 합법적 또는 불법적 활동에 수반되는 위험은 개혁과정의 진전, 후퇴와 함께 시기별로 변화한다. 관료들은 정치적 반대파들의 증가하는 영향력과 급진주의로부터 두려움을 느꼈을 때, 만일 압박할 힘을 여전히 가지고 있다면 정치적 반대파에 대해 더 강하게 압박할 것이다.[28] 수년 동안 내부 망명과 활동 금지를 겪은 소련의 사하로프(Sakharov)와 체코슬로바키아의 하벨(Hável) 같은 영웅적 저항인사들의 이름은 전 세계에 알려져 있다. 이들보다는 덜 알려져 있지만, 헝가리, 폴란드, 체코슬로바키아, 동독, 소련, 중국, 베트남 및 다른 많은 사회주의 국가들에서 민주주의를 위한 투쟁에 비슷한 희생을 치르고 비슷한 영웅적 행위를 보여 준 사람들의 이름을 길게 열거할 수 있을 것이다. 이러한 사람들과 그들이 조직한 운동은 구체제 해체와 개혁 및 혁명의 과정에 말할 수 없는 기여를 하였다.

---

27) 분명하게 경찰은 이러한 운동을 인지한다. 이 운동에 참여하는 사람들이 자유로운 상태에 머물러 있다면, 이는 권력자들 자신이 치안과 사법 수단을 제한적으로만 사용하려는 결정을 내릴 수 있기 때문이지, 그들을 찾아내어서 유죄 선고를 받게 하는 데 어려움이 있기 때문은 아니다. 종종 그 대신에 참가자들의 일상생활이 더 어려워지도록 만들려는 시도가 행해진다. 그들은 직장에서 해고되고 해외여행이 금지되는 등의 어려움을 겪는다.

28) 1981년 폴란드에서 야루젤스키의 군사행동 이후 연대노조운동 활동가들이 다수 체포되었다. 1989년 베이징에서 대규모 학생시위가 진압된 이후 수백 명이 체포되었으며, 이들은 나중에 재판을 받고 장기간의 금고형을 선고받았다.

요약하면, 개혁에 의해 변화된 사회주의 체제하에서 공적 영역의 생활은 단순화된 이분법으로 묘사할 수 없다. 이는 다원주의 체제로도, 단일 체제로도 간주할 수 없다. 고전적 체제하에서와 마찬가지로 개혁과정 동안에도 관료와 공식 이데올로기는, 다른 어떤 이유보다도 관료가 행정적인 권력 도구들을 독점하고 있다는 바로 그 이유 때문에, 지배적인 힘이다. 그러나 비공식적인 대안적 정치영역이 존재한다는 사실은 관료가 더 이상 주민들의 마음을 완전히 장악하고 있지 않다는 것을 의미한다. 주민들의 사고에 대한 전체주의적인 완전 지배는 더 강한 신념이나 더 강한 공포를 필요로 할 것이다. 정치개혁은 신념이나 공포를 고전적 체제하에서보다 약화한다.

5. 자본주의 세계를 향한 개방

고전적 체제의 주요 특징들 중 하나는 자본주의 세계와의 적대적 단절이다(4장 5절, 14장 1절 참조). 이런 측면에서 개혁은 극적인 사태전환을 가져온다. 그 변화는 국제적 긴장의 완화, 군비축소, 그리고 국지적 갈등과 폭발적 상황의 완화 등을 위한 외교정책에서의 노력과 밀접하게 연결된다. 서방세력에 대한 적대적 선전은 약화되고, 다른 체제들 사이의 평화공존의 원칙에 더 많은 비중을 둔다. 이제 공식 이데올로기는 훨씬 실용적으로 변한다. 국제적 노동계급의 이익을 체현하는 사회주의 국가들이 국제적 부르주아의 이익을 체현하는 자본주의 국가들을 반드시 패배시켜야 한다는 관념이 뒤로 물러나면서, 국제적 차원의 계급전쟁이라는 관념도 물러난다.

개혁과정과 관련하여 **개방**이라는 표현은 중국에서 통용되기 시작했는데, 이제는 변화를 묘사하기 위해 보다 일반적으로 사용할 수 있다. 일정 정도의 개방은 모든 영역에서 일어난다. 물론 이러한 개방은 완전하지 않으며, 또한 여전히 수많은 행정적 제한을 받는다. 대외경제관계에서 일어나는 개방은 뒤에서 다룰 것이다(23장 6절 참조). 여기에서는 정치와 이데올로기 영역에서 일어나는 개방에 대해 몇 가지 지적을 하겠다.

개인들이 서구 세계와 맺는 모든 형태의 관계, 예를 들면 사회주의 국가의 시민과 자본주의 국가의 친구 및 친척 사이에 이루어지는 편지 교환, 전화 통화, 무엇보다 개인적 만남, 그리고 양 방향으로 일어나는 사적 관광과 공적 여행(사업, 학술, 문화 등)은 더욱 확대되고 심화된다. 관료기구의 공무원들이 공적 업무나 관광으로 자본주의 국가에 여행하는 일은 더욱 일반화된다. 여러 국가는 학생, 연구자, 교사, 예술가가 몇 년씩이나 해외에서 보낼 수 있도록 허락한다. 해외에서 직장을 구하는 일도 더 쉽게 용인된다.[29] 이러한 개인적 경험은 일반대중에게 깊은 영향을 미친다.

인민 대중은 대규모로 서구의 라디오 방송을 듣기 시작한다. 서구의 문학, 영화, 정기간행물이 정치적이고 이데올로기적인 검열을 덜 받으면서, 개혁 중인 국가들에 더 많이 들어올 수 있게 허용된다. 개혁사회주의하에서 시민들은 높은 수준의 엘리트 문화만이 아니라 대중소비를 위한 '문화상품'도 더욱더 많이 접할 수 있다. 서구적인 댄스

29) 1980년대 말 해외에서 공부하는 중국 유학생들은 3만 7천 명이었는데, 이 중 2만 7천 명은 미국에 있었다.

음악, 의류, 소비자 습관이 밀려든다. 때로는 이러한 서구문화의 범람이 의식적으로든 본능적으로든 숨은 동기를 가지고 있다는 인상이 일어나기도 한다. 일반 국민들, 특히 젊은이들은 오랫동안 갈망하던 서구 문화와 문명의 산물에 푹 빠져들고, 이는 그들이 절박한 공적 영역의 문제들이나 적극적 정치참여로부터 주의를 돌리도록 만든다.

관료의 행위는 획일적이지 않다. 묵인이 두드러지거나 제한이 두드러지는 시기들이 번갈아 나타난다. 서구의 정신적 영향에 반대하는 운동이 중국에서 여러 번에 걸쳐 나타났다. 또한 유사한 경향들이 다른 개혁국가들에서도 때때로 나타난다. 보수적인 당 이데올로그들은 농촌낭만주의, 과거찬미주의, 쇼비니즘, 인종주의 등으로부터 영향을 받아 형성된 지식계급 내 '반(反)서구주의' 사조에서 그들의 협력자들을 발견하기도 한다.

개방은 제한되지만, 그 영향은 결국에는 거의 멈출 수 없다. 문은 완전히 열려 있지 않고 단지 조금만 벌어져 있을 뿐인데도, 신선한 공기가 이전에는 닫혀 있던 방으로 들어온다. 자본주의 국가들의 인민들은 가난하게 살지만 사회주의 국가들의 시민들은 물질적 풍요 속에서 살아간다는 점을 효과적으로 주입하는 일이 지난 수십 년 동안에는 가능하였다. 그러나 일단 인민들이 직・간접적으로 두 체제를 비교할 기회를 많이 갖게 되면서, 이러한 신화나 다른 유사한 신화들은 더 이상 유지될 수 없다. '비교경제체제론' 학자들뿐만 아니라 점점 더 많은 거리의 일반인들도 더욱 자주 '비교연구'를 수행한다. 바로 이것이 개방의 가장 중요한 결과라고 할 수 있으며, 개혁과정을 뒤에서 밀어 주는 근본적인 힘 중 하나이다.

6. 공개성과 진실성 차원의 변화

고르바초프의 개혁 프로그램은 전 세계가 글라스노스트라는 단어에 친숙하도록 만들었다. 이는 두 가지 밀접하게 연결된 필요조건들을 충족한다. 하나는 비밀주의에 종지부를 찍는 것이다. 일반대중에게 영향을 미치는 결정사항들과 그러한 결정을 내리는 준비과정은 일반대중에게 반드시 알려져야만 한다. 다른 하나는 언제나 진실만을 이야기해야 한다는 것이다. 거짓 성명이나 진술의 발표는 중단되어야만 한다.[30]

첫 번째와 관련해서 말하자면, 고전적 체제는 자신의 비밀주의 때문에 결코 곤란을 겪지 않았으며, 이를 필요악으로 간주했다. 고전적 체제는 비밀주의를 경계 유지의 근본 요건으로 생각하면서 당연시하였다(4장 5절 참조). 모든 정보가 내부나 외부의 적들에게 이득을 가져다줄 것이라고 주장했다. 따라서 모든 공무원은 최소한의 정보만을 공표할 것이라고 일반적으로 예상되었다.

두 번째와 관련해서 말하자면, 당연하게도, 진실을 말하는 것은 사람들이 어떠한 세계관을 가지고 있더라도 일반적으로 받아들이는 도덕적 의무이다. 고전적 체제의 윤리도 결코 이와 반대되는 것을 주장하지는 않았다. 단지 이 규율이 실제 생활에서 지켜지지 않았을 뿐이다. 완전한 진실을 아는 어떤 사람이 현실에서 의식적으로 거짓말을

30) 이러한 논평은 어떤 사건에 대한 정부 차원의 공식적 평가가 정확한지 아닌지 또는 정부가 미래에 대한 약속을 지키는지 등과 같은 질문과 관련하지 않는다. '진실'과 '거짓'의 구분은 오로지 사건들이나 통계자료들과 관련한 공식성명이 사실들과 부합하는가 하는 점에서만 검토된다.

하는 경우는 드물었다는 사실을 여기에서 특별히 강조해 두고자 한다. 거짓말을 하는 사람들은 대의를 위해 거짓말을 하며 목적이 수단을 정당화한다고 말함으로써 통상적으로 자기 자신들을 안심시킬 것이다. 고전적 체제의 공무원 대부분은 진실과 거짓에 대하여 마음속에서는 혼란을 겪었다. 그들은 자신들이 스스로 말하는 것을 사실이라고 생각했는데, 이는 그들이 자신들의 견해를 만든 자신들의 이데올로기를 믿었기 때문이며, 자신들이 반복한 성명이나 언술을 생산한 지도자들을 믿었기 때문이며, 다른 방식으로 생각하는 것을 두려워했기 때문이며, 의심하거나 비판하지 않고 순종하도록 훈련받았기 때문이다. 이러한 선한 의도와 그에 대한 무비판적 확신은 그들로 하여금 그토록 많은 거짓말을 믿도록 만든 사람들에 의해 강요된 것이었다. 그러한 거짓말들은 예를 들어 과시용 재판 과정에서 억압적 선고들을 정당화하는 데 사용하던 거짓 진술이나 지도자들은 결코 실패하지 않는다는 신화의 전파 등이었다.

환상을 키우는 것은 적절하지 않다. 비밀주의는 모든 정치 기구에 상당한 정도로 만연하고, 곤란한 사실들과 잘못된 여론조작과 관련한 정부 차원의 침묵도 마찬가지이다. 사회과학이 결정해야 하는 질문은 사회의 작동 기구들이 그러한 행위를 어느 정도까지 제어해야 하는가이다. 글라스노스트를 분석할 때 핵심이 되는 질문은 현재 개혁을 이행하고 있는 지도자들이 고전적 체제하의 전임자들보다 정직함이나 솔직함을 강조하는 경향을 더 많이 가지고 있는가 하는 것이 아니라, 어떤 기구나 제도가 비밀주의나 거짓 선전을 막기 위해 발전하는가 하는 것이다.

이런 관점에서 개혁은 근본적으로 다른 양상을 갖는다. 비밀주의는 멈추지는 않더라도 줄어든다. 신뢰할 만한 정보와 왜곡된 정보 사이에서 전자에 유리한 방향으로 전이가 일어난다.

정보공개 정책은 틀림없이 많은 저항에 직면한다. 수십 년에 걸쳐 관료기구가 어떤 문제나 난관 또는 발생하는 위기를 숨기고 그와 관련하여 선별되고 왜곡된 정보를 공표하려는 것은 조건반사가 되었다. 만일 이제는 더 이상 그러한 일이 고전적 체제하에서처럼 일어날 수 없다면, 이는 대체로 앞 절에서 살펴본 변화들 때문이다. 하나의 예로 원자력 발전소에서 일어난 재난을 들어 보자. 분명 1950년대 말에 소련에서 매우 심각한 핵 사고가 일어났다. 오늘날까지 어떤 일이 일어났으며, 얼마나 많은 생명을 잃었는지 또는 보건이나 환경 차원에서 어떠한 손실이 발생했는지 정확하게 알려지지 않았다. 거의 30년 뒤에 체르노빌에서 핵 재난이 발생했다. (방금 언급했던 조건반사인) 최초 반응은 그 문제에 대해 비밀을 유지하고 침묵을 지키면서, 거짓 정보를 공표하는 것이었다. 그러나 이러한 태도는 오직 며칠 동안만 유지됐다. 정확한 정보가 국내 및 해외 여론의 힘에 의해, 그리고 외국 정부와 국제기구의 압력에 의해 어쩔 수 없이 알려졌다.

이러한 예로부터 이 주제 전체로 되돌아와 보자. 정보의 은폐, 정부 과실의 왜곡, 거짓 정보의 유포 등에 대항하는 핵심적인 국내 세력은 정확한 정보를 찾아내어서 알리려고 용감하게 노력하는 언론들, 거짓 보고서를 발표하라고 압력을 가하는 상관들에게 위험을 무릅쓰고 도전하는 공무원들, 그리고 심지어 공식적 소식통들이 감추려고 하는 올바른 사실들을 반(半) 합법적 또는 불법적 출판물이나 구두로 전파하는 독립조직들 등이다. 일단 어떤 국가가 외부세계와 어느 정도 통하게 되면, 국내에 보도되지 않은 뉴스들이 해외로부터 라디오 방송이나 신문을 통해 들어올 수 있다. 언론이 더 자유롭고 대안운동이 더 강할수록, 사람들은 공식발표를 부인할 때에 받을 억압에 대한 공포를 더 적게 느낄 것이다. 국가가 외부세계에 더 많이 개방되어 있을수록, 은폐될지도 모르는 진실이 드러날 가능성은 더 높다. 그렇게 됨으로써 정직과 개방이 더욱더 일상적이고 자연스러운 것이 된다.

그런데 이러한 변화는 정치개혁의 근본적인 내적 모순 중 하나를 야기한다. 대중의 불만을 야기한 문제들은 이미 고전적 체제하에서도 존재했거나 적어도 고전적 체제 자체에 뿌리를 두고 있었다. 그러나 당시에는 억압이 너무나 강했기 때문에, 대중은 감히 자신들의 불만을 표출하려고 하지 않았다. 개혁은 이 문제들 중 몇 개를 해결했다. 하지만 억압의 완화와 좀더 개방적이고 공개적인 분위기는 불만을 표현하도록 만들었다. 자유는 정신적 양식(糧食)의 하나이며, 정신적 양식의 소비는 자유에 대한 욕구를 강화한다. 분위기가 더욱더 자유로울수록, 체제를 향한 분노 섞인 불만은 더욱더 커진다. 이러한 현상은 역사가 잘 보여 준다. 프랑스 혁명, 러시아 10월 혁명, 1956년 헝가리 혁명, 이란 혁명, 그 외에도 많은 예들이 있다. 대부분의 경우에 대중 분노의 폭발, 반란, 폭력적 혁명 등은 억압이 가장 엄혹할 때가 아니라, 억압이 느슨해지고 체제가 자유화될 때에 일어난다.

이러한 주장은 헝가리, 폴란드, 중국, 소련에서 가장 최근 일어난 사건들에 의해 뒷받침된다. 하지만 동독, 체코슬로바키아, 불가리아, 루마니아에서 1989년에 일어난 일들은 이를 부정하는 것처럼 보인다. 그 지역들에서는 고전적 체제가 마지막 순간까지 고유한 억압들과 함께 유지됐지만, 결국 구체제의 몰락을 가져온 대중시위가 일어났다.

아무래도 외부 영향이 사건의 진행과정에서 중대한 역할을 한 것 같다. 내부에서 정치적 자유화가 충분히 이루어지지 않았더라도 이는 외부의 예에 의해, 곧 다른 사회주의 국가들에서 나타난 변화의 혁명적 영향에 의해 어느 정도까지는 보충되었다(16장 1절 참조).

억압과 대중적 만족 사이에는 상충관계가 존재한다. 이 상충관계 곡선 위에서 어느 정도의 만족은 비교적 약한 억압과 일치하기 때문에, 개혁체제는 압박이 참을 만한 수준일 때에 잘 작동한다. 개혁이 정치적, 경제적으로 성공하고 이와 함께 만족 수준이 올라가는 동안에는, 권력을 보유한 자들은 자신들의 권력을 어떠한 근본적 위험에 빠뜨리지 않으면서도 표현과 결사의 자유에 관해 더 관대할 수 있다. 그러나 일단 정치적 실패들 그리고/또는 경제적 실패들이 계속해서 일어나면, 상황은 긴장되기 시작하고 지도부는 딜레마에 처한다. 더 억압적인 수단들을 다시 강제(하려고 시도)하거나, 유일 권력이 위험에 처하게 될 현실에 직면한다.

7. 정치개혁의 한계

정치적 사건들의 구체적인 역사적 진행과정은 국가에 따라 다르다. 이미 언급하였듯이, 정치개혁의 자유화 경향은 고전적 체제의 정치구조를 가능한 한 많이 보존하려고 하는 매우 강력한 반대경향의 방해를 받는다. 국가와 시기에 따라 대항세력들의 수많은 결합이 나타난다.

어떤 국가들에서 정치적 사정은 비교적 오랜 기간 고착되어서, 나름대로 특유한 **정치개혁의 균형**을 가져온다. 이러한 상황은 예를 들면 유고슬라비아에서 1950년대부터 티토(Tito) 사망 이전까지 나타났다.

헝가리에서 카다르(Kádár) 치하의 15년 내지 20년 정도도 이 경우에 해당한다. 이 두 국가에서 '개혁 균형'은 동일하지 않았다. 고착된 시기를 가져온 자유화와 억압 사이의 특유한 결합상태는 서로 달랐다. 하지만 당시 등장한 결합상태는 두 국가 모두에서 오래 지속되었다. 고전적 체제의 복원을 염원하는 공산주의 '근본주의자' 그룹도, 티토나 카다르의 개혁을 넘어서려고 노력하는 민주파 반대세력도, 당시에는 체제를 불확실한 균형상태에서 벗어나도록 만들 정도로 충분히 강하지 못했다.

그러나 균형은 이 두 국가에서조차 안정적인 것은 아니었다.[31] 얼마 후에 긴장이 고조되고, 마침내 세력균형은 자유화를 요구하는 사람들에게 유리한 방향으로 결정적으로 기울어진다. 다른 국가들에서 정치개혁은 오랜 기간, 심지어 이러한 불확실하고 중간적인 상태에서도 고착화될 수 없었다. 폴란드에서 1980년 부상한 정치운동은 강렬한 자극을 남겼기 때문에 공산당은 자신의 권력독점이 위험에 처했다고 느꼈고, 이에 1981년 군대를 동원하여 연대노조를 해산하였다.[32] 중국에서 1989년 민주주의를 요구하는 수백만 인민들의 시위가 일어

---

31) 이러한 표현에 담긴 의미는 동학 체제의 수학적 이론에서 발견되는 의미와 동일하다. 두 개의 분리된 질문이 존재한다. 체제는 동학적 균형상태에 놓여 있는가? 그러한 균형은 안정적인가? 전자는 체제에 영향을 미치는 모든 힘들의 전체적 합이 0이라는 것을 의미한다. 반면, 후자는 체제가 충격에 의해 균형상태로부터 이탈하더라도 체제를 다시 균형 궤도에 가져다 놓는 내적 메커니즘이 존재한다는 것을 함축한다.

32) 미래의 역사가들은 군사행동에 호소할 결정을 내리는 과정에서 소련의 설득이나 압력이 폴란드 공산당의 공포(恐怖)와 함께 어떤 역할을 하였는지 결정하게 될 것이다.

났고, 그곳에서도 역시 대중운동은 무자비한 군대 동원으로 진압되었다. 그러나 가차 없는 폭력은 정치적 상황을 이전의 어중간하고 절반 정도 자유화된 상태로 되돌리지 않았다. 정치적 조건과 관련하여 더 심한 조치들이 취해졌고, 과거 고전 체제의 거친 억압이 되살아났다.

권력을 잡은 공산당의 관점에서 이 문제를 고찰해 보자. 공산당은 권력을 상실할 가능성에 직면할 수밖에 없고, 따라서 그것을 반드시 막으려고 할 것이다. 이러한 결의 뒤에는 여러 요인들이 존재하며, 그 결의는 단지 최고지도부뿐만 아니라 당 기구의 모든 층위에서 발견될 것이다. 권력은 공산주의자들에게 중대한 내재적 가치를 지닌다는 사실을 반드시 기억해야 한다. 공식 이데올로기는 권력 상실이란 뒤집을 수 없는 것이며 또한 가장 받아들이기 힘든 비극이라는 사실을 마르크스-레닌주의에 따르는 당 관리들의 마음속에 깊이 새겨 놓았다(4장 6절 참조). 이러한 공포는 개인적 불안을 동반할 것이다. 체제 차원의 혁명적 변화는 공무원이 직위, 개인적 권력, 물질적 특혜를 상실하도록 만들 것이다. 심지어 공무원은 보복을 두려워할 수도 있다.

공산당의 유일 권력에 대한 주장은 모든 사회주의 체제의 모든 기관에 널리 퍼져 있는 '유전 프로그램'이다(15장 3절 참조). 이와 같은, 권력을 지키겠다는 절대적 결의를 보여 주는 표현이 1989년 중국 전국인민대표대회에서 확고한 개혁주의자로 잘 알려져 있던 당 총비서 자오쯔양(趙紫陽)에게서 나왔다.

> 공산당은 중국 인민의 근본 이익을 떠받친다. 서구식 다당제는 중국에 적용될 수 없다. 반대당들을 형성할 어떠한 근거나 용도도 중국에는 존재하지 않을 것이다. … 정치제도를 개혁하는 목표는 공산당의 지도적 역할이라는

기본구조를 변화시키는 것이 분명히 아니며, 그 구조의 운영을 개선하는 것이다. … 정치제도는 개혁을 필요로 하지만 공산당의 지위, 즉 공산당이 지배정당이라는 사실은 변경할 수 없다. 단지 공산당 지배의 구체적 방법만이 바뀔 수 있다.[33]

이 인용문은 중국 공산당의 성명에서 가져왔지만, 다른 개혁국가들의 당 지도자들도 비슷한 표현들을 하였다.[34] 어떤 국가의 공산당이 정당 경쟁이나 의회선거라는 관념을 원칙적으로라도 받아들이면, 그 국가는 이러한 표현들에서 '사회주의 체제'라고 명명하는 종류의 체제가 지니는 한계를 넘어서거나, 적어도 그러한 한계에 도달하게 된다. 왜냐하면 이는 의회의 의석 분포가 당 권력에 반대하는 형태가 될 때 당이 유일 권력을 잃어버릴 가능성을 수용하는 결과를 수반하기 때문이다. 공산당이 어떠한 수단을 사용해서라도 권력을 유지할 결의를 가지고 있고 또한 그러한 의도를 실행할 수 있을 때에만, 그 체제는 사회주의 체제의 범주 안에 남아 있게 된다.

이제 정치개혁에 대한 논의를 정리할 수 있다. 앞서 자유화 경향에 대해, 그리고 정치영역에서 발생하는 불확실한 상태에 대해 서술하였다. 이러한 경향은 때로는 더욱 강력하게 나타나지만, 때로는 격퇴되기도 한다. 이러한 경향에 대한 억압은 때로는 다소 온건한 방식으로,

---

33) 〈인민일보〉(*Renmin Ribao*) 해외판(1989. 3. 17) 참조. 역사의 비극적 운명 때문에, 자오쯔양은 1989년 6월 학생운동이 진압된 이후 학생운동에 너무 관대한 태도를 보였다는 이유로 당 총비서 지위로부터 쫓겨났다.

34) "우리나라와 사회주의의 운명을 결정하게 될 **개조**(*perestroika*)라는 과업을 달성하는 해법은 당의 지도적 역할의 강화와 함께 당 과업 완수의 평가와 관련한 새로운 기준들을 요구한다."(M. S. Gorbachev, *Izvestia*, 1988. 7. 5.)

때로는 상당히 거친 방식으로 일어난다. 변화가 어쨌든 여전히 개혁이라고 불릴 수 있고 한계를 넘어서 혁명으로까지 발전하지는 않은 상태에서는, 그러한 변화는 분명하게 식별할 수 있는 정치적 한계를 가진다. 간단히 말해, 바로 그것은 다음 장들에서 서술할 경제개혁의 경향 뒤에 놓여 있는 정치적 배경이다.

1989년 동유럽에서 나타난 자유화 경향은 공산당이 설정해 놓은 한계 앞에서 멈추지 않았다. 민주주의에 대한 요구는 너무 강하였고, 한계를 지탱해 줄 수 있는 저항력은 너무 약하였다. 이러한 현상 뒤에 놓여 있던 하나의 기본 요소는 소련이 민주혁명을 격퇴하기 위해 군사력을 사용하지 않았다는 사실이다. 하지만 그 사실 자체만으로는 당시에 일어난 일을 설명하기에 충분하지 않다. 체제의 내적 분열도 못지않게 중요하였다. 이 장에서는 내적 분열 과정의 정치적 측면을 전달하려고 하였다. 다음 장들은 여러 차례에 걸쳐 내적 분열 과정의 다른 측면에 대해 다룰 것이다.

이 책에서 나는 사회주의 체제가 지금 바로 이 시점에 고전적 형태 또는 개혁적 형태로 살아남은 국가들의 미래에 대해 추측하지 않는다. 언제, 그리고 어떤 상황하에서 체제의 변화가 일어나는지, 변화가 얼마나 평화적으로 또는 폭력적으로 일어나는지 등은 국가에 따라 다른 결합 상태에 놓여 있는 수많은 요인들에 달려 있다. 내가 독자에게 제공할 수 있는 것은 분석수단들뿐이다. 체제를 유지하거나 붕괴하는 경향을 지닌 힘들을 하나씩 제시하고, 그것들 사이의 관계를 검토할 것이다.

8. 미리 보기: 탈사회주의 체제의 정치적 구조

미래의 탈사회주의 체제의 정치구조는 여러 요인에 의해 결정된다. 이행이 실제로 시작된 곳에서는 최초의 자유선거가 이미 실시되었다. 여러 정당들이 자유선거에 참여하였는데, 정강에서 다당제와 의회민주주의를 기본 원칙으로 내세우는 정당들만이 여기에 포함되었다. 이 점은 사회주의 체제하에서 권력을 잡고 있던 공산당으로부터 권력을 물려받는 정당들에게도 마찬가지였다. 이러한 점에서 권력을 물려받은 당들은 진정한 마르크스-레닌주의 당들이 아니고, 사회민주주의 정당에 더 가깝다. 그들은 레닌주의라는 이데올로기적 구조물을 떠받치는 기본 기둥들 중 하나인, 모든 대가를 치르고서라도 권력을 유지한다는 원칙을 포기하였기 때문이다.

유권자들은 의회민주주의의 수립 및 공고화에 대한 자신들의 바람을 많은 표차로 확인하였다. 서구식 민주주의를 도입하기를 원한다고 천명한 정당들과 정치집단들이 투표에서 다수파가 되었다.

각 국가는 각자 서로 다른 출발점에서 시작하였다. 예를 들면 폴란드와 헝가리의 출발점과 루마니아의 출발점 간에는 큰 차이가 있다. 폴란드와 헝가리 두 국가에서 반대운동은 10년 또는 20년 동안 조직되어 왔고, 이 장에서 서술된 자유화 경향은 전환점이 오기 전에 많은 측면에서 상당히 진전되었다. 반면 루마니아에서 고전적 체제는 극단적인 형태로 유지되어 왔으며, 차우셰스쿠의 통치가 종식될 때까지 무자비한 독재 권력이 유지되었다. 이행이 시작된 시기에 탈사회주의 사회의 상태가 루마니아와 같이 극단적인 경우에 가까울수록, 민주주의의 제도와 정신구조의 발전 방향은 '무에서 출발하는 것'에 더 가까

운 형태로 일어난다.[35]

그러나 민주주의 제도들은 혁명에 앞서 정치개혁이 꽤 오랫동안 진전된 곳에서조차 충분히 발전하지 않았다. 새롭게 합법화된 정당들이 의회제도 운영에 익숙해지기까지는 시간이 걸린다. 마찬가지로 전체주의 체제하에서 무소불위의 힘을 가졌던 경찰이 법적 통제에 따라 공공치안 업무를 담당하는 경찰에 자리를 내어주기까지도 시간이 걸린다. 입헌주의와 재산 및 사적 계약의 보호, 시민적 자유의 보호 등에 필요한 법률과 규정을 만드는 데에도 시간이 걸린다. 대중매체가 집권 정부를 비판하고 권력 남용을 조사하는 민주사회의 필수불가결한 과업을 수행하는 방법을 배우기까지도 시간이 걸린다.

민주적 제도가 아직 충분히 발달하지 못했을 뿐만 아니라 대중의 마음에는 여전히 이데올로기적 유산이 남아 있는 상황에서 새로운 체제는 커다란 부담을 물려받는다. 사고방식의 기묘한 분열이 광범위한 영역에서 나타난다. 대부분의 사람들은 서구 세계의 사상과 가치를 받아들일 준비가 되었고, 실제로 민주주의와 시민적 자유의 보장, 시장경제, 경쟁, 사적 재산의 보호 등을 갖기를 적극적으로 바란다. 하지만 일반적으로 사람들은 과거 체제가 제시했던 충족되지 못한 약속들 모두를 새로운 체제가 될 수 있으면 가장 빠른 시간에 채워 주기를 기대한다.

---

35) 동독의 탈사회주의적 이행은 어떤 다른 국가의 이행과도 다르다. 동독은 고전적 체제하에서 탈사회주의 체제로 단번에 넘어간 국가에 속하며, 이런 점에서 동독은 체코슬로바키아와 루마니아의 상태와 유사점을 보인다. 유일무이한 상황을 만든 것은 독일의 통일이다. 통일 독일에서 의회민주주의 제도와 자본주의 시장경제는 이미 거의 만들어진 상태로 동독 사회를 기다리고 있었다.

특히 강력하게 살아남은 것은 국가의 가부장적 보호, 즉 이행과 경제적 적응 과정에서 발생하는 모든 충격으로부터 개인들을 보호해 줄 국가의 활동에 대한 요구이다. 또한 이와 마찬가지로 시장경제와 사적 부문의 확대에 당연히 따라오는 불평등을 고통과 반감을 가지고 바라보도록 만드는 평등주의적 관념과 감정도 강력하게 살아남는다.

정치적인 그리고 이데올로기적인 영역에서 나타나는 난관들은 탈사회주의적 이행의 심각한 경제적 문제들로 인해 더욱 증가한 내적 위험들을 보이지 않게 한다. 아직 충분히 발달하지 않은 민주주의가 포퓰리즘적이고 선동적인 반대파들에 적절히 대응할 수도 있고, 아니면 극단적 민족주의 경향이 나타날 수도 있다. 민주세력이 앞으로도 권력을 장악할 것이라고 믿을 수도 있지만, 민주주의에 대한 반동이 일어날 가능성도 완전히 떨쳐 버릴 수는 없다. 경제상황이 더 나아질수록 이러한 위험은 더 줄어들고 민주주의의 공고화에 대한 기대가 더 높아질 것이다.

제 19 장 사적 부문의 부흥

사적 부문의 등장은 개혁과정 동안 경제영역에서 일어나는 가장 중요한 경향이다. 이는 재산관계(〈그림 15-1〉의 블록 2)에 영향을 미치기 때문에 심층적 변화를 가져오며, 또한 이 변화는 급진적 방식으로 일어난다. 사적 재산은 공적 재산의 바로 옆에서 나타난다. 그렇지만, 이러한 심층적이고 급진적인 변화는 경제의 매우 제한된 구역에서만 일어난다는 점을 곧바로 지적해야 한다.

고전적 체제하에서 사적 부문은 거의 제거되거나 경제의 사소하고 조각난 부분으로 축소되었다. 임노동을 사용하는 사적 공장은 어떠한 형태이든지 모두 폐지되었다. 대부분의 사회주의 국가들에서 아주 작은 숫자의 사영 수공업자나 상인만이 운영을 허락받았고, 소규모 가족농만이 농업 집단화에서 살아남았다. 덧붙여 사적 활동은 불법적으로만 이루어졌다. 이 장은 이러한 출발 상황과 비교하여 나타나는 변화들을 검토하고 분석한다.[1)]

우리는 하나의 이중적 현상에 직면한다. 사적 부문의 발전을 가져오는 강력한 경향은 이러한 발전을 방해하고 제한하는, 결코 약하지 않은 반대경향에 부딪친다. 우리는 바로 이러한 과정의 양 측면을 모두 보여 주려고 노력할 것이다.

1. 사적 부문의 발전을 가져오는 유인

고전적 체제하에서 국가 부문이나 준국가적 협동조합 부문들이 위로부터 구축되었던 방식과는 달리, 사적 부문은 행정부에 의해 '인위적으로' 만들어지지 않는다. 꽤 많은 사람들이 자발적으로 사적 재산에 기초를 둔 경제활동을 벌인다. 어떠한 적극적 지원도 필요하지 않다. 단지 관료적 장애를 제거하기만 하면 (또는 어쨌든 실제적으로 낮추기만 하면) 된다. 관료기구가 해야 할 것이라고는 바로 그 관료기구가 사적 부문의 활동을 종식하기 위해 고전적 체제하에서 취한 조치들 중에서 최소한 일부를 폐지하는(또는 꽤 상당 부분을 감소시키는) 일뿐이다.

개혁 중인 국가들을 모두 일괄해서 본다면, 수천만의 사람들이 자발적으로 사적 부문으로 움직여 들어가고, 다양한 형태의 사적 기업들이 버섯들처럼 생겨난다.[2] 그렇다면, 환경이 여전히 사적 부문에 대해 호의적이지 않다고 하더라도, 사람들이 사적 부문으로 들어가도

1) 5장 각주 38번에 있는 사적 부문과 이차경제를 참조할 것.

2) 농촌 **중산계급화**(*embourgeoisement*)에 대한 자세한 분석은 I. Szelényi(1988)를 참조하라.

록 만드는 아주 강력한 유인이 틀림없이 존재한다. 이 중에서 첫 번째는 물질적 유인, 고소득에 대한 희망이다. 많은 사람들에게 사적 기업은 부로 가는 길을 열어 준다.[3] 일부 사람들은 잘해 냄으로써 말 그대로 부자가 된다. 행운의 가능성은 많은 사람들에게서 실제로 실현되지 않을지라도 사람들을 움직이는 큰 힘을 가진다. 이전에는 출세를 위해 쫓아갈 길이 오직 하나만 존재했다. 그것은 위계적 질서 속에서 천천히 위로 올라가는 것이었다. 이제 두 번째 길이 갑자기 나타난다. 이것은 사적 기업의 영역에서 천천히 부자가 되는 것이다.

사적 부문에 참가하게 만드는 또 다른 매우 강력한 유인은 자율적이고 싶은 바람이다. 사적 소유는 소유자의 손에 유형 1, 2, 3의 재산권(순서대로 수익권, 양도권, 통제권 — 옮긴이주)을 모두 준다.[4] 사적 기업가들은 자신들이 수입을 잘 올리든 파산을 하든, 잔여소득에 대해 확실한 처분권을 갖는다. 운이나 관료 개입은 그들의 소득에 큰 영향을 미칠지도 모르지만, 활동의 성과(*performance*)와 소득은 소득분배가 일반적으로 개인과 무관하게 평등하게 이루어지는 공적 소유 영역에서보다 훨씬 더 분명하고 확실하게 서로 연결된다. 사적 기업가들

---

3) 사적 부문에 속하는 사람들 중 대부분이 돈을 많이 버는 이유는 그들이 자본주의하에서 활동하기 때문이 아니라 만성적 부족경제하에 있는 사회주의적 환경 속에서 '이질적 집단'으로 활동하기 때문이다. 이는 아이러니하다. 아마도 미국이나 서유럽에서는 중하층계급에 속할 개인 택시운전사나 길모퉁이 청과물 상인은 개혁사회주의 국가들에서는 '부자'에 속한다.

기업가가 되도록 만드는 물질적 유인은 사적 부문의 빠른 성장에 기여하는 유일한 것이 아니다. 사적 소유의 생산 단위에 고용되어 있는 임노동 근로자들 역시 국가 부문에서 비슷한 일을 하는 사람들보다 훨씬 많이 번다.

4) 대규모 사적 사업에서 소유자는 통제권 일부를 피고용인들에게 위임하기도 하지만 바로 그 자신이 그들을 임명하며 또한 해고할 수 있다(5장 2절 참조).

은 남의 제재를 받지 않고 마음대로 할 수 있다는 것에 큰 만족을 느낀다. 이는 돈이 많고 고도로 자본화된 재산가뿐만 아니라 아주 작은 가족작업장의 소유자나 소농지의 소유자에게도 적용된다.[5] 많은 사람들은 보상이 충분하지 않고 불확실하더라도 사적 사업에 몰두한다. 이는 그들이 자신들을 감시하는 상관을 원하지 않으며 또한 자립 자체가 그들에게 중대하고 고유한 가치를 가지기 때문이다.

사적 기업의 기회가 존재하고, 개인이 공적 부문을 떠나서 부와 경력을 추구할 수 있다는 사실을 안다는 그 자체가 사람의 자존심을 높여 준다. 사적 부문의 확대는 시민들의 선택 기회를, 궁극적으로 개인들의 자유를 증가시킨다. 물론 모든 사람들이 다 자율성과 자기책임, 위험, 자립에 따르는 스트레스 등을 바라지는 않는다. 많은 사람들이 어떤 조직에서 자신들의 노동에 대한 임금과 배려를 받는 피고용인으로서 위로부터 통제를 받는 데 만족한다. 여기에서 핵심은 개혁체계가 독립적으로 사업을 할 수 있는 기회를 원하는 사람들에게 그러한 기회를 제공한다는 점에서 이전의 고전적 체제와 다르다는 사실이다.

개인을 사적 부문으로 진입하도록 만드는 유인을 확인하였으므로, 관료의 동기에 대해서도 설명해야 한다. 관료에 속한 사람들의 행위는 단순명료하지 않다. 그들의 인격은 둘로 나뉘는데, 그중 한 부분은

---

5) 집단화는 사람들의 삶에 많은 종류의 손실을 가져왔다. 예를 들면 농촌 생산에서 심각한 후퇴를 바로 가져왔으며, 뒤이어 형편없는 성장률을 초래했다. 그런데 결코 완전히 치유되지 않은 최악의 상처 중 하나는 사람들의 자율의식에 준 타격이 남긴 것이다. 농민은 자신의 토지에 연결되어 있었고 자신을 토지와 동일시하였다. 일단 토지를 강제로 빼앗기면, 농민은 스스로 원하는 대로 할 수 없게 되면서 협동조합에 대한 종속관계 때문에 자신의 지위가 떨어졌다고 느꼈다.

이러한 사적 부문의 발전에 협조하려고 하지만 다른 부분은 저항한다 (19장 5절 참조). 그들은 일차적으로는 협조 행위를 하는 경향을 보인다. 사적 생산이 일반대중에 대한 공급을 개선하고 물자 부족을 완화해 줄 것으로 기대하기 때문이다. 이에 덧붙여, 사적 생산은 가장 활동적이고 진취적인 사람들 중 많은 이들이 사업에 착수하여 스스로 경제활동을 할 수 있도록 만들어 줌으로써, 사회적 긴장을 일부 줄여 준다. 이는 그들에게 더 큰 만족감을 주고, 그들의 주의를 정치적 문제로부터 다른 데로 돌린다. 관료가 이러한 관련성을 더욱더 분명하게 파악할수록, 사적 부문을 인정하는 법규는 더욱더 일관성을 지닌다.

2. 사적 부문에 대한 개관

생산 영역에서 볼 때, 사적 부문에 속하는 생산 단위와 기업의 가장 특징적인 유형은 다음과 같다.

1. **소규모 가족 단위 농지 보유**(*the small-scale family agricultural holding*). 개혁의 결과로 제시되는 상황 변화는 모두 똑같지는 않으며, 따라서 몇몇 국가들이 개별적으로 검토될 것이다.[6]

---

6) 아주 다양한 문헌들로부터 다음의 연구결과들을 가져올 수 있다. 예를 들면, 동유럽에 대한 요약으로는 N. J. Cochrane(1988), 소련에 대해서는 Y. Markish(1989), K. M. Brooks(1990), S. Hedlund(1989), 중국에 대해서는 K. Hartford(1990), N. R. Lardy(1986), M. Selden(1988), T. Sicular (1985), 헝가리에 대해선 M. Marrese(1983), N. Swain(1987)을 참조하라.

가장 극적인 변화는 중국에서 일어났는데, 사실 중국에서는 고전적 체제하에서 집단화가 가장 많이 진척되었다(5장 5절 참조). 개혁은 인민공사 체제를 없앴으며, 농업 생산은 소규모 가족농에게 넘어갔다. 이러한 변화는 특히 처음에는 법적 형태에 분명하게 반영되지 않았다. 가족은 토지경작과 관련해서만 '책임을 졌고', 최초에는 단지 단기 경작권만을 받을 뿐이었으며, 토지는 명목상 여전히 사회적 소유로 남아 있었다. 시간이 지나면서 경작권은 점차 장기화되었고, 경작권 자체가 상속되거나 일부 지역에서는 심지어 판매될 수 있었다. 토지는 사실상 소규모 가족경영의 사적 재산이 되었고, 동시에 가축, 농기구·장비, 건물 등도 이러한 재산형태의 대상이 되었다(일부 대규모 집단농장은 그대로 남아 있었다).

이러한 제도정비에 붙여진 통상적 명칭은 '책임제'(*responsibility system*)였다. 이는 실제적인 사유화 과정이었다. 이전에 공적 소유였던 자본재들이 사적 소유로 넘어갔다. 중국 농업에서 나타난 이러한 급속한 대규모 사유화는 '위로부터' 결정되지 않았다. 처음 행정당국은 농업에서 인민공사만을 유일한 재산형태로 인정하는 태도를 완화하면서 실험적 조치를 허용하였다. 시작 당시에는 다양하고도 새로운 재산형태와 집단농업과 개인농업의 변형태가 나타났지만, '책임제', 즉 사적 가족농이 곧 널리 퍼지게 되었다. 행정당국은 자생적으로 나타난 사유화 운동이라는 '아래로부터의' 압력에 밀려 관료 장벽을 제거하였고, 1980년대에는 농업에서 사적 부문이 지배적 위치를 차지하는 것을 놔둘 수밖에 없었다. 개혁의 첫 국면에서 나타난 중국의 경제적 신장은 대부분 농업에서 일어난 전환으로 설명된다. 농민들은 인민공사 체제에서는 결코 보여 주지 않았던 근면과 열정을 가지고 일하기

<표 19-1> 중국농업의 재산형태와 산출

	1978~1987	1978	1987
1. 농업 생산 중 재산형태별 비중(%)			
국유재산	-	1.7	2.2
집단소유 재산	-	98.3	39.1
사적 재산	-	0.0	57.7
2. 농업 생산의 연 평균 성장률(%) a	6.1	-	-

주석: a) 생산자 불변가격 기준 농업 국내총생산에 따른 평가이다.
출처: 1번은 W. Ming(1990, p. 303), 2번은 P. Marer et al. (1991, 국별 표).

시작하였다. 재산형태 변화와 생산 증대는 <표 19-1>이 보여 준다.[7]

유고슬라비아에서 지도부가 고전적 체제를 발전시키려고 노력했던 기간은 1945년부터 1949년까지로 햇수가 몇 년 되지 않았다. 농업은 완전한 집단화 단계에 도달하지 못했다. 지도부가 〔자치경영(*self-management*)의 도입을 포함한〕 개혁에 착수했을 때, 그들은 농업의 재산관계를 뒤흔들지 않았다. 농업의 재산관계는 기본적으로 개혁기 전체를 관통하여 소농의 성격을 지닌 소규모 가족경영에 기반을 두었다.

폴란드는 고전적 체제가 오랫동안 지배하면서도 농업에서 집단화를 가져오지 않은 예외적 모습을 보인 유일한 동유럽 국가이다. 심지어 개혁과정이 시작되기도 전에, 출발점에서부터 개혁의 주요 구성요소 중 하나로 당시까지 농업에서 사적 재산이었던 것은 여전히 사적 재산으로 남을 것이라는 분명한 원칙을 발표했다.

헝가리에서 전반적 집단화는 1960년대 초반 실시되었다. 개혁기 동

---

7) 일부 농업 생산물의 산출은 아주 높은 연간성장률을 보인다. 1878~1884년 연간성장률은 면화 18.7%, 유분 함유 곡물 14.6%, 사탕수수 11.1%, 담배 15.2%, 육류 10.1%였다(*World Development Report*, 1986, p. 105).

안 소규모 사영 가족농업은 안정성이 증가하였지만, 그 비중은 최소 수준에 머물렀다. 본질적 변화는 협동농장 구성원들에게서 나타나는 가계 단위 농지의 역할 및 보조적 농업 생산의 역할에서 일어났다.

소련에서 농업개혁은 매우 늦게 시작되었으며, 향후 더 급진적인 중국식 경로를 취할 것인가는 여전히 결정되지 않았다. 1988~1989년에 도입된 법규들(*regulations*)은 합법적으로 그러한 일이 일어날 수 있는 길을 열어 놓았다. 중국과 비교할 때, 그동안 사적 소유와 사적 활동을 지향하는 아래로부터의 자생적 시도들은 훨씬 적었으며, 관료적 저항은 훨씬 강하였다. 오늘날까지 소련의 농민들은 집단화의 끔찍한 악몽을 극복할 수 없는 상태이다.[8] 집단화를 개인적으로 경험한 사람들이 더 이상 생존해 있지 않았지만, 사적 재산에 대한 안전은 보장되지 않으며 농지를 다시 빼앗길 수 있다고 생각하는 그들의 자식들과 손자들이 있었다. 만일 그들이 개인적으로 농사를 지어서 부유한 농부가 된다면, 이는 그들이 다시 **부농**이라고 낙인찍힐 수 있으며 이에 따라 박해와 추방, 죽음을 경험할 수도 있음을 의미했다. 소농의 사적 소유를 복원하는 데 대해 적대적으로 또는 심지어 모호하게 보이는 관료들의 태도는 공포와 불확실성을 강화한다.

2. 가계 단위 농사와 보조적 농업 생산(*household farming and auxiliary agricultural production*). 이 두 형태는 고전적 체제하에서 존재했다(5

8) 이 때문에 중국에서 아주 성공적이었던 가족 차지 제도는 집단화로 인해 가장 큰 피해를 입은 소련의 일부 지역들, 즉 우크라이나와 러시아에서 빨리 뿌리를 내리지 못했다. 다른 지역에서 이 과정은 더 빨랐다. 예를 들면, 발트해 연안지역에서는 과거의 소농민들이 다시 발달하였다.

장 5절 참조). 어떤 새로운 요소가 이 두 형태하에서 강력한 생산증가를 가져오는 한에서만, 개혁은 그 요소를 도입한다. 개혁은 국가당국과 협동농장 및 국유농장이 종자, 농기계, 수송수단 및 여타 생산수단의 안정적 공급을 통해 가계 단위 농지 및 보조적 농지를 지원하도록 적극 장려한다.

3. **농업 분야 이외의 소규모 가족사업** (*small family undertakings in other branches*). 대부분의 개혁국가들에서 소규모 가족사업의 획기적 약진은 농업에서 일어나지만, 소규모 가족영업의 비중은 경제의 다른 부문에서도 마찬가지로 증가한다(〈표 19-2〉, 〈표 19-3〉 참조). 이러한

〈표 19-2〉 비농업 사적 부문의 성장(중국)

	1981(천)	1988(천)	1988/1981(%)
사적 기업의 숫자 a	1,829	14,527	794
사적 기업의 고용인 숫자	2,274	23,049	1,014

주석: a) 개인 및 가족 소유 사업체.
출처: 세로줄 1은 *Beijing Review* (1989. 2. 27. ~1989. 3. 15), 세로줄 2는 *People's Daily* (1989. 3. 11.).

〈표 19-3〉 사영 소공업과 소매업의 성장(헝가리)

연도	자영장인 수 (%)	자영장인하 피고용인 수(%)	사영 소매상 수 (%)	사영 소매상하 피고용인 수(%)
1984	100.0	100.0	100.0	100.0
1985	104.8	108.1	113.7	121.5
1986	108.4	116.1	129.3	141.3
1987	110.8	183.1	142.1	169.6
1988	121.1	263.3	154.2	188.1
1989	125.8	346.3	176.9	208.8

출처: K. Balázs and M. Laki (1991, p. 504).

유형의 사업에서 발견되는 주요 경제활동 영역은 수선 및 정비, 여객 및 상품 수송, 건물 건축, 소매, 소규모 식품 가공 등과 같은 서비스들이다.

4. 비농업 분야의 보완적 사적 활동(*complementary private activity in the nonagricultural branches*). 이 형태는 고전적 체제하에서 존재하였다. 개인은 공적 부문에서 고정된 일자리를 가지고 있지만, 그 일을 하는 것과는 상관없이 별도의 소득을 위해 '부업'을 한다. 이러한 종류의 사적 활동은 당사자가 이렇게 번 소득으로 주업의 수입을 보완하기 때문에 보완적이라고 부를 수 있다. 이런 점에서 이는 앞의 형태 2와 닮았다. 이러한 활동은 서비스의 구매자가 다른 개인이나 가계이기 때문에 분명히 사적 부문으로 분류할 수 있다(5장 6절 참조).

이러한 활동들은 개혁과정 동안 매우 흔하게 되며, 공적 부문 피고용인의 상당 부분이 여기에 참여한다. 이 활동은 이제 주요 소득원의 하나가 된다.

형태 1~4의 공통 특징은 가족이 기본적으로 자기 자신의 노동만을 사용하고 외부 노동을 기껏해야 일시적 보조노동으로만 고용한다는 점이다. 5장 2절에서 언급하였듯이, 이러한 종류의 가족사업에 대한 통상적인 마르크스주의적 분류는 소규모 상품생산이다. 이 분류에 따르면, 소규모 상품생산은 자본주의적 생산이라는 범주와 구분된다. 자본주의적 생산에서 소유자는 자신들이 가진(또는 빌린) 자본을 (아마도 자신들과 자신들 가족의 노동을 보충해 주는) 외부의 고용노동과 결합한다. 생산 영역에 한정해서 보자면, 고용노동의 규칙적 사용은 사회에 대한 마르크스주의적 관점에 따라 이러한 두 종류의 사회적 부문을 구분하는 기준이다. 고용노동의 지속적 사용은 자본 점유자에 의한 고용노동의 착취를 의미하기 때문이다. 바로 다음 형태는 자본주의적 생산의 범주에 속한다.

5. 고용노동을 사용하는 사적 기업. 이러한 의미에서 자본주의적 기업들은 개혁과정 동안 농업뿐만 아니라 다른 분야들에서도 나타난다. 대부분은 소규모 가족사업과 소형 자본주의적 기업 사이의 경계선에 있는 기업들이다. 중국, 폴란드, 헝가리, 베트남과 같은 일부 국가에서 중형 자본주의적 기업들이 똑같이 나타나지만, 이는 매우 드물다. 대형 자본주의적 기업도 역시 발전하지만, 그 숫자는 적다. 중형과 대형 자본주의적 기업들의 발전이 더 일반적 현상이 되기 위해서는 국가가 정치적 측면에서 민주적 혁명에 도달하거나 탈사회주의적 국면에 진입해야 하며, 아니면 적어도 개혁과정의 요소들과 혁명적 체제 변화의 요소들이 강력하게 뒤섞인 상태에 도달해야 한다.

〈표 19-4〉와 〈표 19-5〉는 개혁기 동안 소련과 헝가리에서 나타난, 지금까지 살펴본 다섯 가지 형태의 사적 부문 발전을 보여 준다.[9]

엄격하게 말해 사적 부문에 속하지는 않지만 여기에서 언급할 만한 추가적 형태 두 가지가 있다. 이것들은 공적 부문과 사적 부문의 경계

---

9) 폴란드에서는 공식적으로 허용된 도시 내부의 사적 부문도 빨리 성장하고 있다. 이는 앞에서 언급된 형태 3과 5에 속한다. J. Rostowski (1989a, p. 198) 가 제시한 수치에 따르면, 이 부문에서 이용되는 고용노동은 1970년대 초반 2~5%로 증가하였으며, 1980년대에는 7~13%로 상승하였다.

〈표 19-4〉 이른바 협동부문의 성장(소련)

연도	협동조합 구성원	연도	협동조합 구성원
1987년 1월	15,000	1989년 1월	1,396,500
1987년 7월	39,100	1989년 7월	1,660,000
1988년 1월	152,100	1989년 10월	2,000,000
1988년 4월	245,700	1990년 1월	2,573,800
1988년 7월	458,700	1990년 7월	3,100,000
1988년 10월	777,000		

참조: 개혁의 시작과 함께, '협동조합'(*cooperative*)이라는 용어는 일부 사적 부문을 가리키는 별칭으로 사용되기 시작했다. 이 용어는 어떤 경우에는 사적 합자회사(*private partnership*)를 의미했으며, 다른 경우에는 고용인을 채용하는 사적 소유자 집단을 가리켰다. 이런 의미에서 협동조합 부문은 위에서 언급된 2와 5 형태를 포함한다. 이 자료는 *sovmestitel'stvo*, 즉 국유 직업과 비국유 직업의 결합체는 제외한다.

출처: *Pravda*, *Ekonomicheskaia Gazeta*, *Ekonomika i Zhizn'*, V. N. Beznosnikov(1990, p. 25); T. I. Koriagina(1990b, p. 145), T. Kuznetsova(1989, p. 149)의 자료를 사용하여 C. Krüger가 이 책을 위해 작성하였다.

〈표 19-5〉 각 사회 부문의 상대적 규모(헝가리)

	1차 경제(%)	2차 경제(%)
1. 전체 활동시간의 배분(가사 및 이동 소비 시간 제외, 1984)	67.0	33.0
2. 주택건설 관련 각 사회 부문의 기여도(신축 건물 수로 측정, 1984)	44.5	55.5
3. 보수 및 유지 관련 각 사회 부문의 기여도(1983)	13.0	87.0

참조: 표는 전체 활동에서 공식적으로 기록된 부분과 기록되지 않은 부분을 모두 포함한다. 후자와 관련된 수치들은 표의 기초 자료를 수집·정리한 연구자들에 의해 만들어진 추정치에 기초한 것이다. 1차 경제 수치들은 전통적인 (콜호스와 같은) 농업협동조합을 포함하며(5장 5절 참조), 이른바 기업경영업무협력체의 활동 또한 포함한다. 2차 경제 수치는 가계 단위 농업경영과 '고용인의 보조적 생산'(본문의 형태 1~5)을 포함한다. 가로줄 1은 주택건설을 포함한 모든 산업 분야의 총계 수치이다. 주택건설은 가로줄 2에서 별도로 조사되었다. 가로줄 3의 2차 경제 수치는 세 부분의 합이다. 이는 공식 사적 부문 14%, '자신이 직접 하는 일' 활동을 제외한 비공식 사적 부문 19%, 가계 내에서 하는 '자신이 직접 하는 일' 활동 54%이다.

출처: 가로줄 1은 J. Timár(1985, p. 306), 가로줄 2는 Központi Statisztikai Hivatal (Central Statistical Office, Budapest)(1985, p. 139), P. Belyó and B. Drezler (1985, p. 60). 이 연구들은 모두 미시적 조사(인터뷰와 앙케트)에 의존한다.

영역에 위치하면서도 두 부문의 요소들을 일정하게 결합한다.

6. 국가재산의 임대(*leasing of state property*). 국가는 유형 2의 권리(양도권 — 옮긴이주)와 관련해서 여전히 자본의 소유자이지만, 유형 1과 3의 권리(수익권과 통제권 — 옮긴이주)를 지세(*rent*)를 받고 임대계약 기간 사적 개인이나 집단에게 사용을 허가한다. 유형 1의 권리에 따라서 잔여소득은 임차인의 호주머니로 들어간다. 만일 적자가 생기면 임차인이 손해를 채워야 한다. 유형 3의 권리와 관련해서 말하자면, 임차인이 사업을 경영하고 고용인을 채용하거나 해고한다.[10]

여러 개혁국가에서 임대 형태는 다양한 경제 단위(예를 들면 상점, 음식점, 소기업 등)에 걸쳐 널리 퍼져 있다.[11] 임대 형태는 자산 가치가 임대 초기와 말기에 쉽게 평가될 수 있는 영역, 일어나는 손해에 대해 임차인이 책임을 질 수 있는 영역에서 널리 퍼지는 경향이 있다.[12]

---

10) 임대계약의 구체적 조건에 따라 유형 3의 권리가 임차인에게 완전히 넘어가는지 아닌지가 결정된다. 소유자(*owner*, 사업을 임대해 주는 국가당국이나 기업)는 통제권의 일부를 계속 보유할 수도 있다.

11) 임대제도가 처음 나타난 국가는 폴란드이다. 앞에서 언급하였듯이, 법적으로는 중국의 '책임제'가 임대 형태로 출발하였지만, 실제 내용에서는 사유화의 사례로 발전해 나갔다. 1989년 4월 소련에서 채택된 농업 분야 결의안들 역시 임대 형태(*arenda*)를 허용한다.

12) 1960년대에 헝가리 경제학자인 티보르 리스카(Tibor Liska)는 자신이 상세하게 구상한 일종의 임대제도를 개혁사회주의하의 지배적 재산형태로 제안하였다. 그의 제안에 따르면, 모든 공장을 포함하여 국가의 전체 실물 고정자산은 그것을 운영하려고 하면서 경매에서 가장 좋은 임대 조건을 제시하는 사람들에게 임대되어야만 한다. T. Liska(1964/1988)와 J. Bársony(1982), J. Szabó(1989)를 참조하라.

리스카의 구상은 헝가리에서뿐만 아니라 해외에서도 반응을 얻었다. 개혁과

7. 공동 소유 기업(*firms in joint ownership*). 이 경우에 특정 기업의 소유는 국가와 개인들 또는 사적 소유 기업들이 나누어 가진다.

사회주의 국가는 일정 정도 외국의 사적 자본과 협력한다. 그러한 기업들은 법적으로나 조직 차원에서나 특혜를 주는 인위적 조건들하에서 운영되며, 그들의 요구는 특별한 배려를 받는다.

폴란드, 헝가리, 중국, 소련의 경우에는 국가가 국내 사적 자본과 (또는 어떤 경우에는 국내 및 국외 사적 자본과) 협력하는 공동 사업의 실험도 이미 이루어지고 있다.13)

특별히 언급할 만한 것은 향진기업(*town-village firms*)으로 알려져 있는, 중국의 농촌에서 대규모로 나타난 형태이다. 이는 비농업 활동을 추구하는 사업으로, 뚜렷한 성공을 거두었으며, 그 생산은 매우 빠르게 증가하고 있다. 재산권의 분할은 단일하지도 명백하지도 않은데, 보통 마을 공동체의 재산권과 사적 개인들의 재산권이 결합해 있다. 그중 대부분이 분명히 사적 기업들이다.14)

정 동안 관료는 전 국가 부문에 걸쳐서 유형 1과 3의 재산권을 포기하는 데까지는 결심을 내리지 못했다. 현존하는 권력구조에서 관료가 자신의 역할을 임대 계약의 '경매인'으로 제한할 정도로 '자신을 나타내지 않으려고 할' 것이라고 생각하기란 어렵다. 상당수의 기업가들이 유형 2의 재산권을 요구하지도 않으면서, 다시 말해 완전하면서도 취소할 수 없는 권리를 가진 사적 소유자가 되지도 못하면서, 거대기업 하나를 임대하는 일에 완전히 책임을 지고 기꺼이 참여할 것이라고 확신할 수는 없다.

13) 몇몇 경우에 공동사업(*joint venture*)은 국유기업이 공동자본 기업이라는 법적 형태를 띠면서 기업의 고용인들에게 보너스로서 약간의 지분을 할당하거나 배분하는 공식적 차원에서 일어난다.

14) W. A. Byrd and Q. Lin, eds. (1990)을 참조하라. 집단 소유 기업에 대한 공식 통계 내에는 사적 소유 기업, 순수 집단 소유 기업, 사실상의 국유기업을 구분해 주는 믿을 만한 통계치가 존재하지 않는다. 하지만 일상적 관찰에 따

지금까지의 검토에 따르면, 생산영역 내 사적 부문은 좁은 의미로는 형태 1~5로 이루어졌고, 넓은 의미로는 형태 1~7로 이루어졌다.

지금까지 논의된 모든 형태에서 사적 부문의 수입(*income*)은 생산활동으로부터, 노동으로부터 나온다. 대부분의 경우 이러한 노동은 사적 소유 자본과 결합해 있다. 따라서 생성된 소득은 노동에 대한 임금, 기업 활동에 대한 기업가 이윤, 자산에 대한 이윤 등의 결합물이며, 그 결합 비율은 다양하다. 하지만 이러한 형태들과 함께 여덟 번째 형태가 존재한다. 이 형태는 임금이나 기업이윤의 요소를 담고 있지 않으며, 단지 소유권 덕분에 받게 되는 지대〔즉, 더 정확하게 말하자면, 지대적 요소(*the rent element*)가 지배적이고 임금과 기업이윤 요소는 거의 사라져 버린 수입〕만을 낳는다.

8. 재산 소득(*income from property*). 이는 다음과 같이 여러 가지 형태를 띤다. 그중 처음 네 가지는 개인이 소유한 화폐로부터 이익을 얻는 것을 포함한다.

a. 국유은행에 맡겨 둔 저축의 이자. 이 형태는 고전적 체제하에서도 존재하였다. 화폐를 투자하는 여러 추가적 방법이 개혁과정 동안 등장한다.

르면 농촌의 집단 소유 기업 대다수는 사실상 사적 소유 기업이다. 이는 특히 1984년 이후 설립된 농촌 기업의 경우에는 틀림없다. 또한 농촌의 집단 소유 기업은 대부분 1984년 이후 설립된 기업들이다. 정부 정책은 사적 기업에게는 불리하고 집단적 기업에게는 유리한 차별을 두기 때문에, 많은 사적 기업들이 집단적 기업이라고 주장한다. 정부로부터 집단적 기업이라고 인정받기 위해서, 이 기업들은 특별세 형태로 정부에 수수료를 내야 한다.

b. 국가기관과 국유기업이 발행한 채권으로부터 나오는 수익. 이는 중국, 헝가리, 폴란드 등을 포함한 여러 국가들에서 널리 보급되었다.

c. 개인을 대상으로 한, 채권자와 채무자 사이에 상호 합의된 이자와 상환조건에 따른 화폐 대부.

d. 사적 기업의 부분 소유(*part-ownership of a private enterprise*). 개인은 사적 기업의 운영을 위해 자기 소유의 화폐를 제공하고, 그에 기초해서 자신이 그 기업을 위해 일하고 있는가 아닌가와 무관하게 기업이윤 일부에 대해 권리를 주장한다. 이는 공동자본 회사의 주식을 일부 소유한 것과 대충 동일하다. 그러나 이들 국가에서 사적으로 소유된 공동자본 회사는 법적으로 허용되지 않으며, 따라서 이러한 부분 소유는 법적으로 규제되지 않는 조건 하에서만 적용될 수 있다.[15)]

e. 화폐 투자 이외의 다른 주요 기회는 소규모 토지, 집, 사적 소유 아파트, 별장, 차고, 상업용지 등 사적 소유의 부동산을 빌려 주는 것이다. (임대는 임차인에게 유지·보수 및 다른 점검·수리 서비스도 제공할 것이다. 이런 점에서 여기에서 나타나는 소득은 재산에 대한 지대뿐만이 아니다. 왜냐하면 이 소득은 작업에 따른 소득과 기업 활동에 대한 이윤 등의 요소를 담고 있기 때문이다.)

---

15) 국유기업들은 공동자본 회사들로 전환되어야 하며 그 회사들의 주식 일부는 사적 개인들(*private individuals*)에게 판매되어야 한다는 견해가 재산관계와 관련한 논의에서 등장한다. 하지만 이는 개혁 국면에서 예외적 경우에만 일어난다. 이러한 종류의 재산관계 재구조화는 실제로는 탈사회주의 단계에서만 고려된다.

사적 부문의 상대적 비중은 다양한 방법으로 측정될 수 있다. 하나는 사적 부문이 가져오는 산출의 비율이나 사적 부문이 사용하는 투입의 비율을 따져 보는 것이다. 이 경우에는 당연히 형태 1~7만이 계산될 수 있다. 다른 가능한 계산법은 화폐와 현물로 지급되는 모든 보수를 포함하여 개인들의 소득을 전부 합산하는 것이다.[16] 그중에서 사적 부문에서 나오는 비율이 얼마나 되는가를 확인하기 위해서는 형태 8의 소득이 형태 1~7의 소득과 함께 포함되어야만 한다.[17]

사적 부문에 대한 검토에서 적용할 만한 관점이 하나 더 있다. 중국의 농업과 관련하여 사적 부문 확장의 두 가지 형태가 언급되었는데, 여기에서는 더 일반적인 형태로 그것들을 언급할 필요가 있다.

하나의 경로는 사적 소유자 스스로가 자신의 화폐나 신용 또는 다른 투자자의 화폐 등을 가지고 자본재를 구입하여 새로운 사적 공장을 설립하는 것이다. 이렇게 하여 사적 공장은 국유 공장들과 함께 존재하게 되며, 국유 공장들은 국가 소유로 남게 된다.

다른 경로는 국가(또는 협동) 소유 공장이 사적 개인이나 집단에게 판매되는 것이다. 이 경우에는 재산권의 '이전'이 나타나며, 따라서 사적 소유권이 공적 소유권 대신에 나타난다. 이 과정은 보통 **사유화**라고 불린다. 이 두 번째 경로는 첫 번째 경로와 결합될 수도 있다.

---

16) 헝가리에 관한 실증적 조사로는 K. Balázs and M. Laki(1991)를 참조하라.

17) 이러한 새로운 상황에 대한 마르크스주의 해석을 참고할 필요가 있다. 마르크스주의 해석에 대한 이해는 나중에 사적 부문과 관련한 정치적 상황을 평가하는 데 필요할 것이기 때문이다. 마르크스주의 정치경제학에서는 '무기명 이자부 채권 형태'의 화폐 소유자, 집세를 벌어들이는 지주, 목초지에 대한 지대를 거두어들이는 지방 지주 등의 소득은 착취의 산물이다. 그러한 근거로 소득을 받는 사람은 그 소득이 관련된 한에는 착취계급의 구성원이다.

개혁과정 동안 많은 부문에서 첫 번째 경로가 채택된다. 물론 예외는 존재한다. 가장 중요한 예외는 중국 농업의 재구조화이다. 하지만 다른 부문에서도 사유화가 나타나기도 한다(예를 들면, 여러 국가에서 나타난 일부 국유아파트의 임차인에 대한 판매가 그것이다). 그렇지만 대규모의 포괄적인 사유화는 혁명 이후 탈사회주의 체제하에서만 일어난다고 말할 수 있다.

3. 사적 부문과 공식 이데올로기

사적 소유를 비난하고 공적 소유의 유일한 정당성을 강조하는 것은 고전적 체제의 공식 이데올로기에서 주요한 요소이다(5장 7절 참조). 고전적 체제의 공식 노선에 따르면, 사적 소유는 어떠한 형태라고 하더라도 기껏해야 잠시 동안만 인정될 수 있는 자본주의의 흔적이다.

이러한 관념은 마르크스주의의 고전적 저작들의 견해에 뿌리를 두고 있다. 마르크스에 따르면, 미래는 사적 소유에 종지부를 가져다줄 것이다. 《자본》에서 자주 인용되는 구절들을 보자. "자본의 독점은 생산양식에 족쇄가 된다. 그런데 생산양식은 지금까지는 자본의 독점과 함께, 그리고 자본의 독점하에서 발전해 왔다. 생산수단의 집중과 노동의 사회화는 자본주의라는 외피와는 양립할 수 없는 지점에 마침내 도달한다. 이 외피는 터져서 산산조각이 난다. 자본주의적 사적 재산은 조종을 울린다. 수탈자가 수탈을 당한다."[18] 엥겔스는 이를 이렇

18) K. Marx(1867~1894/1978, chap. 32, p. 929).

게 표현했다. "사회가 모든 생산력과 상업수단을 사적 자본가의 손으로부터 빼앗아 가질 것이다. 마찬가지로 사적 자본가가 아니라 사회가 생산물의 교환과 분배를 담당할 것이다. 그리고 사회가 전체 사회의 가용자원과 필요에 바탕을 둔 계획에 따라 모든 생산력과 상업수단을 관리할 것이다. … 사실 사적 재산의 폐지는 공업 발전에 따라 불가피하게 된 전체 사회질서에서 일어난 혁명의 성질을 보여 주는, 의심할 바 없이 가장 간단하고 중요한 방법이다. 그리고 바로 이런 이유 때문에 공산주의자들은 그것을 자신들의 주된 요구로 올바르게 제시한 것이다."[19]

이는 개혁과정에서 나타나는 가장 고통스럽고 예민한 이데올로기적 딜레마들 중 하나이다. 이는 작은 전술적 세부사항이 아니라, 엥겔스가 올바르게 강조했듯이, 공산주의자들의 주요 요구들 중 하나이며 이데올로기의 토대이다.

마르크스주의는 사적 소유에 반대하는 많은 합리적 논의를 제시한다. 그중에서 일부는 이러한 재산형태의 실제적 단점들을 지적한다. 동시에, 이러한 경우에 사람들은 합리적 논의로부터만 영향을 받지 않고, 사고의 훨씬 깊은 곳에 놓여 있는 감정적 층위로부터 영향을 받는다. 공산주의자들(과 많은 비공산주의적 좌익들)은 사적 소유에 대해 반감 또는 명백한 적개심을 가지고 있다. 그들은 사적 소유에 대해 도덕적 분노를 느낀다. 이는 사적 소유의 지배가 부유한 자들의 특권과 소득의 부당한 분배와 연결되었고, 도덕적으로 비난받아야 할 불로소득을 낳으며, 노동자들을 고용주에 의한 착취에 빠지도록 만들기 때

19) F. Engels(1847/1964, pp. 74, 78).

문이다. 그들은 경제적 효율성의 차원에서 불리한 상황에 처할 수밖에 없다고 하더라도, 사적 소유를 폐지하고 공적 소유를 수립하는 것에 고유한 가치를 부과한다. 이러한 생각의 부분적 포기만으로도 종교적 신자가 영혼의 불멸성에 대한 믿음을 포기할 때만큼의 큰 격변을 불러일으킨다. 사적 부문의 확장에 대한 엄청난 저항의 주요한 이유들 중 하나는 이데올로기적 신념의 깊숙한 곳에 놓여 있다.

1988년 다음과 같은 연설을 할 때, 미하일 고르바초프는 이데올로기적 전통을 완전히 따르고 있었다. "따라서 경제관계의 **재구조화**는 우리 체제에, 사회주의적 소유의 다양한 형태들에 내재해 있는 기회들을 드러내기 위해 요청되고 있다. 그러나 사적 소유는 잘 알려져 있듯이 인간에 의한 인간의 착취의 기초이며, 따라서 우리의 혁명은 정확하게 사적 소유를 폐지하기 위해, 모든 것을 인민의 소유로 넘겨주기 위해 이루어졌다. 사적 소유를 복구하려는 노력은 퇴보를 의미하며, 근본적으로 잘못된 결정이다."[20] 중국 공산당 총비서인 자오쯔양도 1989년 비슷한 발표를 하였다. "공적 소유의 지배적 지위는 변화될 수 없다."[21]

개혁의 공식 이데올로기는 사적 재산에 대한 전통적 반대와 당시에 적절했던 개혁적 당 노선 사이에서, 그리고 사적 재산에 대한 부분적 허용과 사적 재산의 장려 사이에서 실용적인 타협 지점을 발견하려는 시도를 보여 준다. 소규모 상품 생산은 사회주의 체제와 양립할 수 있

---

20) 소련 최고 소비에트의 최고 간부회의(Presidium)에서 한 고르바초프의 연설. (*Pravda*, 1988. 11. 26.)

21) 〈인민일보〉, 1989. 3. 17.

다고 간주되고, 또한 이러한 생산은 근면한 노동자, 농민, 평범한 도시민 등을 포함한다고 강조된다. 실제로 공산주의 운동에는 그들과 정치적으로 동맹을 맺는 전통이 있다. 물론 이러한 동맹은 소작농들과 도시 소시민들의 지원이 혁명 이전에 존재한 전제적인 질서의 분쇄와 혁명의 성공에 필요하였던 혁명 이전의 기간에만 적용되었다. 그 뒤, 농촌 집단화와 도시 소규모 상품생산의 제거와 함께, 이러한 동맹은 붕괴되었다. 그런데 이제 이러한 관념이 보조적인 이데올로기적 지지대로서 다시 등장하였다.

난처하게도 이것에 불리하게 작용하는 강력한 이데올로기적 사정들도 존재한다. 소규모 상품생산은 어디에서 끝나고, 자본주의는 어디에서 시작하는가? 레닌은 올바른 경고를 이미 했다. "소생산은 자본주의와 부르주아 계급을 끊임없이, 매일, 매시간, 자동적으로, 그리고 대규모로 낳는다."[22] 그리고, 사실 소규모 상품생산자들이 개혁사회주의 체제하에서 대규모로 나타날 때, 그들 중에서 가장 유능하고 근면한 사람들이 운이 가장 좋은 사람들 및 법을 악용하고 구매자를 속이는 데 뛰어난 사람들과 함께 조만간 튀어나온다. 어쨌든 그들은 다른 사람들보다 규모가 더 크고 이익이 더 많이 나는 투자를 하고, 사업장을 키우고, 결국 성장하여 자본가가 된다.

앞에서 언급한 대로 전체 문제는 소득분배의 원칙과 관련 있다. 사회주의적 가치체계의 신봉자는 불로소득이라는 관념을 받아들일 수 없다. 이러한 전통은 마르크스에게까지 거슬러 올라간다. 마르크스는 이자가 절약에 대한 보상이라는 관념을 경멸했다. 이는 힘든 생활

22) V. Lenin (1920/1966, p. 24).

에도 거의 벌지 못하는 많은 사람들의 심금을 울린다. 또한 그들은 다른 사람들이 일하지 않고 부자가 될 수 있다는 사실에 격분한다. 바로 이것이 사적 소유에 대한 이데올로기적 반대를 불러일으키는 풍부한 토양이다.

반감은 '불로소득'에 한정되지 않는다. 또한 이러한 반감은 예를 들면 소농민이나 소상인 같은, 틀림없이 스스로 열심히 일하지만 그렇게 하는 것에 비해 터무니없이 큰 소득을 받는다고 생각되는 사람들에게로 확장된다. 상당수 사업가가 빨리 부자가 된다. 사적 부문에 고용된 사람들 대부분이 국가 부문에 고용된 비슷한 사람들보다 더 잘 번다. 더 큰 자산과 더 높은 소득에 대한 분노, 선망, 질투는 사적 부문에 대한 의심, 반감, 혐오의 감정과 밀접하게 연결되어 있다. 분노, 선망, 질투의 감정이 의심, 반감, 혐오의 감정을 불러일으키는 좋은 온상을 제공한다. 더욱이 사적 재산에 대한 반대 이데올로기는 수십 년 동안 주입되어 광범위한 부류의 주민들의 생각에 깊이 뿌리박혀 있으며, 이는 사적 부문에 대한 반감을 더욱더 높인다. '부당이득자', '투기꾼', '기식자' 등에 대한 이러저러한 적대적 조치는 취해질 때마다 인민 대중으로부터 폭넓은 지지를 언제나 빠지지 않고 끌어낸다.

이러한 모든 이유들 때문에 개혁사회주의는 사적 재산, 사적 경제 활동, 재산으로부터 받는 소득 등의 문제에 대해 일관성 있는 사고체계를 내놓을 수 없다. 개혁사회주의는 한편으로는 사회주의적이고 반자본주의적이며 사적 소유에 반대하는 전통과 다른 한편으로는 개혁 과정의 실용주의적 요구들 사이에 존재하는 모순들로 가득 차 있다. 결국에는 뿌리 깊은 사고방식과 행동양식의 반응 때문에 전통적 사고가 지배하게 된다.

4. 사적 소유와 시장 조정의 친화성

앞에서 사용한 비유로 되돌아가 보자(6장 4절, 15장 2절 참조). **친화성**은 화학적 '유사성'을 의미하기 위해 화학에서 사용하는 용어이다. 이는 어떤 화학물질들이 다른 화학물질들과 결합할 수 있음을 가리킨다. 이 표현은 정치경제학에서도 비유적으로 사용될 수 있다. 특정 소유형태들은 특정 조정기제들과 결합할 수 있다. 마찬가지로 반대되는 현상도 존재한다. 어떤 재산형태들은 이러한 또는 저러한 조정기제와 강제력 없이 자연적으로는 결합할 수 없다.

사적 소유와 시장기제 사이에는 밀접한 친화성이 있다.[23] 시장기제의 분명한 특징은 6장 1절에서 서술했다.

어떠한 사적 기업도 다른 사적 기업에 대해 행정력을 갖지 않는다. 그들의 관계는 수평적 성격을 지닌다.

사적 기업은 정의상 자율적이다. 재산권은 사적 개인이나 개인들의 집단에 속한다. 따라서 자명하게도 이러한 독립적 경제 단위들은 위로부터 어떠한 명령도 받지 않고 자발적으로 서로 계약을 맺는다. 이러한 소유권에 기초한 자율성은 분권화된 조정을 요구한다.

생산에 종사하는 소유자를 자극하는 주요 인센티브는 물질적 이득이다. 따라서 어떤 사적 소유주도 자신의 활동으로 벌어들이는 수익의 양과 자신이 지출하는 비용을, 다시 말해 자신의 산출물로 벌어들

---

23) 조정기제 유형과 소유형태 사이의 밀접한 연관성은 사회주의 논쟁에서 L. v. Mises(1920/1935)와 그 뒤 F. A. Hayek, ed. (1935)가 취했던 관점에서 매우 강조된다. 나중에는 '재산권학파'(*property-rights school*)가 이 연관성에 대해 주목했다(21장 2, 6절 참조, 참고문헌은 21장 각주 43번을 볼 것).

이는 대가와 자신의 투입물에 대해 지불하는 대가를 무시할 수 없다. 이처럼 그는 시장의 정보구조에 정통해 있다. 시장에서는 가격이 주요 역할을 하며, 개별 거래의 이득과 손해가 근본적으로 화폐로 평가된다.

'보이지 않는 손'의 작용과정, 시장의 동학은 애덤 스미스 시대 이후 잘 알려져 있다. 여기에서 특히 주목할 필요가 있는 것은 시장의 정상적 작용과정이 새로운 기업가들의 자유로운 진입, 기업가들 사이의 경쟁, 그리고 경쟁에서 낙오한 모든 기업들의 파산을 요구한다는 사실이다.

이상의 모든 것들은 이 절의 실질적 주제인 개혁체제에서의 사적 부문과 시장 사이의 관계를 다루기 전에 되풀이해서 말해 둘 필요가 있다. 사적 기업가들 사이에서 또는 그들과 일반대중 사이에서 형성되는 모든 경제적 관계는 기본적으로 시장에 의해 조정된다. 시장기제에 따른 자연적 진전은 사적 부문의 확장과 분리될 수 없다.[24] 사적 기업들은 서로 간에, 그리고 가계들과 시장-중개적 관계 속으로 들어가기 전에 어떤 중앙 명령도 필요로 하지 않는다. 이러한 일은 자명하게, 그리고 자생적으로 일어난다. 시장이 발전하기 위해 꼭 이루어져야만 하는 것이라고는 금지를 제거하거나 적어도 완화하는 것뿐이다.

진정한 시장 조정에서 통상적으로 일어나는 일들은 여기에서 분명

---

24) 자연적이라는 용어는 국유기업들 사이의 관계에 시장을 인위적으로 도입하는 것과 대비시키기 위해 강조된다(21장 7절 참조). 이러한 접근은 시장 조정에 대한 오스트리아학파의 해석으로부터, 즉 미제스와 하이에크의 저작들로부터, 기업가 역할에 대한 슘페터의 이론으로부터 자극을 받았다. 또한 이러한 맥락에서 P. Murrell(1990a, 1990b)을 참조할 것.

하다. 시장의 구매자들은 거래가격이나 다른 거래조건들에 자유롭게 합의한다.[25] 개혁체제 시장의 이러한 영역은 통상적 동학에 따라 작동한다. 기업가들은 이윤이 생길 것처럼 보이는 기회들에 달려들고, 따라서 그들 사이에 (그리고 아마도 공적 부문들과의 사이에서도 마찬가지로) 경쟁이 나타난다. 그런데 만일 사적 기업들이 수지타산을 맞추지 못하면, 그들은 사업을 포기하고 심각한 손실로 실패할 것이다. 사적 기업의 예산제약은 경직적이다. 사회주의 체제하에서는 어떤 국가도 허약한 사적 기업을 도우려고 하지 않는다.[26] 따라서 시장은 종종 무자비한 자연선택을 실행하는데, 그것이 바로 시장의 특징이다.

이러한 방식에 따라 나타나는 결과는 진정으로 살아 있는 시장 조정이다. 하지만 두 가지 제한이 추가되어야 한다. 먼저, 이 시장은 어디에서나 사회 전체를 지배하는 관료적 조정기제의 영향하에 여전히 놓여 있다. 관료적 조정기제는 수백 가지의 다른 방식으로 사적 기업들 사이, 그리고 사적 기업과 가계 사이의 관계에조차 개입할 수 있다(19장 5절 참조). 물론, 간섭을 최소화하려는 자본주의 국가조차 금지와 제한을 세운다. 모든 국가가 일반적으로 인정된 윤리적이고 법적인 규범에 근거하여 적용해야 할 최소한의 간섭, 제한, 금지란 무엇인가라는 복잡한 규범적 문제 속으로 들어가는 것은 여기에서 아무런 도움

---

25) 이러한 일은 행정당국이 사적 영역의 가격을 지시하기를 원한다고 하더라도 여전히 그대로 일어난다. 일부 쉽게 '확인할 수 있는' 가격들을 제외하고는, 그러한 목표는 거의 환상이다. 행정가격을 피할 수 있는 방법은 수도 없이 많다.

26) 관료는 퇴장(*exit*)을 막지 않는다. 다시 말해 관료는 스스로 유지할 수 없는 사적 기업이 망하도록 내버려둔다. 관료는 수많은 진입장벽을 세운다. 그런데 이러한 진입장벽은 경쟁을 축소한다(19장 5절 참조).

이 되지 않을 것이다. 개혁체제하의 사적 영역의 시장에서 발견되는 간섭, 제한 및 금지의 예들은 최소한의 수준을 훨씬 뛰어넘는다. 이들은 체제특수적 성격을 지니며, 또한 권력과 이데올로기에 대한 고려와 주로 관련이 있다.

다음으로, 현재 검토되는 시장은 원시적이고 후진적이다. 시장은 아주 낮은 수준의 문명과 기술에서도 나타나는 수천 년이나 된 제도이다. 중세 서구 세계를 바라보든 50년에서 100년 이전 제 3세계의 상태를 바라보든, 우리는 다양한 시장 활동을 발견한다. 농부들은 자신들의 농산물과 가축을 도시로 가져가고 또 장터나 건물로 된 시장에 팔려고 내놓는다. 행상인들은 수레 속에서 물건을 꺼내어 판다. 소매상인들은 비좁고 잘 갖추어지지 않은 가게에서 장사를 한다. 여행자들은 고향에서 팔 물건들을 해외에서 사서 자신들의 여행용 가방에 담아 돌아온다. 이러한 옛날의 시장 참가자들은 현대 자본주의 세계에서도 완전히 사라지지는 않았지만, 더 이상 주요 행위자는 아니다. 그들의 자리는 시장 운영의 현대적 형태들이 대부분 차지하였다. 고전적 사회주의 체제에서 수십 년 동안 시장이 거의 완전히 사라졌기 때문에, 시장이 다시 나타났을 때에는 그러한 원시적이고 중세적인 성격의 '발칸적' 또는 '아시아적' 형태들이 다시 무대에 등장하였다. 개혁사회주의하에서 사적 부문과 연결된 시장은 어떤 점에서 현대적 시장 형태와 구별되는가?

발전된 자본주의 국가들의 시장기제 속에서는 작은 경제 단위들이 도매상, 상품거래소, 보관 및 운송 회사, 광고대행사 등 수많은 분권화된 조직들에 의해 서로 연결된다. 부동산 중개업자들은 부동산과 주택을 위한 시장기제의 작동을 위해 필요하다. 증권거래소, 증권중 개인, 상호기금, 투자회사는 재산권의 매수·매도를 위해 필요하다. 또한 시장의 원활한 작동에는 상업은행, 보험회사 및 다른 금융중개업 등 광범위하고 분권화된 금융 부문이 필요하다.

개혁사회주의 국가에서 이러한 조직들은 완전히 존재하지 않거나, 일부 존재하더라도 공공소유하에서 관료적 형태로만 운영된다. 통상적으로 그러한 조직들은 공적 부문만을 위해 일한다. 사적 부문은 그것들을 이용할 수 없거나, 단지 제한된 범위에서만 그것들에 접근할 수 있다.

현대적 시장 조정은 널리 보급되어 있는 효율적인 전화 서비스, 신속하고 신뢰할 만한 우편배달, 개인 컴퓨터, 복사기 등과 같은 현대적 과학기술을 요구한다.

지배적 위치에 있는 국가 부문조차 이러한 종류의 기술 설비를 충분히 이용할 수 없으며, 사적 부문은 아주 뒤처져 있다. 많은 사적 기업들은 전화조차도 가지고 있지 않다. 동유럽에서 경제적으로 약간 더 발전된 국가들에서조차 사적 기업들은 원시적이고 후진적인 기술 수준에서 다른 기업들과 관계를 맺는다.

개혁 초기부터 시장 조정이 사적 영역 내에서는 자유롭게 작동할 수 있도록 허락되더라도, 현대적 시장이 확립되기까지는 여전히 많은 시간이 실제로 걸릴 것이다. 그런데 그러한 자유로운 작동은 당연히 허락되지 않는다. 방금 묘사한 후진성은 과거의 흔적과 고전적 체제의 반시장적 유산에 의해 부분적으로 설명할 수 있을 뿐이다. 나머지는 사적 소유뿐만 아니라 그와 함께 나타나는 시장기제에 대한 관료의 지속적인 혐오로 설명된다. 다시 말해, 왜 관료가 시장 조정에 필요한 사적 조직들의 네트워크가 만들어지는 것을 장려하기보다는 방해하는지, 그리고 왜 기술 설비 공급이 빈약한지를 관료의 혐오가 설명해 준다.

5. 사적 부문과 관료기구

이미 앞에서 언급했듯이 관료는 개혁 국면에서 사적 부문에 대해 양면적 태도를 보인다. 관료는 때로는 사적 부문을 안심시키고 지원하지만, 때로는 사적 부문의 확신을 무너뜨리고 경영을 방해한다. 양면성은 여러 형태로 나타난다. 관료기구의 한 분과가 사적 부문을 지원하는 동시에, 다른 분과는 사적 부문을 방해한다. 사적 부문에 대해 호의적인 시기와 호의적이지 않은 시기가 번갈아 가며 나타난다.

이러한 두 종류의 태도는 각각의 이유가 있다. 양면성의 한 측면이라고 할 사적 부문의 경영을 허용하는 관료의 동기는 이미 서술했다. 그런데, 관료의 정신구조에서 한 구획이 사적 부문을 필요로 한다고 의식하더라도, 바로 그 정신구조의 다른 구획은 사적 소유와 개인 활동에 대해 참을 수 없는 염증과 증오를 품고 있다. 이러한 반감에 대한 한 가지 설명은 이데올로기에서 찾을 수 있다(19장 3절 참조). 다른 설명은 권력의 문제와 관련한다. 국유기업 및 준국가 협동조합의 지도부는 관료적 위계제에서 빠뜨릴 수 없는 부분이다. 지배인이나 조합장은 관료기구 자체에 속하는 인물이다. 말하자면, 관료는 공적 부문에 대해서는 내부에서 관리하지만, 사적 부문의 경영과 소득에 대해서는 단지 외부에서만 제한할 수 있다. 관료는 누군가를 개인 농장주나 사영 기능공으로 지명할 수 없고, 또한 사람들을 그런 직업으로 떠나게 할 수 없다. 이와 같은 부분적 자율성조차도 전체주의적 권력에 빠져 있는 관료에게는 묵인하기 어렵다.

이 장의 앞부분에서 이미 언급했듯이, 사적 기업은 의식적인 행정 조치에 따라서 만들어지지 않는다. 개인의 자발적 창업에 의해 자생적으로 생겨난다. 사적 기업에 대한 관료적 저항도 동일하다고 할 수 있다. 개혁국가들에서 중앙 행정부처는 통상적으로 하위기관들에게 사적 부문 활동을 방해하라고 지시하지 않는다. 관료적 저항은 똑같이 관료의 권력 이해관계와 이데올로기로부터 자생적으로, 그리고 자동적으로 발생한다.

관료기구와 사적 부문이 만나는 지점은 다음과 같다.

1. 사적 재산의 안전. 사람들은 자신이나 이전 세대의 기억 또는 역사 교육에 의거해서 국유화의 초기 행위들을, 그리고 많은 사람들의 주택과 재산이 어떻게 몰수되었는지를 생각해 낸다. 사람들은 어떻게 농부들이 토지를 빼앗겼는지도 떠올리고, 지금 자신들이 손에 넣은 사적 재산이 안전하다고 느끼지 않는다. 반복되는 보증에도, 그들은 사적 재산의 안전에 대한 헌법적 보장을 아직 확인하지 못한다.

2. 합법성과 운영허가. 자유기업은 누구든지 당국으로부터 특별한 허가를 받지 않고도 어떤 종류의 사적 기업이라도 시작할 수 있는 기회를 갖는 것을 의미한다. 이러한 원칙과 관련해서는 자유기업에 바탕을 둔 자본주의 국가에서조차 예외가 존재한다. 사회적으로 유용한 어떤 활동들이 사설병원이나 사립학교, (비행기, 철도 또는 버스를 운영하는) 공중 운송회사 등의 설립과 같이 주요한 외부효과를 가지고

있다면, 대부분의 자본주의 국가는 그러한 활동에 대해서도 운영허가를 강요한다.

사회주의 경제 중 비교적 관대하고 개혁적인 경우에도 그 비율은 자본주의 경제와는 정반대이다. 운영허가를 필요로 하지 않는 생산 활동은 상대적으로 거의 없다. 개혁 국면이 이전 체제와 다른 점은 당국이 공식 허가의 권한을 포기하는 데 있지 않고, 허가를 더 관대하게 내어 주는 데 있다. 이것이 개혁 국면의 체제가 사적 부문을 통제하려는 또 다른 방식이다.

이미 고전적 사회주의 경제에는 허가 없이 공급되는 산업 및 상업 서비스 같은 '불법' 경제활동이 존재했다(5장 6절 참조). 이런 관점에서 개혁은 두 종류의 변화를 가져온다. 첫 번째 변화는 이전에는 금지되었던 일부 활동이 허용되는 것이다. 물론 이러한 활동의 추구는 당국의 허가에 의존할 수밖에 없다. 예를 들면, 사적으로 소유한 자동차를 택시 서비스에 이용하는 것은 통상 금지되었다. 그런 활동을 하는 사람들은 소추될 위험을 어쨌든 감수하였다. 이제 사영 택시는 운영허가를 필요로 한다. 이 예에서 보면, 어떤 활동을 위한 시장의 성격이 완전히 변했다. '불법' 시장이 '합법' 시장으로 바뀐 것이다. 두 번째 가능한 변화는 특정 사적 활동이 여전히 금지 대상이지만 더 이상 실제로는 금지되지 않는 것이다. 예를 들면, 어떤 사람이 당국에 신고하거나 세금을 내지 않으면서 개인적으로 다른 사람을 위해 수리작업을 하는 것은 여전히 금지된다. 관료는 일이 어떻게 되어 가는지 알면서도 모르는 척한다. 이때 시장의 성격은 완전히 변한 것이 아니다. '불법'에서 '(합법/불법 사이의) 중간 상태'로 변한 것이다. 이러한 종류의 변화는 개혁과정의 국가들에서 매우 광범위하게 일어난다. 대중은 당국에

의해 묵인되는 반(半) 합법적, 비공식적 경제활동을 수행한다.[27]

비공식적이고 반합법적인 영역의 경제활동은 일반대중에 대한 공급과 그러한 활동을 하는 사람들의 소득을 크게 향상시키는 데 기여한다. 그러나 그러한 소득은 매우 불안정하다. 법의 엄격한 집행이 이차경제에서 일하는 사람들에게 언제 떨어질지 아무도 알지 못한다. 관료통제를 최대한 잘 피하는 것은 사적 부문의 과제이다. 그런데 이는 주로 관료의 자비에 달려 있다.

3. 성장 제약. 관료는 사적 부문의 성장에 제약을 가하려고 의식적으로 노력한다. 이는 거시적 차원에서뿐만 아니라 미시적 차원에서도 일어난다. 거시적 차원에서는 사적 부문 전체가 경제의 일정 비율을 넘지 않도록 해야 하며, 미시적 차원에서는 각 단위의 크기를 억제해야 한다. 이는 앞에서 논의된, 소규모 상품생산이 자본주의적 상품생산으로 발전하지 않도록 하는 원리와 밀접한 관련이 있다. 이러한 시도는 부분적으로 법적 조치들, 예를 들면 사적 기업이 임금을 주고 고용할 수 있는 사람의 수에 상한선을 두는 것 같은 조치로 이루어진다.[28] 물론 다른 방법으로도 제한이 가해질 수 있다. 적당한 수준의

---

27) '이차경제'라는 용어가 사회주의 국가와 관련된 학술 저작에서 광범위하게 사용된다(5장 6절 참조). 하지만 앞에서 언급했듯이, 용어에 대한 합의는 아직 이루어지지 않았다. 일부 연구들은 이 용어를 비공식 사적 부문과 '불법' 또는 '비합법/불법' 활동에 제한한다. 다른 연구들은 정당한 '합법' 사적 부문도 이차경제에 포함시킨다.

이 책은 이차경제를 공식 및 비공식 사적 부문 전체로 규정하는 두 번째 정의를 사용한다.

28) 숫자는 국가와 시기에 따라 다르다. 사적 기업의 고용 한도는 오랫동안 헝가

과세, '너무 크게' 성장하는 기업에 대한 영업허가 회수 또는 단순한 위협 등이 그 예이다.

4. 사적 계약의 강제적 집행. 선진국에서 시장 조정은 자생적으로 발생했지만, 발전의 각 단계는 입법과 법적 관행의 지원을 받았다. 분권화된 사적 거래를 보호하고, 계약의 준수를 강제하고, 공정한 경쟁을 보장하고, 자유로운 진입에 대한 장애물을 제거하고, '퇴장'의 순조로운 방법을 제공하고, 채무자와 채권자의 권리를 보호하는 매우 많은 정교한 법적 규제들이 존재한다. 물론 법이 100% 완전한 안전을 제공할 수는 없다. 법은 사기를 막지 못한다. 그렇지만, 판사와 변호사의 올바른 법적 관행과 법률의 일관된 집행과 결합됨으로써, 법은 실재하는 시장의 유연한 작동에 필요한 법적 기반을 제공할 수 있다.[29] 개혁사회주의하에서 막 작동하기 시작한 시장은 이러한 법적 기반을 거의 못 갖추고 있다.

개혁국가의 법체계와 사법관행에서 이러한 방향의 조치들이 취해지

리에서는 7명, 중국에서는 8명이었다.

소련에서 1986년 통과된 '개인의 노동 활동'에 관한 법률의 첫째 조항은 다음과 같다. "불로소득의 착취를 목적으로 하거나 다른 사회주의적 이해관계를 해치는, 고용노동의 사용을 포함하는 개인의 노동 활동은 허용되지 않는다." (*Pravda*, 1986. 11. 26.) 추가적으로, 이 구절은 앞 절에서 제시한 공식 이데올로기에 대한 언급을 생생하게 보여 준다.

29) 현대 자본주의의 구매와 판매 과정은 복잡한 메커니즘에 의해 조정된다. 이 메커니즘에서 지배력을 발휘하는 것은 시장 조정이지만, 시장 조정은 다양한 지원과 보완을 받는다. 국가의 보증과 법적 질서를 통한 관료적 조정, 영업 윤리와 약속 이행의 원칙을 통한 윤리적 기구, 입법, 특정 이해관계를 대변하는 조직들의 활동을 통한 자치기구 등이 시장 조정을 지원하고 보완한다.

지만, 그것들은 여전히 이러한 기능의 수행에는 한참 못 미친다.

5. 사적 재산과 사적 기업을 당국으로부터 법적으로 보호하기. 만일 당국의 기관들이 사적 소유자나 기업인의 이익을 침해하는 방식으로 행동한다면, 구제의 기회가 거의 없다. 관련 기관보다 우위인 기관이나 다른 행정조직(검찰 또는 이른바 인민감독위원회)에 고충이나 고소를 접수할 수도 있지만, 어떠한 민간인이나 사적 기업도 소송을 걸어 국가조직을 법정으로 데려갈 수 없다. 이 때문에 당국의 기관들은 더 쉽게 독단적으로 변한다.

6. 과세. 상황의 양면적 성격은 사적 부문에 대한 과세에도 마찬가지로 적용된다. 한편으로, 세금규정은 쉬지 않고 바뀌며 또한 종종 임의적으로 적용된다. 어떤 사람이 얼마나 많은 세금을 내어야 할 것인가에 대해 제각각의 결정이 빈번하게 내려진다. 특정 국가에서 특정 시기에 사적 기업에 부과된 세금이 너무 과중해서, 이윤이 나도록 기업을 운영하는 것이 불가능해진다.[30] 다른 한편으로, 세금 규정에 대한 임의적이고 독단적인 해석은 광범위하게 퍼진 반(半) 합법적 '중간 상태' 활동에 대한 묵인과 결합해서 탈세를 가능하게 만든다. 상황의 불확실성 때문에, 사람들이 세금을 정직하게 내려는 공공도덕의 풍토는 발전을 방해받는다.

---

30) 헝가리의 사영 기능공들과 상인들은 1988년 새로운 과세 규칙이 도입되었을 때, 자신들의 영업허가증을 단체로 반납하였다.

7. 신용, 외환, 물자 및 국가명령에 대한 접근성(*access to credit, foreign exchange, materials, and state orders*). 자원 배분 당국들은 사적 부문에는 불리하고 공적 부문에는 유리한 방향으로 차별대우를 한다. 이는 우선 은행체계에 적용되는데, 은행체계는 실제적 영업상대라기보다는 관료적 신용배분자(이며 해외무역 거래에서는 외환배분자)이다. 그런데 이런 일은 국가당국이 공급이 부족한 일부 물자를 배분할 때에도 일어난다. 국유기업도 사적 부문에 대해 역시 차별대우를 하는데, 이런 일은 법적 규정에 따른 것일 수도 있고 임의적인 것일 수도 있다.

사적 부문이 방금 언급한 모든 분야에서 불리한 처지에 놓일 수밖에 없는 이유 중 하나는 그들의 이해관계를 효과적으로 대변하는 정당이나 정치운동이 없기 때문이다. 자본주의 체제에서는 사적 기업의 이해관계를 대변하는 정당이나 정치운동이 종종 권력을 잡는다. 그리고 권력을 현재 장악한 당이 다른 이해관계들을 대변한다고 하더라도, 사적 기업의 기본적 이해관계를 보호하고 사적 재산을 보호하는 법률의 유지를 보장하려는 강력한 반대 정당들이 존재한다. 반면에 사회주의 체제의 개혁 국면에서조차도 사적 부문은 정치영역에서 자신들의 목소리가 들리도록 할 기회를 갖지 못한다. 사적 부문은 관료가 세금이나 제약의 방식으로 부과하는 것이라면 무엇이라도 따라야만 한다. 보통 사적 부문은 반대운동으로부터도 옹호되지 않는다. 몇몇 반체제 정치운동들은 명백히 반자본주의적이다.31) 자유주의적 성향을

31) 폴란드에서 연대노조는 공산주의 지배가 붕괴되기 이전 대안적 정치경향을 대변하는 집결지가 되었다. 피고용인들을 대표하는 이 조직이 사적 고용주들의 이익을 옹호하는 것을 기대할 수는 없었다. 1980년대 헝가리와 소련에서는 농민의 과거를 되살리는 것을 전면에 내세우면서 미국식의 '사업', 투기, 축재와

지닌 정치운동들도 존재하지만 그들은 '자본주의의 복구'를 시도한다는 혐의에 자신들이 조금이라도 걸려들기를 원하지 않는다.

주변 환경이 사적 부문에 대해 이중적 태도를 보이기 때문에, 사적 부문도 이중적 태도를 보인다. 한편으로, 사적 기업들이 통상적으로 가진 유익한 특징들이라고 할 근면, 철저한 관리, 비용절감, 사업기회의 신속한 활용, 유연성 등이 나타난다. 다른 한편으로, 사적 기업가들은 자신들이 천천히 고객들의 신뢰와 선의를 획득하는, 더디지만 완전한 발전에 만족할 수 있다고 생각하지 않는다. 경제활동을 폭넓게 생산적으로 증대하고 점진적으로 확장하는 것은 그들의 의도가 아니다. 그들이 시간을 재는 잣대는 축소되고, 그들의 행동은 근시안적인 이윤극대화가 지배한다. 그들은 될 수 있는 한 최단 기간에 최대 이윤을 추구하고, 할 수 있는 한 최대로 이윤을 지출하려고 하며,[32] 적당한 순간이 오면 사업을 그만두려고 한다. 사적 부문 대부분은 장비와 건물 · 토지가 빈약하며, 정비를 무시한다. 만성적 부족이 계속되는 곳에서, 사적 부문은 국가 부문이 보여 주는 구매자들에 대한 거만과 무관심을 쉽게 배운다. 사적 기업가들은 자신들에 대한 차별을 이겨내기 위해 종종 뇌물에 의존해야만 한다. 때때로 그들은 구매자들과 국가 모두를 속이려고 한다. 이 모든 것들 때문에 사적 기업가들은

도시풍의 소-부르주아 생활방식을 경멸하고 혐오하는, 영향력 있는 경향들이 있었다.

32) 사치스런 소비는 사적 부문에 종사하는 개인들과 그들 가족의 구성원들 모두에게 공통적이다. 덧붙여서, 투자에서는 다음과 같은 경향이 나타난다. 이윤의 많은 부분이 기업의 발전에 사용되지 않고, 저축의 가치를 보존하는 것을 유일한 목적으로 삼는 투자(부동산, 귀금속, 보석, 멋진 예술품 등)에 사용된다.

대중으로부터 인기가 없다.

이중적 태도는 사적 부문의 경제적 상황뿐만 아니라 사적 부문에 종사하는 사람들의 사회적 지위에도 적용된다. 만일 성공한다면, 그들은 질투를 받고 또한 증오와 경멸도 받는다. 사회적으로 그들 주변에 있는 사람들은 어릴 때부터 강한 평등주의적 관점을 배운다. 자본주의 사회에서는 많은 사람들이 고소득을 뛰어난 성취에 대한 보상일 것이라고 생각하기 때문에, 높은 소득은 대부분의 사람들의 마음에 존경심을 불러일으킨다. 반대로, 사회주의 사회에서는 고소득이란 의심스러운 것이다. 사람들은 즉시, 고소득이 부정한 방법으로 획득되었을 것이라고 생각한다.[33] 어떤 경우라도, '소부르주아'는 사회주의 세계에서 경멸적인 용어이고, '부르주아'는 더욱더 그렇다. 사적 기업가들은 자신들을 둘러싼 불신과 멸시의 분위기를 잘 알고 있다. 따라서 사적 기업가는 반드시 그 자리에 걸맞은 사업역량을 가장 잘 갖춘 사람만이 되는 것은 아니다. 그는 경제적 위험이 꼭 아니라고 하더라도 정치적이고 사회적인 위험을 감수하는 사람이다. 주위환경이 착실하고 검소한 기업가들보다는 모험가들을 끌어당긴다.

그 때문에 개혁사회주의하에서 사적 부문의 지위는 악순환에 빠진다. 관료들의 이중적 행동들과 사회의 편견은 사적 소유자들과 기업가들의 불안정을 야기하고, 자연히 그들은 이러한 조건 속에서 종종

33) 경제에서 불균형이 심할수록, 공급과 수요 구조의 불일치가 클수록, 생산판매자가 진정한 시장기제에서 초과수요의 충족을 위해 기여하려고 노력함으로써 획득할 수 있는 이윤은 더 커진다. 이러한 사람들의 매우 높은 수입은 사실상 그들이 유용한 역할을 한다는 증거이다. 그렇지만 바로 그들에게, '투기꾼'으로 인식되는 그들에게, 개혁사회주의하의 대중 여론은 가장 적대적이다.

자본주의의 가장 좋은 면보다는 가장 나쁜 면을 보여 준다. 이는 그들에 대한 반감을 높이고, 이러한 반감은 관료들이 그들에게 더욱 적대적일 수 있도록 하는 자극과 논거가 된다. 그리고 이 때문에 사적 소유자들과 기업가들의 행동 중에서 부정적 특징들은 더욱 지배적이 되기에 이른다. 개혁사회주의 체제는 사적 부문을 필요로 하고, 사적 부문은 자신들에 대해 적대적이더라도 관료의 권력을 인정해야 한다. 결국 쉽지 않은 공존, 상호 불신과 갈등으로 가득 찬 공존이 나타난다.

6. 가족의 경제적 역할

주제에서 벗어나지만, 사회생활에서 중요한 영역 중 하나인 가족의 역할을 잠깐 다룰 필요가 있다. 여기에서 검토할 문제들은 방금 논의되었던 사적 부문의 핵심 영역에 긴밀한 영향을 미치고, 또한 부분적으로 그것들과 겹쳐 있다.

고전적 체제를 다루는 데에서, 가족 조정은 조정기제의 하나로 논의되었다. 가족에 의해 조정되는 활동의 영역은 사회주의 혁명 이전에 전통적으로 존재하던 것보다 훨씬 줄어들었다는 점이 확인되었다(6장 7절 참조). 고전적 체제의 내적 논리는 가족의 경제적 역할을 더욱더 제한하는 경향을 갖는다. 이에 비해 개혁과정에서는 주목할 만한 변화가 나타난다. 가족에 의해 조정되는 활동은 분명히 더 큰 역할을 한다. 그것은 개혁과정의 내적 추진력에 의해 더욱더 증가하는 경향을 띤다. 가장 특징적인 현상을 살펴보자.

가장 중요한 변화는 경제에서 **가족사업**이 다시 차지하게 된 실제적 역할이다. 이 역할은 고전적 체계에서는 거의 완전히 제거되었다. 가족사업은 농업의 사영화에서, 그리고 사적 부문의 다른 분야에서 전면에 등장한다. 이러한 형태는 노동 강도나 노동 시간 증가에서 갑작스런 상승을 가져올 수 있도록 만든다. 가족은 가족 자체가 더 규칙적인 방식으로 더 많이 일하도록 '밀어붙인다'. 사적 계약의 법제가, 또 그런 법제 속에서 개인들이 신용을 확대하고 자본을 투자할 기반이 충분히 발전되지 않았기 때문에 가족관계에 의해 보장되는 상호신뢰가 특별히 중요하다. 부, 자본, 화폐가 '가족 내에 머무는 것'이 안심이 된다. 이는 사적 부문의 발전 이면에 놓여 있는 다른 동기와도 연결된다. 국가로부터 자유롭게 되려고 하는, 또 자신이 하는 일에 외부인이 끼어들지 못하게 하려는 기업가의 바람이 바로 그것이다.

주택공급 부문에서 실제적 변화들이 나타난다. 고전적 체제하에서 주택공급의 이상형은 사람들을 쉽게 감시할 수 있는, 대규모 집단으로 사는 임대주택단지이다.[34] 개혁과정에서는 소유자가 거주하는 가족주택이나 아파트를 선호하는 방향으로 변화가 나타난다. 몇몇 국가들(예를 들면 헝가리와 중국) 은 국가 소유 임대아파트의 사유화를 시작한다.

'사유주택인가 국유건물 내 아파트인가'라는 어려운 선택은 좁은 의미에서 여러 가지 경제적 성격을 지닌다. 이는 건설과 유지의 조직에서부터 가족과 국가의 예산에 미치는 영향에 이르는 문제들이다. 여기에서는 사회적 영향만을 검토해 보자. 모두는 아니라고 하더라도

---

34) 1980년대 루마니아에서는 단지 일시적인 타협책으로서, 협동조합 농민들은 자신들이 소유하는 가옥에서 살게 될 것이라는 방안이 제시되었다. 실제로는 촌락을 허물고 농민들을 국가 소유 시설에 밀어 넣기 시작했다.

많은 사람들은 '그들의 집은 그들의 성이다'라고 하는 영국인들의 관점을 갖는다. 대부분의 가족생활은 집의 울타리 안에서 일어난다. 많은 사람들에게 가족주택은 자율성의 구체적 증거물이자 사적 생활로 물러날 수 있는 기회에 대한 물리적 보장의 구체적 증거물이다.[35] 사적 생산 부문에 관한 논의에서 언급했듯이, 사적 기업가가 이면에 가지고 있는 동기 중 하나는 자율적이고자 하는 바람이다. 동일한 바람 때문에 많은 가족들이 가족주택을 가지려고 한다.[36]

고전적 체제하에서는 **여객수송**과 관련하여 공공수송을 발전시키는 데 강조점을 둔다〔예외적으로 관료기구의 최고 공무원들은 운전사가 배치된 기관 소유의 차를 받을 것이다(13장 5절 참조)〕. 개혁은 개인 자동차를 가지려는 대중의 수요를 급증시킨다.[37] 이러한 수요는 경제적 효율성에 대한 편협한 계산에 바탕을 두지 않는다. 자동차를 굴리는 것이 국가보조를 받는 공공수송을 이용하는 것보다 대부분의 가계에 더 부담이 되기 때문이다. 더구나 부족경제 때문에 자동차를 사려면 오래 기다려야 하고, 자동차를 유지하고 수리하려면 큰 불편이 발생하고, 길은 혼잡하다. 자동차 소유의 주요 매력은 자율성과 독립성의 느

35) 모스크바에서 약간 떨어진 곳에 소박한 주택을 한 채 갖고 사는 소련 지식인 한 명은 1989년에 다음과 같은 풍자적 설명을 내놓았다. "모스크바의 아파트 단지에서는 그들이 언제라도 나의 물을 잠글 수 있다. 여기에서 나는 마당에 우물을 가지고 있다. 필요하다면 나는 몇 주라도 사용하지 않을 수 있다."

36) 이것이 유일한 동기는 아니다. 경제적 이득도 있을 것이다. 또 여러 국가의 많은 지역에서는 시민들이 다른 방법으로는 자신들의 집을 획득할 수 없을 것이기 때문에 단지 그렇게 한다.

37) 소련의 1차 개혁 시기에 흐루쇼프는 개인용 자동차 소유에 대해 격렬하게 반대했다.

낌이다. 정도는 약하지만 주택과 마찬가지로 자동차도 하나의 '성'이다. 자동차 소유자는 누구를 태울 것인지, 언제 출발할 것인지를 스스로 결정한다.

개혁은 **어린이, 환자, 노인의 돌봄**에 있어서 가족의 역할을 변화시킨다. 고전적 체제는 가부장주의 속에서 이러한 일들을 국가가 착착 넘겨받을 것이라고 약속했다. 그렇게 하는 데에서, 특히 아동보육기관들(주간 영유아방, 유치원, 방과 후 시설)을 설립해 나감으로써, 상당한 진전이 이루어졌다. 모든 사람(또는 사회구성원 대부분)에 대한 무상 의료 보호 및 노년 연금 제공이 동일한 방향으로 진행되었다. 그러나 고전적 체제는 이러한 엄청난 임무를 수행하는 데 필요한 자원을 갖지 못하였기 때문에 결국 약속을 지킬 수 없게 되었다. 어쨌든 고전적 체제는 우선적으로 해야 할 다른 일들을 갖고 있었다. 다른 많은 과제들을 더 중요하다고 평가했다(9장 4절 참조). 개혁기 동안 국가는 이러한 기본적 약속을 충족시킬 수 없다는 점을 인정하거나 암시하면서, 어린이·환자·노인을 돌보는 일을 가족에게 돌려주거나 오히려 떠넘기기 시작한다.

발전된 자본주의 경제에서는 상업영역이 **집안일**의 많은 부분을 떠맡기 시작하는데, 이는 가정의 기계화와 함께 일어난다. 식품과 관련해서, 다양한 가격대의 음식점과 간이식당들이 퍼져 나가기 시작한다. 동시에 조리, 냉장·냉동, 식품 보관 등을 편리하게 만드는 가정용 제품과 기계의 공급이 점점 확대된다. 옷을 빨고 다림질하는 일과 관련해서도 세탁소와 드라이클리닝 서비스가 널리 퍼지고, 동시에 가정도 세탁기와 건조기를 설치할 수 있게 된다. 가정은 집안일과 관련하여 여러 선택의 여지를 갖는다. 할 수 있거나 하고 싶은 집안일을 고르거나, 그런 목적을 위해서 살 수 있거나 사고 싶은 제품 — 일을 줄여 주는 가전제품 — 을 선택하거나, 집밖에서 그런 일들을 해결해 주는 서비스를 살 수도 있다.

고전적 사회주의는 집안일과 관련해서 상업적 대체수단을 거의 제공하지 않는다. 상업적으로 운영하는 음식점이나 세탁소가 부족하고, 냉장고와 세탁기, 최신 요리용 레인지가 부족하다. 단지 하나의 경향, 소비의 집단화로 향한 움직임(6장 7절 참조)만 볼 수 있는데, 이것조차 더 진척되지 않는다. 어쨌든 개혁은 그러한 추세를 중지시키고 방향을 뒤집는 경향이 있다. 일반대중에게 돈을 받고 서비스를 제공하는 분야들이 급속하게 발전한다. 이런 분야의 국유기업들도 빨리 성장한다. 이러한 일은 (농업을 제외하고) 사적 기업들이 가장 빨리 나타나는 영역들 자체에서 일어난다. 동시에 대중은 냉장고와 세탁기, 텔레비전뿐만 아니라 많은 다른 종류의 가정용 내구소비제품들을 손에 넣을 수 있는 기회를 획득한다.[38]

불행하게도 국부의 소유권이 어떻게 배분되어 있는지를 보여 주는 자료는 없다. 변화의 방향을 관찰하면, 상당한 변경이 일어났음을 추측할 수 있다. 가계가 소유한 건물, 자동차, 가정용 내구소비제품 및 개인적으로 소유한 다른 가치 있는 품목들의 가치를 사적 부문의 생산자본과 합치면, 개인의 수중에 있는 물적 형태의 국부가 차지하는 비중이 고전적 체제하에서보다 분명하게 더 높다. 이는 사회가 생산 자체는 아닐지라도 소비와 여타 생활영역에서는 사유화의 방향으로 움

38) 헝가리 개혁 초기에 신좌파 비판자들은 이러한 변화들을 비판하면서, 개혁체제를 '냉장고 사회주의'라고 경멸하듯이 불렀다.

직이고 있음을 보여 준다.

가족의 경제적 역할 증대와 그 속에서 나타나는 부와 생활영역의 사유화와 관련하여 여러 가지 설명이 가능하다. 변화에 수반하여 일어나는 갈등적 현상들 중 일부에 대해 원인분석과 함께 사실규명을 하는 것이 중요하다.

역할 증대는 대중의 소비 증대와 관련 있다. 가족은 자신들의 소득으로는 이전에 살 수 없었을 많은 제품들을 살 여유가 있다. 더 많은 가족들이 일시적으로 또는 항구적으로 부인이나 어머니가 버는 규칙적 수입 없이도 지낼 만하다. 가계생활비를 따져 보면서, 많은 가족들은 과거와 다른 결론에 도달한다. 만일 부인이 집안에 머물면서 집안일을 하고 어린이 · 환자 · 노인을 돌본다면, 이러한 서비스를 돈으로 사는 것에 비해 경비가 절감된다. 이러한 재정적 동기들은 아내나 어머니의 전통적 역할에 대한 존중의 회복, 가족의 독립성 강화, 관료적인 서비스 기관들과 부족경제 앞에서 가족이 경험했던 무방비 상태의 완화 등과 같은 윤리적 고려에 의해 지지를 받는다.

이처럼 가족이 자발적으로 움직이게 되는 현상은 관료 차원에서는 적절한 시기에 일어난 일이다. 모든 개혁경제에서는 심각한 예산적자가 발생한다(23장 3절 참조). 재정당국들은 공공수송과 소비자 서비스에 대한 보조금 투입과 유지비용으로부터 자유로워지기를 거의 기다릴 수 없는 상황이었다. 그들은 이러한 부담을 가계가 기꺼이 떠맡거나 또는 떠맡을 수 있는 속도보다 흔히 훨씬 빨리 대중에게 넘기고 싶어 한다.

결국 가계와 가족, 특히 여성이 변화에서 승자이자 동시에 패자이다. 개혁과정에서 나타나는 소득의 재편성에서 더 잘 버는 쪽에 들어가는 사람들은 유리하다고 느끼는 경향이 있다. 그들은 가족주택, 아파트, 자동차, 가정용 내구제 등을 살 수 있어서 즐겁다. 그렇지만 뒤처진 사람들은 양 측면에서 압박을 받는다. 과거 가부장적이었던 국가는 그들을 더 이상 부양하지 않는다. 국가예산은 보조금을 충당할 수 없고, 주택과 많은 공공 서비스는 급속히 비싸지기 시작한다. 반면에 그들의 소득은 매우 낮아서, 자기 소유의 아파트를 구매할 수 없다. 자동차를 사는 일은 여전히 실현할 수 없는 사치이다. 그들의 임금은 돈을 주택이나 실용품에 지출할 필요가 거의 없다는 가정하에서 국가 임금정책이 세워지던 시기에 책정되었다. 많은 여성들은 특별히 어려운 처지에 놓인다. 자신이 스스로 버는 수입에만 의존해야 하는 여성들이나, 돈을 버는 다른 사람이 있다고 하더라도 여성이 버는 별도의 소득이 생활에 꼭 필요한 가계에 속한 여성들은 어린이와 노인을 돌보는 기관에 그들을 맡기는 것이 점점 더 어렵(거나 또 비싸)다는 것을 알게 된다. 사회의 저소득계층은 한편에는 공적 소유와 가부장적 관료기구라는 발판, 다른 한편에는 사적 소유와 시장이라는 발판, 이 둘 사이에 떨어지고 만다. 바로 이것이 개혁과정의 한가운데에서 나타나는 사회갈등의 주요 원천들 중 하나이다.

그렇지만 가족이 떠맡아야 할 부담이 증가한다고 하더라도, 이는 결국 전체주의의 이완과 사회에서 가장 작은 공동체인 가족의 독립성 증대로 이어지게 될 경향이다.

7. 미리 보기: 탈사회주의 체제하의 사적 부문

본론을 벗어난 가족에 대한 논의를 끝냈으니, 다시 이 장의 핵심 주제인 사적 부문으로 돌아오자. 처음 시작했던 관념으로 이 장을 끝낼 수 있을 것 같다. 사적 부문의 부활은 개혁과정 동안 사회주의 체제하에서 일어나는 가장 중요한 변화들에 속한다. 하지만 체제의 권력구조는 사적 부문의 성장에 대해 엄격한 제약을 가한다. 공산당이 분할되지 않은 권력을 보유한 동안에는 사적 부문이 경제에서 지배적 부문이 되는 것은 불가능하다. 공산당이 권력독점을 상실하고 혁명이 일어날 때에, 그리고 오직 그때에만 이런 일이 일어날 수 있다.

탈사회주의하에서, 사적 소유에 기반을 둔 자본주의 체제를 지지하는 정당들은 공개적으로 또 적법하게 정치적 상황의 행위자가 되고, 선거에서 승자로서 등장한다.[39] 국유기업의 민영화가 의제로 올라온다. 이를 담당할 법적 제도와 실행기관들이 만들어진다. 국가가 소유한 부를 민간인들에게 넘기는 가장 편리한 방법에 대한 논쟁이 일어난다. 그 사이에 민영화 과정이 때로는 좀더 빨리, 때로는 좀더 느리게 실제로 시작된다. 동시에 여러 다른 형태의 사적 부문이 빠른 속도로 확장된다.

이러한 관점에서 개혁사회주의의 유산에는 긍정적 측면도 있다. 사회주의라는 구조 안에서 공식 사적 부문과 비공식 사적 부문이 모두 발전하려고 이런저런 노력을 더 많이 기울이면 기울일수록, 체제 변

39) 이러한 옹호가 사회주의 이데올로기에 익숙한 사람들에게는 낯설게 들리기 때문에, 간접적 용어들을 익숙하게 사용하는 경향이 있다. 정치가들은 자본주의보다는 '시장경제' 또는 '서구형 경제'라는 용어를 사용하려는 경향이 더 크다.

화 이후에 사적 부문의 확장이 더 빨리 일어날 것이다. 이런 점에서 혁명이 일어나기 전에 개혁을 경험한 국가들은 고전적 사회주의에서 탈사회주의적 이행으로 바로 나아간 국가들보다 더 나은 조건에서 출발한다.

역사의 과정은 대칭적이지 않다. 사적 부문은 매우 짧은 시간에 국가명령에 의해 철폐될 수 있다. 그러나 사적 부문의 창조는 국가명령이 아니라 사적 부문에 참가하는 사람들의 자유의지에 의해서만 이루어질 수 있다. 정부당국이 빠른 성장을 촉진하기 위해 할 수 있는 모든 것들을 한다고 하더라도, 사적 부문의 발전은 하루아침에 일어날 수 없다. 필연적으로, 사적 부문이 경제에서 지배적 영역이 되기 위해서는 많은 햇수가 필요할 것이다.

제 20 장 자주관리

고전적 체제로부터 벗어나는 과정에서 나타나는 또 다른 중요한 경향은 공적 소유 기업에 대한 자주관리의 도입이다. 앞 장에서 논의한, 사회주의에 이질적인 요소인 사적 재산을 도입하는 경향과 달리, 자주관리 경향은 전적으로 사회주의적이다. 자주관리는 공적 소유에 대한 재해석을 요구할 것이다. 이런 점에서 자주관리는 사적 부문의 도입보다는 덜 급진적인 변화를 가져오지만, 이러한 변화는 진정한 개혁과정으로 확실하게 분류될 수 있을 정도로 충분히 중대하다.

자주관리는 재산권의 특수한 형태인 동시에 조정의 특수한 형태이다(다른 말로 하면, 자주관리의 도입은 〈그림 15-1〉의 도식에서 블록 2와 3에 변화를 가져온다). 자주관리의 기본 원리는 기업의 최상위 책임자들이 국유기업의 경우와 달리 상부에 의해 임명되기보다는 기업의 노동자들에 의해 선출되는 것이다(유형 3의 재산권, 5장 1절 참조). 노동자들은 또한 비용과 세금을 제하고 남은 잔여수입을 갖는다(유형 1의 재산권).

6장에서 상이한 조정기제들이 검토되었으며, 자치적 조정은 그것들 중 하나로 언급되었다(6장 5절 참조). 현재까지 기업에 대한 자주관리의 도입은 이러한 자치적 조정기구를 생산에서 활용하는 가장 광범위한 규모의 실험으로 남아 있다. 많은 사람들에게 자주관리의 지적·정치적 매력은 고전적 체제에 의해 훼손된 관료적 조정과 자본주의와 밀접히 연결된 시장 조정 모두를, 양자와 다른 특수한 종류의 제 3의 길을 제공함으로써 던져 버리게 한다는 것이다.

1. 지적, 정치적 경향으로서의 자주관리

자주관리의 지적 선구자들은 마르크스와 엥겔스가 '공상적 사회주의자'라고 부르고 싶어 한 세 명의 사상가들, 오웬(Robert Owen, 1771~1858), 푸리에(Charles Fourier, 1772~1837), 프루동(Pierre Joseph Proudhon, 1809~1865)이다. 프루동은 아나키스트라는 용어를 만든 인물이다. 자주관리에 관련된 생각들은 생디칼리스트, 아나키스트적 생디칼리스트, 협동조합적 사회주의 등의 운동에서 나타난다.

이런 위대한 사상가들과 지적 조류들의 견해에 대해 자세하게 서술하지는 않을 것이지만,[1] 그들에게 공통적인 몇 가지 관념들은 집어낼 필요가 있다. 핵심 사상 중 하나는 국가의 역할에 대한 강한 비난과 모

1) 자주관리의 지적 역사에 대한 포괄적 설명과 분석은 B. Horvat(1982)에서 찾아볼 수 있다.

든 종류의 '국가주의'에 대한 거부이다. 이상적 상태는 어떤 국가도 전혀 없는 사회이다.[2] 필요한 것은 경제적 민주주의와 노동자들의 자주 조직이다. 노동자들의 생산공동체(*production collective*)는 자율적으로 운영되어야 한다. 이 책의 용어법에 따르면, 자주관리 기제(6장 5절 참조)는 경제의 핵심 조정자로서 관료적 기제를 대체해야 한다.

자주관리의 지적 조류가 내세우는 관념들 중 일부 요소는 적어도 부분적으로 실제로 실현된다. 예를 들면, 1871년 파리 코뮌, 1917년 러시아 혁명 초기의 소비에트,[3] 혹은 1956년 헝가리 혁명의 단명한 노동자평의회 등과 같은 역사적 구성체는 자주관리의 지적 모형과 상당히 유사한 특성을 갖고 있다.

유고슬라비아는 자주관리를 일반적으로 도입한 첫 번째 국가였다(1950년).[4] 자주관리는 아주 최근까지 공적 부문에서 지배적 재산 형

---

2) 정치철학의 기묘한 패러독스는 완전히 다른 세 개의 사조가 국가의 종언 혹은 최소한 국가 역할의 근본적 축소를 바람직하다고 생각한 것이다. '좌익' 아나키스트적 생디칼리스트는 국가를 노동자의 자주적 조직으로 대체하기를 원한다. 마르크스-레닌주의의 공식 이데올로기는 사회주의 건설 과정에서 국가의 힘이 할 역할을 인정하지만 사회발전의 높은 수준에서 공산주의가 도래하면서 국가가 소멸할 것이라고 분명하게 주장한다. 끝으로, '우익' 자유지상주의 철학은 개인의 자유를 보호하기 위해 국가의 역할을 극소화할 것을 요구한다. R. Nozick(1974) 참조.

3) 소비에트가 실질적으로 노동자 혁명 속에서 권력 기관으로 남아 있는 한에서만 소비에트에 대해 이렇게 말할 수 있다. 나중에 고전적 사회주의 체제가 발전하고 경직화되면서, 소비에트는 관료기구의 일부가 되었다.

4) 자주관리를 결정한 배경에는 여러 동기가 존재하였다. 하나는 유고슬라비아가 그때부터 스탈린의 소련이나 소련 방식을 뒤따르는 다른 사회주의 국가들과 다른 길을 나아간다는 사실을 드러내 보이는 것이었다. 다른 동기는 공장들이 노동자들 자신에 의해 소유되었다는 관념을 강화하여 인민의 지지를 공고화하려는 것이었다. 유고슬라비아의 정치사에 대해서는 D. Rusinow(1977) 참조.

태로 남아 있었다. 자주관리의 일부 요소는 또한 1982년 폴란드와 1985년 헝가리에서, 유고슬라비아에서보다는 덜 일관적이고 덜 일반적인 형태로나마 법에 의해 도입되었다. 그리고 소련에서도 근래에 도입되었다.

자주관리의 사상은 다른 사회주의 국가들의 개혁 논쟁에서도 마찬가지로 반복적으로 나타난다. 게다가, 자주관리에 의해 포괄되는 관념의 범위는 지난 20~30년 동안 미국과 서유럽의 급진적인 신좌파 운동에서 주요한 요소였다.

자주관리에 대한 실제적 측면에서의 분석으로 되돌아가면, 중요한 교훈은 주로 유고슬라비아의 경제사로부터 도출할 수 있다. 이 책의 계획에 따라서, 이 장에서는 유고슬라비아 경제에 대한 상세한 역사적 서술은 제공하지 않는다.[5] 문제는 좀더 일반적 차원에서 다루어진다. 유고슬라비아의 경험에 대한 언급이 자주 있겠지만, 자주관리 형태의 사용이 다른 사회주의 국가들에서 비슷한 현상을 가져왔을 것이라고 상정할 수 있는 경우에 한해서만 그럴 것이다.[6]

추상의 수준과 전제의 성질 때문에, 다른 경우라면 허용될 수 있고 이론적 분석 측면에서 진정 유용한 두 종류의 분석방법은 사용하지 않았다.[7]

---

5) 이 문제에 대해서는 많은 저서들이 존재한다. J. Prasniker and J. Svejnar (1990)는 종합적 평가를 제공한다. J. P. Burkett (1989), H. Lydall (1984), D. D. Milenkovitch (1984), S. R. Sacks (1989), R. Stojanovic, ed. (1982) 등도 참조하라.

6) 유고슬라비아의 특수한 상황(예를 들면, 유고슬라비아의 7개 공화국 사이의 관계에 대한 문제들)과 연결된 현상에 대해서는 언급이 없을 것이다.

7) 자주관리라는 문제영역은 전문 경제학자들에게 지적 도전을 제공한다. 수학화

전체적 일반화를 위한 시도는 하지 않았다. 다시 말해, 정치적·사회적 환경을 고려하지 않고 자주관리 기업의 행동을 설명하는 이론적 모형을 고안하려고 하지 않았다. 따라서 이 장의 주장들이 이스라엘 키부츠, 자본가 소유자로부터 공장노동자들이 인수한 이탈리아 공장 또는 미국의 법률가 동업회사 등에도 유효하다고 말하지는 않을 것이다. 여기에서 자주관리는 공산당이 통제하는 사회주의 체제라는 맥락 속에서만 분석된다.

이 장의 설명은 사회주의 체제가 충족시킬 것이라고 기대할 수 없는 자주관리 기업의 환경에 대해 가정하지 않는다. 예를 들면, 자주관리 기업이 자유경쟁시장에 의해 다른 경제 단위들에 연결되어 있다거나, 국가가 시장의 작동이나 기업의 운영에 간섭하지 않으려고 한다는 전제는 하지 않는다.[8] 이 책의 다른 부분과 동일하게, 앞으로의 논의 방향은 바람직하지만 상상의 체제에 대한 규범적 이론이 아니라, 현실적이고 실증적인 관찰과 결론을 목표로 한다.

한 이론적 모형의 도움을 받아서 자주관리 단위의 행동을 분석한 많은 연구들을 포함하여, 언급할 만한 연구작업이 많이 이루어졌다. 자주관리 기업에 대한 이론의 첫 번째 선구자들로는 B. M. Ward (1958), J. Vanek (1970, 1972)을 참조하라. 더 진척된 연구로는 J. P. Bonin and L. Putterman (1987), J. H. Drèze (1976), S. Estrin (1983), J. E. Meade (1972)를 보라.

8) 예를 들자면, J. Vanek (1970)의 획기적 연구들은 이러한 가정을 한다. 그의 연구는 자치(*self-governing*) 민주주의와 자주관리에 관한 규범적 이론을 개괄한다.

2. 정치적 관계

자주관리 형태의 도입에 대한 분석에서부터 시작하자. 유고슬라비아의 경우는 몇몇 기업의 근로자들(*workers*)이 자주관리 형태의 도입을 자발적으로 개시하고 다른 근로자들이 이에 참여하여 일반화를 이루는 방식이 아니었다. 자주관리라는 관념은 최고지도부 속에서 등장하였고, 그것은 당 지도자인 티토가 받아들였을 때 의무화되었다.[9] 유고슬라비아는 인민들이 자발적으로 거부한 형태들 그리고/또는 경제적으로 살아남을 수 없다고 확인된 형태들이 제거될 때까지 다양한 형태들이 병존할 수 있도록 해주는 재산형태들과 조정기제들 사이의 자연적 선택과정을 겪지 않았다.[10] 그 대신에, 중앙집권화된 국가재산(*state property*)을 '비국가적' 사회재산(*social property*, 유고슬라비아의 공식 용어)으로 전환한 것은 국가 권력이었다.

유고슬라비아에서 자주관리는 공박할 수 없는 금기, 비-사적 재산의 유일한 형태가 되었다. 아주 최근까지(실제로 다당제의 출현을 가져

---

9) 질라스(M. Djilas)는 어떻게 그러한 생각이 그에게 떠올랐는지, 어떻게 티토가 자주관리라는 관념과 타협하였는지, 결국 어떻게 자주관리를 일반적으로 도입하는 결정이 이루어졌는지를 자세히 이야기한다. 일어났던 사건들을 보면, 상황은 기묘하게 전개되었다. 마르크스의 저작에서 그러한 관념을 신성화할 인용구들을 급하게 찾는 일이 벌어졌고, 일단 인용할 구절들이 발견되자 티토는 실제로 안심하였다. M. Djilas(1988)에 들어 있는 G. Urban과의 인터뷰를 보라.

10) 이 관점에서 사회주의 체제하에서 얼마나 많은 사람들이 일종의 자주관리 형태를, 또는 자발적 가입에 기초를 둔 실제 협동조합과 유사한 형태를 선택하는지를 보는 것은 유익하다. 예를 들면, 강제집단화가 시작되기 전인 1928년 소련에서 협동조합이 운영한 농지의 비율은 단지 1.2%였다. A. Nove(1969, p. 150) 참조.

온 혁명이 시작되기까지) 자주관리의 거부에 대한 논의는 금지되었다. 이는 다른 사회주의 국가에서 국가 소유의 지배적 역할을 폐지하자고 권고하는 것이 금지되었던 점과 마찬가지였다.

자주관리는 다양한 거시적이고 미시적인 경제 문제를 야기한다. 이 문제들은 여기에서 간단하게 살펴볼 것이다. 그런데 가장 중요한 고려사항은 경제적 측면보다는 정치적, 사회적 측면이다. 자주관리를 지지하는 수많은 사람들은 이러한 재산형태가 근로자들이 자신들의 근로로부터 소외되는 상황을 끝낼 것이라고 희망한다. 지도부 선출이 그들에게 통제권, 즉 유형 3의 재산권의 적극적 사용을 허용할 것이기 때문이다. 그렇지만, 공산당의 권력독점이 외부세계에서 지배적이라면, 민주적 자주관리는 기업 내부에서 자유롭게 적용될 수 없다.[11] 이 점이 유고슬라비아의(그리고 그 뒤 폴란드, 헝가리, 소련의) 자주관리 시도에서 나타난 기본적이고 본래적인 모순이다.

지도부 선출은 여러 가지 방법으로 당과 지방정부 또는 조직의 영향을 받는다. 유망한 후보들은 심사를 받고, 투표자들은 조종을 받는다. 만일 관료기구가 싫어하는 지도자가 그런 상황에서도 당선된다면, 조만간 그/그녀는 해임된다. 어떤 경우이든 기업의 근로자들은 당에서나 중앙 및 지역 국가기구들에서 연줄이 좋은 지도자를 선출하는 것이 자신들에게 이익이 된다는 것을 안다. 그가 기업에 유리한 대부, 세금

---

11) '기업'(*firm*)이라는 용어는 유고슬라비아에서 사용하지 않는다. 마찬가지로 다른 범주들에도 '서구' 또는 '동구'의 용어법과 구별되는 명칭이 주어졌다. 이러한 용어법의 일부는 나중에 소개한다(20장 5절 참조). 여기의 분석에서는 '동구' 혹은 '서구'의 동의어들이 대신 사용되고, 동의어가 존재하지 않으면 일반적으로 이해될 수 있는 가장 가까운 용어들이 사용된다.

부과, 투자기금, 환율 등의 이득을 획득할 수 있기 때문이다.[12)]

어떤 기관에서든 진정한 자주관리를 위한 필수조건 하나는 다양한 집단들이 서로 다른 지도자 후보를 내놓을 수 있어야만 한다는 것이다. 후보들과 그들을 지지하는 집단들은 서로 단결하고, 선거 캠페인을 하고, 서로 간에 다른 측의 프로그램을 비판할 수 있는 자유를 가져야만 한다. 이런 일들이 실제로 표현과 결사의 자유라는 기초적 권리에 해당한다. 이러한 권리들이 사회의 모든 영역에서 적절하게 보장되지 않는다면, 일터의 자주관리에서도 이 권리들은 일관성 있게 적용될 수 없다.

정치적 집단과 조직, 정당이 존재하고 서로 경쟁하는, 달리 말하자면 권력독점을 막고 표현과 결사의 자유를 보호하는 제도적 보장이 존재하는 진정한 의회민주주의에서는, 근로자들이 기업이나 회사에서 자신들이 상사에게 양보해야 한다는 것을 더 쉽게 받아들이는 경향이 있다. 그곳에서 그들은 당연히 자신들의 이익을 보호하기 위한 결사의 권리와 생산 문제와 관련한 발언권을 요구하지만, 그들 대부분은 기업 내에서 집단적 의사결정과 지도부 선출을 하자고 주장하지는 않는다.[13)]

---

12) 이러한 관점에서 유고슬라비아의 경험을 분석한 연구로는 J. Prasnikar and J. Svejnar(1988, 1990)를 보라. 기업의 지도부 선출과 관련한 헝가리의 경험에 대한 연구로는 K. Bossányi(1986)를 보라. G. K. Popov(1988, p. 631)는 소련에서 지배인 선출의 도입이 가져오리라 예상하는 효과와 관련하여 걱정스러운 말을 하고 있다. "지배인 선출을 무의미하게 만드는 시도들이 있을 것이다. 관련 부처가 받아들일 만한 사람들을 선출할 필요가 있는데, 왜냐하면 그 일에 모든 것들이 달려 있기 때문이다."

13) 사적 소유와 의회민주주의 위에 세워진 시장경제라는 상황에서 광범위하게 나

자주관리가 '형식적이고' '부르주아적인' 의회민주주의보다 더 충실하고 본질적 형태의 민주주의라고 진정으로 믿는 자주관리 신봉자들이 사회주의 체제 속에는 존재한다. 그렇지만 개혁운동 속에는 다른 종류의 자주관리 지지자들도 나타난다. 그들은 자주관리를 오히려 유용한 전술적 조처, 진정한 의회민주주의를 대신하는 일시적인 '강요된 대체물'로 바라본다. 그들은 부분적 또는 전체적 자주관리가 당-국가의 단일권력을 완전히 보존하는 것보다 훨씬 낫다고 생각한다. 자주관리는 새로운 정치영역을 펼쳐 준다. 그곳에서 반대세력은 기업 내 지위를 놓고 투쟁을 시작할 수 있다. 또한 이 투쟁은 아래로부터의 투쟁이다.

자주관리가 상층부에 의해 분명히 교묘한 위선적 목적을 위해 강요된 대체물의 역할을 당분간 충족할 수 있는 것으로서 장려될 가능성을 어느 누구도 배제할 수 없다. 그들은 자주관리의 도입이 당의 권력독점을 깨뜨리려고 하는 운동을 완화시킬 것이라는 희망을 가진다. 유고슬라비아에서 자주관리는 수십 년간 정치적 자유의 엄격한 제한과 공존하였다.

타나는 또 다른 요구는 의사결정에 참여할 노동자의 권리이다. 당연히 참여의 정도와 구체적 형태를 둘러싼 정치적 투쟁과 논쟁이 그곳에서도 일어난다. 스웨덴과 독일에서 진행된 공동결정의 역사, 그리고 다른 서유럽 국가들의 상황에 대한 개관과 관련해서 A. L. Thimm (1980)을 참조하라. 독일에서의 논쟁은 R. Judith ed. (1986)에서 서술한다. 여러 국가들, 특히 중점적으로 독일에서 나타난 공동결정의 효과를 경험적으로 비교한 연구로는 B. Wilpert and J. Rayley (1983)를 볼 것.

3. 경제적 효과

자주관리의 경제적 효과에 대한 분석은 이러한 정치적 문제들과 밀접한 관계를 갖는다. 완벽하게 철저한 분석을 시도하는 대신, 여기에서는 다섯 가지 질문만 다룬다.[14)]

1. 상급자에 대한 수직적 의존. 존속하는 권력구조하에서 자주관리형 경제 단위가 진정 관료기구로부터 독립적일 것이라고 기대한다면, 이는 환상이다. 방금 언급한 기업 지도자의 선택에 미치는 영향은 결정적으로 중요하다. 게다가 몇 가지 다른 끈들도 기업을 상급기관들에 묶어 놓는다.[15)] 상급기관들은 기업이 손실이 있다면 재정보조를 얼마나 받을 것인지, 기업의 세금이 얼마나 오를 것인지, 기업이 투자신용을 얼마나 받을 것인지, 기업이 현금을 얼마까지 가질 수 있는지 등을 대부분 결정한다. 기업은 또한 비 민간 은행 부문에 좌지우지된다. 자주관리형 기업은 여전히 연성예산제약하에 있다.[16)] 사적 자본시장은 존재하지 않고, 사유은행이나 다른 금융기관도 없다. 자본・신용시

---

14) 추상적 분석의 수준에서, 이 책은 자주관리를 활용하려는 경향(20장 참조)과 시장사회주의의 실현을 목표로 삼는 경향(21장 참조)을 분리해서 논의한다. 현실에서는 자주관리가 보통 시장사회주의 도입과 연결된다. 따라서 여기에서 우리는 다음 장에서 더 자세하게 다루어질 몇 가지 질문에 대해서는 아주 간단하게 논의한다. 하지만 어느 정도 반복과 중첩은 피할 수 없다.

15) J. P. Burkett(1989)을 볼 것.

16) 유고슬라비아에서 나타나는 연성예산제약의 경험적 증거와 관련하여서는 P. R. Knight(1984), V. Konovalov(1989), J. Mitchell(1989), L. D. Tyson(1977, 1983) 등을 볼 것.

장은 이윤을 추구하는 상업활동에 기반을 두지 않는 근본적으로 관료적인 기관이다.[17] 시장에 대한 기업의 수평적 의존은 어쨌든 당, 중앙 및 지방의 국가기관들, 사적이지 않고 시장지향적이지 않은 금융부문에 대한 수직적 의존에 의해 상쇄된다.

2. 지배인의 하급자에 대한 의존. 분명히 기업의 근로자집단(*work-force*)은 실제로 최고 주권체가 아니다. 그러나 기업 지도자와의 관계에서 그들의 위치는 강화되었다. 이런 의미에서 지배인의 하급자들에 대한 의존은 더 커졌다. 이에 따라 그는 자신의 지시가 잘 수행되도록 하고, 작업 조정에 필요한 규율을 유지하며, 현물로 지급되는 임금과 이익의 부당한 증가를 막는 데에 어려움을 겪는다. 어떻게 그가 자신의 재선을 좌우하는 사람들에게 강력하게 대항하는 조치들을 할 수 있겠는가?[18]

이는 '작업현장 민주주의'라는 슬로건과 함께 기본적인 문제들에 다

---

17) 유고슬라비아의 경우 이와 관련한 아주 분명한 증거는 신용체제가 지난 몇십년에 걸쳐 높은 수준의 음(陰)의 실질이자율을 유지하면서 운영되었다는 사실이다.

18) 와이츠먼(M. L. Weitzman, 1984, 1985)은 '수익분배 경제'(*share economy*)를 위한 계획의 윤곽을 제시한다. 이와 같은 경제에서 근로자들은 이윤 증대에 관심을 갖는다. 즉, 그들은 유형 1의 재산권의 일부를 받는다. 하지만 그들은 유형 2와 3의 재산권에 대해서는 몫을 갖지 않는다. 이러한 권리는 이전 소유자들의 수중에, 최소한 와이츠먼이 다루는 자본주의적 환경에서는, 남아 있다. (혹은 유형 3의 통제권 중 일부는 소유자들이 지명한 지배인들에 의해 행사될 것이다.)

와이츠먼이 말하는 유형의 인센티브 제도에 따라 일어나는 기업의 행동들은 사회주의 국가의 자주관리형 재산형태하에서 등장하는 행동들과 본질적으로 다르다.

다르도록 만든다. 구성원들이 스스로를 규율할 줄 아는 공동체들이 존재한다. 구성원들은 자신들의 재정수요를 자발적으로 억제하고, 또 각자가 스스로 집중해서 주의 깊게 일을 수행한다. 또한 구성원들은 모범을 보이고 또 필요하다면 동료 차원의 평가를 통해 서로에게 규율을 요구한다. 우리는 이러한 공동체의 예를 가톨릭 종교 단체나 이스라엘의 키부츠에서, 또는 초기 사회주의의 근로대에서도 발견한다. 이러한 운영양식은 보통 강한 이데올로기적 신념을 공유하는 작은 공동체에서 작동한다. 그런 공동체의 구성원들은 서로를 쉽게 살펴볼 수 있고 공동의 대의와 규율을 진정으로 받아들이지 않는 사람들을 솎아낼 수 있기 때문이다.

일부 좌파 사조들은 이러한 유형의 행동이 일반화될 수 있다고 주장한다. 나는 그러한 주장을 의심하는, 적어도 가까운 장래에는 불가능하다고 의심하는 사람에 속한다. 사심 없고 자발적인 규율에 따른 노력과 그런 규율을 주입하려고 고안된 훈련이 아무리 칭찬할 만하다고 해도, 이는 현재 상황에서 사회적 생산과 관련해서는 환상적인 기초를 제시할 뿐이다.[19)]

3. 단기적 사고방식. 자주관리형 단위의 구성원들은 극히 중요한 소유권의 기준이 되는 유형 2의 재산권, 즉 양도권[20)]을 충분히 갖지 못

---

19) 분명한 구분이 자주관리와 기업 내 의사결정에 대한 참여권 또는 의사결정 이전 심의권 사이에 이루어져야 한다. 의사결정에 대한 참여권이나 심의권은 기업의 근로자들에게 기업 활동에 영향을 미칠 수 있는 기회를 제공하지만 통제권이나 통제에 대한 책임을 (형식적인 방식으로도) 주지는 않는다. 따라서 이처럼 제한이 더 많은 방식은 위에서 언급되었던, 규율 부과와 관련된 심각한 문제들로 이어지지 않는다.

한다.[21] 노동자들이 오랜 기간 기업 발전에 자신들의 최고 능력을 바쳤지만 그 뒤에 어떤 이유로 기업을 떠나야 한다면, 그들은 자신들의 '투자'를 되돌려 받을 수 없다. 따라서 그들은 기업의 장기 발전에 어떤 이해관계도 갖지 못한다는 점에서 진정한 소유자들과 다르다. '현재 소득 대 미래 소득', '소비 대 축적'이라는 근본적인 경제적 딜레마에 직면해서, 그들의 일상적 이해관계는 그들이 현재 소득과 소비를 극대화하도록 자극한다.[22] 그들은 경제적 수익을 오랜 기간 뒤에야 가져오는 대규모 투자, 연구개발 또는 직업훈련 등과 같은 지출이나 노력에 대해 어떤 물질적 이해관계도 가지고 있지 않다. 그런 경우에 그들은 자문한다. 희생이 보상받을 때 내가 더 이상 기업에서 일하고 있지 않다면, 그게 뭐란 말인가? 이런 관점에서 그들은 사적 주주들과 본질적으로 다른 위치에 있다. 사적 주주들은 회사의 '순가치', 즉 회사의 물적, 금융적, 지적 자본의 성장에 개인적 이해관계를 가지고 있다.

4. 인플레이션 압력. 인플레이션 과정은 개혁체제하에서 여러 요인들 때문에 강화될 수 있다. 자주관리는 이러한 과정을 야기하는 필수적 전제조건이 아니다. 예를 들면, 똑같은 일이 중국, 베트남, 소련

---

20) 집단이 양도권을 갖는가 아닌가는 다른 문제이다. 다른 말로 하면, 근로자들에 의해 선출된 평의회는 기업 전체를 팔 권리를 갖는가? 이 문제는 탈사회주의적 이행 시기의 의제로 등장한다(20장 6절 참조).

21) 재산의 자유로운 이전에 대해서는 A. A. Alchian and H. Demsetz(1972)를 보라.

22) J. Prasnikar and J. Svejnar(1988, 1990) 참조.

등에서 일어났는데, 그곳에서는 자주관리가 도입되지 않았다. 자주관리가 인플레이션을 발생시키기에 충분한 전제조건이 아니라고 우리는 추가적으로 말할 수 있다. 유고슬라비아에서도 여러 요인들이 결합된 결과로 인플레이션이 나타났다(23장 5절 참조). 자주관리형 기업이 인플레이션 압력을 부추기는 종류의 행동을 할 경향이 있다는 것이 우리가 말할 수 있는 전부이다.

자주관리는 명목임금 상승에 대한 기업 지도부의 저항을 완화한다. 고전적 체제하에서는 강제적인 임금규제를 준수하는 것이 엄격하게 강요되었다(7장 3절, 10장 3절 참조). 자주관리는 이러한 관료적 제약을 폐지하지만, 임금을 억제할 소유주의 이익과 같은 것으로 관료적 제약을 대체하는 데는 실패한다. 자본주의 기업에서 임금상승에 대한 반대는 소유주와 소유주를 위해 일하는 경영인들의 이익을 위해 발생한다. 임금상승은 이윤을 감소시키기 때문이다. 다른 한편, 이미 살펴보았듯이, 단기간에 최대한 큰 소득을 보장하는 것이 자주관리형 기업의 소유주들, 근로자집단에게 직접적 이익이 된다. 근로자들에게 계속 인기를 얻으려는 지배인은 누구라도 이러한 노력에 반대하지 않을 것이다. 인플레이션을 야기하는 임금압박이 무분별한 재정정책과 동시에 일어나면, 임금-물가 악순환(*wage-price spiral*)의 메커니즘이 자리를 잡는다.

5. 실업. 고전적 체제는 고용을 급속하게 증가시키는 경향을 갖는다(10장 1, 2절 참조). 팽창 추구에 대해 언급한 적이 있는데, 이는 노동력이 (적어도 공급이 완전히 소진되기 전까지) 풍부한 동안에는 생산의 지속적 증대를 촉진한다. 노동을 낭비하지 않으려는 어떠한 유인도

존재하지 않는다.

팽창 추구는 사회주의 체제 내에 도입된 자주관리하에서도 남아 있다. 그런데 대부분의 팽창은 자금 조달을 기업의 자체 저축으로부터 하지 않는다. 기업은 자체 자원을 다음과 같이 분할한다. 순소득 중 최대한 많은 부분이 근로자들의 현행 소비에 기초를 제공하는 데 사용되고, 기업은 투자자금 조달을 위해서 국가와 은행체계로부터 가능한 최대로 자금을 끌어내려고 한다. 은행 대부는 음의 실질이자율을 가지고 있기 때문에, 실제로는 무상보조를 포함하는 것이다.

자본가 기업에게는 근로자 집단의 규모 증대가 이윤증가에 기여하는 한에는 근로자 집단을 확대하는 것이 도움이 된다.[23] 반대로, 자주관리형 기업의 이해관계는 이윤에 있지 않고 기업이 이미 고용한 근로자들의 개인소득을 증가시키는 데 있다. 따라서 만일 이윤을 최대화하는 고용수준이 현재 고용된 근로자의 일인당 소득을 최대치 이하로 끌어내리는 결과를 가져온다면, 자주관리형 기업은 그러한 고용수준으로부터 멀어지려고 할 것이다.

4항과 5항에서 서술된 상황에 따르면, 궁극적으로 기업은 될 수 있는 한 자본집약적이고 추가노동을 거의 요구하지 않는 투자를 실행하려는 유혹을 받는다. 이러한 투자는 국가예산 및 신용체제의 지출과 궁극적으로는 인플레이션을 겪어야 할 대중의 희생을 야기할 것이다. 이 모든 것들은 인플레이션과 실업의 동시 발생을 가져오는 인과 메커

---

23) 다른 말로 하면, 근로자의 한계생산성이 그에게 지불되는 임금과 일치하기까지는.

니즘을 낳는다.

요약하자면, 사회주의 체제하에서 도입된 자주관리는 정치적, 경제적 관점에서 많은 부정적 특징을 드러낸다. 이는 개혁과정의 막다른 길 중 하나이다. 자주관리형 재산형태에서 운영되는 기업이 본질적으로 국유기업과 다르다고 하더라도, 양자는 모두 근본적 동질성 또는 최소한 매우 분명한 유사성을 가진다. 이는 양자가 모두 관료적 체제에 깊이 뿌리박혀 있다는 점이다.

4. 지배인과 근로자들의 관계

자주관리는 최고관리자와 피고용인들 사이에 새로운 관계를 만든다. 여기에서 지적해 두어야 할 점은 자주관리가 도입되지 않았지만 개혁의 다른 움직임들이 나타나는 곳에서도 비슷한 변화가 일어난다는 사실이다. 이러한 방향으로 작동하는 요인들은 특히 정치구조에서의 자유화 조치와 고전적 이데올로기의 약화이다(18장 4절, 23장 1절 참조). 지배인은 노동규율을 근로자들에게 강요하고 명목임금 상승이라는 근로자들의 압력에 저항하는 경향을 훨씬 덜 보인다.

이러한 변화에는 여러 가지 이유가 있다. 노동조합의 대표자적 성격이 약간 강화되고 파업이 합법화되거나 적어도 묵인된다는 사실은 이러한 변화와 관련이 있다. 노동부족이 지속되거나 심지어 더 악화된다면 노동의 이동성은 증가한다. 이제 체제는 자신의 뜻대로 직업을 바꾸는 사람들에 대해 행정적 조치를 취할 수 있는 역량을 덜 가진다. 이에 따라 기업의 관리는 생산의 관점에서도 역시 근로자들의 사이좋은 협력에 더 의존하게 된다.

더 큰 영향을 미치는 다른 변화도 있다. 지배인은 자신이 인기 없는 조처를 취할 경우, 강력하고 강압적인 관료적 위계제로부터 완전한 지지를 기대하기가 이전보다 쉽지 않다는 점을 안다. 지배인은 지역의 당과 노동조합 지부로부터 오는 무조건적 지지에 확고하게 의지할 수 없게 되었다. 실제로 지배인은 피고용인들이 자신에게 현저한 반감이나 노골적인 증오를 드러낸다면 그들이 상급당국자들을 설득하여 그를 해고하도록 하는 데 성공할 가능성을 더 높게 예상할 수 있다. 강력한 관료기구의 규율이 느슨해지면서, 지배인은 더 취약해졌다. 또한 그러한 상황하에서 지배인은 개인적 행동에서뿐만 아니라 경제적 행동에서도 '인기에 영합하는 성향'을 더욱더 보여 줄 것이다. 이는 또한 지배인이 상급자들과 협상을 하는 과정에서 수행하는 역할들 중 하나가 피고용인들의 이익을 '대변하는 자'의 역할이라는 것을 의미한다. 그 역할이 고전적 체제하의 지배인들에게 완전히 낯선 것은 아니었지만, 개혁과정에서 더 강력하게 드러난다.

5. 윤리적 조정

이 장의 도입부에서 우리는 자주관리라는 관념이 관료적이고 중앙집권적인 고전적 사회주의로부터 벗어나고 싶은, 또한 자본주의를 거부하고 싶은 사람들에게 제 3의 길에 대한 희망을 제공한다는 사실을 언급하였다. 이와 유사한 지적·정치적 고려 때문에, 사회주의의 일부 조류는 윤리적 조정에 매력을 느낀다(6장 6절 참조). 자치 기제를 수립한다는 약속을 제시하는 자주관리의 경우에서와 마찬가지로, 여기에서 사회주의의 이데올로기적 전통에 대해 언급할 필요가 있다. 많은 사람들은 사회주의 사회에서 생산 조직들과 기관들이 국가의 강제나 물질적 이익에 의한 유도의 결과로서가 아니라 이기적이지 않고 또 자발적인 방식으로 서로 조정될 것이라 기대하였다.[24] 집단들의 대표들은 협상을 통해 계획에 동의할 것이었다.

이러한 개념을 적용하려는 어떤 진지한 시도도 고전적 체제하에 있던 소련이나 다른 대부분의 국가들에서 전혀 이루어지지 않았다. 조정은 어떤 망설임도 없이 관료기구에 맡겨졌다. 중국에서 자발적 상호 조절에 대한 열망은 마오주의의 공식 이데올로기에서 한 축이 되었다.[25] 그렇지만 실제로는 이러한 관념 중 고전적 체제의 중국식 형태에서 실현된 것은 거의 없었다.

개혁체제의 경우, 선구적 국가였던 유고슬라비아에서 모든 수준에서의 자발적 상호 조절이라는 오래된 사회주의적 관념이 1970년대 초반 자주관리와 함께, 혹은 그것과 결합되어 전면에 등장하였다. 개혁의 고안자들은 경제 단위들 사이의 자발적 연합을 아래로부터 수립하는 일에 큰 중요성을 부여하였다. 가장 작은 세포들은 '연합노동의 기본 조직'과 이러한 '연합노동의 작업장 조직'의 연합체이다. 이러한 것

---

24) 이 생각은 프루동까지 거슬러 올라간다. 자아의 각성이 일어난 사람은 외부로부터 규율의 강제를 필요로 하지 않는다고 프루동은 썼다(1867~1870, 2: 414, 6: 92~93). 경제의 구조는 상호성(*mutuellisme*) 위에 세워질 수 있다. 마르크스는 프루동을 강력하게 비판하였다.

25) 이 점이 마오주의가 서구 신좌파 지식인들을 끌어당긴 매력 중 하나였다. 예를 들면 J. Robinson(1969)을 볼 것.

들로부터 '연합노동의 복합조직'이 더 높은 수준에서 형성된다. 이 복합조직은 '산업 연합체'로 결합되고, 산업 연합체는 다시 더 높은 수준에서 (보통 한 공화국에 하나씩) '상공회의소'(*chambers of commerce*)에 속한다.[26] 그렇지만, 구조와 심지어 명칭의 획일성 그 자체는 자발적 연합들이 아래로부터의 주도에 의해 자생적으로 생겨나지 않았으며 조직의 청사진이 중앙에서 그려졌다는 결론을 내리도록 만든다. 생산 단위들이 이러한 조직 속으로만 결합해 들어갈 수 있다는 사실도 이러한 결론을 뒷받침한다. 새로운 제도와 관련한 용어들에 반영된 관념이 존재함에도 불구하고 이러한 것이 진정한 자발적 연합과 전혀 관련이 없다는 사실은 이 모든 것으로부터 명확하게 드러난다.[27]

개혁의 관념은 다음과 같았다. 자주관리형 단위들과 그들 사이의 다양한 결합체 · 연합체는 상호 긴밀하게 협의할 것이며, 호혜적 배려에 기반을 둠으로써 업무들에 합의할 것이다. 최종 합의 중 가장 포괄적 합의는 '사회협약'(*social compacts*)이라는 특별한 명칭을 부여받았다. 이 모든 것이 특유의 조정형태를 창출한다고 상정되었다. 이러한 합의는 (관료적 성격을 띠지 않는다는 의미에서) 중앙명령에 의해서 만들어지지도 않고 (시장 성격을 띠지 않는다는 의미에서) 구매와 판매의 조건에 대한 흥정이나 가격에 바탕을 두고 이루어지지도 않을 것이기 때문에, 아울러 이러한 합의는 사회에 대한 책임감과 협조를 향한 호혜적 자발성으로부터 만들어지기 때문에, 이러한 모든 수준에서의 포

---

26) L. D. Tyson(1980), J. P. Burkett(1989)의 연구들을 볼 것.

27) 유고슬라비아 체제의 이러한 영역에 대한 뛰어난 설명과 평가는 A. Ben-Ner and E. Neuberger(1990)에서 발견할 수 있다. 표현력이 뛰어난 그들 책의 부제는 "유고슬라비아의 보이는 손과 협의된 계획"이다.

괄적 협의 과정은 윤리적 조정의 한 형태라고 정당하게 간주되었을 것이다.

실제로는, 법령에 의해 사회에 부과된 이러한 인위적 관념 중 어떤 것도 거의 적용되지 않았다. '사회협약'의 이면에서, 그것과는 관계없이 혹은 그것이 있음에도, 상급조직들의 관료적 영향력이나 구매자와 판매자의 시장적 영향력이 경제활동에 큰 힘을 미쳤다. 윤리적 조정의 허약함은 관료적 조정과 시장 조정의 실질적으로 강력한 기제들과 비교할 때 명확하게 드러난다.

뚜렷한 대비를 위해, 윤리적 조정이 발생하는 완전히 다른 형태를 살펴보자. 1970년대와 1980년대에 개혁사회주의 국가들에서 나타났던 자선 운동체와 연합체가 있다. 이러한 것들은 고전적 체제하에서는 허용되지 않았으며(6장 6절 참조), 개혁사회주의에서는 국가와 공식적 대중조직들에 의해 조직되지 않는다. 이것들은 구체적이고 엄격히 정해진 일들을 수행하기 위해 진정 아래로부터의 주도로 자발적으로 나타난다. 예를 들면 헝가리에서, 수십 년간 빈곤의 존재 자체가 부정되었지만, 지식인들 중 몇몇 집단들은 사회의 상당한 비율이 심각한 빈곤상태에서 살고 있다는 사실을 1970년대에 깨달았다. 이에 따라, 반(半) 비합법적 자선조직인 빈민지원기금이 조직되었고, 기꺼이 도우려는 많은 사람들이 결합하였다. 헝가리에서 나타난 또 다른 사업은 루마니아에서 탈출한 헝가리 민족을 지원하는 자선운동이었다. 최초의 자선조직들이 소련에서도 이제 나타나고 있다.[28]

---

28) 이른바 협동조합들은 19장에서 보았듯이 실제로는 민간사업체이지만, 조직과 기부를 하는 중심체이다. 1989년은 시작 국면이었지만, 협동조합들은 자선기부에 그들 전체 수입의 0.5%를 내놓았다. *Moscow News*(1990. 4. 1.)를 참

더욱이, 다양한 집단들이 자선사업 이외의 여러 다른 사회사업들, 환경보호, 공원 정비, 노인 지원 등을 수행하기 위해 등장한다. 모든 사회에는 자생적 조직화를 할 수 있는 잠재력이 감추어져 있으며, 고상하고 윤리적인 동기에 따라 행동할 준비가 된 사람들이 존재한다. 단지 관료적 장애물이 제거되기만 하면 된다. 윤리적 조정기제는 경제를 포함하여 사회의 기본적 통제기능을 수행할 수는 없지만, 경제가 조금 더 부드럽게 움직이고 사람들이 조금 더 화목하게 함께 살아갈 수 있도록 하는 보조적 역할을 할 수 있다.

6. 미리 보기: 탈사회주의 체제하의 자주관리

개혁 국면에서 자주관리를 도입한 국가들은 탈사회주의적 이행기 자체에 특유의 유산을 남긴다. 문제들은 헝가리와 폴란드에서 분명하게 파악될 수 있지만, 쟁점은 유고슬라비아에서 이행이 일어날 때에 훨씬 더 긴급한 형태로 나타날 것이다. 자주관리가 유지되어야만 한다는 생각을 내세우는 주창자들이 이 국가들에는 존재하고, 게다가 더욱 많아지고 있다.[29] 이러한 일이 일어난다면, 앞 절들에서 개략적으로 설명한 장애와 위험도 여전히 남을 것이다. 실제로는 새로운 난관들도 거기에 덧붙여질 것이다. 이러한 추가적 문제 중 두 가지만 여기

조하라.

29) 예를 들면 K. A. Soós(1990, p. 68)의 다음 주장을 보라. “정치적·경제적 불확실성과 근본적 변화로 가득 찬 현 시기에, 자주관리의 실시는 결국 우리 사회에서 수용되었고 또 현재 상황에서 가치 있는 요소로 보존될 수 있을 것이다.”

에서 다루도록 하자.

하나는 정치적 상황과 관련이 있다. 이러한 국가들에서 다당제는 지금 막 발전하기 시작하였다. 사회의 모든 기관 내 모든 선출직을 놓고 여러 당 사이에 강한 경쟁이 존재할 것은 확실하다. 기업 지도부가 선출직이 되면 기업 자체가 정당-정치의 투쟁 영역 중 하나가 될 것은 불가피하다. 기업 지배인의 자리가 정치 엘리트가 차지하는 직책들 중 하나였던 오랜 기간이 지난 뒤에 진정으로 바람직한 현상은 그 반대의 경향이다. 사업과 생산의 '탈정치화', 지배인 선출 기준으로서 전문성과 재능을 적용하는 것 등이 바로 그것이다.

다른 문제는 사유화 과정과 연결된다. 자주관리형 기업의 선출직 지도자들은 기업 자체의 판매까지도 포함한 기업의 미래에 대해 결정할 권한이 있다고 느낀다. 이러한 관점에서 볼 때 법적 조항들은 통상적으로 분명하지 않다. 법률이 지배인에게 이러한 일을 할 수 있는 명시적 권력을 주지 않았다고 하더라도, 법률이 아주 분명한 금지를 포함하고 있는 것도 아니다.

하지만 주된 문제는 이데올로기적인 것이다. 자주관리의 선전과 주장은 기업이 노동자 집단에게 맡겨져 있다는 것을 노동자들에게 전달하려고 노력하였다.

이는 사유화 과정에서 일정한 조치들을 지지하는 중요한 법적이고 또 이데올로기적인 논증이다. 기업의 선출직 위원회를 잘 알고 또 그들의 도움을 받는 지배인은 잠재적인 국내외 소유자들과 사유화의 조건들에 합의한다. 지배인이 얻고자 하는 것은, 비록 소유권 이전이 장기적으로는 이롭지 못하다고 하더라도, 사유화의 조건들이 지위·보수·고용의 관점에서 자신과 기업의 근로자 집단에게 상당한 단기이득을 주도록 하는 것이다.

이상하게 들릴 수도 있겠지만 자주관리의 요소들이 적용되는 곳에서는, 이러한 재산형태의 제거와 실제로는 공공부문에 대한 일종의 우선적인 국유화가 탈사회주의 체제하에서 중심 의제가 된다. 그러한 일이 훌륭한 조건들에서 집행되는 사유화 과정을 위한 길을 열어 주기 때문이다.

제 21 장 시장사회주의

이 장에서 논의하는 정치적이고 지적인 흐름 이면에 놓여 있는 근본적 관념은 공적 소유가 지배적인 재산형태로 남아 있으면서도 시장이 사회주의 경제의 기본적 조정자가 되거나 적어도 중앙집권적 계획을 강화하는 관료적 메커니즘과 동급이 된다는 생각이다.

이러한 폭넓은 흐름에 속하는 여러 경향은 많은 점에서 서로 구분된다. 그중 뚜렷한 차이는 각각의 경향이 시장기제를 확립하려는 정도에서 나타난다. 그렇지만 이 경향들이 공유하는 개념은 시장에 대한 믿음이다. 따라서 전체 흐름을 **시장사회주의**를 향한 운동으로 묘사하는 것이 부당하지는 않다. 사회주의 국가들에서 일하는 개혁가들은, 특히 초창기에 일한 개혁가들은 계획과 시장을 연결하려는 자신들의 열망을 강조하는 경향이 있었다. 그러므로 그 흐름에 타당한 또 하나의 용어가 있는데, 바로 **계획-병행-시장**(*plan-cum-market*) 경제라는 관념이다. 1)

이러한 생각들은 경제의 작동에 강력한 영향을 끼쳤다. 시장사회주의와 계획-병행-시장을 향하는 실질적 변화들은 고전적 체제를 벗어나려는 운동의 주요한 경향들 중 하나를 구성했다.

이 장의 주제는 국가 부문에서 나타난 시장사회주의 현상이다. 시장이 경제의 다른 부문에서 어떤 역할을 했는지는 다루지 않는다. 따라서 그런 점에서 시장이 개혁사회주의 경제에서 어떤 역할을 하는가라는 질문에 대해서는 충분히 답하지 않는다(사적 부문과 시장 사이의 관계는 19장에서 논의했다).

1. 이데올로기적 선조들

시장사회주의를 포함하는 관념의 영역은 마르크스주의 고전들의 사유에는 매우 낯설다. 마르크스는 자본주의적 소유권하의 공장 내부에서 지배적인 조직화를 제대로 평가하고, 그것을 기업들 사이의 관계에서 나타나는 공장 외부의 두드러진 무질서와 대조했다. 마르크스는 《자본》에서 "가장 완벽한 무정부 상태는 … 단순히 상품 소유자로서 서로 부딪치는 자본가 자신들 사이에 널리 퍼져 있다"고 썼다.[2] 역시 《자

1) 이 책은 사회주의하의 계획을 관료적 조정의 여러 요소들 중 하나로 다룬다. 따라서 나의 관점을 표현하는 대목에서는 항상 '관료적 조정기제 대 시장 조정기제'가 개혁과정에 대한 논의에서 하나의 개념 쌍을 이룬다.

그러나 개혁과정을 처음 시작하고 계속 따랐던 지적 경향들을 제시할 때에는 논쟁에 실제로 참여한 사람들의 용어를 준수해야만 한다. 이 장에서 '계획-병행-시장'의 옹호자들을 언급하는 것은 바로 그런 의미에서다.

2) K. Marx (1867～1894/1978, chap. 51, p. 1021).

본》에서 가져온 다른 인용문이 있다. "집단적 생산의 경우에는 화폐자본이 완전히 필요 없다. 사회는 산업의 여러 분야에 노동력과 생산수단을 배분한다. 생산자들이 자신들의 노동 시간에 따라 사회의 소비용 재고로부터 일정 양을 인출할 수 있게 하는 종이 증서들을 받지 말라는 법이 없다. 그러나 이 증서들은 화폐가 아니다. 그것은 유통되지 않는다."[3] 엥겔스는 공산주의 사회가 상품들의 가치에 의해 나타나게 되는 "간접적이고 의미 없는" 표현 형태를 필요로 하지 않는다고 썼다. 공산주의 사회는 생산물 속에 감춰진 노동 시간에 직접적인 관심을 기울인다.[4] 마르크스주의 고전들은 시장이 형편없이 작동하는 조정기제이고 의식적인 계획으로 대체되어야만 한다고 반복해서 강조한다. 마르크스주의 사상의 위대한 해설자인 칼 카우츠키는 사태를 다음과 같이 요약했다. "문제는 이 체제를 바꾸는 것, 바로 그것이다. 이 체제는 지금까지는 무의식적인 체제 — 가치법칙의 작동하에 알력, 슬픔과 고통, 파산과 공황을 겪으면서 바로 그 체제 속에서 살아가는 사람들의 어깨 뒤에서 계속 유지되는 체제 — 였으며, 언젠가는 의식적인 체제 — 모든 영향 요인들에 대한 사전적 계산이 수요와 공급의 작동을 통해 사후적으로 이루어지는 교정을 대체하게 될 체제 — 로 바뀌어야 한다."[5] 여기에서 카우츠키가 반대한 것들 중 하나는 애덤 스미스가 시장의 최고 미덕이라고 본 바로 그것이다. 카우츠키는 시장의 손이 참가자들의 등 뒤에서 보이지 않게 작동한다는 점에 반대한다.

---

3) Ibid, chap. 18, p. 434.
4) F. Engels (1878/1975, pp. 294~295).
5) K. Kautsky (1910, p. 151).

마르크스의 정치경제학과 자신을 동일시한 사람들은 자신들의 합리적 논지와 초합리적 감정에 따라 시장을 의심과 반감, 혐오, 경멸의 시선으로 바라본다. 시장에서는 공황과 무정부상태, 투기와 극단적 경쟁이 지배하고, 모든 건전한 균형은 사후적으로만 이루어진다. 사적 소유권 체제를 폐지하는 역사적 목표 가운데 하나는 생산을 조정하는 이러한 맹목적이고 마구잡이식의 방법을 확실하게 종식시키고, 그것을 의식적 계획으로 대체하는 것이다. 마르크스와 엥겔스, 그리고 그들의 진정한 추종자들에게는 물과 불의 관계였던 것, 바로 사회주의와 시장을 결합하려고 노력하는 사람들이라면 그 누구라도 마르크스주의의 공리들 중 하나를 반드시 포기해야만 한다.[6]

시장사회주의 관념의 가장 간명한 지적 효시 중 하나는 오스카 랑게의 고전이다(O. Lange, 1936~1937). 양차 세계대전 사이에 서구에서는 사회주의 논쟁이 있었다.[7] 거대한 도전은 오스트리아 경제학자 루트비히 폰 미제스(Ludwig von Mises)의 유명한 연구(1920/1935)에

---

6) 동독 공산당 기관지 〈신독일〉(*Neues Deutschland*)은 호네커의 고전적 체제가 붕괴하기 몇 달 전에 다음과 같이 썼다. "우리가 이 시장사회주의라는 축복을 채택해야만 하는가? 생산수단의 사적 소유로 되돌아가야 하는가? 인간에 의한 인간의 착취로 되돌아가야 하는가? 자유 경쟁, 자유 노동시장으로 되돌아가야 하는가? 아니다. 자본주의로 돌아가는 일은 없을 것이다. 어떤 속성이 부여되든 시장경제는 인민의 복지를 위해서라면 무슨 일이든 다 하는 사회주의의 본질을 제대로 실현할 수 없다. 사회주의의 본질은 통일된 사회·경제 정책을 필요로 하고, 그러기 위해서는 사회주의 계획경제라는 단 하나의 기초만 존재한다. 우리가 그것을 더욱 효과적이고 완벽하게 만들수록, 모든 사람들에게 더 좋을 것이다." 1989. 1. 5. 사설, p. 5.

7) 1930년대 서구의 사회주의 논쟁에 대한 개요는 버그손(A. Bergson)의 연구(1948, 1967)가 제공한다. 현재의 평가에 대해서는 A. de Jasay(1990), D. Lavoie(1985), G. Temkin(1989)을 보라.

서 비롯되었는데, 그는 이 책에서 사회주의가 사적 재산과 시장의 결여 때문에 합리적 계산을 할 수 없다고 말했다. 랑게는 공적 소유 기업이 이윤을 최대화하거나 최적화를 위한 관련 공식을 따르는 경제를 개략적으로 보여 줌으로써 이러한 관점에 이의를 제기했다. 중앙계획부서는 시장청산 균형가격을 책정하려고 노력하고, 실제로 시장기제를 흉내 냄으로써 그렇게 한다. 중앙계획부서는 초과수요에 직면하면 가격을 올리고, 초과공급에 직면하면 가격을 내린다. 랑게의 논지는 그러한 체제가 공급과 수요의 균형을 잡을 수 있다고 단언한다.

논쟁과정에서, 의식적인 중앙계획이 수백만 개 제품들의 공급과 수요를 조정하는 일에 관련한 방대한 방정식 체계를 생각한 대로 풀 수는 없을 것이라는 주장이 제시되었다. 랑게는 그러한 거대한 계산이 거의 필요하지 않다고, 사회주의가 시장의 작동원리를 채택할 수 있을 것이라고 주장하면서 반박했다. 중앙계획자들은 초과공급 또는 초과수요 신호에 반응함으로써 끊임없이 가격을 조정한다. 다음에는 판매자와 구매자들이 가격신호에 대응할 것이고, 결국 그들의 행동들은 결합하여 균형으로 나아간다. 랑게의 저작은 개혁을 위한 구체적인 실천적 제안을 내놓지는 않지만, 기본 내용은 시장사회주의의 지적 흐름에 기초가 되는 많은 개념들을 포함한다. 수익을 증가시키고 비용을 절감하는 데 관심을 지닌 기업들의 자율성, 가격신호의 근본적 역할, 중앙집권화와 탈중앙집권화 사이의 독특한 연계 등이 바로 그것이다.

논쟁 과정에서 랑게의 논리 전개에 대한 날카로운 비판은 프리드리히 폰 하이에크(Friedrich von Hayek, 1935)로부터 나왔다. 그의 주요 논지는 다음과 같다. 사회주의의 진정 거대한 문제는 균형가격을 책정할 수 있느냐 여부에 있는 것이 아니라, 여러 다른 장소에 은폐되어 있고 또한 당연히 분산되어 있는 정보를 획득하고 재빠르게 적용할 수 있는 인센티브가 존재하는가이다. 이 점에서 시장, 경쟁, 자유기업은 필요불가결하다. 50년이 지난 시점에서 되돌아볼 때, 하이에크가 모든 논점에서 옳았다는 결론을 내릴 수 있다. 랑게의 노선에 따라 시장사회주의를 모색하기 시작한 개혁가들은 빠짐없이 랑게가 가졌던 희망이 환상이었다는 것을 자국의 쓰라린 경험을 통해 배웠다.

결국에는 환멸이 보통 뒤따랐지만, 그토록 많은 사람들을 현혹한 것을 볼 때 시장사회주의라는 관념은 분명 강한 매력을 지녔음이 틀림없다. 시장사회주의가 영향력을 지니는 한 가지 비밀은 지적 영역에 있다. 정치사상적으로는 마르크스주의자로 남아 있지만 신고전학파의 영향을 수용하여 마르크스적 경제학을 포기한 사람들에게 시장사회주의라는 관념은 손쉬운 출구를 제공한다.[8)]

오래전에 근대 서구의 저작들은 시장을 이상화하는 소박한 단계를 넘어섰다. 그 저작들은 시장기제에 어두운 측면도 있다는 것을 인정한다. 시장의 자동과정은 이로운 외부효과를 보상하고 해로운 외부효과를 처벌하는 데 실패하고, 공적 재화의 최적 공급을 보장하는 데 실패하고, 또는 사회정의의 원칙이 소득의 분배에 적용되도록 보장하는 데도 실패한다. 동시에, 사리분별력이 있는 계획의 비판자들은 계획

---

8) 여기에서, 수학적 계획의 초기 개척자들의 사유와 비교할 때 흥미로운 대칭성이 나타난다. 두 사유는 모두 마르크스주의적 요소와 왈라스적(Walrasian) 요소를 접목한다. 시장사회주의의 이론 영역에서 중앙집권화와 공적 소유는 왈라스적 원칙에 따라 탈중앙집권화된 생산에서 작동하는 가격결정 절차와 공존한다. 수학적 계획의 세계에서, 계획편성모형의 구조는 왈라스적 원칙을 따른다. 왈라스의 유명한 경매인은 가격통제기관이다. 수학적 계획의 틀에서 경매인은 모형과 컴퓨터에 체화되어 있다.

이 지닌 많은 어두운 측면도 지적한다. 이제 시장사회주의와 계획-병행-시장을 받아들이는 여러 관념체계들은 두 메커니즘의 상호보완적 적용이라는 전망을 내어놓는다. 이러한 적용 속에서 시장과 계획은 서로 상대편의 결함을 보충한다. 중앙계획과 통제는 시장이 사회복지를 위해서 교정을 필요로 할 때 개입한다. 역으로, 시장은 권력을 행사하는 사람들로부터 경제활동을 조정하는 일상적 업무의 부담을 줄여 주고, 중앙계획자들이 구매자와 판매자의 이익에 해를 끼치는 잘못된 결정을 할 때 신호를 보내는 부가적 능력을 갖는다. 이 경향의 지지자들은 두 메커니즘의 장점을 결합하고 결점을 최소화하는 체계가 궁극적으로 출현하기를 바랐다.[9]

경제적 논리는 정치적 논리에 의해 증대되거나 강화되었다. 고전적 사회주의는 심각한 경제적 난관에 봉착했으며, 주요한 변화가 필요했다. 같은 시기에 자본주의 체제는 수많은 경제적 성공을 거뒀다. 자본주의의 '비밀'은 경제활동이 시장에 의해 조정된다는 것이다. 자본주의의 바로 이러한 측면은 받아들일 수 있고 받아들여야만 하지만, 더 심오한 의미를 지닌 고전적 사회주의 체제의 모든 것들은 유지되어야 한다. 권력구조와 공적 소유의 지배적 역할이 유지되고 시장과 결합되어야 한다.[10] '사회주의'(일당체제, 권력독점, 공적 소유의 지배적 역할을 의미한다) 더하기 '시장'(기업의 독립, 기업 간 계약 체제, 생산자와 사용자에 미치는 가격신호의 영향을 의미한다), 이것이 사회주의 경제의

9) 나도 초기에는 이러한 관점에 경도되었다(J. Kornai, 1965, 1971).

10) 이러한 생각은 중국 공산당이 채택한 결의안 중 하나에 다음과 같이 표현된다. "사회주의 경제는 공적 소유에 기초한 상품 경제이다." 1984년 제 12차 전국인민대표대회 3차 총회 결의안. J. Wu and R. Zhao(1987, p. 312)에서 인용.

문제들을 해결할 결합형식이다.[11] 이러한 관념을 받아들이는 것은 마르크스주의 전통을 아주 핵심적인 지점에서 떠나는 것이지만, 그것은 보다 심오하고 근본적인 영역에서 사회주의 국가들의 공식 이데올로기와 여전히 양립할 것이라는 전망을 제시한다.

시장사회주의와 '계획-병행-시장'에 결부된 일군의 관념들은 모든 개혁국가에서 예외 없이 등장하고 영향력을 발휘한다. 일부 강단 경제학자들은 멀리 올라가 랑게까지도 언급하고, 다른 사람들은 그와는 별도로 '재발견'을 한다. 중요한 지점에서 랑게의 생각과는 다른 관념들도 많이 등장한다. 물론 구체적 제안을 입안하는 전문가들은 당연히 정치적 고려로부터 영향을 받지 않을 수 없다고 하더라도, 이러한 일군의 관념들 내에서 사고하는 것은 앞에서 언급한 지적 동기들에 의해 주로 이루어졌다.[12] 시장사회주의의 관념들을 채택하면서, 개혁

11) "간단히 말해서, 계획의 장점은 사회주의적 시장의 자극적 요인들과 더욱더 결합될 것이다. 그러나 이 모든 것은 사회주의적 경영 목표와 원칙이라는 흐름 안에서만 일어날 것이다"라고 고르바초프는 썼다(M. S. Gorbachev, 1987, p. 91). 그 후에 그는 다음과 같이 말했다. "시장의 우월성은 세계적 규모에서 입증되었다. 이제 문제는 시장의 조건 아래에서 높은 수준의 사회보장을 유지할 수 있는가 하는 것뿐이다. 해답은 바로 이것이다. 우리는 그것을 이룰 수 있다. 더 나아가, 조정시장경제는 진정으로 모든 사람의 생활수준이 상승하도록 만드는 정도까지 국가의 부를 증대시킬 수 있다. 물론 국가 권력은 우리의 손에 있다."(M. S. Gorbachev, *Izvestia*, 1990. 7. 11)

12) 선구적인 연구들을 국가별로 몇 개 소개한다. 유고슬라비아: B. Kidric(그의 1985년 판 저서에 있는 1950년대 연구를 보라), 헝가리: G. Péter(1954a, 1954b), J. Kornai(1957/1959), 폴란드: W. Brus(1961/1972), 체코슬로바키아: O. Sik(1996), 소련: E. G. Liberman(1962/1972); 중국: Sun Yefang(1958~1961/1982)을 참조하라.

초기 논쟁들에 대한 탁월한 연구로는 L. Szamuely(1982, 1984)를 보라. 개혁사상의 결함에 대한 비판도 포함하는, 개혁사상에 대한 걸출한 고찰은 J.

국가의 지배층은 의식적으로든 무의식적으로든 앞에서 간단하게 요약한 정치적 논리를 따랐다. 이 모든 동기들이 함께 결합하여 나타난다. 확실하게 말할 수 있는 것은 시장사회주의와 계획-병행-시장이라는 일군의 관념들이 개혁사회주의 국가의 공식 이데올로기에서 핵심적 역할을 한다는 사실이다. 고전적 체제의 공식 이데올로기와 시장사회주의의 관념들 사이의 가장 두드러지고 중대한 차이는 시장기제의 역할이 전자에게서는 거부되고 후자에게서는 높이 인정된다는 것이다. 시장사회주의를 완성하려고 시도한 공산당들의 수정된 공식 이데올로기가 내적 모순으로 가득 찰 수밖에 없었던 이유들 중 하나는 양립할 수 없는 요소들을 화해시키려고 노력했기 때문이다. 그 요소들은 바로 마르크스의 정치경제학과 시장에 대한 존중이다.

2. 역사적 적용으로부터의 일반화

시장사회주의와 계획-병행-시장의 관념들은 단지 정치적, 경제적 사고의 영역에만 머무르지 않았다. 그것은 일군의 사회주의 국가에서 권력을 지닌 사람들이 수많은 실천적 변화를 만들도록 설득하는 실질적 효과를 가졌다. 모든 국가들을 다 언급할 필요는 없겠지만, 계속해

M. Kovács(1988, 그리고 축약본인 1990)와 함께 I. Grosfeld(1989b)를 보라. I. Grosfeld(1989b)는 시장실패에 관한 서구 경제이론들, 비교경제체제론, 주인-대리인과 인센티브 이론, 재산권학파 등 여러 분야들과 개혁 사상을 연결한다. 소련의 경우, 글라스노스트에 의해 봇물이 터진 개혁 사상의 물결을 다룬 최초의 시도로는 A. Nove(1989)가 있다. 체코슬로바키아에 대해서는 V. Klaus(1989, 1990)를 보라.

서 이어지는 시장사회주의 유형의 개혁적 변화들 중에서 이러한 유형의 통제 메커니즘(*control mechanism*)이 오랫동안 적용되었거나 이 책을 집필하는 시점에도 계속 적용되는 몇몇 국가들을 추려 볼 필요가 있다. 유고슬라비아(1950~), 헝가리(1968~1989), 중국(1978~), 폴란드(1981~1989), 베트남(1987~), 소련(1985~) 등이 이러한 국가들이다.[13]

이 여섯 국가에 대한 논의는 공적 부문의 통제에만 한정된다. 유고슬라비아의 경우에는 '사회적 소유'하에 있는 자주관리 단위들, 다른 국가의 경우에는 국유기업과 '준-국가적' 협동조합이 포함된다.

이 책은 이러한 변화 경향이 팽창하고 전진하고 후퇴하는 구체적인 국가별 역사를 제시하지는 않는다. 대신에, 이 장의 나머지 부분은 앞서 언급한 국가들에서 나타난 '시장사회주의 시기'에 공통되는 일반 모델을 개관한다. 이 책의 비슷한 대목에서 거듭 강조되는 내용을 다시 이야기하겠다. 서술은 매우 추상적이다. 그것은 국가들 사이의 많은 차이를 무시하고, 각국 내부에서 구체적 상황이 종종 변화했다는 사실도 무시한다. 이 책의 서술은 시장사회주의 개혁 시기 전체에 걸쳐 여섯 국가에 대체로 적용된 주요 특징들과 내재적 성향들, 특수한 경향들만을 뽑아낸다.[14]

유고슬라비아는 어떤 점에서 특수한 개별 사례이다. 그곳에서는 처음부터 시장사회주의의 적용이 이 책에서 변화를 지향하는 별도의 경

---

13) [옮긴이주] 이 책은 1991년에 출판되었다. 유고슬라비아와 소련은 이 책이 출판된 이후인 1991년 말 해체되었다.

14) 시장사회주의를 향하는 변화들은 여러 다른 국가들에서도 공표되어 왔다.

향으로서 다뤘던 자주관리의 도입과 밀접하게 연결되었기 때문이다(20장 참조). 그렇다고 하더라도, 이 장과 다음 장에서 보다 구체적으로 논의한 내용들과 유사한 많은 현상들이 유고슬라비아에서도 마찬가지로 나타난다.

언급된 여섯 국가에서 시장사회주의 시기 동안 작동한 공적 부문의 운영을 묘사하는 모델은 앞으로 간단하게 시장사회주의 경제라고 불릴 것이다.

시장사회주의 주창자들은 시장사회주의의 관념이 언급된 국가들에서 왜곡된 형태로 적용되었을 뿐이라는 이유로, 이 용어에 대해 이의를 제기할지도 모르겠다. 그것은 맞는 말이다. 그러나 그러한 시장사회주의의 적용이 시장사회주의의 전망 및 희망으로부터 얼마나 벗어났을까? 고전적 사회주의가 '근본주의적' 사회주의자들의 전망 및 희망과 차이를 보였던 정도보다 더 컸다고 말할 근거는 없다. 스탈린과 마오쩌둥, 라코시(Rákosi)의 사회주의가 현존하는 고전적 사회주의인 것과 마찬가지로, 티토와 카다르(Kádár), 덩샤오핑, 고르바초프, 라코프스키(Rakowski)의 개혁사회주의는 현존하는 시장사회주의이다. 이러한 논리 전개에 따르면, 이 용어의 사용은 정당화될 수 있다.

3. 다양한 규제철폐 전략의 분류

역사에서 고전적 체제를 일정하게 실현한 상태에서 시장사회주의라는 상상의 상태로 나아가는 길을 따라 경제지도부가 걸어 온 거리는 국가와 시기에 따라 다르다.[15] 전반적으로 말하면, 규제철폐라는 특정한 과정이 일어난다고 할 수 있다. 향후 논의에서 '규제철폐'라는 용어는 경제현상이 명령경제의 특징인 직접적이고 지시에 기초한 관료적 통제의 범위를 벗어날 수 있게끔 하는 변화들에 대해서만 사용한다. 이러한 협의의 정의에 따라, 규제가 철폐된 경제적 과정이 중앙의 영향을 받지 않거나 관료적 조정의 영향으로부터 자유롭다고 상정해서는 안 된다. 여기의 논의에서, 규제가 철폐된 경제적 과정이라는 용어는 그것의 규모가 중앙의 강제적 지시에 의해 설정되지 않는다는 것을 단순히 의미한다.[16]

상이한 규제철폐 전략들은 여러 기준에 따라 분류할 수 있다. 첫 번째 질문은 중앙명령에 의해 지금까지 통제되었던 특별히 중요한 경제적 변수 몇몇의 경우에 대해 규제철폐가 얼마나 이루어졌는가, 즉 규

---

15) 공적 부문의 변화를 다룬 방대한 문헌 목록에서 포괄적인 저작 몇 권을 추려 보면 다음과 같다. 유고슬라비아: J. P. Burkett (1989), 헝가리: *The Journal of Comparative Economics* (1983, 가을, 헝가리 개혁 특집호), J. Kornai (1986b), G. Révész (1990), 중국: B. Balassa (1987), W. A. Byrd (1990), H. Harding (1987), D. Perkins (1988), E. J. Perry and C. P. W. Wong, eds. (1985), C. Riskin (1989), M. Xue (1982), 폴란드: L. Balcerowicz (1988), Z. M. Fallenbuchl (1988), P. Marer and W. Siwinski, eds. (1988), 소련: E. A. Hewett (1988), A. Åslund (1989), M. I. Goldman (1987), 베트남: G. Porter (1990).

16) 이런 점에서, 이 개념에 대한 해석은 오늘날 서구 자본주의 경제의 규제철폐에 대해 말할 때 사용하는 해석과 좀 다르다. 서구 자본주의 경제에서는 이른바 규제의 시기에도 국가당국이 (보통 사적으로 소유된) 기업들에게 명령을 하달하는 일은 결코 일어나지 않았다. 기껏해야 특정한 가격이 책정되거나, 행정적 제약이 설정될 뿐이었다. 그런데, 이 책에서 서술되는 규제철폐 과정의 구체적 내용들과 오늘날 서구 세계에서 진행되는 규제철폐의 내용들이 정확하게 일치하지 않는다고 하더라도, 양자는 국가의 직접적 개입의 축소라는 동일한 방향을 지향한다. 바로 이 점에서, 이 절에서 규제철폐라는 표현을 사용하는 것이 더욱 정당화된다.

제철폐의 **정도**가 얼마인가 하는 것이다. 이 문제는 나중에 논의하겠다(21장 4절 참조).

상이한 규제철폐 전략들의 두 번째 분류 기준은 규제철폐의 **범위**, 규제철폐의 과정이 확장되는 영역들이다. 유고슬라비아에서, 그 뒤 헝가리에서 규제철폐 조치들은 시작할 때부터 바로 국유기업 전체를 대상으로 했다. 중국과 소련은 새로운 통제 메커니즘을 사용할 '시험기업들'을 먼저 지정하였으며, 신·구 메커니즘의 원리하에서 작동하는 부문 내 각 단위들이 한동안 나란히 가동되었다. 그 뒤에 새로운 형태의 통제에 놓인 기업들의 수가 여러 단계를 거쳐 증가했다.[17]

이러한 사실은 세 번째 분류 기준, 규제철폐의 **추진 순서**로 연결된다. 서로 다른 형태의 통제하에서 각각 작동하는 부분들의 비율이 여러 가지로 변화한다는 사실은 규제철폐가 단 한 번의 행동처럼 이루어지는 것이 아니라 일련의 단계를 거치면서 이루어진다는 것을 의미한다. 유고슬라비아와 헝가리 방식의 전략들이 보여 주는 중요한 특징 하나는 규제철폐의 가장 두드러진 부분, 곧 단기정책 결정에서의 명령경제 폐지가 극적인 속도로 단번에 시행되었다는 점이다(이 두 국가에서조차 규제철폐 과정의 다른 부분은 여러 단계를 취했다). 그와 대조적으로, 예를 들면 투입-산출 규제철폐조차도 중국과 소련에서는 단지 점

17) 어느 정도는 중국의 경제특구(특별 경제자유지대, *special economic free zones*) 사례를 여기에서 언급할 수도 있다. 앞에서 언급한 실험에서는 다른 경제 부분의 조건들과는 본질적으로 다른 특별한 조건들이 특정한 기업들에게 주어졌다고 한다면, 중국 경제특구의 경우에는 경제통제와 관련한 특별한 환경들이 특별한 지역들에 제공되었다.

유사한 특별지대를 설치한다는 관념은 다른 국가들, 예컨대 소련에서도 이야기되어 왔다.

진적으로 이루어졌다.

부분적인 규제철폐 조치들은 상호 간에 강력한 영향을 미쳤다. 따라서 국가의 경제기구 내 경제이론가들과 의식적인 개혁가들은 반복해서 다음과 같이 주장한다. 부분적인 규제철폐 조치들은 개별적으로 하나씩 적용할 가치를 갖지 못하며, 한꺼번에 효력을 발휘할 수 있는 일괄조치로 확실하게 묶을 필요가 있다. 누구도 일괄조치 원리를 부정하지 않지만, 일괄조치 속에 무엇이 들어가야 하는가에 대해서는 관점이 다르다. 이와 관련해서 헝가리의 개혁과정이 가장 멀리 나아갔다. 1968년 1월 1일 도입된 신경제제도는 매우 광범위한 동시다발적 조치들을 담고 있었다. 하나의 거대한 일괄조치들을 단번에 도입한 이러한 특징적 사건들이 개혁의 역사에 존재함에도, 궁극적으로 이 조치들이 모든 통제과정들을 다 망라하기에는 여전히 턱없이 부족했다.

4. 기업의 수직적 의존

국가와 시기에 따라 규제철폐의 정도와 범위, 순서가 다르다는 점을 지적했으므로, 지금부터는 이런 차이점을 무시하고 규제철폐가 절반 정도 이루어진 국유기업의 주요 특징들을 일반적 형태로 개관하자. 이러한 추상은 그 상황의 주요 특징들이 무수한 세부사항들에 의해 모호하게 되는 것을 방지하기 위해 필요하다.[18]

---

18) 독자들이 곧 보게 되겠지만, 여기에서 도달한 결론은 관료적 조정의 역할이 지배적으로 남아 있다는 것이다. 이러한 이유 때문에, 모델의 형태에서 나타나는 주요 특징을 요약할 때에는, 규제철폐 과정이 '평균적인' 개혁경제보다는

기업은 **이중적 의존** 상태에 있다. 한편으로 기업은 국가당국에 수직적으로 의존하며, 다른 한편으로는 판매자와 구매자들에게 수평적으로 의존한다.[19] 어느 정도는 어떤 체제하에 있는 어떠한 기업에 대해서도 마찬가지 말을 할 수 있다. 각각의 기업은 국가당국의 영향을 받으며, 구매자들과 투입요소 판매자들에게 의존한다. 이러한 이중적 의존에서 따로 분리할 필요가 있는 것은 그 안에 있는 체제특수적 요소이다.

다음에 이어지는 서술에서는 수직적 의존이 규제철폐 조치에도 불구하고 얼마나 살아남아 있는가를 알아보기 위해 기업 활동의 여러 차원을 하나씩 살펴볼 것이다. 조사·검토는 될 수 있는 한 완전하게 하려고 했으며, 따라서 이 책의 다른 곳에서 더 세부적으로 다루어진 일부 사안들을 다시 다루어야만 했다. 어떤 항목의 설명 분량이 서술한 현상에 부여되는 중요성을 반영하지는 않는다. 극히 중요한 몇 가지 사안은 압축적 언급의 형태로만 다루었다. 이 책의 다른 부분에서 다루지 않은 문제에 대해서는 보다 자세하게 논의하였다.

1. 진입. 일반적으로 여전히 관료가 공적 소유의 새롭고 독립적인 기업의 설립에 대해 결정한다. 또한 관료는 수입 경쟁을 허용할 것인지 혹은 사적 기업의 진입을 허용할 것인지 결정을 내린다.

규제철폐 과정이 훨씬 진전된 국가들(즉 소련보다는 헝가리와 중국)을 고찰하는 것이 가치가 있다. 그 결론이 규제철폐가 상대적으로 더 진행된 경제를 지지한다면, 상대적으로 규제철폐가 덜 진전된 경제에 대해서는 결론의 타당성이 한층 더 높을 것이다.

19) 제3의 의존 형태도 있다. 기업 지도부가 피고용인들, 기업의 노동자들에게 의존하는 것이다. 이는 자주관리 경향을 다루면서 논의했다(20장 4절 참조).

〈표 21-1〉 중국에서 경영진의 승진(1985)

다른 경로를 통한 경영진 승진 배분 (전체에서 차지하는 비율, %)	
관료적 임명	60.1
협의에 따른 관료적 임명	30.7
직접 선출	4.4
직접 고용	1.8
기타	3.0

참조: 900개 기업의 조사에 기초한 통계. 통계의 19.9%는 집단 기업들이다.
출처: 중국경제체제개혁연구소(1986, p.173). Y. Huang(1988, p.6)에서 인용. 영문판 통계로는 B. L. Reynolds, ed. (1988, 표 5.10)을 보라.

2. 퇴출. 관료는 공적 소유의 기업을 정리할지 말지를 결정한다. 이는 연성예산제약 현상에 밀접하게 연관한다(21장 5절 참조).

3. 합병과 분리. 기업이 합병이나 분리를 주도할 기회는 증가하지만, 여전히 관료가 최종 결정을 내릴 권한을 가진다.

4. 기업 경영진 임명. 관료는 지명, 선출, 선출의 승인 등을 직접 결정하거나 그것에 대해 결정적인 영향을 미친다. 〈표 21-1〉은 이 현상을 중국의 통계에 기초하여 조사한 것이다.

종합해 보면, 1~4번 항목은 개혁체제가 고전적 사회주의의 특징적인 상황에서 벗어나지 못했다는 것, 즉 자유기업의 원칙이 공적 부문에 적용되지 못했다는 것을 의미한다. 기업들 사이의 경쟁은 기업들 사이의 자연선택이나 기업 경영진들 사이의 자연선택을 만들지 못한다. 선택은 인위적이다. 관료가 기업의 생사와 최고경영자들의 승진과 해임을 결정한다. 다음에 열 개의 항목이 더 나오지만, 처음 네 가지 항목이 가장 중요한 것임을 미리 말해 두어야 한다. 이러한 결론이 적용되는 한에서는, 수직적 의존과 수평적 의존 중에서 수직적 의존이 지배적이라는 결론을 내리기에 충분한 근거들이 존재한다.

5. 산출, 6. 투입. 국유기업 영역에서의 단기적 생산통제를 통한 명령경제의 강제는 유고슬라비아에서 1950년에, 헝가리에서 1968년에 전면 중단되었다.

중국에서는 1984년에 규제철폐가 있었는데, 유고슬라비아나 헝가리에서보다는 정도가 낮았다. 이른바 이중체제가 도입되었다. 국유기업은 의무적인 산출량 할당을 받는데, 그 할당량은 대부분의 경우 기업의 총생산역량보다는 작았다. 기업은 의무산출량을 충족하고 나면, 추가로 생산한 잉여분은 자유롭게 판매할 권한을 가진다. 의무산출을 위한 투입할당은 고전적 체제의 관례대로 당국에 의해 배분되지만, 의무계획을 넘어서는 자유로운 산출을 위한 투입물은 기업 스스로 획득해야만 한다. 이는 투입물을 배분하는 당국기관들에 의해 공급되지 않는다. 이는 다른 기업들이 제공하는, 의무계획을 초과한 자유로운 산출물로부터 투입물이 획득되어야 함을 의미한다.[20] 1987년 소련의 기업 관련법과 그 법을 적용하는 관행은 기술적 세부사항에서는 다르지만 내용 면에서는 중국의 온건한 해결책과 비슷하다. 기업 산출의 상당 부분은 사실상 강제력을 지닌 이른바 국가조달(*goszakaz*)에 얽매여 있지만, 산출의 나머지 부분에 대해서는 기업이 자유롭게

20) 규제철폐의 정도에 관한 포괄적 통계는 알려지지 않았다. 산발적 통계에 따르면, 1980년대 말 의무계획은 산출 면에서 기업 역량의 30~100%에 달했다.

〈표 21-2〉 소련에서 국가조달 지분

총 생산가치 중 국가조달 지분 (계획) (%)		
부처	1988년	1989년
기계 제작	86	25
연료에너지	95	59
금속	86	42
화학 및 목공	87	34
경공업	96	30
건축 자재	66	51

출처: E. Rudneva (1989, p. 27).

결정할 수 있다(〈표 21-2〉 참조).[21]

산출이 지침에 의해 통제되지 않은 유고슬라비아와 헝가리에서조차 상급기관들이 여러 가지 다른 방식으로 산출량 결정에 개입한다. 기업은 구매자들뿐만 아니라 당과 국가의 다양한 기관들로부터 특정한 화물을 가능한 한 빨리 배송하라는 엄청난 압박을 받는다. 구매자와 당국 기관들의 요청이 충돌하면, 후자가 더 강력한 것으로 판명된다. 의무지침이 부분적으로만 폐지된 국가들에서는 산출량 결정에 대한 관료적 개입이 더욱 크다.

자재에 대한 중앙관리가 고전적 체제하에서보다 덜 포괄적임에도, 자재획득의 허가제와 배급제가 여전히 많이 남아 있다. 더욱이, 투입물 확보에 어려움이 있는 경우에는 관료의 개입이 효과적 지원이 될 수 있다. 투입물 획득에서의 그러한 개입은 종종 산출물 측면에 대한 비공식적 개입의 배후 원인이다. 규제철폐는 구매자-판매자 관계에

21) 소련의 국가조달 문제에 대한 더 자세한 논의로는 L. Voronin (1989), V. Sletsiura (1989), E. Gaidar (1990)를 보라.

서 자발적 계약의 역할을 증가시킨다. 그러나 계약의 해석이나 이행에서 논란이 일어날 때 심판으로 등장하는 것은 법원이 아니라 어떤 상급당국이다.

7. 수출과 수입, 8. 환율. 제조업 기업이 수출과 수입 거래에서 하는 역할이 크게 확대된다. 그러나 어떤 기업이 전문화된 무역기업을 참여시키지 않고 해외무역을 할 공식적 권리를 확보한다 하더라도, 상급기관들은 여러 가지 방식으로 계속해서 개입한다. 예를 들면, 수출 할당을 책정하거나, 기업에게 특정 주문을 이행하고 특정 시장을 우선하고 다른 시장들을 배제하라는 강력한 압력을 행사한다. 수입과 관련해서는 한도가 책정되거나 각각의 거래가 허가 절차에 묶인다. 이 모든 것과 관련해서, 환율 관리의 엄격한 중앙집권화가 계속 존재한다.

9. 기술 및 제품 개발의 선택. 상급기관들은 기업이 어떠한 기술을 도입하고 어떤 신제품을 생산할 것인가와 관련한 선택에 종종 개입한다. 기업의 보조금과 신용 편의, 수입 허가 등이 종종 그러한 선택에 연관된다.

10. 가격. 가격 책정에서 부분적인 규제철폐가 일어나지만, 대부분의 가격은 여전히 당국에 의해 결정된다. 당국은 판매자와 구매자가 자신들을 위해 명목상으로는 자유롭게 행하는 가격 결정에도 개입한다. 산출 방식을 부여하고, 이윤 한도를 고정하고, 가격이 부당하게 높다고 생각하면 기업에 이의를 제기한다(22장 참조).

11. 임금 및 고용. 여러 종류의 제한이 고용 기업과 피고용인이 자유롭게 임금협상을 하는 것을 방해한다. 고용의 상한선과 하한선을 공식적으로 또는 비공식적으로 책정함으로써 고용에 빈번하게 개입한다.

12. 세금 및 보조금. 명목상으로는, 시행 중인 세금체계가 모든 기업에게 대체로 균일하게 적용된다. 실제로는, 특정한 부문이나 기업에 따라 맞추어진 세금이 일반적이다. 따라서 세금 액수 및 납세 기한이 부문이나 기업에 맞추어 정해진다.

13. 신용대출의 증가와 대출상환의 연기. 관료적 특징들이 금융 부문의 운용에서 계속 지배적이다. 은행과 기업 사이의 관계는 수평적이고 상업적인 관계 — 은행이 이윤 창출에 관심을 기울이는 관계 — 가 아니다. 은행은 기업을 계속 통제하려고 노력하는 관료기구의 한 부문처럼 행동한다. 연성예산제약 증후군이 여전히 10, 12, 13번 항목 영역에 적용된다(21장 5절 참조). 여기에서 기업의 수직적 의존성이 다시 위력을 발휘한다.

14. 투자. 투자결정에서 부분적 규제철폐가 일어난다. 모든 개혁사회주의 경제에서는 기업이 독립적으로 결정할 수 있고 또 유보 이윤으로부터 나오는 기업의 자체 저축을 주요 자금원으로 하는 투자의 비율이 아주 높아진다. 국가예산으로부터 나와서 상환하지 않아도 되는 자금에 의해 이루어지는 투자의 비율은 감소하고, 은행신용의 역할은 증가한다(〈표 21-3〉, 〈표 21-4〉 참조).

〈표 21-3〉과 〈표 21-4〉가 보여 주듯이 기업의 자체 자원에서 조달

〈표 21-3〉 중국의 투자 재원

연도	자본 구성 투자(인민폐 10억 위안)	국가예산에서 나온 비율(%)
1976	376.44	83
1977	382.37	78
1978	500.99	78
1979	523.48	76
1980	558.89	54
1981	442.91	50
1982	555.53	42
1983	594.13	50
1984	743.15	48
1985	1,074.37	35
1986	1,176.11	35
1987	1,343.10	33

출처: 중화인민공화국 국가통계국(1988, p. 498).

〈표 21-4〉 헝가리의 투자 재원

	국가 주도 투자			기업 주도 투자		
	자금조달 비율(%)			자금조달 비율(%)		
	국가	기업	신용	국가	기업	신용
1980	83	14	3	10	68	22
1981	72	23	5	8	71	21
1982	69	27	4	8	73	19
1983	69	28	3	9	75	16
1984	81	19	0	10	73	17
1985	75	25	0	10	72	18
1986	61	39	0	11	76	13
1987	57	43	0	-	-	-

출처: Központi Statisztikai Hivatal(Central Statistical Office, Budapest, 1982, p. 78; 1984, p. 7; 1987, p. 75; 1988, p. 58).

되는 투자의 비율이 상당히 증가하였지만, 분권화의 실제적 정도는 그보다 훨씬 미미하다. 대규모 기획들은 기업의 자체 자원 이외에 추가적 자금을 필요로 한다. 이는 정부 예산이나 강력하게 중앙집권화된 금융제도로부터 지원금을 끌어대는 국가 재정기구들이 투자결정에 개입할 가능성을 열어 놓는다. 따라서 중앙기관들이 결정에 거의 참여하지 않는 투자비율은 표들에 나타난 비율보다 훨씬 낮다.

지금까지 언급한 14개 항목은 관료기구와 기업 사이에서 이루어지는 주요한 관계들 모두를 포괄한 것이다. 상급기관들이 행하는 기업의 일상적 활동에 대한 간섭 중 일부만이 그러한 간섭을 허용하거나 또는 명령하기조차 하는 공식적 규제들로부터 확인될 수 있다. 법률적 규정들은 수백만 개의 비공식적이고 '눈에 띄지 않는' 조치들에 의해 늘어난다. 기업 경영진은 때로는 보너스가 있다는 사탕발림과 때로는 은근한 또는 공공연한 협박을 담은 회의와 사적 대화, 전화통화, 편지에 의해 휘둘린다.

고전적 체제하에서는 공식적 지시와 보고의 구조가 투명했지만, 규제철폐가 절반만 이루어진 시장사회주의 체제하에서는 비공식적 정보교류의 흐름은 모호한 모습만을 보인다. 기업들과 상급기관들 사이의 관계는 분명하지 않고 우연히 또는 의도적으로 애매하게 만들어진 규정, 임시변통, 예외적 경우, 공식 '경로'를 벗어나는 사적 접촉 등으로 가득 차 있다. 다양한 권력기관들 모두가 하나의 기업에 대해 동시에 권한을 가지고, 그 기업은 상반된 목적에 따라 일해야 한다. 영민한 경영자는 여러 상급기관들 사이에서 그들이 서로 대립하게끔 만들어 가면서 교묘하게 일하는 법을 배운다. 고전적 체제의 억압적이고 군대 같은 질서는 상급기관과 하급기관들 사이의 느슨하고 불안정한 유대와 명확하지 않은 관계에 자리를 내어 준다.

고전적 체제하에서는 상급자들과 하급자들 사이에 끊임없는 흥정이 존재했다고는 하지만, 상급자들이 논의를 결정했다. 이제 흥정은 더욱 일반화된다. 하급자들은 흥정에서 더 강한 위치에 서고, 현혹시키는 정보를 흥정에서 더욱 자주 사용한다.[22] 물론 흥정의 주제도 바뀌었다. 과거에는 기업들이 더 느슨한 산출량 할당과 더 풍부한 투입량 할당을 위해 노력했지만, 이제는 흥정이 대부분 공식적으로 허용된 가격, 임금, 세금, 보조금, 신용 조건, 수입 허가, 외환 승인 등과 관련하여 이루어진다.[23]

논의된 모든 형태의 개입은 간접적 통제수단으로 볼 수 있다. 두 종류의 통제 사이에 존재하는 궁극적 차이는 다음과 같이 요약할 수 있다. 공적 부문은 고전적 사회주의 경제에서는 **직접적인** 관료통제를 받지 않으면 안 되고, 시장사회주의 경제에서는 **간접적인** 관료통제를 받는다. 규제가 절반만 철폐된 경제가 발전하는 것이다.

시장사회주의 개혁 프로그램의 설계자들은 부분적 규제철폐가 국가계획과 중앙집권적 경제 관리에서 역할 변화를 가져오기도 할 것으로

---

22) L. Balcerowicz (1988) 참조.

23) 헝가리 경제학 문헌에서는 '규제수단'(*regulators*)이라는 용어가 상급기관들이 설정하는 재정 관련 변수 또는 최소한 가치 형태로 표현된 변수에 대해 사용되었다. 변화에 대한 통상적 서술에 따르면, 고전적 체제하에서의 계획흥정 관행이 '규제수단 흥정'에 자리를 내주었다. L. Antal (1979, 1985)을 참조하라.
중국의 상황에서 나타난 '규제수단 흥정'은 G. Tidrick (1987), M. I. Blejer and G. Szapáry (1990), P. Bowels and G. White (1989) 등에서 자세하게 다룬다.

기대했다. 그러한 생각의 논리는 다음과 같았다. 국가경제계획은 단기계획을 아주 세세하게 분해하고 그것을 집행하기 위한 지침들을 만드는 데에서 발생할 혼란에 빠져드는 것을 피해야만 했다. 이 경우에 거시적인 단기 목표와 장기적인 경제전략의 경제적 분석과 편성을 위해 사용할 더 많은 지적 에너지를 갖게 될 것이다. 이 지점에서 중앙집권적 경제 관리와 연결이 발생한다. 왜냐하면 이제 중앙집권적 경제 관리는 재정 및 통화와 관련한 주요 목표들을 달성하고 금융과 관련한 기본 변수들(예를 들면 이자율과 환율)을 고정하는 데 주로 초점을 맞출 것이기 때문이다.

이러한 생각은 실현되지 못했다. 중앙의 경제지도부는 거시적 관리를 배우는 대신에 미시적 규제의 수많은 세부 항목에 계속해서 개입한다. 국가경제계획의 평판과 영향력은 서서히, 그러나 확실하게 쇠퇴한다. 고전적 명령경제하에서 발달했던 판에 박힌 계획은 새로운 상황에서 거의 쓸모없는 것으로 드러난다. 한편, 개혁사회주의 국가들의 중앙부처 직원들은 선진 자본주의 국가들의 경제관리기구에서 일하는 경제학자들이 오늘날 정부의 정책결정을 준비하는 과정에서 적용하는 최신 전문지식에 기초한 분석방법들을 배우지 못한다. 경제당국들은 재정 및 통화 정책의 문제에 정통하지 않다.24) 개혁사회주의의

---

24) 경제의 거시적 통제에 필요한 이해력과 경험의 부족은 국가 경제기구가 미시적 규제에 관심을 갖도록 만드는 여러 요인들 중 하나이다. 경제기구의 참모들이 주로 경험한 것은 위탁한 것을 서두르게 하거나, 보너스를 책정함으로써 수출할당이나 투자행위가 빨리 이루어지도록 하거나, 특별허가나 면허를 내어주거나, 금지를 지시하는 것들이다. 그러한 것들이 그들이 편안하게 느끼는 업무영역이다.

중앙집권적 경제 관리에서 거시경제 차원의 기본지식이 부족했던 1980년대

국가들이 국제통계에서 여전히 '중앙집권적 계획경제'라고 불리지만, 그 국가들은 자국경제를 어떠한 실질적 계획에도 맞추지 않고 일련의 즉흥적 조치에 따라 계속 관리하거나 개조한다.

5. 예산제약의 유연성과 경직성, 기업의 가격반응성

기업들이 자신들의 이윤을 증가시키는 데 관심을 갖도록 할 필요성은 모든 개혁국가들의 공식 문헌에서 강조된다. 그러한 의도는 지배인들의 급여와 보너스 체계 이면에 놓여 있다. 이윤이 근로자들 사이에 나누어지기도 한다. 기업의 복지지출 규모는 기업의 이윤에 달려 있다. 기업이 유보한 이윤에서 나온 저축은 기업투자의 자금원 가운데 하나가 된다. 시장사회주의라는 관점에 따라 형성된 개혁 프로그램은 기업이 가격과 비용에 잘 반응할 것이고, 그에 따라 가격이 중앙집권적 관리의 통제도구들 중 하나가 될 수 있다고 상정한다.

앞에서 열거한 공식 원칙들과 법적 조치들이 존재함에도, 기업의 이윤 인센티브는 고전적 체제의 이윤 인센티브에 비해 다소 강화되었다고 하더라도 여전히 약하다. 예산제약이 여전히 그런대로 유연했기 때문에, 수익성은 기업의 사활 문제나 중심 목표가 되지 못했다.[25]

말의 소련에서 특히 첨예한 형태로 문제들이 발생했다. 상황의 오판 때문에 발생한 재정정책의 실수들은 심각한 통화 및 재정 문제가 발생하게 된 배후요인들에 속했다.

25) 경직성과 유연성은 하나의 연속체 속에 있는 두 극단적 경우이다. 경직성과 유연성에는 등급이 존재한다(8장 4절 참조). 예산제약의 경직성과 유연성은 국

가격은 기업의 반응들에 강한 영향력을 발휘하지만, 여기에서도 역시 진정으로 획기적인 변화는 없다.

예산제약을 유연하게 만드는 다음과 같은 네 가지 수단들 모두가 시장사회주의 경제에서 여전히 사용된다.[26] ① 유연한 보조금 지급, ② 유연한 과세,[27] ③ 유연한 신용공급,[28] ④ 유연한 국정가격 책정[29] 등이 그것이다(8장 4절 참조).

이러한 현상들은 다음과 같은 몇 가지 전형적 모습으로 나타난다.

국가화폐는 시종일관 적자를 내는 기업들을 구제하는 데 규칙적으

가와 시기, 부문, 기업 유형 등에 따라 다르다. 상대적으로 경직된 예산제약을 받는 모든 종류의 기업들은 가격과 비용에 대해서도 더 예민하게 반응한다.

이후의 분석에서 미세한 구분을 무시하더라도, 또한 미묘한 단서를 달지 않고 단순화하기 위해 예산제약의 유연성과 가격반응의 취약성을 언급하더라도, 아주 부정확한 것은 아니다.

26) 개혁경제의 공적 부문에 속한 기업에 대한 예산제약이 실제로 유연했다는 사실을 경험적으로 확인하는 광범위한 문헌이 존재한다. 예컨대, 다음과 같은 연구들을 보라. 중국: M. I. Blejer and G. Szapáry (1990), P. Bowels and G. White (1989), B. Naughton (1985), C. P. W. Wong (1986), 헝가리: J. Kornai and Á. Matits (1987, 1990), 폴란드: L. Balcerowicz (1988), M. E. Schaffer (1989a), 유고슬라비아: S. J. Gedeon (1985~1986, 1987), P. T. Knight (1984), L. D. Tyson (1977, 1983).

27) 이 과정은 M. I. Blejer and G. Szapáry (1990)의 연구에 나오는 중국 경제의 사례에서 명확하게 드러난다.

28) 이 현상에 대해, 헝가리와 관련해서는 É. Várhegyi (1987)를, 중국과 관련해서는 P. Bowels and G. White (1989)를 보라.

29) 폴란드 경제자문위원회가 내린 결론에 따르면, "기업들이 비용이나 다양한 요소들을 살펴보아야만 하는 것은 아니다. … 왜냐하면 이러한 변수들에서 일어나는 변화는 어떤 것이라도 '정당화된 비용'이라는 메커니즘을 통해 기업들이 생산하는 제품의 가격증가분 속에 자동적으로 들어가기 때문이다". Z. M. Fallenbuchl (1988, p. 125)에서 인용했다.

〈표 21-5〉 중국의 적자기업 긴급 구제(1988)

	기업 수	비율(%)
자금 지원을 받은 기업의 총계	403	100.0
긴급 구제 기업	203	50.4
부채상환 기한 연장	60	14.9
부채 감면	3	0.7
이전 대출상환을 위한 신규 대출	24	6.0
납세 이전 대출상환 a	98	24.3

주석: a) 기업은 수익에서 세금을 납부한 후에 대출금을 상환해야만 한다. 납세 이전에 상환하고 또 상환금을 비용으로 처리하는 것은 기업의 수익 상태를 개선시킨다.
출처: 둥푸렁(Dong Fureng, 중국사회과학원 경제연구소장)과 직접 교신.

〈표 21-6〉 유고슬라비아의 적자기업 긴급 구제(1980~1981)

	경제 단위의 수 a	관련 노동자 수(천 명)
총계	13,667	4,848
1. 1980년 연례 재정 보고서에 적자로 밝혀진 단위	1,303	277
2. 적자 회복 중인 단위	178	51
3. 파산 절차를 밟고 있는 단위	20	2

주석: a) 연합노동자 기층조직〔(Basic Organization of Associated Labor, BOAL) 20장 6절 참조〕. 대기업은 여러 개의 BOAL로 구성될 수 있다.
출처: P. T. Knight(1984, pp. 5, 78).

로 사용된다. 이는 〈표 21-5〉와 〈표 21-6〉이 제시한다. 당과 정부 결의안과 지도부 성명은 적자기업의 인위적 구제가 더 이상 지속되지 않을 것이라고 반복적으로 단언한다.[30] 모든 개혁국가는 파산 절차에 관한 법률을 발효하거나 입안하지만, 이런 법률은 거의 결코 적용되

30) 중국 경제학자들에 따르면, 매년 중국 국유기업의 4분의 1 이상이 적자를 내고 있다(〈인민일보〉 해외판, 1986. 10. 10.). "중국은 이런 국유기업에 보조금을 지불하는 데에 (중국) 산업 총이윤의 절반 또는 국가 총자본 조성의 3분의 2에 해당하는 400억 위안 이상을 지출해 왔다."(〈인민일보〉 해외판, 1988. 8. 18.)

지 않는다.

시종일관 적자를 내는 기업들의 대부분이 국가 보조금이나 연성신용으로 단지 생존만을 유지하지는 않는다. 그런 기업들의 생산능력은 더욱 증대된다. 그런 기업의 경우에 과거와 미래의 (기대) 수익성과 투자, 성장, 기술발전 사이에는 단지 느슨한 관계만이 존재한다.

수직적 흥정과정은 계속된다. 기업은 보조금, 세금, 관세 등에 대해 재정과 해외무역을 담당하는 정부기관과, 대출에 대해 은행과, 가격에 대해 가격을 담당하는 정부기관과 협상할 수 있다. 특정 부문들이나 기업의 구체적인 금융 문제에 대처하기 위해 고안된 수많은 '맞춤형' 규칙이 존재한다. 일반적으로 효력이 있는 규정이 존재하는 곳에서는 관련한 규정에 대한 사안별 해석이 허용되거나[31] 또는 예외를 설정한다. 또한 규정들은 끊임없이 변화하고, 기업들은 국가가 내리는 조치들 중 어떤 것들이 (더 먼 미래는 차치하고라도) 이듬해 자신들의 이윤에 영향을 미칠 것인지 거의 알지 못한다.

기업이윤 중 많은 부분이 재정 재분배에 따라 무수한 명목으로 공제되고, 그 다음에 다른 무수한 명목으로 다시 기업들에게 넘겨진다. 각 기관은 자신의 권한 안에 있는 기업들에 영향력을 행사하고 보조금과 이윤공제 등을 비롯한 보너스와 벌금을 통해 자신의 목표를 강요하려고 노력한다. (결국에는 무수한 양의 인센티브와 음의 인센티브가 보통 서로 상쇄되어 버린다는 것이 또 다른 문제이다.)

때로는 자금이 한 기업의 이쪽 호주머니에서 나와 저쪽 호주머니로

31) 이러한 일의 기묘한 예는 중국 국유기업에 대한 이윤세(*profit tax*)이다. 개별 기업에 대한 세율은 상위 권력기관과 맺는 개별 계약에서 설정된다. M. I. Blejer and G. Szapáry (1990)를 참조하라.

들어간다. 그러나 보통은 재분배에서 얻는 자와 잃는 자가 존재한다. 큰 이윤을 낳는 기업들로부터 지나치게 많은 금액들이 공제되고, 그것이 나머지 기업들에게 주어진다(헝가리와 폴란드 기업의 사례는 〈표 21-7〉과 〈표 21-8〉을 보라). 평등주의는 사회주의 재분배에서 낯선 것이 아니지만, 이윤의 재분배에 이러한 관념을 적용하는 것은 확실히 관념의 역설적 왜곡이다. 그래도 이것은 실제로 일어난 일이다. 확실하게 명료한 평등화 경향이 이윤 재분배를 통해 작동한다.[32]

이러한 경험 모두는 기업 경영진의 마음에 깊이 새겨지고 그들의 행동 방식을 만든다. 그들의 주요 결론은 기업이윤의 결정이 생산이나 시장에서 이루어지지 않고 관료의 사무실에서 이루어진다는 것이다.

실제로 많은 사람들은 왜 경제지도부가 더 엄격한 금융규율을 부과하지 않는지 묻는다. 반복적으로 결정과 약속이 이루어지지만, 왜 그것들은 이행되지 않는 것인가? 그런 경우에 시장사회주의라는 관념의 적용을 옹호하는 급진적 개혁주의자들은 당 지도부와 정부 고위기관들을 모순적이라고 비난한다. 그런데 분권화, 시장기제, 이윤 인센티브, 경성예산제약 등의 개념을 진지하게 받아들이는 지배 엘리트의 구성원들조차 이와 관련해서 일관성이 없는 이유는 무엇인가? 다음 분석은 이를 밝혀 보려고 한다.

몇 가지 밀접하게 연관된 요인들에 의해 설명할 수 있다.

1. 정치권력. 기업의 경영자는 모든 수준에서 권력을 장악한 지배집

32) 국유기업들 사이에서 이윤을 평등하게 하려는 경향을 분석하고 이론적으로 해석하기 위한 수학 모델은 Y. Qian (1990) 이 고안했다.

〈표 21-7〉 헝가리의 이윤평준화

최초 이윤율에 따른 기업 구분	최종 이윤율에 따른 기업 구분			
	적자	저이윤율	중간 이윤율	고이윤율
적자	0.233	0.500	0.122	0.145
저 이윤율	0.038	0.853	0.103	0.006
중간 이윤율	0.000	0.734	0.206	0.060
고 이윤율	0.008	0.394	0.515	0.083

참조: '최초 이윤율'에서 '최종 이윤율'로의 이동은 세금 납부 및 보조금 지급 이전의 위치에서 이후의 위치로 옮기는 것을 의미한다. 기업들은 4개의 범주로 분류된다. '적자'는 -2% 미만의 이윤율을 의미하고, '저이윤율'은 -2%에서 6% 사이, '중간 이윤율'은 6%에서 20% 사이, '고이윤율'은 20% 이상을 의미한다. 수치는 최초 이윤율에 따라 특정 등급에 속했던 기업들(예를 들면 적자기업들)이 재정 재분배 이후에는 최종 이윤율에 따른 구분에서 어느 등급에 속하게 되었는가(적자기업 0.233, 저이윤율 기업 0.5000 등)를 보여 준다.

출처: Á. Matits와의 공동연구에 바탕을 둔 J. Kornai(1986b, p. 1697), J. Kornai and Á. Matits(1987, 1990) 참조.

〈표 21-8〉 폴란드의 이윤평준화

최초 이윤율에 따른 기업 구분	최종 이윤율에 따른 기업 구분			
	적자	저이윤율	중간 이윤율	고이윤율
적자	0.000	0.161	0.625	0.214
저 이윤율	0.000	0.706	0.279	0.015
중간 이윤율	0.000	0.084	0.817	0.099
고 이윤율	0.000	0.011	0.413	0.576

참조: 1988년 통계를 이용해서 작성되었다. 기본 개념은 〈표 21-7〉과 동일하다. 기업들은 4개의 범주로 분류된다. 최초 이윤율과 관련되는 한 '적자'는 마이너스 이윤율, '저이윤율'은 0%에서 6.8% 사이, '중간 이윤율'은 6.8%에서 22.7% 사이, '고이윤율'은 22.7% 이상을 의미한다. 최종 이윤율의 범주는 다음과 같다. 마이너스 이윤율을 보이면 '적자', '저이윤율'은 0%에서 3.2% 사이, '중간 이윤율'은 3.2%에서 10.5% 사이, '고이윤율'은 10.5% 이상이다.

출처: M. Shaffer(1990, p. 188).

단인 관료 내에서 중간층 구성원이다. 관료의 위계제에서 상층 구성원들은 기업이 손실을 입거나 재정 파탄에 직면하는 것이 경영자의 문제라고 말하면서도, 그러한 경영자를 외부자로 냉정하게 바라볼 수는 없다. 상층 지도부는 경영자를 기업의 수장으로, 권력의 대리인이자 핵심 지지자로 선택하고 임명하였다.

또 다른 주요한 정치적 고려도 작용한다. 기업의 청산은 노동자들 사이에서 격렬한 항의를 초래할 것이고, 따라서 결코 강하지도 않은 권력의 대중적 기반과 정당성을 더 약화시킨다.

2. 이데올로기. 관료는 도덕적 위기를 겪는다. 개혁사회주의는 이데올로기적 측면에서 효율성을 요청하며, 이윤의 극대화라는 목표가 효율성의 표현이라고 본다. 그러나 그러한 목표는 사회주의의 전통적 가치 중 몇 가지, 예를 들면 약자들과 연대할 의무, 노동자들을 위한 안전의 보장, 사회적 평등의 요구, 사회 내 개인과 집단의 이익에 앞선 사회의 이익 증진 등과 충돌할 수 있다. 공산당의 중핵인 관료는 이윤극대화를 추구하는 자본주의적 소유자가 아니다. 개혁공산주의자는 마음 한편으로는 시장, 기업독립, 이윤 동기를 신봉하지만, 마음의 더 강한 한편으로는 전통적인 사회주의적 가치에 자기 자신을 묶어두고 있다. 그는 어려움을 겪는 기업을 도와주어야만 한다고 생각한다. 확실히 그는 노동자들을 거리로 내몰 수는 없다. 그는 기업의 수익을 평준화해야 하는 책임을 지고 있다. 가부장주의는 그가 어쨌든 져야 할 의무이다. 그는 보이지 않는 손이 기업들의 이익을 사회 전체의 이익과 연결시킬 수 있다고 믿지 않는다. 그는 기업들의 이윤이 아무리 중요하다고 하더라도 여전히 이차적인 것이라고 느낀다. 이 모

든 것은 그가 예산제약을 유연하게 만들도록 분명하게 부추긴다.33)

3. 재산. 자본주의하에서는 사회적 역할과 관련하여 국가, 사적 소유자, 피고용인으로 일하는 경영자 사이에 꽤 광범위한 분리가 존재한다. 기업의 소유자, 개인 소유 경영인 또는 주주는 이윤증가에 대해 분명하게 인식된 금전적 이해관계를 가지고 있다. 이는 그 자신의 명분이며, 그가 그것을 갖도록 하기 위해서 국가의 유인이나 지시가 필요하지 않다. 그의 자본이 어떤 분야에서 원했던 수익을 만들어 내지 못하면, 그 자신의 이해관계가 그에게 거기에서 철수하라고 말한다. 그는 경영자들에게 급여를 주고, 그들이 이윤을 증가시키지 못하면 해고한다. 또한 이윤은 상업은행들과 다른 금융 중개기관들에게도 동기를 부여한다. 금융규율은 (마르크스의 표현을 사용하면) 맹목적이고 무정부적인 방식으로 시장에 의해 부과된다.

이 중 어느 것도 사회주의하의 공적 소유에서는 기대할 수 없다.34) 시장사회주의 경제의 정부에게 더 강제적이어야 하고 또 금융규율을 강제하여야 한다는 국내외 고문들의 요청은 소용이 없다. 공적 소유

33) 분명히 고위급이라고 할 중국 은행경영자들의 발언으로부터 인용해 보자. 그들이 사용하는 어법은 그런 경향의 행동들을 잘 보여 줄 것이다. 발언 중 하나에 따르면, 은행업무는 "좋은 '기업'을 칭찬하고, 가난한 '기업'을 돕는 것"이다. "이는 공적 경제이다. 우리는 기업의 문을 닫을 수 없다. 우리는 기업들이 생존하도록 도와주어야 한다." 이 언급들은 P. Bowles and G. White(1989, pp. 489, 492)에서 인용했다.

34) 연성예산제약 행동양식의 징후들은 자본주의 국가들의 공적 부문에서도 그 부문의 비중이 상대적으로 클 경우에는 나타난다는 사실에 대해 여러 연구자들이 주목했다. 예컨대 이러한 현상은 이스라엘과 인도, 그리스, 브라질, 알제리 등의 공적 부문에서 확인되었다.

가 지배적인 데에서는 그러한 요구가 충족될 수 없다. 중앙의 위협은 충분히 효과적이지 않다. 기업들은 그러한 위협이 실제 실행될 것이라고 걱정조차 하지 않는다.[35] 기능의 분리는 여기에서 적용되지 않는다. 국가이자 동시에 소유자, 관리자인 관료가 스스로에게 규율을 가할 것이라고 생각되는가? 기업이 관료로부터 실제로 분리될 때에만, 즉 기업이 고난의 시기에 홀로 대처해야 하는 것이 자명할 때에만 기업들에 대한 예산제약은 경직적으로 변할 수 있다. 이러한 분리를 자동적이고 자발적으로 보장하는 유일한 방법은 사적 소유이다.[36]

생산 진입이 관료에 의해 자의적으로 결정되지 않는 상태에 이른 뒤에야, 그리고 생산 진입이 기업가 자신의 발의에 의존하면서 사적 재산에 기반을 둔 자본과 신용 시장에서 기업가 자신이 이루는 신용획득의 성공에 의존하게 된 뒤에야 경제에 활력을 불어넣는 기업가들이 등장할 수 있다. 이것은 진정한 시장경쟁 및 자유기업과 사적 재산 사이

---

35) 위협의 '신빙성'과 책임의 수용이라는 이러한 현상은 연성예산제약에 관련된 게임이론 모델에서 다각도로 분석된다. 참고문헌에 대해서는 8장, 각주 21번을 참조하라.

연성예산제약 행동양식의 원인을 검토하는 Dewatripont and E. Maskin (1989)는 특별히 언급해야 한다. 이 연구는 게임이론 모델을 사용하여, 신용확대가 중앙집권화되면 은행이 사전 위협을 실행할 수 없고, 그 대신에 은행자금을 계속 추적하고 비경제적 투자계획에도 계속 자금을 지원해야 한다는 사실을 증명한다. 반면에 은행 부문의 진정한 분권화가 이루어진 곳에서 위협은 신빙성이 높아지면서 예산제약을 경성화하고 비경제적 계획을 제안하는 사람들을 축출한다.

36) 예외적으로, 공적 소유 기업들의 경성예산제약은 자본주의 체제에서 그런 기업들이 너무 많지 않고 또 사적 소유 기업들로 둘러싸여 있을 경우에 인위적으로 보장될 수 있다. 그 경우에 크지 않고 조그마한 공적 부문의 행동 규범은 경제를 지배하는 사적 부문의 행동을 닮는다.

에 강한 관계가 존재하는 또 하나의 방식이다.[37]

4. 조정과 통제. 시장사회주의 경제의 관행은 상급기관들이 기업 활동의 다양한 세부사항에 개입하면서 미시규제를 행사하는 것이다(21장 3절 참조). 따라서 그들은 역시 책임을 분담한다. 실패가 계속되면, 기업의 관리자들은 자신들이 취했던 개별 중요 행위를 적어도 당과 국가의 상급기관들 몇몇과 논의했거나 혹은 그런 행위를 실행하라는 구체적인 명령을 받았다고, 자신들을 지지해 주는 풍부한 증거를 통해 매우 정당하게 지적할 수 있다. 그들은 적자가 잘못된 가격, 최근 부과된 세금이나 관세, 국가명령으로 인한 임금상승, 상급자들이 취한 다른 조치들 때문에 발생했다고 항변하는 데로 나아갈 수 있다. 파산 직전에 놓인 기업에는, 기업 지도부와 동일한 사전 정보를 가지고 있으면서 잘못된 결정을 내리는 데 참여한, 따라서 책임을 덮을 동기를 가진 수십 명의 상층부 인사들이 있다. 그런 상황에서 어떻게 엄격한 규율을 기대할 수 있겠는가? 관료적 통제가 지배적인 상태로 남아 있으면 있을수록, 경성예산제약이 될 수 있는 가능성은 더 줄어든다.[38]

---

37) 뮤렐(P. Murrell, 1990a, 1990b)에 따르면, 시장사회주의라는 관점에서 고안된 개혁의 실험들에서 발생한 가장 심각한 결함은 바로 슘페터형 기업이 발전하는 데 필요한 기회나 인센티브를 제공하지 못한 것이다.

38) 지금까지 살펴본 것처럼 미시적 규제는 예산제약이 유연해지도록 만드는 요인들 중 하나인데, 이는 미시적 규제가 책임의 완전한 분권화를 배제하고 상급기관이 실수를 숨길 동기를 제공하기 때문이다. 그렇지만, 미시적 규제는 또한 연성예산제약의 결과인데, 이는 금융통제가 권한을 전달할 적절한 수단을 중앙집권적 기구들에 제공하기에는 불충분하기 때문이다.

연성예산제약과 관련한 논쟁에서 종종 다음과 같은 질문이 제기된다. 시장사회주의가 일반화된 상황에서 공적 소유 기업에 대해 경성예산제약을 가하는 것이 가능한가? 앞에서 제시된 네 가지 점들은 이에 대한 분명한 답을 제공한다. '아니다, 그렇지 않다'는 것이다.[39)]

시장사회주의 경제를 비판하는 데에서 연성예산제약 이론이 차지하는 위치를 분명하게 밝히기 위해 이 대목에서 잠깐 멈출 필요가 있다. 이러한 행동양식들이 개혁과정의 허약성과 실패를 야기하는 심층적 원인은 아니다. 궁극적 원인들은 권력구조에, 그리고 시장사회주의의 관념들에 따라 개혁된 체제에서 존재하는 재산관계와 조정기제의 형태에 있다. 이러한 심층적 원인들의 결합효과는 예산제약이, 시장사회주의의 공약에도 불구하고 엄격해지지 않고 또 엄격해질 수 없는 상황에 의해 나타난다. 이윤 동기는 여전히 아주 약하고, 따라서 가격은 시장기제의 작동에서 자신들의 결정적 역할을 하지 못한다. 그런 점에서 연성예산제약이 나타나는 정도가 주요한 역할을 한다. 다른 수많은 부분적 현상들(기업의 수요 폭주, 투자와 수입갈망, 낮은 효율성)의 원인도 부분적으로 또는 전적으로 이러한 행동양식에서 찾을 수 있다.[40)]

---

39) 나의 저작들은 국가 소유권의 지배라는 특징을 지닌 사회주의 체제에서 기업의 예산제약을 엄격하게 만드는 일이 가능할 수도 있다고 주장한 적은 결코 없다. 이러한 가능성에 대한 나의 불신은 최근의 연구에서 더 강화되었다. 나의 동료들과 함께, 나는 근래 몇 가지 구체적인 실증연구를 했으며〔예를 들어 J. Kornai and Á. Matits(1987, 1990) 참조〕, 몇몇 다른 조사들의 자료도 검토하였다(각주 26번 참조). 게다가 나는 내적 관계들을 이론적으로 재평가하려고 했다. 내 생각의 이론적 방향이 이 책에서 제시되었다. 이 모든 것이 나를 위에서 제시한 직설적이고 부정적인 답변으로 정리되는 관점으로 끌고 갔다.

이제 개혁가들 — 시장사회주의와 계획-병행-시장을 포괄하는 사상을 공유한 집단들 — 의 전망을 실제 경험과 비교해 보자. 시장은 무엇보다 경제 행위자들을 가격에 반응하게 만든다는 점에서 다른 모든 조정기제와 다르다. 예산제약이 지나치게 약하지 않다고 해도, 다시 말해 예산제약이 모든 수요와 공급 반응을 본질적으로 위축시킬 정도로만 약하다고 해도, 시장은 그 역할을 이행할 수 없게 된다.

기업의 가격에 대한 반응이 무디다고 하더라도, 기업이 비용과 가격에 완전히 무관심하지는 않다. 기업은 이미 제공되어 있는 비용절감의 기회들을 활용하지만 그런 기회 모두를 붙잡으려고 애쓰지 않는다. 기업은 가격을 올릴 수 있는 기회라면 모두 붙잡는데, 이렇게 하는 것이 예산제약을 약화하는 다른 방법들을 사용하는 것보다 대체로 더 편리하기 때문이다. 다른 이해관계들(예를 들면, 관료의 정반대되는 어떤 욕구를 충족시키는 것) 이 반대하지 않는다면, 일부 기업은 산출물이나 투입물에서 나타나는 뚜렷한 가격변화에는 반응을 한다. 그러나 가격에 대한 민감한 반응을 강요하는 진정한 시장기제 — 높은 수준의 효율성을 시장경제에 제공하는 종류의 시장기제 — 에 의해 만들어지는 빈번하고, 섬세하고, 세부적이고, 신속한 적응에 비교할 때, 이 모두는 드물고, 거칠고, 왜곡되고, 느린 조정일 뿐이다.

---

40) 수많은 오해가 연성예산제약 이론을 논하는 문헌에서 나타나기 때문에, 이 점은 충분히 강조될 필요가 있다. 현재의 논의가 분명하게 밝힌 것처럼, 이러한 현상은 나의 논의진행 속에서 귀중한 자리를 차지한다. 그렇지만, 연성예산제약이 사회주의 체제를 설명하는 나의 이론 속에서 인과연쇄의 출발점이 아니라 중간에 자리를 차지한다는 사실과 현재 이러한 설명 사이에 모순이 있는 것은 아니다. 〈그림 15-1〉에서 도입된 개념 틀 속에서, 연성예산제약이라는 행동양식은 네 번째 블록의 한 가지 특징이다(15장 1절 참조).

가격신호 자체가 불완전할지도 모른다고 덧붙일 수도 있다. 가격에 대한 낮은 반응과 이를 야기하는 연성예산제약은 가격신호에도 영향을 미친다. 기업의 이윤 수준이 지속적으로 낮거나 마이너스일 때 기업이 생존하고 심지어 발전할 수 있다면, 가격들을 조정하는 데 유용한 모든 수단을 사용할 필요조차도 없다. 이와 같은 가격체계는 그 자체의 결함을 묵인하기에 이른다.41)

시장사회주의의 방향으로 가는 개혁을 위한 계획을 준비하는 사람들은 기업이 가격에 민감하게 반응할 것으로 예상하였다. 그럴 경우 경제는 투입과 산출에 대한 물량 단위로 된 낡은 지침 대신에 이른바 **금융규제수단**(*financial regulators*)의 사용을 통해 중앙에서 관리될 수 있다. 이자율을 올리면 투자는 떨어질 것이다. 국내 화폐를 평가절하하면 수출은 증가하고 수입은 감소할 것이다. 생산물 B의 가격에 비해 생산물 A의 가격을 올리면 기업은 B를 A로 대체할 것이다. 이처럼 예상들은 부정되었다. 기업이 주의를 거의 기울이지 않는다면, 중앙이 이러한 규제수단들을 통해 영향력을 행사하려고 해도 효과가 없다. 이는 마치 센서가 부착되지 않은 텔레비전의 채널이나 음량을 리모컨으로 조절하려는 것과 같다. 손으로 바꿀 수밖에 없다.

고전적 체제가 반(半) 화폐경제라는 사실은 앞에서 확인되었다(8장 참조). 화폐의 실제적 역할이 경제 내에서 어느 정도 증가한다고 하더라도, 개혁과정으로부터 형성된 시장사회주의 경제에서 공적 소유 영역은 경제에서 여전히 반(半) 화폐 영역으로 남아 있다.

---

41) 피고용인의 가계에서는 경성예산제약이 작용하기 때문에, 노동시장의 상황은 상대임금에 훨씬 강한 영향을 미쳤다. 따라서 피고용인들은 자신의 임금이 자신이 정당하다고 생각하는 수준에 미치지 못하면 유순하게 따를 수 없었다.

6. 공적 소유와 관료적 조정의 친화성

지금까지의 절들은 시장사회주의와 계획-병행-시장이라는 개념들이 포괄하는 관념들의 영역과 개혁과정에서 나타나는 공적 부문의 실제 상황을 비교하였다. 이제 다음과 같은 질문이 제기된다. 왜 현실과 희망상태는 그 정도로까지 다른가?

개혁의 계획자들은 지시체계와 명령경제의 폐지 또는 억제로 창출된 공백이 시장 조정기제를 즉각적으로 '끌어들일' 것으로 기대했다. 그러나 이는 일어나지 않았다. 공백이 주로 끌어들인 것은 변형된 형태의 관료적 조정이었다. 직접적인 수직적 통제는 우선적으로 간접적인 수직적 통제에 자리를 내주고, 단지 부차적으로만 시장의 수평적 조정 역할이 약하고 종종 왜곡된 형태로나마 약간의 공간을 차지한다 (21장 7절 참조).

대부분의 관찰자들은 관료의 영향이 여전히 매우 강하게 남아 있다고 인정하지만, 상황 서술과 인과관계 분석에서는 의견이 나뉜다. 일부의 강조에 따르면, 기업들은 시장사회주의를 도입하게 될 개혁을 원하지만, 보수적 관료들이 이에 반대한다. 그들은 통상 이러한 보수적 관료가 당의 지도적 기구 속에 자신의 대변자들이나 심지어 선동가들('강경론자들')을 넣어 둔다고까지 말한다. 그러한 분석에 따르면 관료의 저항은 어느 정도는 위로부터 조직된다. 다른 유형의 분석에 따르면, 보수주의자들은 두 개의 불 사이에 있는 것으로 묘사된다. 보다 급진적인 개혁이 개혁 성향의 최고지도부에 의해 위로부터, 또 자율을 요구하는 지역과 기업 차원의 지도자들에 의해 아래로부터 요구된다. 그렇지만 완고하고 보수적인 관료들은 완강하게 저항한다.

나는 이러한 분석들이 일부 타당한 요소들을 가진다고 보는 사람들에 속하지만, 다양한 사회세력의 이해관계와 행위가 만족스럽게 묘사되지는 못하고 있다고 생각한다.

이 책에서 규정된 관료는 위계적으로 구조화된 사회집단이다. 그것은 사회의 '외부'에 있지 않고, 사회의 모든 곳에 존재한다. 평균적으로 여덟에서 열 가족 중 한 가족은 반드시 관료를 한 명 이상 포함하는데, 바로 이 관료 구성원들의 일상생활, 소득, 사회적 지위, 경력은 관료 전체와 밀접한 이해관계를 맺고 있다. 관료기구의 모든 기관은 살아남아서 계속 기능을 발휘하려고 한다. 이러한 행위를 위에서부터 명령하거나 심지어 격려할 필요는 없다. 무엇보다도 관료적 조정은 그들에게 권력을 주기 때문에, 당연히 관료기구 내부의 모든 책임 있는 공무원들은 관료적 조정이 지속되기를 원한다. 그런데 그것만이 그들이 가진 유일한 동기는 아니다. 그들은 자신의 직업과 일체화되어 있으며 또 그러한 일체화가 유용하다고 믿기 때문에, 자신들의 권한 범위에 매달린다. 가격 당국에 있는 사람은 가격을 책정하려고 하고, 임금당국에 있는 사람은 임금을 결정하려고 하고, 투자를 할당하는 사람은 투자를 할당하려고 하며, 인사부서 직원은 노동력을 할당하려고 한다. 이러한 영역에서 뭔가 잘못되면, 그들 각각은 질서를 복구하기 위해 더 철저한 개입이 있어야만 한다고 생각한다.[42] 그들 자

42) 관료기구의 지속적 재생산과 위축되었다가 원상복구되는 관료기구의 반복적 능력은 경제에서 어떤 심각한 어려움이 발생하면 직접적인 통제방법들이 즉각적으로 다시 나타난다는 사실에 의해 확인된다. 예컨대 경상수지에서 발생하는 문제들은 당국이 외환 할당과 수입 허가에 관한 행정 조치를 더 강력하게 사용하도록 만든다. 예로서 J. Gács (1980) 을 보라.

신의 개별 영역은 관료적 통제의 완결, 즉 관료들이 원하지 않는 현상들이 규칙, 규정, 금지의 그물망을 빠져나가지 못하도록 막는 일과 같이 앞에서 서술했던 경향을 끊임없이 강화한다.

기업의 책임자들은 건성으로만 독립을 요구한다. 그들 주변의 모든 것이 잘 작동할 때에는 그들은 오히려 방해받지 않기를, 그리고 자신들이 어떻게든 획득한 이윤, 자원, 임금기금 등을 재분배를 통해 빼앗기지 않기를 바란다. 그러나 문제나 장애가 발생할 때 그들은 개입을 기대하거나 심지어 요구한다. 기업 책임자들이 투입물의 확보에 어려움을 겪거나 은행이 그들에게 신용을 주지 않으려고 한다면, 장관이나 지방 당서기는 조정해 줄 것을 요청받는다. 평생을 바쳐 자신들의 연줄을 구축하고 난 뒤에, 그들은 이 기묘한 종류의 축적된 '부'를 갑자기 잃어버리고 연줄이나 후원자가 없는 상태에 던져질 것인가? 만일 재정적 실패로 고통을 받는다면, 그들이 경성예산제약과 채무 불이행, 파산, 관리자 지위 상실 등에 직면해야만 하는가? 안성맞춤의 공식적 결정을 위한 로비, 뒷거래를 통한 사태 해결, 상급기관들과의 영민한 흥정 등은 그들이 편안하게 처리할 수 있는 영역이다. 그들은 경쟁과 냉혹한 시장을 알지 못하고 두려워한다.

시장에서 독립적 경제 단위들은 서로 관계를 맺는다. 시장사회주의 개혁의 공식선전은 시장이 중앙통제와 기업의 독립을 조화시킬 수 있다고 강조한다.[43] 하지만 중앙통제와 기업의 독립은 논리적으로 조화

---

43) 소련 수상 리즈코프(N. Ryzhkov)는 *Izvestia*(1985. 2. 2.)에 이를 다음과 같은 방식으로 말했다. "우리의 목표는 우리의 거대한 경제를 관리하는 효과적 수단을 최선을 다해 만들고 계획의 틀 안에서 기업과 조합에게 폭넓은 경제적 독립성을 주는 것이다."

될 수 없는 대립쌍이다. '독립적이다'와 같은 단어의 의미를 가지고 놀 여지란 없다. 하나의 기업은 그 기업 자체나 다른 기업들이 그들에 대해 실질적인 통치권을 행사하는 공통의 상위기관들에 종속되지 않을 때에만 오직 독립적이다. 하나의 기업은 각각의 기업이 다른 주인(즉, 주식회사의 경우에는 동일하지 않은 주주 집단들)을 갖고 있기 때문에 그 기업이 다른 기업들로부터 진정으로 분리되어 있을 경우에만, 오직 그 경우에만 독립적이다.

이 모든 것은 공적 소유와 관료적 조정 사이에 친화성이 발생하는 방식도 설명한다. 관료적 조정의 갖가지 수단들은 자신들 자체를 특별한 강제 없이도 자발적으로 또 자연스럽게 쉬지 않고 재생산한다. 중앙집권화된 명령이 전혀 필요가 없다. 오히려, 중앙의 이러저러한 단호한 결의안이 관료적 조정의 의무적 축소를 결정하였다고 하더라도, 관료적 조정은 다시 살아난다.

여기에서 나는 체제요소들 사이의 친화성이라는 문제로 되돌아가야 한다. 이 책의 이전 두 곳(15장 2절, 19장 4절)에서 시작한 서술이 이제 하나로 묶일 수 있다. 고전적 사회주의는 일관성을 가진 체제인데, 이는 여러 가지 이유 중에서도 공적 소유와 관료적 조정 사이에 친화

1968년 개혁을 준비하던 헝가리공산당 중앙위원회에서 채택된 중대결의안은 이렇게 말한다. "중앙계획통제와 시장기제 운용의 결합은 사회주의 국가기업이 정책결정에서 상당히 증가된 독립성과 영역을 갖는 것을, 동시에 국가기업들이 상당히 증가된 주도성과 책임성을 갖는 것을 가능하도록 하며 또 요구하기도 한다."(H. Vass, ed., 1968, p. 313)

독일의 어떤 보고서에 따르면, 1990년 12월 중국공산당 중앙위원회 전체회의에서는 다음과 같은 비유를 사용했다. "국가기업은 새장 속의 새와 같다. 그것은 움직일 수는 있지만, 멀리 날아가지는 못한다."

성이 있기 때문이다. 그 체제에서 이러한 요소들은 유기적으로 결합하고 서로를 강화한다. 자본주의도 역시 일관성을 가진 체제이다. 사적 재산과 시장 조정 사이에는 친화성이 있고, 이 둘 역시 유기적으로 결합하고 서로를 강화하기 때문이다. 반면에 시장사회주의를 실현하려는 시도들은 일관성 없는 체제를 만들었다. 그 체제 내의 요소들은 서로를 거부한다. 공적 소유의 지배와 시장의 작동은 양립할 수 없다.

이러한 생각은 새로운 것이 아니다. 이미 사회주의 논쟁에서 폰 미제스(21장 2절 참조)가 이를 강력하게 주장하였다. 진정한 시장이 사적 재산 없이도 작동할 수 있다는 관념은 너터(G. W. Nutter, 1968)에 의해 '위대한 환상'으로 불렸다. 알치안(A. A. Alchian), 뎀세츠(H. Demsetz) 등 '재산권학파'의 여러 구성원들은 반복적으로 사회주의 체제를 다루는 경제학자들이 이러한 생각에 관심을 갖도록 이끌었다.[44] 시장사회주의를 실제로 적용하려고 했던 시도들의 암울한 결과는 이런 식의 논리전개를 더욱 강화한다.

7. 공적 소유 기업들의 수평적 관계

규제철폐 조치 이후 공적 소유하의 기업들 간 수평적 관계는 어떻게 변했는가? 관료적 개입의 사례들은 여전히 많지만, 구매기업들과 판매기업들은 이제 많은 일들을 서로 자신들 사이에서 합의할 수 있다.

---

44) A. A. Alchian(1974), A. A. Alchian and H. Demsetz(1972)를 참조하라. 더 진전된 논의와 관련해서는 D. Lavoie(1985), G. E. Schroeder(1988), G. Temkin(1989), J. Winiecki(1991)를 참조하라.

그들은 구매-판매 계약을 맺고, 상호 동의에 따라 계약을 변경하고, 가격에 대해 합의하고, 서로 신용거래를 하는 등 많은 일들을 서로 간에 한다. 그러한 관계는 고전적 체제하에서도 존재했지만, 그들의 역할은 개혁체제에서 실질적으로 증가해 왔다.

그렇다고 하더라도 그 현상에 대해 신중한 평가가 필요하다. 시장이라는 용어를 엄밀하게 정의한다면, 이러한 수평적 관계는 시장 조정이라는 이름표를 달 자격이 거의 없다. 진정한 시장은 가격, 획득할 수 있는 화폐 형태의 이윤, 경쟁자들 사이의 경쟁에 의해 앞으로 나아간다. 규제철폐가 절반만 이루어진 공적 영역에서 이러한 추진력은 약하다. 개혁을 위한 공식 선전은 관리자들에게 시장이 자신들에게 친숙한 것처럼 행동하라고 설득하는 일에 착수한다. 구매자의 요구에 주의를 기울이고, 품질에 신경을 쓰고, 국내외의 수요에 맞추라는 요구가 신문과 방송에서, 정치인들의 연설에서 관리자들에게 쏟아진다. 그러나 그런 행동은 설득을 통해 이루어지는 것이 아니다. 실제로 기업의 탄생, 성장, 쇠퇴나 소멸을 좌우하는 것은 시장이 아니다. 기업은 이윤의 수준, 피고용인들에게 줄 수 있는 임금과 이윤배당, 복지지출, 투자 규모 등이 시장이 아니라 여러 상급기관들의 결정에 달려 있을 것이라는 점을 예상한다.

시장에 더욱 주의를 기울이라고 기업을 설득하는 노력과는 별도로, 경제 관리자들은 정교한 인센티브 제도와 교묘한 가격 책정방식을 사용해서 시장의 흉내를 내려고 시도한다(22장 3절 참조). 시장기제의 작동에서 가장 중요한 요소는 살아 있는 사람들이 가격, 공급과 수요, 구매와 판매에 개별적 관심을 가지고 있는가이지, 어떤 공식이 가격변동을 지배하는지가 아니다. 바로 이 점이 중요하다. 가격이 올라갈 때, 이해관계가 있는 사람들은 그 정보에 따라 행동한다. 어떤 사람들은 구매의도를 실현할 수 없거나, 생산자의 위치에서 자진해서 철수한다. 반면, 다른 사람들은 수익성이 높아진 재화의 생산자가 될 기회를 잡는다. 가격이 떨어지면 반대현상이 일어난다. 가격이 제공하는 정보와 공급과 수요에 영향을 미치는 의사결정 사이에 존재하는 이러한 직접적 관계는 인위적으로 모방해서 만들어진 시장에서는 사라진다.

앞 절에서는 공적 소유와 관료적 조정 사이의 친화성을 지적했다. 이제 여기에서는 공적 소유와 시장 조정 사이에 어떠한 친화성도 없다는 점을 다시 강조할 수 있다. 시장관계들이 자생적이고 자연스러운 방식으로 공적 소유에 따라서 나타나지는 않는다. 단지 조정이 이루어지는 과정들에 참여하는 사람들에게 시장관계들을 인위적으로 떠맡기려는 시도가 있을 뿐이다.

시장이 정상적으로 작동할 수 있기 전에 절대로 필요한 조건 하나는 구매자와 판매자 사이의 계약이 반드시 존중되어야 한다는 점이다. 시장사회주의 경제에서 이러한 계약들은 어떠한 대가도 없이 항상 파기되었다. 지불 문제를 안고 있는 공적 소유 기업이 자신에게 공급을 한 다른 회사들에게 지불을 하지 않음으로써 간단하게 자신의 어려움을 헤쳐 나가는 일은 다반사이다. 그러한 강요된 신용은 예산제약을 느슨하게 만드는 주요 형태들 중 하나가 된다. 그러면 문제가 더욱더 배가되기에 이른다. 자신의 산출에 대해 보상을 받지 못한 기업은 자신의 공급자들에게 지불하지 못하게 되고, 이 공급자들은 자신들의 공급자들에게 동일한 방식으로 대한다. 이러한 일이 연속적으로 일어난다. 이 현상은 금융계 용어로 '줄서기'(대기행렬, *queuing*)라고 알려져 있다. 어쩔 수 없이 강제로 채권자가 된 사람들은 언젠가 자신들의 청구가 받아들여지고 돈을 받는 차례가 올 것이라는 기대를 갖고, 채무기업 앞에 줄을 선다. 줄서기가 광범위하게 퍼져 나간다면 그 결과는 실제적인 유동성 위기이다.[45] 모든 기업은 재정 위기 때문에 처벌받거나 파산하지는 않을 것이라고 확신할 수 있기 때문에, 자신에게 주어진 청구서에 대해 지불하는 것을 안심하고 거부할 수 있다. 어떤 방식으로든 국가와 국가은행체계가 기업을 구제할 것이다.

이러한 종류의 강요된 신용과 줄서기는 고전적 체제하에서는 일어날 수 없는데, 이는 중앙은행이 자동적으로 구매기업의 계좌에서 차변에 기입하고(인출하고), 청구권이 있는 판매기업의 계좌에서 대변에 기입하기(입금하기) 때문이다. 시장사회주의 경제는 기업들 사이에 상업신용을 허용한다는 점에서 '시장을 닮았다'. 반면에, 시장사회주의 경제는 지불 의무의 대규모 위반을 용인함으로써 진정한 시장경제의 정신, 법적 관행과는 뚜렷하게 대비된다.

수평적 관계라는 주제와 관련해서, 시장사회주의 관념들 전체에서 일군의 중요한 관념을 언급할 필요가 있다. 바로 사회주의 체제의 틀 내에서 국가 자본시장을 수립하자는 제안들이다.[46] 그 제안들은 시장

---

45) 예를 들면, 유고슬라비아에서 기업 간 부채의 연성장률은 1970년대 말과 1980년대 초 30~50% 정도였다. 자세한 분석은 S. J. Gedeon(1985~1986), L. D. Tyson(1977)을 보라. 헝가리에서 발생하는 유사한 현상은 É. Várhegyi(1989, 1990b)가 검토한다.

46) 이러한 관념은 주로 헝가리 개혁경제학자들 사이에서 퍼져 나갔는데, 개척자는 헝가리 경제학자 타르도스(M. Tardos, 1986, 1990)이다. 다른 개혁 중인 국가들, 특히 중국과 폴란드에서도 유사한 관념들이 제기되었다. 이 관념에 대한 보다 구체적인 해설은 W. Brus and K. Laski(1989)에서 찾을 수 있는데, 그 책은 시장사회주의 논쟁과 관련하여 많은 중요한 관념들을 내놓는다.

사회주의 개혁이 당시까지 작동했던 방식에 대한 비판으로부터 출발했다. 비판에 따르면, 최초 개혁 프로그램의 주요 약점들 중 하나라고 생각한 것은 다음과 같은 사실이다. 필요한 것은 자본시장도 포함하는 단일하고 포괄적인 시장인데도, 개혁 프로그램은 단지 재화시장만을 만들려고 하였다.[47] 당시까지 도입된 시장사회주의 개혁은 공적 소유의 자본을 배분하는 방법으로 단지 세 가지만을 허용해 왔다. ① 중앙집권적 국가기관들이 예산으로부터 조성된 투자를 할당한다. ② 국가금융제도에 의해 투자대출은 확대된다. ③ 공적 소유 기업은 자신의 저축으로부터 자체적으로 자금을 조달하는 '내부'(*in-house*) 투자를 할 수 있다.

제안들에 따르면, 한 가지 추가적인 방법을 허용해야 한다. ④ 공적 소유 기업이 다른 공적 소유 기업에 자본을 배분하는 것이 허용되어야 한다는 것이다. 자본시장이 발전하기 위해서는, 국유기업의 법적 지위가 변화해야만 한다. 즉, 국유기업은 주식회사(*joint-stock company*)로 전환되어야 한다. 이런 방식에 따라 기업이 주식을 발행하고 다른 기업이 주식을 구매하는 것이 가능하게 된다. 여기에서 대두하는 것이 **교차 소유** 현상이다. 한 국유기업은 다른 국유기업의 부분 소유자가 된다.

이러한 구상에 따르면, 생산기업들이 서로의 주식을 사는 것이 가능하게 될 뿐만 아니라, 국유은행이 기업의 주식을 살 수 있다. 나아가, 또 다른 방법들도 가능하게 된다. 기업도 은행의 주식을 살 수 있으며, 따라서 은행도 똑같이 주식회사처럼 경영된다. 국유 보험회사

47) 이러한 관념을 제안하는 사람들은 노동시장도 필요하다고 보통 덧붙인다.

와 연기금은 마찬가지로 자신들의 자본을 기업 주식에 투자할 수 있다.[48] 이러한 구상은 (시와 농촌 위원회 같은) 지방정부의 국가조직들과 비영리 국가기관들(예를 들면 대학이나 병원) 도 주식을 살 수 있다는 관념에 의해 완결된다.[49]

이러한 구상은 주식들이 언급된 소유자들 범주 내에서 자유롭게 이전될 수 있는 것을 상정한다. 그들 사이의 거래는 국가에 의해 운영되는 주식 교환을 통해 수행될 수 있다. (현재 논의하고 있는) 이러한 제안의 주창자들은 국가 자본시장이 공적 소유권의 새로운 형태를 예전보다 더 유동성이 높도록 만들 것이라고 기대한다.

이 책을 쓰고 있을 때, 이 제안은 어디에서도 아직 실현되지 않았다. 탈사회주의 국면에 도달한 동유럽 국가들에서 이러한 의제와 관련한 것은 사유화 과정을 통해 주식회사로 전환된 기업들의 주식에 대한, 주로 국내외의 사적 소유자들을 대상으로 한 판매 혹은 자유로운 이전이다(19장 7절 참조). 우리는 금융 부문에서 사적 재산의 역할이 증대하는 것을 예상할 수 있다. 또한 조만간 사적 보험회사와 분권화

---

48) 이 대목에서 강조해야 할 점은 이 시기 사회주의 경제에서, 심지어 개혁이 가장 많이 추진된 국가들에서조차, 연금체계 전체가 단일한 독점적 국가조직에 의해 운영되었다는 사실이다. 보험업은 하나의 독점적 국유회사에 의해 운영되거나, 기껏해야 과점적 국가회사들 몇 개에 집중되어 있었다.

49) 국가 자본시장의 도입을 주창하는 대부분의 경제학자들은 주식이 개인들에게 팔릴 수 있는가라는 질문에 대해서는 답을 하지 않는다. 주식과 관련한 제안들이 잠재적인 국유 소유자들 범주 내에서조차 실현되지 않은 채 남아 있었음에도, 채권을 다루는 기관이 실제로 도입되었다.

사적 소유의 채권에 대한 자유로운 구매와 판매는, 비록 그것이 전체 자본의 좁은 범위에만 퍼져 있다고 하더라도, 실질적인 자본시장의 전조로 생각할 수 있다.

된 연기금이 설립되고 이 기관들도 자기 자본의 일부를 주식에 투자하는 것도 예상할 수 있다. 그러나 이 모든 일은 방금 개관한 제안들에서 상정한 것과는 다른 사회경제적 상황에서, 다시 말해 시장사회주의 체제가 아니라 사적 부문이 꾸준하게 지배적 역할을 차지할 탈사회주의 체제하에서 일어나고 있다. 이런 점에서, 국가 자본시장을 위한 제안을 적용하는 것에 대한 실질적 효과가 어떻게 되어 왔는가에 대한 평가와 관련하여, 동유럽의 탈사회주의 경험은 결론을 내릴 정도는 아니다.

여전히 시장사회주의의 길을 따르는 국가들에서, 예를 들면 중국에서 국가 자본시장이 만들어질 것인지 아닌지를 말할 방법은 없다. 만약 만들어진다면 그곳에서의 경험이 판단을 위한 더 나은 근거를 제공할 것이다. 실제적인 경험 없이는, 그 제안을 평가하려는 시도를 뒷받침하는 것은 단지 억측뿐이다.

나는 의구심을 숨길 수 없다. 재화와 관련된 거래에서조차 인위적 수단을 통해 실제 시장의 흉내를 내는 것이 가능하지 않았다. 국가 자본시장이 심지어 더 서투른 모방이 될 것이라는 우려가 존재한다. 그것은 국유재산을 국가의 한쪽 수중에서 다른 한쪽 수중으로 이전하는 것 이외의 어떤 것도 포함하지 않는다. 다른 한쪽 수중이 '기업', '은행' 또는 '보험회사' 등 무엇이라고 불릴 것인가는 아무런 상관이 없다. 사실 모든 새로운 소유자는 연성예산제약을 가진 기업, 즉 거의 관료적인 구성체일 것이다. 자본주의적인 사적 소유자 없이는 자본의 실제 시장은 존재할 수 없다.

8. 두 종류의 의존들 사이의 비율

규제철폐가 절반만 이루어진 경제라는 개념은 관료적 조정과 시장 조정이 어떤 비율로, 말하자면 50 대 50의 비율로 결합될 수 있다는 전제에 근거한다. 경험은 이러한 전제가 잘못되었음을 시사한다. 시장에 참가하는 당사자들이 자유로운 합의에 도달할 때에 일어나는 과정들에 국가간섭이 너무 자주 끼어들지 않는 한에서만, 시장의 활발한 작동은 국가간섭 조치와 양립할 수 있다. 그러나 관료적 간섭은 시장의 활력을 파괴하는 위험한 수준에 도달할 수 있다. 개혁경제의 공적 부문에 대한 수많은 간섭은 그런 위험한 수준을 확실하게 초과한다.

21장 4절의 서두에서 제기한 질문으로 돌아가야 한다. 어느 정도까지는 기업은 어떤 체제에서든 이중적 의존 상태에 있다. 기업은 수직적으로는 국가당국에, 수평적으로는 시장에 의존한다. 이러한 이중적 의존은 개혁사회주의 체제의 공적 부문에서 어떤 체제특수적 특징을 보여 주는가? 수평적 시장 의존은 고전적 체제에 비해 증가했지만, 여전히 종속적인 상태로 남아 있다. 수직적 의존의 지배수단은 고전적이고 직접적인 관료적 통제를 대체한 간접적인 관료적 통제와 함께 바뀌지만, 수직적 의존은 여전히 지배적이다. 시장사회주의라는 관념에서 나온 개혁 경향은 조정과 통제의 실질적 수단에 수많은 변경을 가져왔지만, 그러한 변경들이 급진적 변화로 이어지지는 않았다.

기업의 이중적 의존 주변에서 출현한 모든 것은 고전적 체제 이후에 눈에 띄게 변화해 온 관리자의 지위와 동기, 태도에 각인된다. 복장과 언어, 태도에서 관리자는 자기 자신의 지위에 대응하는 서구의 인물을 닮기 시작한다. 관리자는 더 이상 자기 자신을 생산 전선에 배치된

당의 병사로 묘사하지 않는다.

그러나, 사실 변화는 피상적인 경향이 있다. 그들은 스스로 위험을 감수하며 일하는 기업가가 아니라 급료를 받는 피고용자라는 점에서 확실히 그들과 비슷한 서구의 경영자를 닮았다. 그들에게는 추후 통지가 있을 때까지 유형 3의 재산권, 즉 통제권 부분이 주어져 있다. 그들은 다른 재산권을 가지고 있지 않다. 그런데 자본주의 기업 경영자들의 단기와 장기 이해관계는 모두 소유자의 이윤과 순자산에 대한 이해관계와 일치한다. 따라서 그들은 이윤상승이라는 목표에 몰두하고, 자신들의 운명이 시장에서 달성한 결과에 달려 있다고 느낀다.[50] 대조적으로, 사회주의 기업들에서 관리자들의 운명은 지금까지 살펴본 것처럼 위계제에서 자신들의 위에 있는 사람들에게 달려 있다. 그들은 한쪽 눈은 시장에, 다른 한쪽 눈은 자신들의 상급자들에게 두고 있지만, 실제로 중요한 것은 위를 향한 눈으로 확실하게 상황을 파악하는 것이다. 그들에게 돌아올 현재의 특별수당이나 처벌, 미래의 승진은 그들의 상급자에게 달려 있다. 만일 누군가가 소유주라면, 그 소유주는 관료기구의 총합이다. 그러나 이것은 '실체가 모호하다'. 고전적 체제와 관련하여 확립된 것은 여전히 진실이다. 공적 재산은 모두에게 속하면서도 또한 어느 누구에게도 속하지 않는다(5장 3절 참조). 재산의 모호한 성격은 왜 기업 관리자의 관심이 모호하고 불명료하고 모순으로 가득 차 있는지를 설명하는 궁극적 이유이다.

50) 여러 저작들이 자본주의적 주식회사의 조건 아래에서 나타나는 소유자와 경영자 사이의 관계, 그리고 소유권과 통제의 분리를 다룬다. A. D. Chandler (1977), E. S. Herman (1981), S. J. Grossman and O. D. Hart (1986), E. F. Fama and M. C. Jensen (1983)을 참조하라.

많은 사람들은 시장사회주의를 향한 개혁이 새로운 '경영자 계급'을 만들어 낼 것이라고, 또 이 계급이 당과 관료기구 일반으로부터 독립적이고 또한 관료기구에 대한 대항세력으로 활동할 수 있을 사회집단을 형성하게 될 것이라고 기대한다. 동시에, 그들은 자신들의 노동자 집단들로부터 독립적이게 되고, 따라서 '피고용인들'과 상대하는 '고용주' 역할을 체현할 것이다. 이러한 예상은 거의 실현되지 않았다.

국유기업의 관리자들은 노멘클라투라의 구성원으로 남아 있다(3장 2절, 18장 1절 참조). 실제로 시장사회주의 경제에서 공적 소유 기업 관리자들의 행태는 여러 가지 역할을 반영한다. ① 그들은 위계제에서 중간 수준의 관료들이고, 자신들의 상급자들에게 의존하는 공무원이며, 동시에 그들 스스로가 우두머리이다.[51] ② 그들은 실수입의 큰 몫을 받는 공동소유자들이다.[52] ③ 그들은 직업 정체성 측면에서 생산과 기술발전에 주된 관심을 독자적으로 갖는 테크노크라트(기술관료)이다. ④ 그들은 자신들의 피고용인들의 이해관계를 대변하는 선출된 자주관리 지도자들이다. 시장사회주의 경제에서 관리자들은 고전적 체제하에서보다 더 강력하게 자신들의 정체성을 역할 2, 3, 4에 일체화한다. 여전히 변하지 않은 채 남아 있는 것은 관리자의 행태에서의 역할 1의 지배이다.

---

51) 한편, 관리자의 하급자에 대한 지위는 피고용인들과의 협상에서 상당 정도 약화된다. 그러한 변화에는 여러 가지 이유가 있다(20장 4절, 23장 1절 참조).

52) 관리자가 부패하면 실수입에서 끌어내는 총액은 더 커진다. 양심적일 경우, 관리자는 기업 지도자들의 급여 및 포상금에 대한 규칙에 따라서 허용되는 금액만을 받는다. 많은 국가에서 이 금액은 꽤 크다.

9. 공적 소유 기업과 사적 부문의 관계

시장사회주의와 '계획-병행-시장' 관념의 주창자들 다수는 다음 단락에 서술한 내용을 바람직한 상태로 본다.

공적 부문은 지배적 지위를 유지해야 하지만, 시장행위로 바뀌어 나아가야만 한다. 동시에, 사적 부문이 존재해야 하지만 보완적이고 부차적인 역할만 해야 한다. 이 두 부문은 서로 시장경쟁에 참여하면서도 협력해야 한다. 이러한 프로그램에서, 이 장과 19장에서 논의한 두 경향이 서로 연결된다.

이러한 바람의 일부는 실현될 수도 있다. 예를 들면, 헝가리의 농업에서 일부 거대 협동조합들은 꽤 오랜 기간 종자와 수송, 기타 서비스를 제공함으로써 조합원들의 가족농장을 효과적으로 지원했다. 그러나 보다 긴 기간에 걸친 개혁경제 전체의 일반적 모습은 덜 고무적이다. 두 부문 사이의 접점들을 하나씩 살펴보자.

공적 소유 기업들은 사적 부문이 노동력의 일부를, 종종 최고의 사무직 노동자 및 육체노동자를 흡수해 간다는 사실에 특히 혼란스러워했다. 사적 부문이 그렇게 할 수 있는 이유는 수많은 관료적 제약이 공적 소유 기업의 자체적인 임금의 결정을 막고 있으며, 사적 부문이 훨씬 더 높은 임금을 줄 수 있기 때문이다. 이러한 일은 더 일반적인 현상의 한 예시일 뿐이다. 기업의 관리자는 수백 개의 다종다양한 규정들의 방해를 받으면서 사적 부문의 자율성을 부러워한다.

한편, 사적 기업가들은 공적 소유 기업, 특히 거대 국유기업들의 수많은 특권들, 즉 신용, 수입자재, 외환할당, 투자에 대한 국가보조와 세금감면 등에서의 혜택을 불공정하다고 본다. 공적 소유 기업은 당과 대중조직들의 지원에 의존할 수 있고, 관료기구의 모든 지부와 모든 수준에서 가지고 있는 연줄을 이용한다. 더욱이, 사적 부문에 전일제로 고용된 사람들은 국가 부문 피고용인들이 많은 점에서 누리는 특권과 직업 안정성을 부러워한다.

투입과 관련한 경쟁을 언급했으니, 산출 측면을 살펴보기로 하자. 진정한 '판매자들 사이의 경쟁'이 식품업이나 음식제공업과 같은 일부 분야에서 대두하지만, 대체로 진입 장벽이 공적 소유 기업의 독점 혹은 적어도 지배적 지위를 보전해 준다. 만성적 부족이 넓은 영역에 걸쳐 남아 있고, 그래서 공적 소유권에 기반을 둔 생산자-판매자와 사적 소유권에 기반을 둔 생산자-판매자 모두는 구매자에 대한 판매자의 우위를 누린다. 이런 점에서 두 부문은 나란히 평화롭게 공존한다.

사적 기업가들은 자신들의 원자재, 반제품, 기계의 일부를 다른 사적 기업가들로부터 진정한 시장 조건하에서 획득한다. 그러나 그들은 공적 소유 기업들로부터만 나머지를 획득할 수 있는데, 이는 그들을 착취당하는 처지에 빠뜨린다. 종종 사적 기업가들은 자신들이 필요한 투입물을 획득하기 위해 판매기업의 임원들에게 뇌물을 준다.

반대의 관계가 나타나는 경우도 있다. 여기에서는 공적 소유 기업이 사적 기업의 생산품을 구매하는데, 이러한 일들은 다양한 행정적 금지와 제한에 의해 제약을 받는다. 공적 부문이 구매자로서 사적 부문에게 제공하는 방대하면서도 종종 이윤율이 높은 시장은 사적 부문에게는 대부분 거부되고 다른 공적 소유 기업을 위해 유보된다.

'공정한' 경쟁 조건이 충족되지 않았다는 결론이 궁극적으로 내려진다. 각 부문은 그러한 조건이 자신에게는 불리하고 경쟁 상대에게는 유리하다고 생각한다. 다른 요인들과 관련해서도 각 부문 모두 옳다.

10. 조정기제들 사이의 상호작용, 그리고 변화들에 대한 평가

시장사회주의와 계획-병행-시장을 둘러싼 관념들 중에서 중요한 요소는 관료적 조정과 시장 조정이 서로 잘 맞으면서 또 서로의 결함을 메워 주는 상보적 기제가 될 것이라는 희망이다(21장 1절 참조). 그러한 기대는 거의 실현되지 않았다. 이제 변화들을 간략하게 평가해 보겠다.

공적 부문의 부분적 규제철폐는 고전적이고 직접적인 관료적 통제의 극단적인 경직성을 완화하고, 이는 기업의 관리자들이 현행 조건들에 보다 더 유연하게 적응하도록 허용한다. 개선의 정도가 눈에 띌 만큼 대단하지는 않다고 하더라도, 여러 유익한 효과들이 나타난다. 많은 기업들의 경우에, 생산품의 질이 개선되고, 생산품의 범위가 확대되며, 또한 명령경제하에서 그랬던 사정과 비교하면 새로운 생산품이 더 자주 도입되고, 구매자들의 요구에 더 많은 관심이 주어진다. 이러한 변화들은 많은 영역에서 부족을 완화한다.[53]

아마도 경제적 성과와 관련한 성취보다도 더욱더 중요한 것은 사회정치적 효과들이다. 경제적 여건은 고전적 체제하에서보다는 시장사회주의 유형의 개혁하에서 더 인간적이다. 명령경제의 부분적인 또는

---

53) 유고슬라비아와 헝가리의 개혁 초기에 나타난 사정처럼, 부분적 규제철폐가 상대적으로 우호적인 거시경제적 환경하에서 진행된다면, 특히 긍정적 효과들은 곧잘 자체적으로 강화되기에 이른다. 거시경제적 사정에서 긴장이 존재하고 다른 환경들이 우호적이지 않으면, 명령경제의 부분적 제거 자체만으로는 사정을 개선하는 데 거의 기여하지 못한다. 이 문제는 나중에 다시 검토할 것이다(23장 참조).

전체적인 제거는 규율을 위반한 사람들에 대한 거친 명령과 가혹한 보복이라는 군대적 심성을 제거하는 데 도움이 된다.[54] 이제 관리인들은 더 이상 아주 사소한 실수가 사보타주로 받아들여져서 투옥과 강제노동, 사형의 처벌을 받게 될 것이라는 공포 속에서 살아가지 않는다. 이는 다른 분야에서의 억압이 눈에 띄게 완화되는 것에도 기여한다. 동료애, 우애, 도움이 되려는 이타적 자세, 다른 말로 하면 윤리적 조정이라는 표제 아래 열거될 메커니즘들과 같은 살아 있는 인간적 연결들이 갖는 경제적 관련성을 이제는 더 폭넓은 관점에서 볼 수 있다.

그러나 우호적 효과들은 기본적으로 부분적 규제철폐와 시장사회주의를 향한 움직임이 기대에 부응하지 못했다는 일반적 관찰결과를 덮을 수 없다. 어떤 개혁국가에서도 공적 부문은 고전적 체제하에서 자신에게 전형적이었던 문제들로부터 스스로 벗어나지 못한다. 초기의 성취들은 꾸준한 성과의 개선으로 이어지지 않았다. 그 대신에 퇴보와 정체가 뒤따랐다. 일단 기업의 의사결정 권한이 조금이라도 신장되어 가장 확실한 예비를 흡수하고 나면, 효율성의 증진은 체제의 제약과 충돌한다. 수많은 부족현상이 지속된다. 품질과 기술발전에서 획기적 약진이 지속되지 않았고, 그에 따라서 수출과 관련하여 심각한 어려움이 계속 대두되었다. 이러한 것들은 단지 가장 두드러진 문

54) 간접적 통제의 한 가지 형태는 다음과 같다. 장관은 기업 지도자에게 무엇을 하도록 명령하는 대신에 그것을 해주기를 정중하게 요청한다. 분명 기업 지도자는 장관에게 의존하고, 따라서 그는 정중한 요청을 마치 명령인 것처럼 통상 수행한다. 그렇다고 하더라도, 변화가 완전히 의미가 없다고 말할 수는 없다. "스타일이 곧 사람이다."(*Le style c'est l'homme*) 주종관계는 더 문명화된 형태를 띠고, 이는 부하의 인간적 자존감을 강화한다. 궁극적으로, 그것은 또한 부하가 그의 상관에게 더 쉽게 거절할 수 있도록 만든다.

제들일 뿐이다. 더구나, 시장사회주의 개혁의 양면성은 또한 새로운 긴장들도 낳는데, 이는 오래된 고전적인 거시적 긴장을 더욱 심화시키는 불균형들이다.[55] 이것은 나중에 더 자세하게 논의할 것이다(23장 참조).

공적 부문 개혁에 존재하는 양면성의 결과는 관료적 조정과 시장 조정의 결점들이 서로를 교정하기는커녕 서로를 강화하는 경향을 갖는다는 것이다. 공적 부문은 이것도 저것도 아닌 상황에 놓이면서 실패하고 만다. 조정이라는 이름에서 볼 때, 일어난 것은 '계획도 아니고 시장도 아니었다'.[56]

규율 없는 조정은 있을 수 없다. 고전적 체제하에서는 엄격한 규율이 강요되었다. 고전적 체제는 명령을 내렸고, 복종에 대해서는 포상을 하였고, 규율을 어기는 사람에게는 대가를 지불하도록 하였다. 어느 누구도 계획의 지시로부터 자유롭게 벗어나거나, 우선투자 조처와 관련하여 공식적으로 발표된 최종기한을 넘기거나, 또는 임금기금이나 정해진 임금률을 초과할 수 없었다. 이제 그러한 규율은 폐지되었다. 지시가 내려지지만, 그것을 따르지 않는다고 해서 (혹은 더 통상적으로는 그것들을 느슨하고 늦게 수행한다고 해서) 큰 위험이 있지는 않다. 중앙은 자신의 의지를 더 이상 강요할 수 없다.

---

55) 아마도 거시적 불균형의 영향 때문에, 시장사회주의 유형의 개혁이 생산의 효율성을 개선하기보다는 훼손하는 경향이 있다는 여러 징표가 있다. 화이트셀의 연구(R. S. Whitesell, 1989~1990)는 헝가리와 서독 산업의 효율성을 비교하기 위해 생산함수에 근거한 계량경제학적 분석을 사용하는데, 그 연구는 헝가리의 상대적 열위가 개혁의 결과로 더 심해졌다는 결론을 내린다.

56) 이 간결한 서술은 바우어(T. Bauer, 1983)가 한 것이다.

사적 소유에 기반을 둔 시장도 마찬가지로 규율을 부과한다. 경쟁은 무자비하다. 구매자 시장에서 경쟁에 진 판매자는 퇴출을 강요받는다. 때때로 실패는 비극적이다. 때때로 실패는 몇 가지 구제조치에 의해 고통이 완화되지만, 여전히 실질적인 실패이다. 은행들은 대출금을 상환하라고 요구하고, 필요하다면 집의 저당과 관련된 이자를 갚을 수 없는 파산한 채무자의 쉴 집을 팔아 버린다. 고용주들은 피고용자들에게 근로규율과 임금규율을 부과한다. 사적 소유에 기반을 둔 시장의 이러한 엄격한 작동은 규제철폐가 절반만 이루어진 공적 부문에서는 있을 수 없다.

여기에서 대중이 개혁과정 동안 경제와 관련하여 갖는 도덕심에 대해 간단하게 언급할 필요가 있다. 시장이 진정으로 잘 돌아가기 위해서는 물질적 인센티브와 법적 강제 이외의 추가적인 무엇인가가 사업파트너들이 공정한 계약을 하고 그것을 준수하도록 설득할 수 있어야만 한다. 사업상의 정직도 역시 요구되는데, 따라서 '선의'와 신뢰, 평판의 상실은 심각한 손실로 간주된다. 윤리적 조정이라고 앞에서 분류된 메커니즘이 작동할 필요가 많다(6장 6절 참조). 그렇지 않을 경우에 법률가, 법원, 벌금징수 등에 너무나 많은 비용이 들어가야만 한다. 개혁경제에서 꼼꼼한 사업상의 정직은 일반적 규범으로 적용되지 못한다. 그것은 종종 공적 부문과 사적 부문 모두에서 위반된다.

규제철폐가 절반만 이루어진 공적 부문은 사적 소유, 시장, 경쟁 등과 연관된 근면과 검약을 존중하고 있다는 징후를 거의 보이지 않는다. 공적 부문이 표출하는 것은 저급한 영리주의 정신이다. 이것은 사회 전체에 스며든다. 국유기업들과 사적 기업가들이 관료기구에 속한 공무원들과 맺는 개인적 연줄을 생산과 관련해서 활용하고, 개인들은 자기 자신의 사사로운 일과 관련해서 그러한 연줄을 활용한다. 그리고 뇌물 수수도 종종 시도한다.[57] 부족에 시달리는 구매자들은 기업이든, 자영기술공이든, 소비자이든 차이가 없이 동일한 행동을 한다. 국가의 부는 대중의 눈으로 볼 때 아무런 가치가 없다. 사람들은 국가의 부가 세금이나 납세시민들의 희생으로부터 만들어졌다고, 혹은 국가의 부를 다루는 이들이 그에 대해 책임이 있다고 느끼지 않는다. 대다수 대중은 국가로부터 갈취하거나 훔치는 것을 비난하지 않는다.

앞에서 서술한 현상은 중국 경제에서 두드러지게 나타난다. 중국 경제에서는 계획의 지령들과 기업들의 자유로운 의사결정에 기반을 둔 이중체제(21장 4절 참조)가 조작을 거의 부추긴다. 계획지령에 따르는 통제 체제하의 관례적 흥정과정에서(7장 5절 참조), 기업은 가능하다면 의무 산출 임무를 최소로, 투입 할당을 최대로 만들려고 노력할 것이다. 이러한 일은 이중체제에서도 계속되는데, 그 체제는 기업이 낮은 국정가격으로 자신에게 할당된 자재나 기계를 사용하는 대신에 그것을 다른 국유기업이나 사적 부문에 시장가격으로 판매할 수도 있다는 추가적 특징을 가진다. 수천 개의 국유기업은 자신들의 연줄을 통해 싼값의 국가할당분을 획득하고 그것을 높은 가격으로 재판매하는 일에만 거의 전념하는 방향으로 발전한다.[58] 이러한 종류의 기업은 명목상으로 공적 소유로 되어 있다. 그러나 사실상 그런 기업은 거의 관리자의 사적 재산이 되고, 그는 이윤의 대부분을 자기 호주머

---

57) 사회주의에서의 부패에 대한 이론적 연구는 P. Galasi and G. Kertesi(1987, 1989)를 참조하라.

58) 이중체제에 대한 비판에 관해서는 J. Wu and R. Zhao(1987)의 연구를 보라.

니로 가져간다.[59] 그것은 관료기구와 사적 부문의 상호침투가 이루어지는 출발점이며, 합법적인 합작투자의 형태로만 이루어지는 것이 아니라 사적 계약을 통해 이루어진다. 당과 국가의 고위 공무원들이나 기업 관리자의 하수인들이 사적 기업들을 설립하고, 그들은 '뒷문'을 잘 아는 자신들의 능력을 십분 활용한다.[60] 이것은 자본주의 사회에서도 결코 이상한 것이 아니겠지만, 사회주의의 반자본주의적 전통과는 첨예하게 충돌하고, 개혁사회주의 국가들의 공식 이데올로기와도 일치하기 어렵다.

이 모든 것은 고소득 현상의 등장과 연결되어 있다. 일부 고소득은 진정한 시장에서의 성공에서 생겨나지만, 다른 고소득은 뇌물 수수, 국가 사취 혹은 소비자 기만 등 떳떳하지 못한 원천들로부터 나온다. 일반인은 설득력 있는 경제적 분석이나 경찰 수사를 하지 못한다. 그의 마음은 혼란스럽다. 그는 자신이 개혁과 사적 부문, 또는 관료기구에 정말 분노하고 있는지에 대해 확신조차 하지 못한다. 그는 진정한 공로가 벌어들인 높은 소득을 권력의 특권으로부터 벌어들인 높은 소득과 명확하게 구분하지 않고, 시장이윤을 부패에 의한 부정이득과 명확하게 구분하지도 않는다. '투기꾼들'과 '부패'에 대한 증오는 갑자기 터져 나온다.[61] 그것은 중국의 1989년 학생시위의 분위기에 영향

---

59) 중국공산당 중앙위원회 일간지의 기사를 인용할 가치가 있다. "이러한 기업들은 행정력과 경제력을 모두 가지고 있다. 그들은 정부 기능과 경제활동 기능을 하나의 기관에 결합해서 가지고 있다. 그들은 중간상인에 의한 착취의 근원, 이윤을 위한 재판매(*resale for profit's sake*)의 근원이다. 그들은 과도한 이윤을 남기고 있다."(〈인민일보〉 해외판, 1989. 3. 7.)

60) 핸키스(E. Hankiss, 1989)는 이런 상호침투를 개혁체제에서의 '대연합'(*grand coalition*)이라는 용어로 정의했다.

을 미친 하나의 요인이다. 중간에서 옴짝달싹하지 못한 채, 개혁과정은 상당수 일반대중과 유리되면서 자신의 무덤을 판다.

시장사회주의와 계획-병행-시장의 관념들로부터 도출된 개혁 프로그램들이 실제로 어떻게 적용되었는가에 대한 검토는 이것으로써 완결되었다. 이러한 관념들의 한정된 경제적 논리는 어느 정도 설득력이 있다. 자율적인 공적 소유 기업들과 완벽하게 객관적이고 사심 없는 중앙부처가 마치 둘이 함께 시장을 구성하는 것처럼 행동하는 체제는 상상이 가능하다. 문제는 그 이론의 이면에 놓인 암묵적인 사회학적이고 정치학적인 가정들이 비현실적이라는 것이다. 사회주의 체제의 실제 구조, 초기 이데올로기의 잔재들, 재산관계 등에 직면할 때, 시장사회주의 관념을 실행하려는 시도들은 성공할 운이 없고 또한 강건한 사회경제체제를 수립할 수도 없다.

그렇지만 이러한 관념과 그것들을 실행하려는 시도는 어느 정도 유익한 영향력을 발휘하는데, 이는 단지 이 절 서두에서 언급한 경제적이고 정치적인 영향을 통해서만은 아니다. 그것들은 사회 전반에 대해, 그리고 계몽적 성향을 지닌 사회 지도층에 대해 특별히, 발효 효과를 갖는다.[62] 그것들은 명령경제, 전능한 중앙집권화, 경제적 과

---

61) 이따금 스탈린주의 세력, 영리주의와 시장을 거부하는 신좌파, 민중주의적 인민낭만파, 평등주의 관념을 고수하는 보수적인 노조 간부 사이에 연합이 형성된다. 예컨대 1972~1973년 헝가리에서 최초의 반개혁물결이 일어났을 때 결성된 동맹이 이와 같은 것이다.

62) 〈그림 15-1〉의 도식에 따르면, 시장사회주의 개혁은 블록 3(조정)과 블록 4(행태)에서, 비록 일관되게 급진적이지는 않지만, 본질적인 변화를 주로 만들어 낸다. 동시에 그것은 블록 1, 정치권력의 구조와 이데올로기에 대해 되먹임 효과를 가진다.

정에 대한 최상의 통제형태로서의 완전포괄적인 계획 등에 대한 맹목적 신념을 뒤흔든다. 이는 서로 간에 자생적이고 자발적으로 관계가 형성되는 자율적인 경제 단위를 가지고 싶다는 욕망을 일깨우고, 과거 교리가 파괴한 신망을 시장과 자유기업에게 다시 돌려주기 시작한다. 시장이 공적 부문에 필요하다는 관념을 일단 받아들이면, 사람들은 더 적은 선입견과 더 많은 호감을 가지고 사적 기업을 바라본다. 이 모든 변화들은 사회 속에서 더 깊고 더 급진적인 운동들을 위한 이데올로기적 기반을 마련한다.

11. 미리 보기: 탈사회주의 체제하의 국가 부문

탈사회주의적 이행의 시작 지점은 공적 소유 부문의 지배적 역할이다. 혁명 이전에, 이 부문에 대한 고전적인 통제형태들이 예를 들면 체코슬로바키아나 동독에서 존재했고, 헝가리나 폴란드와 같은 다른 국가에서는 시장사회주의 관념에 따라서 형태들이 진화했다. 이제 무엇을 해야 하는가?

한 가지 질문은 이것이다. 공적 부문은 미래에 어느 정도의 비율을 차지해야 하는가? 확실히 이 질문은 19장 7절에서 다룬 질문의 다른 보충적 측면이다. 공적 재산의 사유화와 사적 부문의 발전은 일반적으로 어떤 속도로 이루어져야 하는가? 시장사회주의는 기대만큼 지속하지 못했다. 이는 사회의 변환을 이끄는 힘들이 사유화 과정을 가능한 한 신속하게 진행하도록 만드는 또 다른 유인이다.

공적 부문의 비율이 70~95%인 상태에서 사유화 과정이 시작될 때에는 어디에서 그 과정을 멈출 것인가를 검토하는 것이 아직 너무 이르다. 당연하게도, 사적 소유에 기반을 둔 시장경제의 어떤 영역들을 편의상 공적 소유로 남겨 둘 것인가를 논의하는 것은 가치가 있지만, 그에 대한 검토는 이 책의 범위를 넘어선다.

사유화가 빠른 속도로 진행된다고 하더라도 공적 부문의 비율이 상당한 상태로, 또한 이행의 완결 지점에서 공적 부문이 언젠가는 안정화될 비율보다도 훨씬 큰 상태로 아직 남아 있는 시기는 분명히 있을 것이다. 그렇다면 다른 질문이 제기된다. 국가는 국가 부문의 운영에 대해 어떠한 형태의 통제를 사용해야 하는가? 답변을 할 때에는 시장사회주의의 관념으로부터 나온 통제 형태들에 대한 경험을 거듭해서 생각해 볼 필요가 있다.

최근 동유럽에서는 하나의 흥미로운 현상이, 일종의 시장사회주의 르네상스가 일어나고 있다. 그 첫 번째 물결은 사회주의 체제의 개혁을 열망하는 공산주의자들 사이에서 나타났다. 그러나 현재 진행되는 두 번째 물결은 동유럽 비공산주의자들 일부의 관념에, 분명하게는 공개적으로 반공산주의적인 정치가들과 경제학자들의 관념에 영향을 미쳤다. 한때는 반대파였지만 지금은 국가관직과 정당 내에서 혹은 자문가로서 영향을 미치고 있는 경제정책 입안자들과 경제학자들 사이에서, 그리고 똑같이 서구의 관찰자들과 자문가들 사이에서 갑자기 나타난 관념은 다음과 같다. 과거 당-국가는 국유기업들 내에서 진정한 시장행위를 유도할 수 없었다. 새로운 민주적 체제는 그것이 실제로 이루어질 수 있다는 것을 보여 주어야 한다. 이러한 기대는 실제로 확증되거나 또는 부인될 것이다. 나는 그것의 현실성에 대한 의구심을 표현하지 않을 수 없다. 국유기업 관리자들의 태도는 국가 부문이 경제에서 큰 비중을 차지하는 동안에는 여전히 애매할 것이라고 나는 확신한다. 이것이 변하기 전까지는 그들은 여전히 반은 사업가이고 반은 관료로 남아 있을 것이고, 이러한 기업들(과 그것들의 관리) 이 누리는 안전하고 특권적인 지위를 방어하기 위해 자신들이 가진 관료기구와의 연줄을 여전히 사용할 것이다. 남아 있는 국유기업의 관리자들은 사적 부문이 점차 위협적인 경쟁자로 발전함에 따라 더욱더 진정한 사업가처럼 행동할 것이다. 궁극적으로, 시장기제를 위한 진정한 사회적 토양인 사적 부문이 경제에서 지배적 사회부문으로 발전할 때에, 그리고 오직 그때에만, 시장 조정은 경제를 지배하게 될 것이다.

제 22 장 가격개혁

고전적 체제로부터 벗어나는 진행과정에서 나타나는 주요 경향들 중 하나는 가격체계의 변경이다. 이것은 앞서 논의한 두 경향(사적 부문의 부활과 시장사회주의 방향으로의 국가 부문에 대한 통제의 개혁)에 밀접하게 관련된다. 따라서 이러한 관점에서 이 장은 19장과 21장에서 서술한 내용에 밀접하게 연결된다.[1)]

저자들은 보통 '가격개혁'이라는 표현을 복합적으로 구성된 일련의 변화를 의미하는 것으로 사용한다. 따라서 이 장에서 검토될 현상은 그것을 구성하는 요소들로 분해될 필요가 있다. 주요 요인들은 다음과 같이 구분될 수 있다.

---

1) 20장에서 논의한 자주관리와 가격개혁 사이의 관계에 대해서는 여기에서 별도로 다룰 수 없었다. 이는 이 장에서 여러 차례 다루는 시장사회주의와 가격개혁 사이의 관계와 어떤 식으로든 부분적으로 겹친다.

1. 가격결정 방법. 관료는 어느 정도까지 가격에 대한 통제를 유지하며, 어느 정도까지 시장기구에 가격결정 기능을 넘기는가? 이 영역에서는 구분해야 할 두 가지 문제가 있다. 하나는 생산물 가격을 결정하는 방법이고, 다른 하나는 요소가격을 결정하는 방법이다(22장 1, 2절 참조).

2. 국가 가격결정 원리. 가격을 국가가 여전히 결정하는 영역에서는 어떤 경제 원리들이 가격결정에 사용되는가? 이러한 원리들의 영향이 개혁과정에서 어느 정도까지 변화하는가? (22장 3절 참조)

3. 세금 및 보조금 체계의 변경. 이것은 가격과 어떤 관계를 맺는가? (22장 3절 참조)

일단 이러한 가격개혁의 요인들을 개별적으로 검토하고, 최종적으로 부분적 과정들에 공통되는 몇 가지 전반적인 문제들을 언급한다(22장 4절 참조).

이 장에서 분석하는 가격개혁은 조정기제(〈표 15-1〉 블록 3)와 경제참가자들의 행동(블록 4)을 변화시킨다. 가격개혁은 급진적 변화를 일으키지는 않지만, 개혁과정의 일부라고 할 만큼 충분히 중요하다.

1. 생산물 가격의 결정

가격이 결정되는 방법에 따라 세 가지 유형의 가격을 행정/국정(*administrative*) 가격, 준행정/준국정(*pseudoadministrative*) 가격, 시장가격으로 앞에서 구분했다(8장 6, 8절 참조). 개혁과정은 각 가격유형이 생산품 가격의 결정에 적용되는 영역들 사이의 비율에서 실질적 변동을 가져온다.[2)]

행정가격이 적용되는 영역은 줄어든다. 준행정가격의 영역은 넓어진다. 행정가격을 뒷받침하는 강제력은 덜 강력하고, 당국이 정식으로 설정한 실질 가격 수준에 대한 생산자-판매자의 영향은 범위가 증대한다. 계산규칙들이 설정된 가격들은 준행정가격으로 분류될 수도 있지만, 생산자들은 그러한 규칙들을 큰 어려움 없이 왜곡할 수 있기 때문에 가격들을 자신들에게 유리하게 계산할 수 있다.[3)] 그리고 더

---

2) 헝가리의 가격결정에 대해선 B. Csikós-Nagy(1985)와 W. Swaan(1990)을 보라. 소련에서의 광범위한 논쟁에 대해선 O. Bogomolov(1987), A. Komin(1988), V. Pavlov(1987), N. I. Petrakov(1987a, 1987b), N. P. Shmelev(1988a, 1988b) 등의 저작이 있다. 이 논쟁에서는 가격개혁의 필요성, 인플레이션의 위험, 변화의 사회적 결과 등이 모두 주목받았다. 소련의 가격 문제에 대한 서구의 분석으로는 M. Bornstein(1987), E. A. Hewett(1988)를 보라.
   중국에서의 광범위한 논쟁에 대해선 G. Liu(1986, 1989)의 저서들을 언급할 수 있다. 중국의 논쟁에 대한 개관으로는 J. S. Prybyla(1990, 11장과 12장)를 보라.

3) 헝가리에서는 연간 수십만 개의 가격이 설정되고 있었다. 예를 들면, 1985년에 14,311건이 조사되었다. 이 중 단지 24건의 경우에만 기업에 큰 벌금이 부과되었다(L. Hübner, *Figyelö*, 1986. 8. 14, p. 5). 덧붙여 말해야 할 것이 있다. 기업에 대한 벌금 부과는 그러한 가격 조작에 관여한 관리자들의 개인적인 금전적 이해관계에 거의 영향을 미치지 못한다.

광범위한 가격들이 자유화되었다고 공개적으로 천명된다. 비록 이러한 경향들이 일반적이지만, 그 경향들이 어디까지 진행되는지 또 어떤 요인들이 그런 변화를 설명하는지와 관련해서는 국가(와 시기)에 따라서 분명한 차이가 존재한다.

하나의 설명 요인은 사적 부문이 국민경제의 생산과 거래에서 차지하는 몫의 증가이다. 사적 기업의 자연스러운 바람은 자신의 가격이 구매자와 판매자 사이의 자발적 계약에 따라 결정되는 것이다. 공식 사적 부문과 비공식 사적 부문의 비중이 더욱 증가할수록, 시장가격이 적용되는 영역은 더욱 넓어진다.

변화의 다른 부분은 중앙집권적 경제지도부의 규제철폐 노력과 연결되어 있다. 유고슬라비아가 이 점에서 가장 멀리 나아갔다. 생산품과 서비스 가격 중 대부분은 개혁과정의 매우 이른 국면에서 자유화되었고, 행정가격이 적용되는 영역은 아주 축소된 상태로 남았다.

헝가리에서도 행정가격의 영역이 꾸준히 축소되고 있었지만, 개혁사회주의 시기의 마지막 해였던 1989년에도 국가 부문의 생산품과 서비스 중 가격이 행정적으로 설정되어 있던 부분의 비율은 여전히 높았다. 엄격한 가격통제가 이루어지던 이러한 영역에는 기초 원자재, 생산품과 소비자용 서비스, 대중소비용 품목 등이 포함되어 있었고, 따라서 행정가격 설정은 다른 재화와 서비스의 생산비용에, 가계 생활비에, 나아가 임금 등에 광범위한 영향을 미쳤다.

중국에서는 생산을 규제하는 이중체제가 도입되었다(21장 4절 참조). 이러한 이중체제는 가격결정에서 다음과 같이 실행되었다. 의무화된 산출과 할당된 투입에 대해서는 행정가격이 설정되지만, 그에 반해 자유로운 투입과 산출 총량의 가격은 판매자와 생산자 사이의 자유로운 합의에 의해, 즉 시장 원리에 따라 나타난다. 이는 대부분의 생산품에 대해 낮은 행정가격과 높은 시장가격이라는 이중가격체계를 만들어 냈다. 생산기업은 단지 생산자가 아니라, 할당된 싼 투입물을 시장가격으로 다른 생산기업들에 판매하는 독특한 종류의 중개자로 활동하는 방식을 찾으려고 할 수도 있다. 하지만 투입물을 구매하는 기업들은 자유롭게 판매할 수 있는 산출물들을 위해 그러한 투입물들을 사는 것이 자신들에게 가치가 있다는 사실을 여전히 발견할 것이다. 관료적 조정과 시장 조정을 넘나드는 혼합적 형태가 발견된다. 할당된 투입물의 가격에는 보조금 덕분에 초과이윤(*rent*)이 감추어져 있는데, 중개기업은 그것을 혼자서 챙기거나 아마도 구매자와 나눠 가질 것이다.[4)]

유고슬라비아, 헝가리, 중국이 각각 실시한 가격결정 방식은 세 가지 전형적 상태를 보여 주며, 이들 방식의 다양한 결합들이 다른 개혁국가들에서 적용되고 있다.

국가의 가격 담당기관들이 사적 부문의 가격 추세에 대해 보이는 태도는 특별히 주목해야만 한다. 가격 담당기관들은 사적 부문의 가격에 대한 규제철폐를 수용하며, 그 정도는 국가와 시기에 따라 차이가 난다. 영향력을 행사하고자 하는 경우, 가격 담당기관들은 가격을 산출하는 방법을 지시하거나 '공정한 이윤'의 폭을 설정하는 데 만족한다. 일부 다른 경우, 가격 담당기관들은 공식적이고 의무적인 가격들

4) 일부 중국 및 외국 전문가들은 이중체제하에서 자유가격 영역이 시장기제의 규제영역에 대한 영향을 증가시킬 것으로 예상했다. 그러나 위의 서술에 따른다면, 이는 심각하게 왜곡된 형태로 일어날 뿐이다. 많은 측면에서, 결과적으로 나타난 이중성은 관료기구와 시장의 결점들을 합친 것이다.

을 설정하려고 시도한다. 이러한 가격이 준행정가격 또는 진정한 행정가격으로 전환될 것인지 여부는 국가기관들이 행사하는 강제의 일관성에 달려 있다. 국가기관들이 진정한 행정가격을 더 강력하게 추구할수록, 가격감독관들은 더 많이 필요하고 공식적인 가격규제를 우롱하는 행동에 부과되는 처벌은 더 단호해진다. 물론 이러한 일이 실행될 수는 있지만, 실행에 대한 반응은 규정된 가격을 준수할 가능성이 증가하는 것으로만 나타나지는 않는다. 많은 사적 기업들은 간섭이 지긋지긋하다고 생각하고, 자신들의 사업증을 반납할 수도 있다. 그들은 불법행위 속으로 숨어 버리거나, 경제활동을 그만둔다. 분명히 행정적 가격결정은 사적 재산형태의 본성에 정반대되기에, 사적 부문의 총거래액 중 얼마 안 되는 비율만이 행정적인 가격결정에 지속적이고 효과적으로 따른다.[5)]

중국의 이중가격과 모든 개혁경제에서 나타나는 사적 부문에 대한 가격 담당기관들의 개입은 보다 일반적인 문제, 즉 개혁경제에서 적용되는 병행가격체계의 적절한 예이다.[6)] 이러한 현상은 고전적 체제하에서 징후가 나타났지만, 개혁체제하에서는 진정으로 만연했다.

---

5) 가격결정은 사적 부문에 대한 관료의 태도가 지니는 전형적인 모호성을 보여주는 좋은 일반적 사례이다(19장 5절 참조). 관료는 사적 부문이 필요하지만 사적 기업가들이 자유시장에서 자체적으로 가격을 정하고 높은 수입을 얻는 것을 바라보고 있을 수는 없다. 관료는 사적 기업가들이 자신들의 수입을 '안 보이도록' 만들거나 생산에서 모두 철수하여 모습을 감추는 것을 오히려 선호할 것이다.

6) 병행시장의 작동과 효과를 분석하는 수학 모형에 대해서는 M. Alexeev(1987, 1990), W. W. Charemza, M. Gronicki, and R. E. Quandt(1989), R. Ericson(1983), B. G. Katz and J. Owen(1984), J. Kornai and J. W. Weibull(1978) 등을 보라.

물론 엄격한 표준가격이 없는 특정 생산품과 관련해서는 체제특수적인 것이 전혀 존재하지 않는다. 가격은 완전경쟁 조건이 유지될 때에만 균일할 수 있으며, 불완전경쟁하에서는 가격결정자 기업들이 요구하는 가격들이 큰 차이를 보인다. 그렇지만 여기에서 서술한 현상은 그러한 불가피한 가격분산과 관계없다. 이 현상은 공존하는 관료적 가격통제와 시장적 가격통제의 다양한 혼합 형태 중 한 경우이다. 예를 들면, 집주인과 임대인이 국가의 간섭을 받지 않고 자유로운 계약에 이르는 것을 국가규정이 허락한다면, 특정한 크기와 품질의 아파트는 진정한 의미의 '합법적 시장' 임대료를 가질 수도 있다. 그와 달리, 국가배급의 주택을 관장하는 당국기관들이 임의적으로 설정하는, 명백하게 행정적이지만 또한 거의 '합법적'이라고 할 임대료도 존재한다. 전형적으로 그러한 임대료는 거액의 보조금을 포함하며, 수요를 공급에 맞추도록 하는 시장 임대료보다는 훨씬 낮다. 그 이외에도 임대계약 이면에 숨어 있는 위법성의 정도에 따라 '비합법적 시장' 임대료와 '불법적 시장' 임대료에 이르는 다양한 임대료들도 존재할 수 있다. 예를 들어, 어떤 사람이 국가아파트로 이사할 때 실질적인 임대권 이전에 대한 대가로 이사를 나가는 사람에게 '권리금'을 지불하는데, 이때 주택 관리소는 적절한 배급절차를 통해 실질 임대권을 확인해 준다. 주택관리 공무원은 아마도 뇌물을 요구할 것이다. 그럴 경우에 뇌물의 총액은 임대비용으로 계상되어야만 한다.

관료기구를 밀어내고 시장 조정을 확장하는 중요한 조치는 병행가격체계를 적용할 영역을 설정하고, 가격 수준의 차이를 설정하는 것이다. 이러한 격차의 전형적 사례는 〈표 22-1〉과 〈표 22-2〉에 제시되어 있다.

병행가격체계의 높은 가격으로부터 이윤을 획득하는 사람들에 대해 종종 분노가 표출된다. 이러한 화는 심리적으로는 이해할 수 있지만, 경제적으로는 옹호할 수 없다. 시장가격을 윤리적 기초 위에서 판단할 수는 없다. 높은 합법적, 비합법적, 불법적 시장가격은 공급이 수요를 충족시키지 못한다는 것을 근본적으로 의미한다. 더욱이, 위험

〈표 22-1〉 소련의 식료품 행정가격과 시장가격

품목	행정가격 대비 시장가격 비율(%)	
	1980	1987
감자	360	345
과일	238	230
고기	239	259
낙농제품	323	410

출처: 소련의 통계보고서에 기초하여 P. Mihályi가 이 책을 위해 편집하였다.

〈표 22-2〉 폴란드의 자동차 행정가격과 시장가격

연도	행정가격 대비 시장가격 비율(%)		
	폴란드 피아트 126	폴란드 피아트 125	폴라네즈
1980	190	190	180
1981	210	190	170
1982	220	160	150
1983	230	200	180
1984	200	150	140
1985	190	140	140
1986	250	170	180
1987	300	210	280
1988	350	340	470

참조: 검토된 시기에 폴란드에는 신차를 위한 자유시장이 없었다. 중앙배급의 범위를 벗어나서 팔리는 자동차 가격은 이른바 자동차 교환이라 불리는 곳에서 이루어지는 경매를 통해 정해졌다.

출처: Z. Kapitány (1989b), 인터뷰, 폴란드의 통계자료 등에 기초하여 Z. Kapitány가 이 책을 위해서 편집하였다.

에 대한 프리미엄이 높은 가격을 구성하는 요소인데, 이러한 프리미엄은 위법성의 정도와 처벌의 가능성에 달려 있다. 가격은 도덕적 비난에 의해서가 아니라 더 많은 공급에 의해서만 하락할 것이며, 공급 확장에 필요한 조건 중 하나는 자유기업과 자유로운 생산진입의 합법화이다.

2. 생산요소가격의 결정

생산요소들(줄여서 요소들)의 가격이 결정되는 방식에서도 변화가 일어난다. 요소가격은 이자율, 토지와 여타 자연자원의 가격, 환율, 임금 등을 포함한다.

모든 개혁국가의 경제부처는 요소가격을 규제철폐의 경향에서 제외하고 요소가격 책정에 대한 엄격한 통제를 유지하려 한다. 이러한 노력은 성공하여, 관심 받는 요소의 배분이 관료적 조정의 영향하에 남아 있기까지 한다. 또한 합법적, 비합법적, 불법적 시장이 병행하여 존재하는 곳에서는 어디서나 중앙통제를 벗어나는 요소가격이 반드시 나타난다.

1. 이자. 신용공급의 대부분은 국가 소유의 금융제도를 통해 배분되며, 거기에서는 중앙집권적으로 결정된 이자율이 부과된다. 실질이자율의 변동은 폴란드의 예를 통해 〈표 22-3〉에서 제시된다. 심각한 자본부족에도 실질이자율은 극히 낮거나 심지어 마이너스이다. 이 현상은 나중에 검토한다(23장 4절 참조). 여기에서 꼭 언급해 두어야 할

〈표 22-3〉 폴란드의 실질이자율 변화

연도	물가상승률	이자율	
		명목	실질
1982	104.5	29.2	-75.3
1983	21.4	8.2	-13.2
1984	14.8	8.4	-6.4
1985	15.0	7.8	-7.2
1986	17.5	8.2	-9.3
1987	25.3	8.7	-16.6
1988	61.0	22.5	-38.5
1989	244.1	160.0[a]	-50.0 ~ -60.0[b]

주석: a) 1989년 12월 통계.
b) 연평균 실질이자율 추정치.
출처: 1982~1988년 통계는 G. W. Kolodko (1989, p. 16),
1989년 통계는 G. W. Kolodko와의 개인적 교신.

것이 있는데, 이 현상은 시장 조정이 개혁경제에서 지배적이 되지 않았다는 것을 보여 주기에 그 자체만으로도 거의 충분한 증거이다. 실질이자율이 장기간 마이너스라면, 이는 투자의 배분을 통제할 수 없으며, 또한 현재와 미래의 수입과 지출을 비교하여 이루어지는 모든 의사결정과 관련하여 의사결정자에게 잘못된 정보를 준다. 마이너스 실질이자율은 그 자체로 전체 가격체계에 심각한 왜곡을 야기할 정도로 큰 파급효과가 있다.

사적 부문 내에서의 신용거래는 드문 일이 아니다. 그러한 신용거래의 대부분에 부과되는 이자율은 실제로 공식 이자율보다 훨씬 높다. 그렇지만 개혁 국면에서는 사적으로 소유된 금융제도의 징후가 여전히 전혀 없다. 사적 신용시장이 존재한다고 하더라도, 그것은 '비합법적'이거나 '불법적'이다. 사적 대출은 대부분의 국가에서 법에 위배된다. 돈을 빌려 주는 사람은 법적 강제성을 갖는 계약에 의지할 수 없다. 따라서 여기에서도 병행가격체계가 작동한다. 그래도 사적 신용시장의 크기는 국가 소유 금융 부문이 행하는 신용거래의 총량과 비교하여 사소하다.

2. 임금. 병행임금체계가 발전한다.[7] 공적 부문보다 사적 부문에서 훨씬 더 많이 벌 수 있는 기회가 존재한다. 공식적인 혹은 심지어 비공식적인 사적 부문에서 유급 피고용인 없이 독립적으로 일하는 사람들의 수입은 여기에서 고려하지 않는다. 유급 피고용인들만이 분석에 포함된다. 역시 그들의 임금은 비슷한 직업에 대해 공적 소유 기업으로부터 받을 임금보다 보통 훨씬 높다. 이것은 몇 가지 요인에 따른 것이다.

- 사적 고용주들은 할 수 있는 한 납세의 의무를 피하려고 하는 데 반해, 공적 소유 기업은 하고 싶어도 엄격하게 통제되기 때문에 그렇게 할 수 없을 것이다. 절약된 세금 부분은 높은 임금을 지불하는 데 사용할 수 있다.
- 노동 강도는 사적 조업에서 더 높다. 피고용인들은 일을 할 때 더 근면하고 규율을 더 잘 지킨다. 이는 일부는 그들이 더 많이 벌기 때문이기도 하고, 또 일부는 더 엄격하게 감독을 받기 때문이기도 하다. 더욱이 행정비용과 여타 간접비용이 훨씬 낮아서, 가격은 심지어 국정가격과 비슷하더라도 사적 기업가들의 이윤뿐만 아니라 더 높은 임금을 충분히 감당할 것이다.

---

7) R. I. Gábor and G. Kővári (1990) 참조.

- 많은 경우 사적 부문은 공적 소유 기업보다 높은 가격을 책정할 수 있으며, 이를 더 높은 임금을 지불하는 데 쓸 수 있다.
- 사적 기업가들은 국가가 부과하는 임금제한에 얽매이지 않는다. 또는, 자신들이 임금을 확대하려고 한다면 행정제재를 쉽게 피할 수 있다. 일반적으로 노동시장기제의 영향은 임금책정에 적용된다. 양질의 신뢰할 만한 노동이 부족하기 때문에, 사적 고용주는 피고용인들을 끌어올 만한 임금을 기꺼이 지불하려고 한다. 피고용인들은 공적 부문의 직장을 포기하거나, 또는 직장을 유지하면서 근무 외 시간에 사적 부문에서 일할 수도 있다.[8)]

한편, 고전적 체제와 관련하여 이전에 서술한 모든 것이(10장 5절 참조) 공적 부문의 노동시장에 여전히 적용된다.[9)] 관료적 조정과 시장 조정은 자신들의 영향력이 동시에 작동하도록 만든다.[10)] 상급기구들은 다양한 방식으로 임금을 통제하려고 시도하고, 임금을 상승시키는 경향들을 기꺼이 막으려고 할 것이다. 하지만 그들은 시장의 영향을 완전히 막을 수 없다. 임금에 미치는 노동시장의 영향력은 고전적

---

8) 후자의 경우, 노동자들은 자신들의 노동력을 어떻게 나눌 것인가 라는 특별한 문제에 직면하다. 종종 그들은, 어쨌든 공적 소유 기업에서 더 적은 보수를 받으리라는 것을 감안하면서, 그곳에서 해야 할 자신들의 노력을 아끼려고 할 것이다. 사적 부문이 임금을 더 많이 지불하기 때문에, 그리고 사적 부문의 소득이 노력을 한 정도와 더 밀접하게 연결되기 때문에, 사적 부문으로 분류할 수 있는 과외 노동에 훨씬 많은 노력이 기울여진다.

9) 이 분석은 국유기업과 준국유기업에 대해서만 관련 있다. 자주경영기업의 특별한 문제는 여기에서 논의하지 않는다(20장 3절 참조).

10) 이 주제에 대해서는 K. Fazekas and J. Köllö(1990)를 보라.

체제에 비해 증가했는데, 여기에서는 보통 두 가지 요인이 작용했다. 하나의 요인은 이미 언급되었다. 사적 부문이 확대되는 경향이 있는 곳에서는 노동에 대한 사적 부문의 수요 증가가 국유기업과 협동조합의 임금상승을 역시 압박한다. 다른 요인은 시장사회주의 목표들과 일치하는 규제철폐의 경향이며, 그에 따라 고전적 체제의 임금관리 규정 중 한두 가지를 폐지하려는 시도들이 이루어진다.

그러나 시장의 영향력이, 특히 산업과 직종, 지역의 차이에 따라 지급되는 상대적 임금에 대한 시장의 영향력이 강력해짐에도, 공적 부문의 평균 임금수준은 기본적으로 관료적 통제에 그대로 종속되어 있다. 관료적 메커니즘의 작용이 강해질수록 사적 부문과 공적 부문 사이의 임금수준 격차는 더 커진다.

그 현상의 거시경제적 결과는 나중에 다시 살펴볼 것이다(23장 1절 참조). 하지만, 여기에서 잠시 멈추어 지금까지 논의한 두 가지 요소가격, 즉 공적 부문에서의 이자와 임금비용을 동시에 검토해 볼 필요가 있다. 규범적 미시경제학에 따르면, 자본과 노동의 상대가격은 대체로 두 자원의 상대적 희소성을 표현하여야 한다. 투자결정을 내릴 때 이러한 가격비율에 적절한 관심을 기울인다면, 투입물들의 결합은 사회적으로 바람직한 자본과 임금의 결합으로 나아갈 것이다. 이와 관련하여 개혁사회주의 경제의 관점은 무엇인가?

몇 명의 사람들을 고용하고, 자유노동계약에 따라 피고용인들과 협약을 맺고, 노동력을 절약하는 기계류를 구하기 위해 사적으로 돈을 빌리는 사적 장인은 이러한 계산을 하지 않을 수 없다. 반면에 국유기업이나 협동조합은 이자와 임금을 대비하여 비교하는 그런 계산을 하지 않아도 된다. 투자기금에 대한 예산제약이 느슨하기 때문이다. 계산이 잘못되더라도, 기업은 여전히 살아남는다. 실제로 두 요소가격들 사이의 비율은 고전적 체제하에서와 마찬가지로 자본과 노동의 상대적 희소성에 대해 아무런 신호도 제공하지 않기 때문에, 그 비율에 대해 전혀 신경을 쓸 필요가 없다. 기본적인 중요성을 가지는 이러한 두 가지 요소가격들은 자의적이고, 그들 사이의 숫자상 비율은 어떠한 합리적인 경제적 의미도 갖지 않는다.

3. 토지 가격과 지대.[11] 공적 소유 토지에 대해서는 토지 가격과 지대가 보통 지방 국가기관에 의해 책정된다. 공적 소유 기업이나 기관이 사용하는 토지에 대해서는 가격이나 지대가 대체로 제멋대로이다.

(나라에 따라 차이가 나는) 토지의 일정 부분이 사적으로 소유되고, 그러한 토지의 가격이나 지대는 시장에서 결정된다. 시장가격에 영향을 미치는 한 가지 요인은, 개혁 중인 국가들에서 인플레이션에 대한 예상으로 인해 많은 사람들이 자신들의 저축을 부동산에 투자한다는 사실이다. 그들에게 있어 부동산에 대한 투자는 저축의 가치를 보존하는 방법 중 하나이다. 가치를 보존하는 다른 투자형태가 거의 없기 때문에, 그들은 당연히 이렇게 한다.

두 종류의 조정기제가 뒤틀린 방식으로 혼합된 형태가 종종 발전한다. 이를 가장 잘 이용하는 사람들은 국가가 배분한 작은 크기의 토지를 개인적 영향력으로 값싸게 구입하고 그것을 가치가 보존되는 사적 재산으로 지키는 사람들이다.

---

11) 여기에는 농업 생산이나 (건물 건설과 같은) 다른 목적 모두에 사용되는 토지의 가격이나 지대가 포함된다.

4. 환율. 중앙은행은 외환을 배급할 권리와 함께 환율을 책정할 권리를 보유한다. 개혁 중인 국가들 대부분은 자국 통화를 지나치게 과대평가하는데, 이것은 전체 가격체계에 퍼지는 심각한 왜곡을 또다시 야기한다.

심지어 고전적 체제하에서도 존재했던 외환 암시장은 개혁 중인 국가들에서 크게 확대된다. 어떤 국가가 경제적 자유화와 정치적 자유화로 더 멀리 나아갈수록, 서구에 더 많이 개방될수록, 일반대중이 이용하는 병행외환시장은 더욱더 확대된다. 이러한 일이 가속화되는 인플레이션과 결합했을 때, 사람들은 자국 화폐를 실질적으로 기피하기 시작한다. 그들은 자신들의 저축을 태환 화폐에 투자하려고 할 뿐만 아니라 일상적 거래를 태환 화폐로 하기 시작한다. 〈표 22-4〉는 특정 국가들의 공식 환율과 암시장 환율을 비교한다.

물론 생산품 가격과 (임금을 포함한) 요소가격은 밀접하게 연관된다. 당국은 요소가격을 통해서도 생산품 가격에 강력한 영향력을 간접적으로 미칠 수 있다. 시장사회주의를 목표로 하는 개혁들을 입안

〈표 22-4〉 암시장 환율 대 공식 환율: 국제적 비교

	미국 달러화의 공식 환율 대비 암시장 환율(%)				
연도	중국	헝가리	폴란드	소련	유고슬라비아
1985	109.4	137.0	401.0	723.6	111.2
1986	109.1	133.7	442.8	611.8	120.3
1987	120.4	134.8	412.0	915.6	110.9
1988	268.8	156.1	636.8	1,195.0	117.1

참조: 암시장 환율 비율(달러 당 국가 통화)과 유효 공식 환율 사이의 연말 기준 비율을 출처에서 그대로 인용함.

출처: 국제통화분석협회(International Currency Analysis, Inc., 1990, pp. 426, 620~621, 657~658, 699, 712).

하는 당국들은 중앙집권적으로 결정된 이러한 요소가격들이 생산에 대한 간접적 통제에 도움을 주기를 바랐다. 그러나 그러한 희망은 실현되지 않았다.

3. 국가 가격결정과 재정 재분배의 원칙과 실제

이 절은 국유기업 간의 행정가격을 검토하는 데만 치중할 것이다.[12] 행정가격 책정은 가격과 비용의 차이를 처리하는 일과 밀접하게 연결된다. 차이가 양수이면, 즉 국유기업(8장 2절 참조)이 이윤을 내면 재무부는 다양한 세금으로 잉여의 많은 부분을 빨아들인다. 만일 기업이 적자이면, 손실 혹은 손실의 대부분은 보통 벌충된다. 재정 재분배의 틀 내에서, 국유기업의 수입은 수백 가지의 다른 이유로 국가예산으로 빠져나가거나 국가예산으로부터 들어와 늘어난다(8장 6절, 21장 5절 참조).[13] 국가예산의 역할은 시장사회주의 달성을 목표로 하는 개혁 경향이 적용되는 경우에서조차도 줄어들지 않는다.

고전적 체제하에서 국가기관들은 가격과 세금, 보조금 등을 결정할 때 일련의 원칙을 고려한다. 앞에서 이러한 원칙을 이미 논의하였으므로, 여기에서는 열거만 해도 될 것이다.[14]

---

12) 가격 담당기관들은 아래에 서술한 가격 책정원칙을 준행정가격의 영역에 적용하려는 노력도 한다. 덧붙여 말해 두자면, 바로 그곳에서 원칙들 사이의 충돌과 원칙과 실제 사이의 불일치가 더욱 심해진다.

13) 참고로 21장 5절의 각주들을 보라.

14) A~E의 원칙들은 앞에서 가격 책정과 관련해서만 논의했다(8장 6, 7절 참

A. 가격은 사회적 비용을 반영해야 한다.

B. 가격, 세금, 보조금은 경제 관리집단이 생산자들로 하여금 특수한 임무들을 수행하도록 격려하는 데 사용하는 수단이 되어야 한다.

C. 가격, 세금, 보조금은 안정적이어야 한다.

D. 가격, 세금, 보조금은 지도부가 바람직하다고 생각하는 방향으로 일반대중의 수요가 움직이도록 영향을 미쳐야 한다.

E. 가격, 세금, 보조금은 수입 재분배를 위해 사용되어야 한다.

열거된 모든 원칙은 개혁과 관련한 공식문서들에서 확인된다. 그러한 원칙들 각각을 서로 다른 정도로 적용하려는 시도가 이루어지지만, 그것들 사이의 충돌 때문에 실제로는 어떤 것도 일관성 있게 적용할 수 없다. 이러한 모순은 현실적으로 나타난 가격과 재정 재분배의 체계가 여전히 자의적이며 비합리적이라는 점을 그 자체만으로도 확실하게 보여 줄 것이다. 그러나 현존하는 원칙들 사이의 충돌은 하나의 새로운 원칙이 추가됨에 따라 가라앉을 수도 있다.

F. 가격은 공급과 수요의 균형을 만들어 내는 데 일조해야 한다.

랑게(Lange)의 시장사회주의 모델에 따르면, 시장 청산이 가격설정의 제일(혹은 유일) 원칙이 되어야 한다. 그러나 결과적으로 어떠한 개혁국가의 어떠한 가격 담당기관도 F 원칙의 지배를 보장하려고 시

조). 이 절은 재정 재분배원칙으로까지 분석을 확장한다.

도하지 않았다. 그런데 사실 F 원칙은 좀처럼 현실에서 자체적으로 실현되지 않는다. 한두 개의 어떤 생산품에 대해 초과수요가 지속적으로 존재하는 경우가 종종 있다. (그리고 훨씬 드물지만 어떤 생산품에 대해 초과공급이 지속적으로 존재하는 경우도 있다.) 가격 담당기관이 그러한 경우를 알고 있더라도, 가격을 바꾸지는 않는다.

여기에서 오스카 랑게의 사회주의 모델을 다시 언급할 가치가 있다. 그 모델에서는 국가계획기관이 시장을 활성화해야 하고, 또 수신한 초과수요와 초과공급의 신호에 따라 가격을 올리거나 낮추어야 한다(21장 1절 참조). 어떠한 개혁국가도, 심지어 랑게의 폴란드조차도, 이러한 이론적 모델의 실현에 근접하려는 시도를 추진하지 않았다. 심지어 그것은 목표로서 제시되지도 않았는데, 이는 적어도 두 가지 이유 때문이다. 하나는 피할 수 없는 이유인데, 대부분 사회주의 체제의 공식 이데올로기와 규제 관행들에 밀접하게 연결되어서 나타나는 다른 가격결정 원칙들이 이러한 이론적 모델과 충돌하기 때문이다. 다른 이유는 이러한 이론적 모델의 적용이 갖는 기술적 어려움이다. 어떻게 수백만 개의 생산품에 대한 공급과 수요의 차이를 관찰할 수 있겠는가? 시장이 그토록 효과적인 조정기제인 이유 중 하나는 탈중앙집권화된 과정들이 이 일을 자동적으로 한다는 것이다.

이러한 관점에서 헝가리의 짧은 경험을 고찰해 보는 것은 시사적이다. 복잡한 공식을 사용해서 일부 국내가격들을 세계시장가격에 맞추려고 고안한 가격통제체계를 도입하려는 시도가 1980년대 초반에 있었다.[15] 그 실험은 실패하였다. 실제 해외무역 거래에 적용되는 수출

---

15) B. Csikós-Nagy (1985), R. Hoch (1980), W. Swaan (1990), 그리고 L. Zelkó

입가격과 국내 생산자와 소비자 사이의 거래에서 유효한 가격은 현실의 시장에서는 매우 복잡한 방식으로 나타났다. 개별 참가자의 개인적 이해관계가 각자의 수요와 공급에 관한 결정을, 각자가 제시하는 수요와 공급 가격을, 그리고 결국에는 참가자들이 그들 사이에 체결하는 사적 계약을 좌우하는 것이다. 이러한 활발한 공동작업은 명령에 따라야 하는 둔감한 계산체계에 의해 대체될 수 없다.

F 원칙의 관철은 수요와 공급의 변화에 가능한 한 빨리 반응하는 가격을 요구한다. 이는 안정성 요구라는 C 원칙과 충돌한다. C 원칙은 관료적 통제의 무능 때문에 장기간 변화하지 않고 남아 있을 경직적 가격 책정이 아닌 다른 방식으로는 적용될 수 없기 때문이다.

E 원칙(수입의 공정한 재분배)의 적용은 기업의 이윤에 영향을 미치는 재정 재분배와 관련하여 별도로 언급해야만 한다. 개혁경제의 인센티브 메커니즘을 궁리하는 사람들은 보통 다음과 같은 논지로 주장을 편다. 기업이 좋은 자체 실적으로 벌어들인 이윤 부분과 기업이 벌어들이지 않고 얻게 된 부분, 예를 들면 이윤 인센티브가 도입되기 전의 시기로부터 양호한 장비를 물려받았거나, 시장에서 운이 좋았거나, 가격 담당기관이 책정한 생산품 가격이 유리했기 때문에 얻게 된 부분 사이에는 구분이 있어야만 한다. 이 논지에 따르면, 이처럼 노력해서 벌어들이지 않은 이윤을 흡수하는 것은 정당하다. 반대의 경우에는 기업이 손실에 대해 책임을 지지 않아도 될 것이다. 그 기업은 아마도 열악한 장비를 물려받았거나, 시장에서 운이 좋지 않았거나, 아니면 가격 담당기관이 책정한 산출물 가격이 불리했을 것이다. E 원

(1981)를 보라.

칙에 따른 재분배를 통해 이와 같이 정의를 실현하는 것은 **보상원칙**이라고 부를 수도 있다.

이제 보상원칙은 시장 조정의 본질과 날카롭게 충돌한다. 시장은 '공정하지' 않다. 시장은 좋은 작업과 좋은 운에 대해 동일한 방식으로 상을 주고, 나쁜 작업과 나쁜 운에 대해 똑같이 벌을 준다. 그런데 장기적으로 시장은 모든 시장 참가자들이 현존하는 상황에 적응하도록, 즉 유리한 기회를 자신들에게 이익이 되도록 활용하고 나쁜 운을 자신들의 노력으로 극복하도록 길들인다. 반면에 보상원칙은 이윤이란 단지 빼앗기게 될 것이므로 유리한 기회의 포착이 결국에는 무의미하다는 것을 기업에게 가르친다. 또한, 만일 기업이 운이 나쁘다면 최상의 길은 가부장적인 관료기구에 도움을 호소하는 것이다(〈표 21-5〉, 〈표 21-6〉 참조). 보상원칙 E와 균형원칙 F는 충돌한다.

여기에서 다시 가격체계와 재정 재분배체계 사이의 불가분의 관계를 알 수 있다. 그 둘은 서로 거울 이미지에 가깝다. 어떤 이유 때문에 가격 담당부서가 '비용에 평균 이윤을 합한' 수준 위로 가격을 잘 책정한다면, 세금 담당부서는 기업이 받은 초과 수입을 보상원칙에 따라 회수해야 한다. 또한, 일단 그런 일이 발생하면 세금은 제도로 정착된다. 가격을 올린 애초의 이유가 더 이상 적용되지 않아야만 한다고 해도 세금은 가격에 '붙박이처럼 들어가게' 된다(반대의 경우에는 보조금이 가격에 붙박이처럼 들어간다). 그러한 연쇄는 반대방향으로도 일어날 수 있다. 이런저런 이유 때문에 세금 담당부서는 생산품에 세금을 부과한다. 가격 담당부서는 이것에 주목하고 그에 따라 행정가격을 올린다. 반대의 경우에, 가격 담당부서가 보조금에 미리 주목한다면 처음부터 '비용에 평균 이윤을 합한' 수준 아래로 가격을 책정한다.

이는 논의 전개를 연성예산제약의 문제로 되돌아가게 만든다. 왜곡되고 자의적이고 비합리적인 가격체계가 지배하는 상황에서는 수익률이 기업 활동의 효율성을 반영하지 못한다. 가격체계의 결함은 어떤 것이라도 재정 보상의 핑계뿐만 아니라 충분한 이유를 제공한다. 문제는 재정 보상의 그물망이 합리적 가격체계를 수립하는 것을 불가능하게 만든다는 점이다. 세 부류의 현상 — 자의적 가격체계, 자의적 재정 재분배, 연성예산제약 — 이 악순환에 빠진다. 그것들은 서로에 대해 선행자이다. 일단 이 현상들이 일어나면, 다른 것들을 근본적으로 바꾸지 않고서는 어떤 것도 바꿀 수 없다.

이는 포괄적 가격개혁의 범위와 한계라는 다음 주제로 이어진다.

4. 가격개혁의 범위와 한계

개혁과정 동안 진행되는 가격체계의 진화에서 두 경향이 주목할 만하다. 하나는 진정한 시장가격체계를 향한 통합적이고 자생적인 발전이고, 다른 하나는 자의적이고 비합리적인 행정가격과 준행정가격체계의 끈질긴 생존이다. 첫 번째 경향은 사적 소유권과 시장 조정의 확대와 연결되고, 두 번째 현상은 핵심 영역에서의 공적 소유와 관료적 조정의 생존과 연결된다.

어느 한 경향이 다른 경향을 영구히 몰아내려고 하지 않으면서, 두 경향 모두가 현실을 지배한다. 두 경향 사이에는 상호작용도 존재한다. 한편으로 관료적 위계제 내의 많은 기관들과 일부의 일반대중은 어떤 방식으로든 현실에서 적용되는 시장가격 때문에 기분이 나쁘다.

반면에 생산품과 생산요소의 행정가격이 갖는 임의성은 시장기제가 배분과 가격을 기본적으로 조정하는 생산품과 생산요소의 가격에까지 파급된다. 행정적으로 결정되는 이자율과 토지 가격, 환율, 공적 부문의 일반 명목임금 수준 등이 여러 에너지자원과 원료, 공공 서비스 등의 가격과 함께 자의적이고 비합리적이라면, 이러한 왜곡은 시장에서 형성되는 가격들에도 전파된다. 왜냐하면 행정적으로 결정되는 가격이 시장에서 형성되는 가격들의 비용계산에 영향을 미치기 때문이다. 낡은 가격체계의 기본 특징들이 경제의 핵심부에서, 국가통제영역 내에서 살아 있는 동안에는, 경제의 일부 영역들 — 국가에 의해 직접 통제되는 범위 바깥에 있는 영역들 — 에서 만족스러운 가격체계에 도달하는 것은 불가능하다.

국가의 가격결정과 재정 재분배에 의해 철저하게 통제되는 영역에서는 부분적인 변화들이 아주 느리게 도입되고, 결과에 대한 두려움 때문에 다시 위축되었던 활동이 가끔 분출한다. 이러한 일련의 부분적 변화들이 공급과 수요 사이에서 균형을 잡아 주는 합리적 가격체계로 수렴될 것이라는 증거는 전혀 없다. 더욱이 개별적인 부분가격조정의 효과는 인플레이션에 의해 상쇄된다. A 그룹의 생산품 가격이 좀더 타당한 상대 가격을 위해서 명확한 중앙의 조치에 의해 50% 인상된다면, B 그룹, C 그룹 등의 생산품 가격들도 그에 대응하여 얼마 후에, 눈에는 덜 띄지만 틀림없이 상승한다. 인플레이션이 부분가격조정의 효과를 상쇄한다는 것만이 문제는 아니다. 또한 정반대의 관계도 존재한다. 전반적으로 퍼진 부족현상과 드러나 있거나 또는 억압되어 있는 인플레이션 압력이라는 조건하에서(23장 5절 참조), 상대가격을 개선하려는 노력은 인플레이션을 야기하는 결과를 가져온다.

가격 관계를 변화시키려는 노력은 언제나 다른 가격들이 여전히 하향화되지 않는 상황에서 특정 그룹 생산품 가격을 올리는 방식으로 이루어진다. 전체적으로 봤을 때, 부분적인 가격상승이 연속해서 일어나면 이는 평균 가격 수준을 밀어 올리고 곧 인플레이션을 부추긴다.

그렇다고 하더라도, 개혁경제의 지도부가 그러한 인플레이션 결과를 두려워하는 것은 아니다.16) 그들은 한꺼번에 모두 이루어지는 포괄적 가격개혁이 야기할지도 모르는 트라우마를 두려워한다. 이러한 조치가 실제로 인플레이션 파도를 일으킬 수도 있겠지만, 반드시 인플레이션을 지속적으로 부추기지는 않는다.

포괄적 가격개혁으로 가는 길은 장애물로 뒤덮여 있다. 급진적 변화는 이미 언급한 악순환의 방해를 첫 단계에서부터 받는다. 생산품 가격, (임금을 포함한) 요소가격, 세금, 보조금 등 모든 것이 동시에 바뀌지 않으면 안 된다. 이 모든 것을 미리 문서로 작업하기란 불가능해 보인다. 하지만, 만일 변화가 시장의 전면적 자유화를 동반한 개혁이 아니라 광범위한 국가 가격결정이 유지되는 가운데 이루어지는 개혁을 의도하는 것이라면, 그러한 작업은 이루어져야만 할 것이다. 재산관계에서는 부분적이고 사소한 변화만을 일으키는 단계에 남으려는 것과 급진적이고 포괄적인 가격개혁을 추진하면서 조정기제를 혼합하려는 것, 이 두 개의 목표는 조화될 수 없다.

두 번째 단계에서도 급진적 가격개혁은 일반대중의 심리상태에 미치리라고 예상되는 영향으로부터 방해를 받는다. 가격개혁의 입안자

---

16) 개혁안을 입안한 경제학자들 중 일부는 인플레이션의 위험에 위축되기는커녕, 적당한 인플레이션이 일련의 부분가격조정을 보다 쉽게 실행되도록 함으로써 도움이 될 것이라고 생각한다.

들이 일인당 평균 실질소비를 위축시키지 않겠다고 확고하게 결정하였다고 하더라도, 광범위한 재분배는 피할 수 없을 것이다. 승자와 패자가 나타나게 될 것이다. 그럴 경우 승자들은 조용하겠지만, 패자들은 불평하거나 분노의 항의를 할 것이다. 예산제약의 적용이 경직화됨에 따라 일시적으로라도 직장을 잃은 사람들도 손해를 볼 것이다. 개혁 이전에 보조금이 주어지던 특정한 생산품과 서비스의 소비자들도 그러할 것이다.

여기에서 분석은 개혁과정의 기본적인 내적 딜레마 중 하나에 다다른다. 체제는 억압적일수록, 충격이나 큰 소요를 수반하는 급진적 경제변화를 더 쉽게 일으킬 수 있다. 억압이 완화될수록, 권력 엘리트는 대중 항의의 정치적 불안정 효과를 더욱더 고려해야만 한다. 그런데 대중의 불만은 경제 문제들이 해결될 때까지 끊이지 않을 것이고, 이러한 경제 문제들은 임의적 가격체계와 재정 재분배체계가 철폐될 때까지 해결될 수 없다.

이것이 가격개혁 과정이 '한계에 부딪히는' 지점이다. 모든 국가에서 권력을 잡은 사람들은 작은 조치들로 이루어지고 또 행정가격에 점진적이고 부분적인 변경을 가하는 정책을 선택하는데, 비록 그 정책이 그들에게 어떠한 성과를 가져다주지 않더라도 그렇게 한다. 개혁을 향해 나아가는 사회주의는 가격체계의 질서를 잡을 수 없다는 것을 보여 주었다. 그것이 이루어지지 않는다면 다른 변화도 완전히 성공할 수 없다. 다른 이유들 중에서도 특히 가격체계가 왜곡된 신호를 발산하기 때문에 사적 부문은 사회적으로 바람직한 상태보다 덜 효과적으로 작동한다. 그리고 가격, 수요, 공급 사이의 상호작용이 여러 이유로, 그중에서도 가격체계 내 왜곡에 의해 적절하게 작동할 수 없기 때문에, 공적 부문은 진정으로 시장적인 특성을 가질 수 없다. 이 장의 최종 결론은 시장사회주의 관념의 실행 가능성에 대해 제시한 비판적 분석(21장 10절 참조)에 추가되지 않으면 안 된다. 공적으로 소유된 기업들은 가격과 비용에 대해 확실하게 반응하지 못한다. 그러나 어떤 경우에라도 실제로 가격에 주의를 기울일 필요는 없는데, 이는 가격이 상당한 정도로 잘못된 정보를 전달하기 때문이다.

5. 미리 보기: 탈사회주의 체제하의 가격

탈사회주의적 이행을 위한 출발점은 이전의 체제가 남긴 왜곡된 가격체계이다. 탈사회주의적 이행기는 가격뿐만 아니라 딜레마도 물려받는다. 탈사회주의적 이행기는 전면적인 시장 자유화와 결합된 포괄적이고 급진적인 개혁으로 실험을 해야 하는가, 아니면 가격을 점진적으로 바로잡는 시도를 해야 하는가? 탈사회주의적 이행기는 첫 번째 대안에 따라오는 거대한 트라우마에 대한 준비가 되어 있는가? 그렇지 않고 두 번째 대안을 지지하는 결정을 한다면, 탈사회주의적 이행기는 사회주의 개혁의 실험이 겪은 실패 — 가격 왜곡은 제거되지 않고, 부분 가격개혁과 자유화 조치가 인플레이션을 촉진하는 상황 — 와 유사한 실패로 나아가지 않을 것인가?

이 글을 쓰고 있는 시점에, 첫 번째 대안과 유사한 전환이 세 국가에서 일어났거나 어느 정도 일어나고 있다.

폴란드 정부는 1990년 1월 1일을 기점으로 급진적 경제개혁에 착수했다. 그중 한 요소는 약간의 예외를 제외한 모든 생산품 가격을 자유화하고, 생산품 가격 결정을 시장기제에 넘기는 것이다. 국내 가격체계는 국내 태환성 도입(*the introduction of internal convertibility*)과 수입 자유화를 통해 세계시장가격에 주의를 기울이도록 유도된다. 생산품 가격을 자유화하는 것과 동일한 시점에, 국가 부문이 지급하는 임금을 제한하는 엄격한 규제를 적용하려는 시도가 이루어지고 있다. 다른 요소가격과 관련해서 보자면, 국가금융제도가 산정하는 이자율과 환율은 여전히 행정적으로 정해지고 있다.

독일에서는 급진적 변화가 일어났다. 1990년 7월 1일, 서독 마르크화가 동독에서 법정 통화가 되었다. 두 경제의 합병은 동독의 가격을 서독의 가격체계에 맞추도록 강제했다.

체코슬로바키아도 1991년 초에 광범위한 대다수 생산품을 망라하는 포괄적 가격자유화를 실시했고, 이는 가격체계의 신속한 재편으로 즉각 이어졌다.

헝가리와 같은 다른 국가들에서는 가격체계의 점진적 자유화와 가격보조금의 단계적 폐지 등의 정책이 체제 전환 이후에 계속되었다.

향후 경험에 대한 신중한 관찰과 비교 분석은 이러한 정책 대안들 중 하나를 적용하는 것에 따른 장단점이 무엇인지를 밝혀 줄 것이다.

제 23 장 거시적 긴장

경제의 거시적 상태에서 몇 가지 주목할 만한 변화가 개혁과정에 있는 사회주의 국가들에서 관찰될 수 있다. 여기에서 논의는 수많은 현상 중 몇 개 — 앞의 장들에서 고찰한 개혁 경향들과 밀접하게 연관된 것들 — 에만 제한한다. 이는 답변이 필요한 문제이다.

사적 부문이 부활할 때(19장 참조), 자주관리의 요소가 나타날 때(20장 참조), 조정기제와 관련하여 시장사회주의의 관점에서 고안된 변화들이 도입될 때(21장 참조), 부분적 가격개혁이 일어날 때(22장 참조), 어떠한 긴장들이 거시경제의 수준에서 발생하는가? 여기에서 논의의 전개는 이 장에서 다루어질 긴장들이 나타나기 전에 네 가지 경향들 모두가 완전한 상태까지 발전할 필요가 있다고 가정하지 않는다. 이런 관점에서 결정적 요인은 경제가 고전적 사회주의에서 시장사회주의의 방향으로 눈에 띌 정도로 변화했느냐 아니냐 하는 것이다. 변화가 일어났다면, 여기에서 고찰하려는 긴장들이 나타날 것이라고 기대할 수 있다. 다른 세 가지 경향들도 원인이 되므로, 그것들에 대한 분석은 설명을 강화한다. 그러나 그 세 가지 중 어느 것도 이제 논의할 거시적 현상들을 야기하기에는 그 자체로 필요하지도 충분하지도 않다. 거시적 긴장들은 정치의 장에서 일어나는 변화(18장 참조)에 밀접하게 관련된다.

해결할 수 없는 모순들을 낳는 개혁 경향들의 이러한 상호작용은 1980년대 폴란드에서 가장 두드러지게 발생했고, 지금부터 그것은 **폴란드 증후군**(*Polish Syndrome*)이라고 불릴 것이다.[1] 당시에는 폴란드가 결정적 사례였지만, 그러한 증후군의 증세는 유고슬라비아, 헝가리, 중국, 여러 다른 국가들에서 형편에 따라 다양한 강도로 나타난다. '폴란드'라는 단어는 그러한 증후군에 주어진 용어일 뿐이다. 다른 국가의 예들도 그 현상을 설명할 때 제시된다. 이 글을 쓰고 있는 시점에, 이 증후군은 소련에서 예외적인 강도로 터져 나오고 있다. 향후 소련의 경우가 폴란드의 경우보다 관계들을 더욱더 분명하게 보여주었다는 사실을 근거로 해서, 이러한 증후군을 소련 증후군이라고 다시 이름붙이는 것이 충분히 타당할 수도 있겠다.[2]

---

1) '폴란드 증후군'(*Polish Disease*)이라는 용어는 와일스(P. Wiles, p. 7)가 도입했다. 정치영역에서의 준자유화, 연대노조가 이끈 거대한 파업운동, 시장사회주의 경제를 향한 양면적 조치들 등의 결합은 내적 모순으로 가득 찬 상황에 귀착했는데, 그 상황은 와일스가 1980년대 초반 논문을 쓰던 당시에 이미 파국의 도래를 알리고 있었다.

2) 폴란드 증후군에 대해서는 D. Lipton and J. Sachs(1990)를 보라. 또한 Z. M. Fallenbuchl(1989), R. Frydman, S. Wellisz, and G. W. Kolodko(1990), S. Gomulka and A. Polonsky, eds. (1990), B. Kaminski(1989), G. W. Kolodko(1989, 1991), G. W. Kolodko, D. Gotz-Kozierkiewicz, and E. Skrzeszewska-Paczek(1990), D. M. Nuti(1990), J. Rostowski(1989b)도

3부의 앞 장들 모두에서 그랬던 것처럼, 여기에서는 분명 경향들만이 언급된다. 어떤 상황에서는 이런저런 경향이 잠복된 형태로만 존재하겠지만, 상황이 바뀌면 그러한 경향은 터져 나온다. 어떤 곳에서는 그 경향이 효과적으로 억제되지만, 다른 곳에서는 그 경향을 타개하려는 어떠한 노력이나 심지어 바람도 존재하지 않는다. 이러한 것이 국가와 시기에 따라 다르다고 하더라도, 이 책은 그러한 편차를 다루지는 않는다.

이 장은 검토하는 국가들에 대한 완전하고 포괄적인 거시경제학적 분석은 제시하지 않는다. 또한 이 장은 개혁과정의 모든 거시경제학적 결과와 관련하여, 모든 성과와 모든 문제를 비교함으로써 포괄적 평가를 제공하려고 시도하지 않는다. 이 장의 유일한 목적은 폴란드 증후군, 달리 말하면 특정한 긴장들의 전형적 결합에 대한 인과적 설명을 서술하고 제공하는 것이다.

1. 고용과 임금

1. 고용. (소련을 포함한) 유럽의 개혁사회주의 국가들은 완전고용과 극심한 노동력 부족을 특징으로 지닌다. 겉으로 드러난 실업은 무시

참고하라.

소련 증후군에 대해서는 A. Åslund (1989), K. Kagalovsky (1989), R. I. McKinnon (1990b) 을 보라. 국제기구들이 정성들여 만든 포괄적인 조사와 평가들도 있다. 예컨대 European Community (1990), 그리고 G7이 위탁한 IMF, World Bank, OECD와 EBRD의 공동 연구(1990) 를 보라.

해도 좋을 규모이다.[3] 일자리 감소를 필연적으로 야기할지도 모르는 경제구조의 급진적 전환이 아무리 긴급하게 필요하다고 하더라도, 그러한 움직임은 일어나지 않는다. 연성예산제약의 결과로서, 기업뿐만 아니라 개별 일자리도 대체로 생존이 보장된다.

중국의 개혁경제에서는 완전고용이 거시적 수준에서 존재하지 않으며, 노동예비군이 여전히 풍부하다.[4] 대량실업은 없지만, 촌락에는 은폐된 잉여노동이 상당하다. 동시에 특정 분야와 직종에서, 주로 도시에서 부분적인 노동부족이 존재한다. 유럽 사회주의 국가들에 대해 말하는 것과 똑같은 것을 중국의 국가 부문에 대해 말할 수 있다. 누군가가 일단 기업의 피고용인이 되고 나면, 그 사람의 일자리와 심지어 작업장까지 보장된다.

고전적 체제하에서는 엄격한 고용계획들이 입안되었다. 개혁 국면에서는 이러한 계획들을 요구하던 압박이 멈추거나 약화된다. 또한 피고용인을 작업장에 속박되도록 하는 관료적 유대가 상당히 약화된다. 노동력 부족은 이러한 유대의 약화와 결합해서, 피고용인들이 자발적으로 직장을 떠나는 경우가 자주 일어나도록 만든다. 기업의 지도자들은 이러한 위협을 고려해야만 하며, 이에 따라 임금 논의에서 피고용인의 협상지위가 개선된다.

2. 임금. 고전적 사회주의하에서는 임금 압박이 존재한다. 피고용

---

3) 예외는 유고슬라비아였는데, 그곳에는 상당한 실업이 있었다(20장 3절 참조).

4) 개혁과정 동안에, 그때까지 은폐되었던 실업은 소련의 일부 중앙아시아 지역에서도 더욱 뚜렷해졌다.

인들은 임금을 올리기 위해 노력한다(10장 5절 참조). 노동력 부족이 심화될수록, 임금 압박도 마찬가지로 증가한다. 그런데 이는 관료기구의 단호한 저항에 부딪친다. 최고지도부는 빡빡한 투자계획을 충족시키고 평소보다 더 큰 불만을 야기할 소비시장에서의 더 극심한 부족을 막기 위해 소비를 통제하에 두기를 원한다. 최고지도부는 경제 관리(*the economic management*)의 모든 수준에서 임금규율을 유지할 것을 단호하게 요구한다(10장 3절 참조).

비교적 주요한 변화들이 개혁으로부터 나타난다. 임금 압박은 상승하고, 그에 대한 관료기구의 저항은 약화된다. 피고용인들은 발언하고 요구하는 데에서 더욱더 대담해진다. 진정한 조직화가 시작되고 파업이 일어난다. 그러한 일은 고전적 체제하에서는 불가능했을 것이다. 고전적 체제하에서는 국가가 최초의 움직임을 분쇄하고, 피고용인들 또한 그러한 결과를 알기 때문에 조직화를 꺼려했다.

가장 강력한 노동자운동이 폴란드에서 일어났다. 폴란드에서 연대노조의 형성은 반대파 정치운동과 노동자들의 이익을 대변하고 그들의 경제적 요구를 추구하는 독립적 노조운동이 동시에 정치현장에 등장한 것을 의미했다. 예를 들면 파업이 유고슬라비아에서 종종 발생했고, 또한 심지어 소련에서 수십 년 뒤에 상당한 규모의 파업운동이 일어났지만, 다른 어느 곳에서도 그토록 포괄적인 대중운동은 일어나지 않았다. 노동자들의 조직화는 억압이 완화된 결과이자 증거이다. 동시에 그러한 일은 억압의 메커니즘을 분쇄하는 것으로 억압에 대응했다.[5)]

---

5) 기존의 정치권력 관계하에서 국가기구는 노동자들의 자발적 조직화가 '너무 멀

피고용자들이 아래로부터 제기하는 강력한 압력을 실제로 보여 주는 것은 파업과 노조 성격의 조직만이 아니다. 피고용자들과 그들의 대표자들이 취하는 자세는 생산현장과 기업 수준에서 개인적으로나 집단적으로 이루어지는 임금, 노동 노르마(기준 노동량), 혜택 등에 관한 모든 논의들에서 더욱 적극적이 된다. 파업이 일어날 수 있다는 것을 아는 것만으로도 노동자들의 협상지위는 강화되고, 생산관리자들의 협상지위는 약화된다. 노동시장 상황은 협상력을 변화시키는 경제적 조건만을 제공할 따름이다. 이에 못지않게 양측의 태도에 영향을 미치는 것이 정치적 분위기의 변동이다.

피고용인들을 직접 대면하는 중간관리자가 상급기관들로부터 지원을 받고 있다는 느낌을 덜 갖는다는 사실도 다른 하나의 요인으로 작동한다. 이는 탈중앙집권화 조치들에 부분적으로 기인한다고 할 수 있다. 기업의 공언된 (그리고 어느 정도는 실질적인) 독립성이 클수록, 기업 지도자의 피고용인에 대한 의존도는 더욱 증가한다(20장 4절 참조). 이는 자주관리기업의 경우에는 극단적 형태로 나타나는데, 거기에서는 피고용인이 관리자를 선출한다. 그런데 자주관리가 단지 부분적으로 시행되거나 또는 전혀 도입되지 않은 곳에서도 비슷한 현상이 나타난다. 피고용인들 사이에서의 인기는 기업의 최고경영자에게 훨씬 더 중요해진다. 이는 또한 자유화를 향한 전반적 경향과 밀접하게 연관된다. 상위의 지도부는 부하들의 반감이나 적의에 둘러싸여 있는

리 나아갔다'고 느낄 때에 그것을 억압하려고 시도한다. 그러한 일은 1981년 폴란드에서 일어났는데, 군대가 권력을 장악하고 연대노조는 불법화되었다. 그러나 그것은 단기간 지속되었을 뿐이다. 결국 연대노조가 이기고 정부를 구성했다.

하위의 책임자를 노동자들이 억지로 받아들이게끔 하고 싶지는 않다. 이제 인기를 얻는 가장 직접적인 수단은 임금상승이다. 이는 긴장을 없애는 가장 단순한 방법이다.

임금규율에 대한 위로부터의 요구가 훨씬 약하기 때문에, 기업 책임자는 임금상승에 의존하기가 더욱더 쉬워진다. 명령경제가 완전히 또는 부분적으로 끝난 곳에서는 엄격하게 부과된 임금계획도 끝난다. 임금책정의 관리에서 완전한 자율을 요구하는 목소리는 더욱 강해진다.[6] 임금통제의 간접적 방법은 효과가 충분하지 못함이 드러난다. 기업들은 그러한 방법을 쉽게 회피할 수 있다. 임금에 대한 관료기구의 지휘는 강력한 내부 인센티브로 대체되지 않는다. 이윤 동기는 임금과 관련된 지출의 절약을 포함한 비용의 엄격한 제한을 장려하지 못한다. 이는 임금비용의 상승에 따른 손실이 쉽게 충당될 수 있기 때문이다〔연성예산제약 현상을 보라(21장 5절 참조)〕.

여기에서는 주로 기업들을 언급했지만, 비슷한 변화들이 비기업 부문에서도 일어난다. 고전적 체제하에서 뒤편으로 내몰렸던 분야에서 일하는 노동자들의 목소리는 더 커진다. 교사와 보건요원은 임금에 대한 요구를 제시한다.

지금까지 **명목임금의 걷잡을 수 없는 상승**이라는 경향이 발생하는 상황을 개략적으로 서술하였다. 인플레이션이 가속화되고 임금-물가의 악순환이 시작되면서, 이러한 경향은 강화된다(23장 5절 참조). 〈표 23-1〉의 수치는 이 현상을 보여 준다. 폴란드와 헝가리에서 명목임금 상승은 대부분의 시기에 생산성 증가를 초과했다. 계획 입안자들이 명

---

6) 예를 들어, 소련의 사례에 대해서는 E. Gaidar(1989)를 보라.

목임금의 바람직한 수준을 잘못 계산했기 때문에 명목임금이 제멋대로 올라간 것이 아니다. 원인은 변화된 정치적, 사회적 조건에 있다. 관료적으로 부과되는 임금규율은 약화되었지만 사적 소유와 시장경쟁, 실업에 의해 부과되는 임금규율은 나타나지 못했다. 개혁경제는 임금규율을 강제하는 어떠한 사회적 힘이나 메커니즘도 갖지 못한다.

〈표 23-1〉 헝가리와 폴란드의 명목임금과 산출량 변화

	연평균 변화율(%)			
	헝가리		폴란드	
연도	일인당 산출량	명목임금	일인당 산출량	명목임금
1971	4.6	4.6	7.2	5.5
1972	1.6	4.6	6.1	6.4
1973	4.8	7.2	6.5	11.5
1974	2.4	6.7	4.9	13.8
1975	1.3	7.4	3.4	22.8
1976	-1.2	5.6	0.6	9.4
1977	5.9	8.1	0.7	7.3
1978	3.0	8.5	3.4	6.3
1979	0.7	6.1	-2.4	9.0
1980	0.1	6.0	-4.4	13.3
1981	0.1	6.3	-7.8	27.3
1982	3.4	6.4	-2.1	51.2
1983	-0.5	4.8	4.5	24.4
1984	1.4	12.2	1.1	16.3
1985	0.2	9.8	2.8	18.8
1986	2.4	7.2	2.2	20.4
1987	0.8	8.2	-2.8	21.1
1988	2.0	-	0.7	81.9
1989	-1.1	18.4	-2.2	286.1

출처: 명목임금은 United Nations (1990a, p. 389), 1971~1985년 GDP는 R. Summers and A. Heston (1984)에 기초한 P. Mihályi의 계산, 1986~1989년 GNP는 P. Marer et al. (1991, 국별 표).

2. 성장과 투자

1. 성장정책. 고전적 체제하에서 성장에 관한 정책적 입장은 애매하지 않다. 가능한 한 빠른 성장이 비용이나 희생에 개의치 않고 중기적으로 달성되어야만 한다. 이러한 정책적 입장은 강행성장전략에서 채택된 우선순위와 수단에서 그대로 나타난다(9장 참조).

개혁과정 동안 이 명확한 노선은 애매해지고, 많은 경우 명백히 모순을 드러낸다. 지도부는 절반은 강행성장을 계속하기를 원하고, 절반은 생활수준을 개선하고 이전의 불균형을 바로잡는 데에서 더 신속한 결과를 얻기 위해 강행성장을 늦추고 싶어 한다.

이러한 상충하는 두 태도는 일련의 요인들로부터 영향을 받으면서 강화된다. 여러 국가에서 지도부는 성장률의 둔화로 곤란에 빠지고, 그러한 상황은 쇠퇴경향을 이겨내려는 지도부의 결심을 더욱 강화한다.[7] 성장 속도가 저하되는 이유 중 하나는 고속성장에 기여했던 초기의 조방적 수단들을 사용할 수 있는 잠재력이 소진된다는 점이다. 유럽 사회주의 국가들에서 이는 근본적으로 잉여노동의 고갈과 관련 있다.[8] 지도부는 집약적 성장방식, 곧 '성장의 새로운 길'이라는 전략으로 정책을 전환하겠다고 거듭 선포하지만 그러한 정책전환은 기존

---

7) 소련에서 개혁 시기는 페레스트로이카와 글라스노스트가 선언되기 전에, 고르바초프가 성장의 가속화를 표어로 선언함으로써 시작되었다. 성장의 가속화는 때때로 헝가리와 폴란드, 중국 등에서 비슷한 방식에 따라 당과 정부의 중심 과업으로 설정된다.

8) 성장의 감속을 초래하는 다른 요인들도 영향을 미친다. 예를 들면, 헝가리에서 성장 둔화를 정당화하는 주요 원인은 외채의 걱정스러운 증가였다.

경제체제의 조건하에서는 적용될 수 없는 것으로 드러난다. 따라서 성장을 가속화하려는 시기에 지도부는 성장을 중앙집중적으로 실현할 수 있는 가장 즉각적인 방법을 시도하는데, 그것은 투자증가이다. 이는 나중에 다루어질 긴장의 원인 뒤에 존재하는 충동들 중 하나인 투자행위의 과열에 직접 연결된다.

고전적 체제로부터 벗어나는 동기들을 논의하면서(16장 1절 참조), 첫 번째로 언급해야 할 것은 성장의 둔화였다. 이에 대한 반응은 방금 살펴본 '어떠한 희생이라도 감수하는 성장'이라는 태도였다. 그런데 개혁을 뒤에서 밀어붙이는 동기 중에서는 일반대중의 불만도 결코 사소하지 않았다. 경제정책이 대중의 불만에 대응 하는 방법을 결정하는 일은 심각한 딜레마를 제기한다. 한편으로, 소비에 대한 축적의 비율은 소비에 유리하도록 변경되어야만 하고, 그에 따라 실질소비의 성장은 마침내 빨리 이루어질 수 있다. 하지만 다른 한편으로, 사람들의 생활 상태와 삶의 질은 단순히 재화 소비의 일상적 흐름뿐만 아니라 소비를 직접 채워 주는 부문들에서 축적되는 자본(설비와 건물의 비축)에 의해 좌우된다. 수십 년에 걸친 강행성장의 시기에 주택 부문, 보건, 국내 상업과 외식업, 정비업무, 육로운송, 기타 여객수송 분야 등의 발전은 무시되었다. 그러한 분야에서 반드시 필요한 발전이 항상적으로 미루어짐에 따라, 해야만 할 일들이 엄청나게 쌓였다. 개혁의 초기 단계에서 이러한 밀린 일들을 신속하게 해결하려는 시도가 시작되면 방대한 투자가 요구된다. 주택과 수송 부문은 특히 자본집약적이지만, 무시되었던 분야의 빠른 발전이라면 그 어떤 것이라도 투자를 요구한다. 그렇기 때문에 딜레마는 점점 더 풀기 어렵게 된다. 신속하고, 가능하다면 즉각적인 소비증가는 투자분의 하락을 요구한다. 반면에 삶의 질에 직접적으로 영향을 미치는 부문들에서도 투자 증가가 필요하다. 투자 대 소비 사이의 전반적 딜레마 내에서, 각 부문들에 대한 투자의 재배분 방법과 관련한 구체적 딜레마가 발생한다. 고전적 체제의 우선순위에 따른 전통적 수혜자는 공업, 특히 중공업이다. 이제 전통적 수혜자는 이중으로 위협을 받게 되고, 지난 시기에 익숙했던 투자 '할당정량'을 획득하기 위해 더 많은 압력을 가한다. 이전에 무시되었던 부문의 발전이 실제로 시작되면, 예를 들어 주택건설의 속도가 증가하면, 이 활동의 높은 자본요구는 성장을 직접적으로 유발하는 '내부순환'(*internal spiral*)으로부터 투자자원을 끌어내고(9장 4절 우선순위 1 참조), 따라서 성장률 둔화를 야기한다. 그 때문에 딜레마는 더욱 심각해진다. 투자율은 어쨌든 축소되어야만 하는가? 또한 어떤 부문으로 투자자원들이 이전되어야 하는가?

그 문제에 대한 진정한 해결책은 없다. 그것은 개인들이 서로 모순되는 요구들에 직면하면 빠지게 되는 처지와 비슷하다. 개인들은 양극단 사이에서 동요하고, 긴장은 고조되고, 심지어 위기가 일어난다. 투자의 가속과 감속이 번갈아 일어나며, 서비스 부문을 위한 투자의 재배분에서도 동요가 나타날 수 있다.9) 그러나 이러한 분열적 상황을 만드는 요소들 중 어느 한쪽이 상층부에서 나타난다면, 그것은 애매한 정책의 구성요소들 중에서 강행성장 쪽으로 기울어져 있는 요소일 가능성이 높다. 이러한 태도는 관료에게는 조건반사가 되었다. 생산이 더 빨리 성장할수록 체제는 더욱 강해진다는 의식은 정책결정자들

9) M. Lackó (1984)는 헝가리의 사례에서 총투자 중 서비스 영역이 차지하는 비율이 전반적 경제상황의 유리하거나 불리한 결과에 따르는 함수로서 어떻게 변동하는지를 보여 준다.

이 숙지하는 공식 이데올로기에 의해 그들에게 심어져 있다. 성장의 강행은 자발적 경향이다. 반면에 소비나 소비에 도움이 되는 투자를 위해서 양보를 하는 다른 태도는 상식에 의해 제시되고 또 대중의 불만을 보고 느끼는 두려움에 의해 아마도 지지될 것이다. 놀라울 것도 없이, 관료는 자체적으로 강화되는 생활수준 친화적 태도에서 관료 본연의 성장친화적 태도로 끊임없이 되돌아간다.

2. 투자결정의 탈중앙집중화. 시장사회주의의 정신에 따라 입안된 개혁은 투자결정에 대한 공적 소유 기업의 권한을 확대한다. 실제 규정은 국가와 시기에 따라 다르지만, 개혁경제에서는 거의 전형적인 두 유형의 수정이 일어난다. 하나는 기업이 창출한 이윤 중에서 국가예산으로 넘길 필요가 없고 자체 투자의 자금을 조달하는 데 사용할 수 있는 비율의 증가이다. 다른 하나는 외부 투자자원의 총액 중 상환할 필요가 없는 국가예산 보조금의 감소와 이자와 함께 상환해야 하는 은행신용의 증가이다.[10)]

이러한 개혁을 입안한 사람들은 탈중앙집중화 조치들에 따라 수익성이 투자결정에서 큰 역할을 하기를 기대했다. 기업들은 손해를 볼지도 모르는 투자를 꺼릴 것이었다. 그렇지만 이러한 일은 여러 이유로 일어나지 않는다.

개별 개혁경제들에서 실질이자율은 마이너스이다(22장 2절 참조).[11)]

---

10) 국가자본시장과 소유권 교차 현상은 앞에서 다뤘다(21장 7절 참조). 헝가리에서 개혁의 후반기에 이러한 새로운 형태들은 기업에게 자본과 투자자원을 확보할 기회를 주었다.

11) 1989년 소련에서 장기 명목이자율은 0.82%였다. E. Gaidar(1990, p. 24)를

따라서 다른 이유가 없다면 투자대출에 대한 초과수요는 불가피하다. 대출은 항상 선물이라는 요소, 국가로부터의 증여를 포함하기 때문이다. 이자 지불의 의무는 어떤 경우에도 투자결정에서 뚜렷한 역할을 하지 않는다. 기업의 팽창 추구와 투자갈망은 여전히 아무런 제약도 받지 않고 실현된다. 투자계획이 손실을 가져올 수밖에 없다고 하더라도, 연성예산제약은 손실을 충당하도록 도울 것이다.

절반 정도 탈중앙집중화된 은행, 기업 운영에 개입하는 상급 정부기관, 절반 정도 자율적인 기업의 지도자, 이 셋 사이에는 연줄망이 존재한다. 은행은 신용대출 신청을 거부하지 않는다. 기업이 이자지불 의무를 이행하지 못하면, 은행은 기업에 대해 가혹한 조치를 취하지 않고 적극적으로 도움을 주려는 경향이 있다(23장 4절 참조).

당연하게도, 이런 상황에서는 시장사회주의 기업이 투자결정을 내릴 때 수익성에 대한 고려로부터 영향을 받지 않는 것이 근본적으로 전형적이다. 〈표 23-2〉에 제시된 헝가리 통계는 한쪽에는 투자행위, 다른 한쪽에는 투자기업의 투자실행 전후의 수익성, 이 양자 사이에 어떤 분명한 상관관계가 없다는 것을 보여 준다.

요약하면, 고전적 사회주의 체제에서 중앙계획에 따른 결정은 투자에 사용할 수 있던 총액을 제한하기 위해 관료적 할당을 효과적으로 이용하였다. 개혁과정은 외부로부터 오는 관료적 압박들을 느슨하게 만들지만, 자율적 통제는 이윤 동기에 의해서건 재정적 실패에 대한 두려움에 의해서건 전혀 수립되지 않는다. 고전적 체제에 전형적이던

보라. 이는 투자를 위한 대출이 절댓값이 아주 큰 마이너스 실질이자율로 이루어질 수 있었다는 것을 의미한다.

〈표 23-2〉 수익성과 투자행위 사이의 상관관계(헝가리)

	원수익의 평균 수준 (1980~1982)	재정 재분배 이후 수익성의 평균 수준 (1980~1982)	투자행위의 평균 수준 (1980~1982)
원수익의 평균 수준 (1976~1979)	+0.83	+0.16	-0.06
재정 재분배 이후 수익성의 평균 수준(1976~1979)	+0.17	+0.07	-0.07
투자행위의 평균 수준 (1976~1979)	-0.01	-0.06	+0.18

참조: 헝가리 국유기업 전체에 대한 통계로부터 산출.
출처: J. Kornai and Á. Matits (1987, p. 115).

투자 분야에서의 과열(12장 2절 참조)은 개혁경제에서 줄어들기보다는 증가하는 경향이 있다. 방금 나는 성장정책에서 나타나는 분열을 묘사했는데, 그곳에서는 성장을 강행하려는 욕망과 강행성장을 제거하려는 욕망이 공존한다. 투자영역에서 나타나는 동기와 태도는 이러한 두 성향 중에서 앞의 성향, 곧 성장을 강행하려는 경향이 지배하도록 만든다.[12]

3. 국가예산과 재정정책

개혁경제들에서는 보통 국가예산에서 상당한 적자가 발생하며, 여러 국가들에서 적자는 증가한다.[13] 이러한 사실은 부분적으로는, 이전

12) 이러한 현상은 중국의 성장정책에서 아주 뚜렷하게 나타난다. G. Peebles (1990)를 보라.

13) 예를 들면, 소련의 재정적자는 1985년 약 2%에서 1988년에는 11%로 증가했

부터 존재했지만 여러 가지 금융조작을 통해 의회나 대중으로부터는 숨겨 왔던 예산적자를 뒤늦게야 인정하는 해당 국가들의 정부 때문이라고 설명될 수 있다.[14] 이러한 문제가 공표되는 것은 정치활동이 더 개방되고 있다는 하나의 징표이다.[15] 그렇지만 그것은 당연히 비밀공개의 문제만은 아니다. 개혁과정 자체가 예산적자를 증가시키는 경향을 가진 흐름을 작동시키거나 강화한다. 예산적자는 다른 체제에서도, 미국에서 오랫동안 발생하여 온 경우처럼, 때때로 매우 심각하고 다루기 힘든 형태로 일어난다. 여기에서도 역시 과제는 체제특수적 특징들을, 혹은 더 정확하게는 사회주의 체제의 개혁과정이 야기하거나 악화시키는 성격들을 우선적으로 확인하는 일이다.

1. 소비자 보조금. 고전적 사회주의의 공식 이데올로기에 따르면, 가부장주의적(*paternalistic*) 국가는 시민들의 복지를 돌봐야 한다(4장 4절 참조). 개혁의 공식 이데올로기는 이 관념을 포기하기 시작하고, 경제정책은 소비 비용을 개인, 가족, 가계에 점점 더 많이 떠넘기려는

다(International Money Fund et al., 1990, p. 10).

14) I. Birman(1980)은 최초로 소련의 예산적자 은폐 문제에 강한 관심을 가졌다.

15) 소련에서 최초로 이 문제를 거론한 인물 가운데 한 사람인 까갈로프스키(K. Kagalovsky, 1989, p. 450)는 다음과 같이 얘기한다. "당시(1986년)에 예산수입 증가의 상당 부분이 예산적자 방식으로 조달되었다. 우리가 평가한 바에 따르면, 예산적자는 이제 예산수입의 15~17% 정도를 제공한다. '글라스노스트' 시기에는 더 이상 숨바꼭질을 할 필요가 없다. 예산적자의 존재를 인정하는 일이 충분히 공개적으로 이루어지지 않고 있다. 이 문제가 엄청나게 중요하다는 사실을 이해할 때가 되었다. 예산적자가 존재한다는 사실을 신중하게 은폐했기 때문에, 소련 문헌 중에는 그것이 경제에 미친 영향을 꿰뚫어 본 조사가 없다."

바람을 담는다(19장 6절 참조). 국가는 실현할 수 없는 것으로 이미 입증된 이전의 공약들로부터 자유로워지기를 원할 것이다.[16] 국가는 '복지국가'처럼 작동한다는 인상을 창출할 수 없고, 더 이상 그렇게 하려고 크게 바라지도 않는다. 이데올로기와 사회정책에서 나타나는 이러한 급진적 변화들은 재정 체계와 다른 분야들에도 반영된다.

식료품과 기타 대량소비 품목들에 대한 보조금을 폐지하고 엄청난 손실을 내는 국가 주택부문과 수송, 기타 공공시설에 대한 예산지원을 삭감하는 결정이 반복적으로 이루어졌다. 때로 이러한 결정들은 실행 과정에서 대중의 불만, 온건한 혹은 거친 항의, 파업, 시위 등을 불러일으켰다. 때로 당국은 큰 저항에 직면해서 어쨌든 결의안 실행을 단념한다. 그러한 '탈가부장주의화' 조치로 인해 자신들의 기득권을 빼앗길 위기에 처한 여러 집단의 사람들은 사회주의가 했던 복지공약을 거론하면서 기존 보조금을 취소하려는 계획들에 분개하는 반응을 보인다. 어떤 조치들은 사회의 가장 빈곤하고 열악한 사람들을 비참할 정도로 짓누른다. 이들은 고전적 체제 시절에는 보조금이 지급되었던 식량, 대량소비 제품들, 공공시설, 주택, 의료 서비스 등 평등주의적 조치들에 의해 약간의 구조를 제공받았던 집단이다.[17] 어떤

16) 앞서 언급한 것처럼 중국의 중앙예산은 고전적 체계하에서조차 소련이나 동유럽보다 낮은 복지지출을 감당하였다. 주택과 보건, 연금 지출의 일부는 우선 기업들에게 떠넘겨졌으며, 나머지 지출은 (특히 촌락들에서) 여전히 가족이 부담한다.

17) 보조금 축소는 사회의 중·상층에게도 피해를 입힌다. 어떤 관점에서 구분선은 '가난한 사람들'과 '부유한 사람들' 사이가 아니라 특정한 수당들을 받는 사람들과 받지 못하는 사람들 사이에 (예를 들면, 국가보조금을 받는 저렴한 국유주택의 세입자와 자신의 부족한 재원으로 거금을 들여 지은 아파트 및 주택

경우에 정부는 화폐 급여를 제공함으로써 가격보조금 삭감을 보상해 주려고 한다. 물론 그런 경우에는 폐지된 보조금 부담의 일부분만큼만 예산의 경감이 일어난다.

확실히, 여전히 남아 있는 보조금 규모는 예산지출 측면에서 부담이 되는 항목이다.

2. 공적 소유의 적자기업에 대한 보조금. 명목임금과 여타 투입물의 높은 가격이 건잡을 수 없게 되면서, 비용의 상승이 일어난다. 반면에, 가격 당국은 산출가격의 상승을 방지하려고 한다. 이러한 상황은 효율성을 침해하는 여러 추가적 요인들, 가격체계의 수많은 다른 왜곡들과 결합하여 국유기업들 대부분이 일상적으로 적자를 보는 사정을 낳는다(〈표 21-5〉, 〈표 21-6〉 참조). 적자를 내는 영역에서 일어나는 실질산출량 증가는 예산 고갈을 심화한다.

이 문제에 관한 모순적 태도는 관료기구의 모든 수준에서 발견된다. 적자기업들을 정리한다는 약속이 반복적으로 이루어지지만, 이러한 기업들은 결국 대부분 국가보조금을 통해 위기를 일시적으로 벗어난다.[18] 예산 압박 증가에 대한 주요 설명 중 하나는 연성예산제약이다.

3. 수출 보조금. 고위급 경제 지도자들은 수출을, 무엇보다도 경화

의 소유자 사이에) 그어진다. 그렇기 때문에 특권집단들도 역시 특정 보조금 폐지에 반대할 수 있다.

18) 예컨대, 폴란드에서 국가 부문에 대한 보조금은 매우 느리게 감소했다. 이는 1982년에 예산지출의 47%를 차지했고, 1985년에도 그 비율은 여전히 38%였다. Z. M. Fallenbuchl(1988, p. 126)를 참조하라.

획득을 가져오는 수출을 촉진하고 싶어 한다. 경제에서 무역과 경상 수지가 악화되고 해외부채가 더욱더 심각한 문제가 되면(23장 6, 7절 참조), 경제정책의 목표는 어떤 대가를 치르더라도 수출을 증가시키는 것이다. 수출보조금 지급은 예산에 계속 증대하는 부담을 준다.[19]

4. 국가 투자계획사업. 투자영역에서의 과열은 앞 절에서 논의했다. 여기에서 지적할 필요가 있는 것은 그러한 과열이 예산에 미치는 결과들이다. 개혁은 국가예산으로부터 자금이 조달되는 투자계획사업들의 비율을 획기적으로 줄이지만, 투자에 굶주린 기업들은 예산으로부터 가능한 한 많은 금액을 뽑아내려는 노력을 멈추지 않는다.

보조금과 국가조달 투자액이 정부 지출에서 차지하는 큰 비중은 〈표 23-3〉에 제시되어 있다.

5. 관료기구와 군대에 대한 지출. 당 기구와 대중조직, 국가행정부처를 축소하려는 결정들이 계속 내려지지만, 그러한 결정들로부터 나타나는 결과는 거의 없다. 관료기구의 개별 기관은 살아남기 위해서, 또 직원 수준을 유지하기 위해서 애쓴다. 하나의 조직이 결국 해체되어야 한다면, 다른 조직이 대신 성장한다. 따라서 이러한 결정들이 예산 지출 삭감에 기여하는 것은 없다.

군대에 대한 지출과 관련해서는 만족할 만한 분석을 할 수 없다. 공표된 수치들이 지출 규모를 명확하게 보여 주지 못하기 때문이다.[20]

---

19) 2번과 3번은 부분적으로 겹친다. 어떤 경우에 기업은 가격이 불리할 때에도 억지로 수출을 해야 하기 때문에 적자를 보기 시작한다.

〈표 23-3〉 사회주의 국가에서의 투자 및 보조금에 대한 예산지출

		투자	보조금	투자	보조금
		GDP 대비 %		총 예산지출 대비 %	
헝가리	1970	11.2	26.2	21.3	49.7
	1980	9.6	27.9	16.3	47.1
	1987	3.5	18.4	6.5	33.8
폴란드	1982	4.8	20.5	9.1	39.0
	1988	5.5	15.1	11.2	31.1
소련	1985	8.2	8.7	16.5	17.5
	1989	8.9	9.3	17.1	17.9
베트남	1984	5.9	7.5	23.1	29.5
	1988	5.6	8.2	20.3	30.0

출처: 헝가리 - L. Muraközy (1989, p. 105, 113, 115), 폴란드 - D. M. Nuti (1990, p. 174), 소련 - IMF et al. (1990, p. 10), 베트남 - D. Gotz-Kozierkiewicz and G. W. Kolodko (1990, p. 12).

서구의 전략 전문가들에 따르면, 소련과 중국, 다른 개혁국가들의 군비지출은 1980년대 후반에 정체하였거나 하락하는 경향이 있었다. 그렇다고 해도, 군대의 요구는 예산에 대한 끊임없는 긴장의 원천으로 남는다.

6. 외채 원리금 상환. 개혁기간에 해외 채무가 증가하는 경향이 있다 (23장 6절 참조). 여러 국가들은 점점 더 나빠지는 조건으로 외채를 쓸 수밖에 없게 되기도 한다. 원리금 상환(만기 상환과 이자) 이 예산에 큰 부담이 되고, 많은 국가들에서 그 부담이 더욱 증가한다.

---

20) 1989년 5월, 고르바초프는 군비지출이 773억 루블에 달한다고 발표했는데 (*Pravda*, 1989. 5. 31), 이 금액은 GNP의 8.8%에 해당한다. 이는 미국이 추정한 15%보다는 꽤 낮다고 하더라도, 이전에 공표된 것보다는 2배나 높은 수치이다.

지금까지 언급된 1번에서 6번까지의 경향들은 모두 예산지출과 관련된다. 이제 예산수입 측면의 경향을 다루어 보자.

7. 거래세. 이것은 고전적 체제하에서 세금수입의 주요 원천이다. 고전적 체제의 조건하에서는 거의 모든 거래가 국가거래체계를 통해 이루어지고 국가거래체계 자체가 쉽게 점검될 수 있기 때문에, 징세는 매우 수월하다. 개혁체제하에서 이러한 과세 형식은 훨씬 많은 문제를 일으키는데, 왜냐하면 통제하기가 더욱 힘들거나, 실제적으로 불가능한 사적 부문으로 이전되기 때문이다.[21)]

8. 기업과 지방정부로부터 오는 세금수입. 분권화는 기업이 예산으로 넘기지 않고 보유할 수 있는 기업이윤의 비율을 증가시킨다. 이는 기

---

21) 고전적 체제하에서도 임금에 연결된 세금들이 존재하는데, 공적 부문 고용주들은 그것들을 자동적으로 공제한다. 시민들은 자신들이 세금을 내고 있다는 것을 알지 못하는데, 거래세와 임금 관련 세금 모두 자신들의 등 뒤에서 거두어지기 때문이다. 개혁과정의 일부분으로 서구의 방식에 따라 소득세를 도입하려는 시도들이 있었다. 그것을 실제로 적용한 최초의 국가는 헝가리였다.

헝가리의 새로운 조세체계는 다양한 긴장을 초래했다. 그러한 조세체계의 공식 목적들 중 하나는 소득분배의 부정의를 극복하는 것이었지만, 그것은 실현되지 못했다. 새로운 조세체계는 부(負)의 소득세와 결합되지 않았고, 따라서 어려운 재정 상태에 있는 사람들에게 도움이 되지 않았다. 그들 중 일부는 사실상 상황이 이전보다 더 나빠졌다. 더욱이 고수입자의 소득에서 세금을 뽑아내는 것도 이루어지지 않았다. 자신들의 수입을 숨길 수 없거나 숨기려고 하지 않았던 사람들 중 대부분은 덜 일하거나, 이익이 되는 사업들을 덜 벌이거나, 이전에 했던 사업들을 포기하는 것을 선호했다. 따라서 세금은 노력과 성공에 대한 제동장치처럼 작동했다. 다른 사람들은 이전에는 공개적이었던 경제활동을 세금기관들이 통제할 수 없는 '비합법' 또는 '불법' 영역으로 몰아넣었다(19장 5절 참조).

업 권한 영역의 증가라는 관점에서는 주요한 성과이지만, 동시에 국가예산의 수입 부분을 상당히 축소시킨다. 유사한 변화가 지방정부에서도 일어난다. 지방정부도 역시 자신의 지역에서 거두어들인 세금 중 더 많은 부분을 보유할 수 있다. 예산지출과 예산수입의 분권화가 연결되어 일어났다면, 이러한 일은 전혀 문제를 일으키지 않았을 것이다. 그러나 예산수입의 분권화가 지출의 분권화보다 더 빨리 진행된다면, 그러한 과정은 예산적자의 원인이 된다.

9. 인플레이션 효과. 인플레이션의 문제들은 나중에 논의할 것이지만, 인플레이션 과정이 예산에 미치는 효과만은 여기에서 살펴볼 필요가 있다.[22] 인플레이션이 확대되기 시작할 때에는 예산지출과 예산수입의 증가율 사이에 보통 차이가 나타난다. 세금납부와 세금징수에는 시간이 걸리기 때문에, 수입증가는 지출증가에 뒤처진다. 이러한 사태는 마이너스 실질이자율에 의해 악화된다. 이자가 체납 세금에 가산된다고 하더라도, 인플레이션으로 발생한 가치 손실을 충분히 메우지 못한다.

이 목록이 완전하다고 할 수는 없지만, 예산적자를 지속시키거나 증가시키는 경향을 지닌 아홉 가지 요인들이 언급되었다. 경제당국들은 신중하게 마련된 재정정책을 가지고 이러한 난관들에 대해 대응하는 데 실패했다. 오랜 시간이 지나서야, 지도부는 문제의 중요성을 겨

22) 정반대의 효과, 곧 예산적자가 인플레이션을 유발하는 과정에서 하는 역할도 중요하다.

우 파악하였다. 고전적 체제의 관료는 모든 중요한 문제들이 투입과 산출 물량에 대한 계획을 통해 결정되는 것에 점차 익숙해졌다. 조금이라도 중요성을 갖는 유일한 다른 요인은, 대중이 자신의 수중에 있는 화폐를 가지고 고정된 소비자 가격으로 사들일 수 있는 소비재의 양이다. 금융 과정은 중요하지 않고, 거의 관심을 기울일 필요가 없다. 그러나 개혁체제하에서 그 문제들은 예산적자 같은 현상에 의해 갑자기 연결된다. (단일하고 전국적인 '공장'을 운영하는) 물량계획과 직접적인 관료적 통제기술을 배워 왔기 때문에, 관료들은 재정 문제에 대해 비전문적이고 서투른 방식으로 〔그리고, 앞으로 보게 되듯이, 통화 문제에도 비슷한 방식으로〕 대응한다.

허둥거림의 표시도 나타난다. 임시방편의 조치들이 도입되고,[23] 막 공표된 규제가 종종 신속하게 철회된다. 마침내 예산적자의 위험을 제대로 인식하게 되었을 때에는, 정부는 일종의 '예산 탐욕'을 드러낸다. 기업과 가계 모두는 공공재정 관리자들이 추가 수입을 올릴 기회라면 아주 작은 것이라도 잡으려고 한다거나, 정치적이고 사회적인 결과나 정면으로 피해를 입게 될 사람들의 역량을 고려하지 않고 자신들이 담당해야 할 지출 항목을 없애려고 한다는 인상을 받는다.

개혁의 목표 가운데 하나가 관료기구를 축소하는 것임에도, 금융기구의 직원들은 늘어나고, 더욱더 많은 재정적 조치들이 취해지고, 조세와 보조금 체계는 심지어 더 복잡해진다. 개혁국가들에서 재정기구

---

23) 이것의 대표적 사례는 고르바초프가 권력을 잡은 지 얼마 되지 않아서 취한 금주조치들의 도입이었다. 그 조치들은 알코올중독증을 퇴치하는 데 도움이 되지 못했다. 대신에 불법적인 밀주제조가 대규모로 이루어지도록 만들었으며, 국고수입의 엄청난 손실을 초래했다.

는 관료기구 내에서 가장 영향력 있는 부서들 가운데 하나가 된다.

어떤 조정기제가 국가재정을 다루는 기관들에서 작동하는가? 국가예산이 입안되고 입법부에서 통과된 이후에는, 어떤 체제에서든 그것을 실행하는 관료적 조정이 존재한다. 세금을 걷고 지불을 집행하는 일은 행정기관에 의해 이뤄진다. 그러나 예산과 관련한 의사결정은 다른 문제이다. 그것이 이뤄지는 메커니즘은 체제특수적이다.

의회제 정치구조하에서는 예산지출과 예산수입의 모든 항목은 결국 자치 기제를 통해 결정된다. 이러한 언명은 뒤집어서 말할 수도 있다. 진정한 자치는 공공지출과 공공수입이 공동체 전부나 그것을 대표하는 자유롭게 선출된 기구에 의해 결정될 때에만 공동체 안에서 적용될 수 있는 것이다.

고전적 사회주의 경제에서 자치 기제는 표면상으로만 적용된다. 기존 권력구조하에서 국가예산에 관한 결정은 결정을 집행하게 될 동일한 관료집단(혹은 더 정확하게는 관료집단 상층)에 의해 이루어진다. 그에 비해, 의회의 역할을 포함하여 자치의 요소가 개혁체제하에서는 약간 증가한다.24) 그렇지만 예산의 기본 지침 모두는 여전히 관료기구의 최상층에서 결정되며, 이런 점에서 거의 아무것도 변하지 않았다. 따라서 예산적자는 기껏해야 몇 명의 새로운 사람들에 의해 다루어지고, 일반대중으로부터는 거의 주목받지 못하는 문제로 남는다.

---

24) 의회가 예산통과와 관련한 자신의 책임을 확실하게 떠맡기 시작하는 때를 분명하게 알려 주는 징표들이 있다. 정확한 수치에 기초한 실질적 논쟁이 군사비 지출, 당과 대중조직의 유지를 위한 예산지원, 공식적인 관료기구 등과 관련하여 일어날 때, 정부발표에서 제시된 관점과 본질적으로 다른 관점들이 논쟁에서 나올 때가 바로 그러한 때이다. 이것은 체제가 혁명적 전환이 시작되는 정치적 구조 변화의 경계에 도달했음을 의미한다.

4. 신용체계와 통화정책

1. 제도. 개혁경제의 금융체계에 적용되는 조정기제들은, 또는 조정기제들의 결합 형태는 무엇인가?[25] 이는 재정체계에 대해 방금 던졌던 비슷한 질문보다 훨씬 더 까다로운 질문이다. 근대 자본주의하의 금융체계는 관료기구와 시장의 특수한 결합에 의해 조정된다. 중앙은행은 국가 소유이고, 상업원칙에 따라 운영되는 상업은행과 기타 금융기관은 수많은 국가 규정의 지배를 받는다. 개혁경제의 금융체계도 첫눈에는 유사해 보인다. 국가의 중심적 영향력(수직적 관계)은 매우 강력하지만, 그러한 영향력에도 불구하고 여기에서는 관리자들과 공무원들이 돈을 다루고 있다는 느낌이 든다. 은행계좌가 개설되고, 대출이 실시되고, 당좌예금이 운영되고, 수표 발행과 이체가 이루어지고, 이자가 계산되고, 채권과 주식이 거래된다. 이 모든 것은 상업적 거래, 수평적 관계, '영업'(*business*)을, 즉 시장 조정의 현존을 나타낸다.

이러한 느낌은 개혁과정 동안 금융체계에서 일어나는 구조적 변화에 의해 강화된다. 탈중앙집중화를 향한 경향들이 나타난다. 그러한 경향들 중 일부는 지역적 자율성의 증가와 관련이 있다. 별도의 은행들이 각 지역에 세워진다.[26] 나머지 경향들은 이전의 단일은행체계

---

25) 자세한 설명은 다음 저작들에서 찾을 수 있다. 유고슬라비아: L. D. Tyson (1980), S. J. Gedeon(1985~1986, 1987), 헝가리: M. Tardos(1989), I. Székely(1990), 중국: L. Wulf(1985), F. Levy et al. (1988), X. Zhou and L. Zhu(1987).

26) 유고슬라비아와 중국에서는 특히 연방은행들의 네트워크와 지방은행들의 네트

(*monobank*) 를 **이중금융체계** (*a two-level banking system*) 로 대체하는 방향으로 나아가는데, 이중금융체계란 중앙은행이 상층으로 운영되고 서로 독립적인 상업은행들이 하층으로 운영되는 구조를 말한다. 따라서 탈중앙집중화는 상업은행들 사이에 경쟁이 일어나면서 함께 발생한다는 느낌이 주어진다.27)

그러나 실제로 작동하는 것보다 더 거대한 '시장화'가 마치 존재하는 것처럼 보인다. 이러한 언명을 뒷받침하기 위해서는 개혁경제 내 은행들의 재산관계, 은행관리자들의 동기, 금융체계 내 은행관리자들과 다른 참가자들 사이의 관계 등을 더 면밀하게 살펴보아야 한다.

유고슬라비아나 중국의 지방은행 또는 헝가리의 상업은행의 활동을 검토하면, 그중 어느 은행도 수익에 직접적이고 무조건적인 관심을 가지고 있지 않다는 것이 드러난다. 공적 소유 은행은 사회주의 경제의 다른 공적 소유 기업처럼 모든 사람의 소유이면서 또한 그 누구의 소유도 아니다. 관리자들은 후한 급여를 받지만, 그들의 운명은 은행의 운명에 연결되어 있지 않다. 물론 그들이 고전적 체제의 은행가들보다 은행의 수익에 약간 덜 무관심할 수도 있다. 그렇지만, 일반적으로 말해서 그들의 경력에 대한 기본적 통제는 관료의 손아귀에 있고, 그들은 실제 소유자의 신뢰를 얻거나 유지할 필요가 없다. 따라서 그들은 관료적 압력에, 국가와 당의 중앙 및 지방 조직의 바람에, 가장 영향력 있는 기업의 수장의 뜻에 종종 굴복해야만 한다.

워크를 별도로 수립함으로써 중요한 변화를 일으켰다.

27) 헝가리는 1988~1989년 이중은행체계를 완벽하게 도입한 첫 번째 국가이다. M. Tardos (1989) 를 보라.

주목할 만한 차이점들이 존재하지만, 이전의 고전적 단일은행체계가 개혁경제의 조건하에서 살아남은 상황과 부분적으로 탈중앙집중화가 일어났던 상황을 각각 분리해서 논의하는 것은 여기에서 불가능하다.[28] 앞으로 나올 '은행'(*bank*)과 '금융체계'(*banking system*)라는 표현은 별도의 언급이 없으면 금융 부문 전체를 가리킨다.

진정한 신용체계에서 이자는 신용의 가격이다. 빌려 주는 사람은 이자를 통한 거래로 수익을 내기 위해 대출을 확대한다. 빌리는 사람은 대출의 이용이 지불할 이자만큼 가치가 있는지에 따라 신용거래를 요청한다. 진정한 신용시장에서 실질이자율의 0.25% 변화는 사업에서 반응이 일어나도록 한다.[29] 반면에 개혁경제들에서 실질이자율은 계속해서, 또한 의도적으로 마이너스이다(23장 2절 참조). 바로 이러한 점에서, 개혁경제의 금융체계는 상업적인 시장원칙 위에서 운영되는 기관들의 네트워크가 아니라 근본적으로 신용을 배분하고 돈을 모으고 비축하는 부서임이 드러난다.

실질이자율이 마이너스인 곳에서는 은행으로부터 대출을 받은 사람이 국가로부터 약간의 증여를 챙길 수 있는 것이다. 모든 실제적인 논의는 가능하다면 빚을 많이 지는 것이 유리하다고 말한다.[30] 가계로

---

28) 부분적인 탈중앙집중화가 일어났을 때, 중앙은행이 자신의 생각을 강요하는 것은 자신의 지점에 어떤 거래를 수행하도록 명령을 내리기만 하면 되었을 때의 경우보다 더 번거로운 과정이 된다. 현재의 조건에서, 이것은 다음에 논의될 추세, 즉 신용공급의 걷잡을 수 없는 확대를 증가시키는 경향이 있다.

29) 바레기(É. Várhegyi, 1990a)의 연구는 헝가리 개혁경제에서 국유기업의 신용거래 수요가 실질이자율의 변화에 거의 반응하지 않는다는 것을 경제 분석에 기초하여 밝힌다.

30) 이것은 자본주의 시장경제에서도 초인플레이션 시기에 일어날 수 있다. 그 경

부터의 신용거래 수요와 특히 공공부문으로부터의 신용거래 수요는 언제나 신용거래 공급을 크게 초과한다.[31] 이자율은 신용거래 배분의 균형추로 작용하지 못한다.[32] 은행은 이자로 수익을 내려는 바람에서 상업적 방침에 따라 신용을 '팔지' 않는다. 은행은 비상업적이고 관료적인 기준에 따라 신용을 배분한다. 그것은 사전에 선포된 투명하고 공개적인 기준의 문제인 것만은 아니다. 다른 요인들, 로비와 수직적 흥정, 개인적 연줄, 부패 등이 이면에서 작동한다.

참여자들의 행위와 그러한 행위 이면에 있는 힘들을 명확하게 밝히는 것이 개혁경제에서 발생하는 통화긴장을 이해하는 데 도움이 된다. 신용공급에 대한 신용수요의 항상적 초과만이 신용공급자들이 씨름해야 하는 유일한 문제는 아니다. 왜냐하면 권력의 압력과 사적 연줄 및 영향력의 사용은 신용공급을 증가시키는 경향이 있기 때문이다.[33] 반면에, 신용공급을 제한하는 소유자로서의 관심, 진정한 수익 동기,

---

우는 실제로 시장 조정이 붕괴되고 있다는 표시이다.

31) 재화시장과 관련해서 논의한 것과 같은 현상, 즉 수요가 기대 공급에 맞춰지는 현상을 여기에서도 발견할 수 있다(11장 2절 참조). 기업들은 은행과 수많은 비공식적 연결고리를 가지고 있기 때문에, 받아들여질 가망이 없는 신용거래 신청을 애초에 제출하지 않는다. 따라서 수요가 공급을 언제나 분명하게 초과하더라도, 신용거래에 대한 초과 신청의 총액은 항상 한정되어 있으며 터무니없는 규모가 아니다. 이 문제에 대한 M. Lackó (1989)의 설득력 있는 연구를 보라.

32) 이자가 균형을 잡는 역할을 하지 못하는 상황에서, '신용시장'이라는 용어를 사용하는 것은 부당할 수 있다.

33) 유고슬라비아의 한 고위층 은행관리자는 사적인 대화에서 나에게 공화국(즉, 지역)의 수상이나 지방정부 각료의 다른 구성원이 이런저런 기업의 신용거래 신청이 받아들여지도록 한 번 이상 개인적으로 개입하였다고 말했다. 그는 그런 집요한 요구를 거부하는 것이 불가능하다고 생각했다.

사업 실패에 대한 두려움 등은 어떤 형태로도 존재하지 않는다. 기껏해야 중앙은행이 행정적 수단을 통해 걷잡을 수 없이 증가하는 신용공급을 중단시키거나 억제하려고 한다. 그러나 신용공급을 억제할 내부적 유인이 없는 상태에서는 상업대부를 담당하는 기관들의 신용배분 행동을 제어하기가 (불가능하지는 않더라도) 힘들기 때문에, 그러한 시도는 거의 성공하지 못한다.

자본주의적 신용체계는 국유 중앙은행의 업무와, 자율성이 무제한적이지 않은 거대한 사유 상업은행들과 다른 중개 금융기관들의 업무를 조정해 내는 복잡한 메커니즘을 안정적으로 발전시켜 온 수세기에 걸친 실무경험을 가지고 있다. 발전의 결과는 엄격한 법적 조건들(관료적 조정), 수익에 기반을 둔 사적 계약들(시장 조정), 엄격한 영업활동(윤리적 조정)의 특수한 결합이다. 이러한 결합이 상업은행의 운영에 영향을 미치는 효과적 수단을 중앙은행에 제공한다.[34] 재산관계와 권력구조의 독특한 결합체에 바탕을 둔, 유기적으로 발전하고 섬세하게 조정된 통제 메커니즘이 사회주의의 국유화된 금융체계 위에 중앙집권화된 명령에 의해 갑자기 '복제되고' 적용될 수 있는 방법은 없다.

지금까지 금융체계 내의 신용거래와 관련하여 논의했다. 단일은행체계의 틀을 벗어나 신용을 확장하는 것은 고전적 체제하에서 엄격하게 금지된다. 기업들은 상호 간 신용거래를 할 수 없다. 이는 개혁체

34) 그런데 이러한 메커니즘은 수많은 오류와 마찰을 빚으며 작동하고, 심각한 금융파국을 피할 수 없다는 것이 여러 차례 입증되었다. 근대 자본주의 경제의 금융 부문은 연성예산제약 신드롬의 징후가 가장 흔하게 나타나는 영역이다. 미국에서 일어난 이에 대한 가장 최근의 충격적 사례는 상호저축은행들의 붕괴와 예산 지출 및 납세자의 끔찍한 희생을 대가로 실행된 금융구제이다.

제하에서 급격하게 바뀌는데, 기업들 사이의 상업적 신용거래 규모가 꾸준하게 증가한다. 이러한 신용거래 중 상대적으로 작은 부분만이 두 기업 사이의 자발적인 신용거래 합의에 따라 이루어진다. 대부분은 강요된 신용거래이다. 구매기업은 판매기업의 청구서에 대해 단지 지불하지 않는 것이다. 종종 그러한 지불 태만은 구매기업이 자신의 구매자로부터 지불을 받지 못했기 때문에 일어난다. 구매기업은 자신에게 돈을 갚아야 할 기업으로부터 받은 약속어음을 부채청산의 수단으로 사용하기도 한다. 지불 연기와 강제 대출의 연쇄는 생산 부문의 대부분에 유동성 위기를 가져올 수 있다. 결과적으로 금융체계는 기업들의 지불불능 연쇄를 지불가능 상태로 다시 만들기 위해 은행신용을 제공하면서, 때때로 개입해야만 한다. 그러나 그 사이에 약속어음은 '준화폐'로서 기업 부문에서 돌아다니고, 금융체계가 화폐공급의 실질 권한을 갖는 것을 방해한다.[35]

2. 통화정책. 중앙은행은 개혁사회주의 경제에서 자체의 통화정책을 고전적 체제하에서 할 수 있었던 것 이상으로는 발전시킬 수 없다. 중앙은행은 여전히 관료적 압력에 종속되고, 중앙행정부의 부분이며, 독립기관이 아니다. 중앙은행의 지도부는 당과 국가의 최고지도자들

---

35) 이에 대한 도표로 표시된 그림은 L. D. Tyson(1977), S. J. Gedeon(1987), É. Várhegyi(1989, 1990b) 등의 저작에 나타난다(21장 7절 참조). 예를 들면, 1989년 헝가리의 기업 간 강제신용의 총규모는 미결제된 단기신용 총액의 3분의 1을 넘어섰다. 이 정보는 바레기(É. Várhegyi)로부터 온 것이다.

기업 간 강제대출의 대량 확산은 다른 것들 중에서도 앞에서 언급한 것과 관련 있다. 이는 바로 수평적 계약들에 대한 존중, 그리고 계약들을 뒷받침하는 튼튼한 경제적·법적·윤리적 기초가 나타나지 못한 종류의 경제이다.

에 의해 임명된다. 중앙은행은 자신의 활동을 중앙집권적 통제에 종속시킬 의무가 있다.

여기에서 예산적자의 문제(23장 3절 참조)로 돌아가야만 한다. 예산적자는 확실히 신용거래 자금으로 메워져야만 한다. 경제적 관점에서 바람직한 경로는 기업과 공공기관, 가계가 국가에 대해 신용을 자발적으로 확대하는 것이다. 자본주의 경제에서 이 과정이 일어나는 주요한 형태는 이 채권자들이 투자를 한다는 생각으로 이자를 낳는 국가채권을 사는 것이다. 이러한 방법이 개혁사회주의 경제에서는 전혀 또는 거의 사용되지 않는다. 그 대신에 중앙은행은 예산에 돈을 빌려주는데, 이는 오랫동안 대중에게 그럴듯한 이유로 은폐하는 신용조작 조치이다. 왜냐하면 이 지점에서 두 가지가 분명해지기 때문이다. 예산적자는 결국에는 관대한 중앙은행이 단지 화폐를 찍어 냄으로써 충당되고, 그것은 인플레이션 과정 이면에 있는 주요 동인 중 하나이다.

재정정책의 미숙한 운용에 대한 이전의 언급은 여기에도 적용된다. 통화정책의 입안과 실행은 복잡한 과정이며, 고전적 체제하에서는 그것을 배울 기회가 없었다. 심각한 실수가 빈번하게 발생한다.

개혁과정 동안 통화정책은 두 형태의 행위 사이에서 동요한다. 통화정책은 때로는 제한적이고 엄격하지만, 때로는 관대하고 느슨하다. 통화정책은 신용을 가능한 한 많이 확대하라는 위아래로부터의 압력에 때로는 저항하지만, 때로는 굴복한다. 그런데 일반적인 통화제한정책이 정해졌을 때조차, 그 속에는 여전히 많은 틈새들이 존재한다. 정치적이고 관료적인 압력이 매우 강하다면, 금융체계는 그것에 저항할 수 없고, 신용거래 — 긴축정책의 일관성 있는 집행과 양립할 수 없다고 하더라도 — 를 허용한다.

이러한 두 개의 상반되는 행위 중 관대한 행위가 보통 만연한다. 확실히 너무 많은 신용과 결국에는 너무 많은 화폐가 완화 국면 동안 경제로 들어오고, 가용한 공급에 비교하여 너무나 큰 수요를 창출한다.

5. 부족과 인플레이션: 국내경제관계

이제 개혁경제의 거시적 긴장들과 그것들의 결합된 효과를 포괄적으로 검토하려는 시도가 이루어져야 한다. 이는 두 단계로 진행된다. 이 절은 대외경제관계들과 각국에 대한 대외무역 및 대외신용의 효과를 무시하고 대내관계에만 초점을 맞추면서 시작한다. 다음 두 절은 대외무역과 대외신용의 문제를 분석한다.

출발점은 11장과 12장의 주제, 고전적 사회주의 체제하의 부족과 인플레이션이다. 그곳에서 끌어낸 결론의 대부분은 개혁과정을 거치는 경제에도 동일한 방식으로 적용되기 때문에, 이 절에서는 다시 언급되지 않는다. 이 절의 주요 목표는 그곳에서 제시된 모습이 개혁의 결과로서 얼마나 많이 변화했는지를 검토하는 것이다.

체제는 이전의 정상 상태로부터 벗어난다. 수요의 폭주와 거시적 초과수요의 증대가 계속 일어난다. 수요를 자극하는 작용을 하는 모든 메커니즘들이 고전적 체제하에서 작동하고 있었지만, 관료적 제동장치들과 장벽들이 그것들을 제한하는 경향이 있었다. 이러한 제한들은 시장사회주의를 목표로 하는 개혁의 결과로 약화된다. 임금상승을 요구하는 압력은 돌파구를 열어젖히는 경향이 있고, 이는 가계의 수요 증가를 가져온다. 기업의 투자갈망은 더 커지고, 이는 기업 부문의 수요를 증가시킨다. 화폐공급을 과도하게 증가시키는 유인들은 더욱 강해진다. 여기에서 예산적자를 특별히 강조해야만 하는데, 중앙은행은 더 많은 화폐를 발행함으로써 예산적자의 자금을 조달한다.

고전적 체제하에서 거시적 초과수요는 가격상승 추세를 끌어내는 경향이 있지만, 이는 행정가격 책정을 통해 효과적으로 방지된다. 이와 관련해서, 개혁경제는 다음과 같은 대안들을 갖는다.

1. 개혁경제는 행정가격 책정이 지배적인 상황을 유지하면서 가격상승에 대한 압력에 저항할 수 있다. 그러한 경우에 강제저축이 시작되고, 사용되지 않거나 사용할 수 없는 화폐의 축적, 즉 '통화과잉'이 일어난다. **억압형 인플레이션**이 전개된다. 이는 1990～1991년 소련에서 가장 극단적인 형태로 발생하였다.

2. 가격 책정에 대한 행정적 족쇄의 일부 또는 전부가 제거될 수 있다. (22장 1, 4절 참조). 가격을 상승시키는 힘들이 풀려나면서, 전반적인 가격 수준이 이동하기 시작한다. 억압형 인플레이션은 **개방형 인플레이션**으로 부분적 또는 총체적으로 전환된다. 이는 폴란드와 유고슬라비아, 베트남 등에서 매우 폭력적으로 발생했고, 헝가리에서는 훨씬 덜 과격했지만 상당한 정도로 일어났다. 개방형 인플레이션의 분출에 대한 통계는 〈표 23-4〉에서 볼 수 있다.

기업의 수익 동기는 정책결정을 뒷받침하는 주요 동기가 될 만큼 충분히 강력하지는 않지만, 완전히 효력이 없는 것은 아니다. 수익은 기업에게 이득이다. 보조금과 감세, 장기 저리 대부 등을 얻기 위해 여기저기 구걸하는 것은 불쾌한 일이다. 따라서 기업은 가격을 올리기 위해 할 수 있는 모든 일을 하는 데 매우 적극적이다. 그렇게 하도록 만드는 유인은 고전적 체제에서보다 훨씬 강력하다. 고전적 체제하에서는 수익 계획이 목표 목록에서 매우 부차적인 역할을 했으므로, 그것을 충족시키려고 노력하는 것이 가치가 없었기 때문이다.

중앙집권적 가격정책은 상대가격을 조정하려고 하면서, 두 가지 방법을 이용한다. 한편으로, 행정가격들이 중앙집권적으로 연속해서

〈표 23-4〉 개혁사회주의 국가의 인플레이션율

시기	중국	헝가리	폴란드	유고슬라비아	베트남
1960~1980	-	3.7	5.0	-	-
1965~1980	0.0	2.6	-	15.3	-
1966~1970	-	-	-	-	2.3
1971~1975	-	-	-	-	0.7
1976~1980	-	-	-	-	21.2
1980	6.0	9.1	9.1	-	-
1981	2.4	4.6	24.4	46	-
1982	1.9	6.9	101.5	30	-
1983	1.5	7.3	23.0	39	74[a]
1984	2.8	8.3	15.7	57	-
1985	8.8	7.0	14.4	76	-
1986	6.0	5.3	18.0	88	487
1087	7.3	8.6	25.3	118	316
1988	18.5	15.5	61.3	199	308
1989	17.8	17.0	244.1	1,256	96

주석: a) 1981~1985년 평균.

출처: 가로줄 1~5 - F. L. Pryor (1985, p. 123), 가로줄 6~15 - World Development Report (1988, pp. 222~223), 중국 - 1980~1989년은 T. Sicular (1990, 표 1), 헝가리 - 1980~1986년은 M. Bleaney (1988, p. 122), 1987~1989년은 Központi Statisztikai Hivatal (Central Statistical Office, Budapest, 1990, p. 223), 폴란드 - 1980~1986년은 M. Bleaney (1988, p. 122), 1987~1989년은 G. W. Kolodko, D. Kotz-Kozierkiewicz, and E. Skrzeszewska-Paczek (1990, p. 47), 유고슬라비아와 베트남 - G. W. Kolodko, D. Kotz-Kozierkiewicz, and E. Skrzeszewska-Paczek (1990, pp. 23, 77, 79).

인상된다. 다른 한편으로, 상품이나 서비스에 대한 국가통제가격이 하나씩 자유화되고, 가격상승 압박에 대한 고삐가 풀린다. 이 두 가지 방법 중 한 가지가 사용되든 두 가지가 결합되어 사용되든 간에 부분적인 가격상승이 이어지면서, 상대가격을 조정한다는 애초 목표의 달성은 실패하고 만다. 동시에 이러한 과정은 가격 수준의 일반적이고 지속적인 상승을 뒤에서 밀어붙이는 힘 중 하나가 된다.

3. 인플레 경향의 가격상승이 일어나지만, 이는 거시수요와 거시공급 사이의 균형을 회복시킬 정도로 충분히 빠르지도 광범위하지도 않다. 생산품에 대한 균형가격의 신속한 형성은 어떤 것이라도 다양한 제약과 경직성 때문에 방해를 받는다. 더욱이, 공적 소유 기업은 아직도 가격에 진정으로 민감하게 반응하지 않고, 그 때문에 공적 소유 기업의 투입물들에 대한 수요는 투입물들의 인상되는 가격들에 의해 억제되지 않는다. 개방형 인플레이션과 부족이 나란히 나타나는 상황이 발생한다. 이와 같이 인플레이션과 부족이 동시에 악화되는 현상의 가장 극단적 예는 폴란드이다. 이 때문에 이 장에서 논의되는 일군의 현상들에 대해 폴란드 신드롬이라는 이름이 붙여졌다.

대안 1과 2는 결코 순수한 형태로 적용되지 않는다. 일부 국가들에서는 억압형 인플레이션과 부족이 지배적이고, 다른 국가들에서는 개방형 인플레이션이 지배적이라고 말할 수 있을 뿐이다. 인플레이션과 부족이 동시에 나타나는 대안 3은 모든 개혁경제에서 최소한 희미한 방식으로 감지되고, 어떤 경우에는 경제 전체는 인플레이션으로 시달리지만 일부 부문은 심각한 부족의 조짐을 보이는 형태로 나타난다.

개혁은 자체의 모순 때문에 대가를 치른다. 수요의 폭주를 야기하는 유인들(특히 연성예산제약)은 제거되지 않는다. 게다가, 더 강력한 임금압박과 같은 새로운 유인들이 추가된다. 한편 가격들은 어느 정도는 자유화된다. 따라서 만성적 부족이 해소되지도 않으면서, 고전적 체제의 가격과 임금 안정성은 파괴된다. 실제로 개혁조치들은 (폴란드나 소련에서처럼) 분명히 잘못 입안되었고, 인플레이션과 부족은 모두 점점 더 악화되었다.

가격상승은 피고용인들이 더 높은 임금을 위해 더욱 공격적으로 투쟁하도록 만든다.[36] 투입물 가격과 임금의 상승은 비용을 증가시키고, 이것은 가격증가를 더욱 촉진한다. 잘 알려진 **인플레이션 악순환**(*inflationary spiral*)이 시작된다. 가격상승은 임금과 기타 비용의 상승으로 이어지고, 이는 다시 가격상승으로 이어지고, 이는 다시 새로운 순환으로 이어진다. 이러한 경우에 이 악순환은 자기 재생산적인 부족의 메커니즘에 의해 심화된다. 부족의 징후가 나타나면, 비축 행위

---

36) 이 점은 폴란드에서 가장 두드러졌다. 권력을 장악하기 전에, 연대노조는 물가연동방식 임금을 얻어내기 위해 노력했다. 가격상승은 자동적으로 임금상승으로 연결되었는데, 이는 필연적으로 인플레이션을 가속화하여 초인플레이션으로 악화되게끔 만들었다.

마지막 개혁사회주의 정부의 정당성과 정치적 신뢰도는 극도로 흔들렸으며, 그 결과 정부는 물가연동방식 임금에 대한 요구를 견딜 수 없었다. 임금상승 압박의 증가와 그에 대한 행정부의 저항 약화에 관련하여 이 책에서 서술된 모든 것은 극단적 형태로 일어났다.

폴란드가 탈사회주의 국면으로 넘어갔을 때, 상황이 변화했다. 연대노조가 정부를 인수했고, 그에 따른 경제적 책임도 맡게 되었다. 그 때문에 연대노조 정부는 이전에 획득하려고 투쟁했던 물가연동방식 임금에 대하여 180도 방향 전환을 했다. 얼마 지나지 않아서 연대노조 정부는 국가에 의한 엄격한 임금 통제를 개시했다.

〈표 23-5〉 투입과 산출의 재고 비율 변화(소련)

		시기	투입-산출 재고 비율
	소련	1980	4.8
		1981	4.9
		1982	4.6
		1983	4.6
		1984	4.7
		1985	4.7
		1986	5.2
		1987	5.6
		1988	5.8
		1989	6.2
자본주의 국가	오스트레일리아	1981～1985 평균	1.4
	캐나다		0.9
	미국		1.0
	서독		0.8

출처: 소련 통계는 A. Åslund(1991, p. 27), 자본주의 국가들의 통계는 〈표 11-7〉.

를 유발한다. 기업과 가계 모두는 공급이 부족한 품목의 예비 재고를 유지하려고 노력한다.[37] 그러한 현상은 〈표 11-7〉과 유사한 구조를 지니는 〈표 23-5〉에서 제시된다. 이 표는 산출품목 대비 투입품목의 비율이 부족의 결과로 얼마나 증가했는지를 보여 준다. 이 비율은 고전적 사회주의 체제하에서 자본주의 경제에서보다 3～4배 더 높다. 그러나 소련 개혁 기간에 이 비율은 자본주의하에서의 거의 6배에 이르렀다.

두 종류의 악순환이 뒤얽힐 수 있다. 부분적 가격증가가 부족-재생

---

37) 유고슬라비아에서는 대안 1(개방형 인플레이션)이 지배적이었지만, 부족의 경우들도 일어났다. 부분적으로 수입품 부족에 대한 공포 때문에, 또 부분적으로 인플레이션에 대한 예상 때문에 주목할 만한 물자비축이 이뤄졌다.

산 메커니즘을 차단하지 못함에도, 부족의 실례들이 가격을 상승시키는 원인과 구실을 일정하게 제공하고, 이는 인플레이션을 가속화하게 된다. 역으로, 가격상승과 인플레이션 예상은 재화비축을 유발하고, 이는 부족을 악화시킨다. 이러한 두 개의 역동적 과정은 이미 그 자체로 위험한데, 이제는 서로 얽혀들면서 경제를 위기로 몰아넣을 수 있다.[38]

지금까지 고전적 체제로부터 벗어나려는 움직임 때문에 발생하는 긴장들의 새로운 원천들과 그것들 사이의 상호작용을 간단하게 살펴보았다. 여기에 추가할 필요가 있는 것은 긴장을 발생시키는 경향들을 극복하려는 새로운 반대 경향이 고전적 체제로부터 벗어나려는 움직임으로부터 나타난다는 사실이다. 사적 부문은 발전해 나가면서, 공적 부문의 공급이 충족하지 못하는 수요 중 더욱더 많은 부분에 대해 공급할 수 있게 된다. 이는 전체 경제의 적응성을 향상시킨다. 사적 부문의 부활은 수요-공급 균형을 거시 수준에서 점점 더 가까이 가져오기도 한다. 사적 부문이 더욱 확대될수록, 그리고 시장-청산 가격을 책정하려는 사적 부문을 방해하는 행정적 장애물들이 더욱 줄어들수록, 사적 부문이 초과수요의 흡수에서 발휘할 수 있는 역할은 더욱더 커진다.

---

38) 소비재 부족은 소련에서 특히 극심해졌다. 거의 1천 종에 이르는 식료품 및 의류, 가사 품목을 골라서 확인해 보았을 때, 단 11%만을 안정적이고 규칙적으로 이용할 수 있었다. 한 기관이 실시한 소비자 여론조사 결과에 따르면, 응답자의 70% 이상은 공급이 더 확대되면 육류와 육류 제품, 과일, 채소, 치즈를 더 많이 구입할 것이라고 답했다. V. Voronov (1990, p. 27), T. M. Boiko (1990, p. 85)를 보라.

6. 해외무역과 해외부채

자본주의 국가들에 대해 부채를 지는 과정은 모든 개혁경제에서 일어난다. 부채의 규모는 여러 국가들에서 심각한 수준에 도달한다.[39] 이것은 가장 압박이 심한 거시적 긴장들 중 하나가 된다.

이러한 사태의 원인들에 대한 지나치게 단순화되고 일면적인 설명은 어떤 것이라도 피해야만 한다. 여러 라틴아메리카 경제를 비롯한 일련의 자본주의 국가들은 지난 15년 동안 심각한 채무상태에 이르렀다. 하지만 동일한 결과(채무상태)는 일련의 다른 원인들로부터 일어날 수도 있다.

부채가 누적되는 모든 과정에 공통적인 하나의 원인은 1970년대와 1980년대에 대출을 아낌없이 제공한 채권자들의 자발적 의향이다. 이러한 자발적 의향 밑에 깔린 이유들을 분석하는 것은 이 책의 일이 아니다. 그러나 분명히, 국제적인 신용 확대 움직임이 대규모로 일어나기 시작했을 때 사회주의 국가들은 좋은 채무자일 것이라고 여겨졌다. 결국 따져 보면, (서구는 빌려줄 생각이 없었고 사회주의 국가들은 빌릴 생각이 없었기 때문에) 사회주의 국가들에게 주어진 신용의 규모가 아직 작았던 때에는 그들은 언제나 기한을 지켰으며 믿음직스러웠다.

따라서 신용의 공급원은 풍부하게 넘쳐흘렀고, 그것은 커다란 유혹이었다. 그런데 여기에서 검토되는 국가들은 왜 그러한 유혹에 저항하지 않았는가? 지금 결정할 필요가 있는 것은 부채를 끌어들이려는

---

39) 사회주의 국가들의 채무에 관한 광범위한 문헌들 중 몇 가지, 예를 들면 W. Malecki and G. W. Kolodko (1990), R. McKinnon (1990b), I. Zloch-Christy (1987) 등을 보라.

성향과 사회주의 경제의 개혁으로 발생한 변화 사이에 어떤 연관성이 존재하는가 여부이다. 부채 확대 경향은 고전적 체제에서도 이미 형성되었지만(14장 3절 참조), 그것에 저항하려는 의지와 능력은 대체로 존재하였다. 그러한 저항은 이제 약화되거나 전부 허물어졌다.

그러한 변화에 대한 한 가지 설명은 대외정책의 변경이다. 고전적 체제는 외부의 자본주의 세계로부터 스스로를 고립시켰다. 고전적 체제는 자본주의 세계를 적대적으로 생각하고 두려워한다. 또한 고전적 체제는 자본주의 세계와 맺는 밀접한 유대가 선진자본주의 국가들의 생활을 더 잘 알게 만들고 국내의 조건들을 비교하게 만듦으로써 자신들의 시민들에게 미칠지도 모르는 자극적인 영향력을 두려워한다. 개혁과정에서 한 가지 중요한 정치적 요소는 이러한 고립의 부분적 포기, 혹은 중국의 개혁선전가들이 사용하는 용어를 사용하자면, 서구에 대한 개방이다.

이러한 개방은 자본주의 국가들과의 무역 및 금융 유대를 강화하려는 의도를 포함한다. 또한 그에 따라 다음과 같은 좋은 효과들이 나타날 것이라는 믿음도 존재한다.

- 서구로부터의 수입 및 다른 형태의 경제협력으로부터 기대하는 것들 중에는 선진 자본주의 국가들의 과학기술과 조직·관리 기법 획득과 생산 노하우의 광범위한 유입 등이 있다.
- 서구로부터의 융자는 대외무역을 확대하고 국내 금융자원을 보충하는 수단으로 여겨진다. 해외신용거래는 그토록 강렬하게 바라던 수입거래 자금을 즉시 제공할, 유연하고 쉽게 운용되는 외부자원을 제공한다.

• 자본주의 시장으로부터의 수입은 동일한 시장에 대한 수출을 확대하도록 도와준다. 이는 수입대금 지불이 지속적으로 이루어질 수 있음을 의미한다. 장기 해외융자는 융자금 자체를 신속하게 갚도록 할 수출역량을 일으켜 세우는 데 유용하다고 여겨진다. 이는 융자 상환과 수입의 지속적 확장도 가능하게 한다.
• 이 모든 좋은 효과들은 시장사회주의의 관점에서 이루어지는 탈중앙집중화 개혁에 의해 강화될 것이다. 확대된 기업의 자율성은 과거에 독점권을 가졌던 해외무역기업을 거치지 않고도 해외 판매자·구매자와 직접적인 관계를 맺을 수 있는 권한을 포함할 것이다. 어쨌든 증대된 독립성은 기업이 수입과 수출 측면에서 외부시장에 더 유연하게 적응하도록 허용할 것이다.

이러한 기대는 거의 실현되지 못했다. 동시에 부정적 추세들이 나타나고, 그러한 부정적 추세들의 상호작용은 궁극적으로 부채 누적 과정의 발생과 연이은 악화로 이어지는 악순환으로 귀결됐다.

개혁경제는 수출을 통해 자본주의 시장 속으로 뚫고 들어가는 데 성공하지 못하는 반면에, 아래로부터는 자본주의 시장으로부터의 수입을 증가시키라는 압력이 계속 올라온다. 대체로 바로 이러한 사실이 실패를 그대로 보여 준다. 이전의 장들은 반(半) 관료적이고 반(半) 시장적인 개혁경제의 효율성과 유연성이 왜 불충분한지에 대해 논의했다. 이미 확인된 특징들에 더해 이 지점에서 추가할 필요가 있는 것은 바로 다음과 같은 질문이다. 무엇이 대외무역에 특별히 관계하고 있는가?

생산기업들이 독립적인 해외무역 권한을 부분적으로 받았다고 하더라도, 그들에게는 자본주의 시장에 더욱 효과적으로 수출하거나 자본주의 시장으로부터의 수입을 줄일 강력한 인센티브가 여전히 없다. 환율은 비현실적이다. 환율은 국내통화를 평가절상하기 때문에, 수입을 더 저렴하게 만들고 수출을 덜 유리하게 만든다. 이는 바람직한 인센티브와는 정확히 정반대이며, 환율과 무역가격이 애초에 아무런 효과를 갖지 않는다고 상정하는 것이다. 실제로, 가격반응성의 약화와 관련하여 일반적으로 진실인 것은 환율과 수출·수입가격의 효과와 관련될 때에는 그만큼 배가된다. 연성예산제약이라는 무기고에는 해외의 영향을 막아내는 풍부한 무기들이 가득 차 있다. 수입자재 가격이 상승하거나 수출가격이 하락하면, 그것은 해외무역기업이나 생산기업이 손실의 보상을 위한 개입을 요청할 좋은 구실이 된다.[40] 이는 관세의 변경, 환율 변경을 가져올 특별 승수의 적용, 세금감면, 가격 보조금 등을 통해 이루어진다. 가장 현명하게 적응한 기업에 대해서 큰 포상이 없으며, 기업이 실패해도 큰 처벌은 없다.

관료적 제약들을 제거하는 것, 그리고 독립적인 수입권한 부여를 포함하여 기업의 독립성을 신장하는 것은 기업들이 자신들의 수입갈망을 만족시키기 쉽도록 만든다. 한편, 강력한 이윤 동기, 시장경쟁, 혹은 기업이 자기 제품의 구매자를 발견하는 일을 사느냐 죽느냐의 문제로 만드는 경성예산제약 등은 아직도 존재하지 않는다. 따라서 대

40) 고전적 경제이든 개혁경제이든, 모든 사회주의 국가들은 에너지 가격상승에 아주 잘못 적응했다. 예를 들면, 1980년대 후반 동유럽 사회주의 국가들에 속하는 여섯 개 소국들이 생산가치 1달러당 소비한 에너지는 서유럽에서 사용된 에너지보다 두 배 이상이나 높았다. 동유럽 강철의 거의 절반이 서구에서는 거의 폐기된 에너지 소모적인 '평로'(*open-hearth furnace*) 기술로 생산되었다. B. de Largentaye(1990)를 보라.

다수 기업은 수출하는 데 충분한 노력을 기울이지 않는다. 자본주의 시장에서 최선을 다하려고 노력하는 기업조차도 셀 수 없는 관료적 개입과 제약으로부터 수입된 자재와 반제품, 장비를 포함한 투입물의 부족에 이르기까지 수많은 난관에 부딪힌다. 그 결과로, 수입이 보통 수출을 초과하고, 무역적자를 메우기 위한 대부(*loans*)의 총액이 지속적으로 증가한다.

그런 일이 발생할 때, 부채증가의 위험한 자기증식이 자리를 잡는다. 국가의 채무가 커질수록, 새로운 대부를 얻기 위해 따라야 할 조건은 더욱 불리해진다. 원금 분할금과 이자를 지불하는 부채상환에서 어려움이 발생하면, 국가의 신용도는 악화된다. 이는 추가 대부를 받는 일을 더욱더 어렵게 만들고, 대부 조건을 더욱더 불리하게 만든다. 수입이 수출을 초과했기 때문에 애초 부채가 올라가기 시작했음에도, 경제는 이제 부채를 상환할 무역흑자를 지속적으로 낳을 것이라고 기대된다. 개혁경제들 가운데 그것을 실현한 경우는 거의 없으며, 실현한다고 하더라도 단기간에 그칠 뿐이다. 이 모든 과정은 심각한 부채상환 위기로 끝나는 경우가 빈번하다. 국가가 지불불능 상태로 전락하지 않더라도, 그 직전에서야 겨우 멈출 수 있을 뿐이다.

많은 요소들로 이루어진 이러한 추론 전개는 개혁경제가 채무 상황에 빠질 경향을 고전적 체제보다 더 많이 지닌다고 주장할 근거를 제공한다. 정치적 영역과 경제적 영역에서의 개혁이 포함하는 변화들은 이러한 추론을 가능하게 하고, 동시에 더 강화한다.41) 또한 이러한

---

41) 루마니아는 1981년에 100억 달러에 이르는 엄청난 외채를 지고 있었다. 이 외채는 1989년에야 상환할 수 있었다. 이는 특별히 강력한 수출강요와 무자비한 수입제한을 통해서 실현되었는데, 이 두 가지는 국내소비에 심각한 타격을 주

주장은 관찰에 의해서도 뒷받침된다.

〈표 23-6〉과 〈표 23-7〉은 두 종류의 유럽 사회주의 국가들, 즉 개혁의 길을 밟은 헝가리와 폴란드 그룹과 고전적 체제를 엄격하게 유지한 체코슬로바키아와 루마니아 그룹의 부채 부담을 비교한다.[42] 개혁 국가들이 더 심각하게 부채를 졌다는 것에는 의심의 여지가 없다.

자본주의 국가에서 외채의 상당 부분에 대한 책임은 사기업이 진다. 정부는 자신이나 정부 소유 기업이 빌린 부채와 정부보증을 제공한 사적 부문의 부채에 대해서만 책임을 진다.[43] 따라서 심각한 부채 문제와 그것을 처리하려는 행위 모두는 국가와 사적 부문으로 분할된다. 이와는 대조적으로 개혁사회주의 경제에서는 일부 탈중앙집중화가 일어났음에도, 해외신용거래 실시를 인가하고 해외부채를 상환하는 것은 엄격하게 중앙집중화 상태로 남아 있다. 그것이 의미하는 바는 이와 관련한 모든 문제들이 최고지도부와 그 업무를 직접 담당하도록 되어 있는 중앙은행 기구에 맡겨진다는 것이다. 공적 소유 기업들은 이 심각한 국가 문제를 해결하는 데 직접 관심을 갖거나 참여하지 않는다. 국가 전체가 파산 직전 상태에 이르더라도, 공적 소유 기업

었다. 차우셰스쿠 체제(*Ceausescu's regime*)와 같은 극도로 억압적인 정부만이 이 일을 할 수 있었다. 어느 정도 관용적이고 거칠지 않은 개혁사회주의 경제는 그렇게 할 수가 없었을 것이다. A. Teodorescu(1990)를 보라.

42) 서독과의 무역 및 재정 관계가 특별한 조건을 형성했기 때문에, 동독은 이 비교에서 제외되었다. 서독의 동독 지원에 대해서는 J. Lisiecki(1990)를 보라.

43) 라틴아메리카의 여러 국가들은 매우 거대한 국가 부문을 가지고 있는데, 바로 이 부문이 주로 부채를 졌다. 라틴아메리카 국가들에서 일어난 부채 누적 과정의 기원은 어느 정도까지는 사회주의 국가들에서 일어난 과정과 유사성을 가진다.

〈표 23-6〉 순부채: 국제 비교

	시장경제 수출 대비 순부채 비율				
	1984	1985	1986	1987	1988
개혁사회주의 국가					
헝가리	221	307	374	396	349
폴란드	433	503	534	545	458
고전적 사회주의 국가					
체코슬로바키아	42	50	53	66	62
루마니아	93	97	100	70	33

출처: United Nations (1990a, p. 206).

〈표 23-7〉 순이자상환: 국제 비교

	시장경제 수출 대비 순이자상환 비율				
	1984	1985	1986	1987	1988
개혁사회주의 국가					
헝가리	17.5	19.0	21.0	20.2	18.8
폴란드	43.1	43.7	43.2	42.4	36.8
고전적 사회주의 국가					
체코슬로바키아	5.1	4.3	4.6	4.3	4.3
루마니아	10.1	10.0	10.2	5.2	2.8

출처: United Nations (1990a, p. 206).

가운데 어느 하나도 파산하지 않는다. 그렇지만 이러한 사태의 심각한 결과들은 궁극적으로 탈중앙집중화되는데, 이는 대중이 부채상환의 비용을 떠맡아야 하기 때문이다.

정부 수준에서 처리하는 외채의 누적이나 감소와 관련하여 사적 부문이 할 역할은 없다. 개혁경제는 사적 해외무역이나 사적 당사자들 사이의 외국통화 거래를 합법화하지 않는다. 그러나 그러한 행위는 여전히 일어난다. 정치적 자유화와 서구에 대한 개방의 결과로서, 더 많은 사람들이 외국으로 여행하고, 외국에 사는 친척들 및 지인들과 접촉하는 일이 더 쉬워지고, 더 많은 사람들이 외국에서 유학하거나 일을 한다. 그에 따라서 사회주의 국가 시민들이 국내외에서 경화를 사고팔지 못하게 하거나, 국내제품을 외국에서 팔지 못하게 하거나, 외국에서 획득한 제품을 국내에서 팔지 못하게 하는 것은 점점 더 어려워진다. 이는 공무 여행이나 외국 휴가에서 일시적으로 일어나는 특별한 거래의 문제가 더 이상 아니다. '쇼핑관광', 특히 상업적 목적으로 이루어지는 '쇼핑관광'이 큰 비중을 차지하기 때문이다. 일반 사람들이 외국통화와 해외무역의 반(半) 직업적 상인이 되는 것은 드문 일이 아니다.

이러한 영역은 공식선전이 시장기제의 수용에서 얼마나 일관성이 없는지를 보여 주는 명확한 사례를 제공한다. 사적 해외무역과 사적 당사자들 사이의 통화 거래는 대부분의 경우에 사회적으로 유용한데도, 투기로 낙인이 찍힌다. 궁극적으로 이러한 활동은 국민소득을 증가시킨다. 이는 이들 국가에서 공급이 공식적 무역과 소비 통계가 보여 주는 것보다 더 잘 이루어진다는 사실 이면에 놓인 여러 요인들 중 하나이다. 심지어 국가의 외환 보유액은 공식적인 금융보고서가 추정하는 것보다 더 나은 상태에 있다. 가정에서 불법으로 보유한 외국통화가 실제로는 국가 보유액의 일부를 형성하기 때문이다. 쇼핑관광이 가장 널리 퍼진 헝가리와 폴란드에서는 1980년대 말 수십만 명의 사람들이 나중에 비싼 값으로 어디에선가 팔기 위해 어디에서 무엇을 싸게 사는 것이 가치가 있는가를 신중하게 계산하면서, 해외무역에 자신들의 시간 일부를 적어도 사용하기 시작했다.

문제는 이처럼 근본적으로 유용한 사적 활동이 엄청난 마찰 속에서 사람들의 에너지와 시간을 낭비하는 방식으로 일어난다는 것이다. 사람들의 진로는 수많은 관료적 금지에 의해 방해를 받는다. 사람들은 관료적 금지가 매우 변덕스러운 방식으로 적용되리라고 예상해야만 한다. 그들은 때때로는 강요를 당하고, 때때로는 묵인된다. 이러한 고양이와 쥐의 게임은 엄청난 재능과 활력을 소모한다.

7. 부족, 인플레이션, 부채

앞의 5절에서는 그때까지 논의된 거시적 긴장들과 그것들이 결합하여 나타나는 결과 사이의 관계, 부족과 인플레이션의 맞물림을 검토했다. 그 시점에서의 검토는 경제의 대외관계를 고려하지 않았다. 그러나 이제 대외관계의 효과를 분석에 포함할 수 있다. 따라서 이 절에서 분석의 주제는 부족과 인플레이션, 부채의 삼중 관계이다.

1. **부족은 더 많은 수입을 유발한다.** 부족경제는 경제 관리자들이 특정한 부족을 메우기 위해 자본주의 시장으로부터의 수입을 활용하도록 유혹한다. 대중의 불만을 누그러뜨려야 하든지 또는 생산과 투자에 대한 장애를 제거해야 하든지 간에, 수입은 이용할 수 있는 가장 손쉽고 빠른 수단이다. 개혁경제의 지도자들은 고전적 체제의 지도자들보다 더 쉽게 이것에 의지한다. 이는 그들이 대중이나 기업 수장들의 불만 고조에 대해서는 더 불안해하고 부채상승에 대해서는 덜 조심스럽기 때문이다.

2. **부족은 더욱 빈약한 수출실적을 야기한다.** 판매자 시장 상황에서,

생산자는 자본주의 시장에서 구매자를 발견하는 데 의존하지 않는다. 국내경제와 사회주의 무역상대국가들에 부족현상이 존재하는 한, 자본주의 시장에서 구매자를 찾지 못해도 생산자는 판매기회를 쉽게 발견할 수 있다. 이처럼 활력을 빼앗는 만성적 부족경제의 효과는 판매자 시장 상황이 계속 유지되는 개혁경제의 모든 부문에서 지속한다.

3. 부채는 부족을 일으킨다. 부채가 쌓이는 것을 보면서 경제 관리자들은 수입에 대한 행정적 억제 조치를 마련하는 데에, 또한 국가지침의 발행이나 국가명령의 발동, 아마도 심지어는 직접 압박의 실행 등을 통해 자본주의 국가들에 대한 수출을 강요하는 데에 쉽게 의존하게 된다. 경상수지와 관련한 문제는 개혁 이전의 메커니즘을 복구하고 거시 통제를 유지하려는 시도를 야기하는 주요 동기들 속에 포함된다(21장 4절 참조). 관료적 개입은 부족현상을, 또는 과거에 수입되던 제품의 부족 심화를 동반한다. 그와 달리, 생산품들이 국내소비로부터 수출로 옮겨 가기 때문에 부족이 더 심해질 수도 있다.

4. 부채는 인플레이션을 유발한다. 여기에서는 두 종류의 인과관계가 작용한다. 먼저 경제 지도자들이 무역과 경상수지 적자 및 부채 증가에 합리적으로 대응한다면, 그들은 자국 통화의 평가절하를 하지 않을 수 없다. 그것은 수입가격을 더 비싸게 만들고, 또한 이는 비용-가격 인플레이션 악순환을 가져온다.

다른 인과관계에 따르면, 부채상환은 예산당국의 막대한 지출, 그리고/또는 외환을 담당하는 중앙은행의 막대한 지출을 요구한다. 그

지출은 보통 더 많은 돈을 발행함으로써, 즉 인플레이션을 유발하는 방식으로 충당된다.

이러한 상호영향에 대한 검토는 완전하지는 않지만, 부족과 인플레이션, 부채라는 그 자체로 심각한 세 가지 경제 문제들이 상호 간에 영향도 미친다는 사실을 보여 주기에 충분하다. 이러한 상호 영향이 소용돌이치면, 경제는 몹시 위태로운 상태에 도달할 수 있다. 폴란드에서 1988~1989년에 그러한 일이 일어났다. 인플레이션이 초인플레이션으로 전환되고,[44] 부족현상이 만연해지고 극심해졌으며, 부채가 지급불능 상태에 가까워지도록 만들었다.

이 장의 서두에서 강조한 것처럼, 폴란드의 사례는 극단적 예이다. 그러나 부족과 인플레이션, 부채를 향한 세 가지 위험한 경향들의 상호 강화는 그러한 현상들이 개별적으로 나타나는 곳이라면 어디에서나 관찰할 수 있다.

8. 생활수준

개혁과정과 그에 따르는 거시적 긴장이 생활수준에 미치는 영향은 국가와 시기에 따라서, 그리고 특정한 시기 특정 국가 국민들의 계층에

44) 폴란드의 초인플레이션은 1990년 취해진 안정화 조치 이전에 극단적 비율에 이르렀다. 1988년 12월과 1989년 12월 사이에 소비자 가격은 636% 상승했다 (D. Lipton and J. Sachs, 1990, p. 105).

또한 소련 경제도 1989~1990년 인플레이션 소용돌이로 빠져들었다. 이에 대해서는 각주 2번에서 언급된 저작들과 E. Gaidar (1990)를 보라.

따라서 다르다. 여기에서도, 몇 가지 아주 일반적인 현상을 확인하는 정도로 제한해서 다룰 것이다.

주요 승자들은 사적 부문에 진입하여 추가적으로 소득을 버는 사람들이다. 중국에서 이는 수억 명의 농민들을, 그리고 덧붙여서 농업 분야 이외의 사적 부문에 들어가 전적으로 또는 공적 부문의 활동에 추가하여 활동하는 수천만 명의 도시민들을 의미한다. 이 책을 쓰고 있을 때, 소련에서는 이미 수백만 명이 '협동조합'(사실상 사적) 부문에서 일하고 있었다. 다른 개혁경제들에 대해서도 비슷한 서술을 할 수 있다. 이러한 사람들의 물질적 생활수준은 두드러지게 개선된다.

일부 개혁국가들에서는 공급 상황이 개선되고, 이는 인구 전체에게 이득이 된다. 이러한 개선은 여러 원인에서 비롯한다. 그중 하나는 사적 부문의 부활과 확장이다. 예를 들면, 중국에서 농업의 엄청난 호황은 농민들의 삶을 더 나은 방향으로 변화시켰을 뿐만 아니라, 도시 주민에 대한 식품 공급에서도 거의 즉각적인 개선을 이루었다. 공식 혹은 비공식 사적 부문의 서비스를 이용할 수 있는 사람은 누구나 그렇게 된다. 지금까지 그들의 수요는 공적 부문에 의해 충족되지 않았기 때문이다. 사적 부문이 소비재나 서비스의 대가로 받는 루블(소련 화폐 단위) 이나 포린트(헝가리 화폐 단위) 한 단위의 소득은 일반대중의 소비가 루블이나 포린트 한 단위만큼 증가하였다는 것을 의미한다.

주민 생활수준의 또 다른 개선은 경제정책의 우선순위에서의 이동으로부터 이루어진다. 대중의 현재 소비나 서비스 부문(주택, 보건) 의 투자에 유리하게 우선순위의 이동이 이루어지는 한에서는, 생활수준의 개선이 일어난다(23장 2절 참조). 소비재 수입 증가는 좋은 효과를 가질 수 있다. 삶의 질을 개선하는 또 다른 기여도 이루어진다. 시장사회주의를 목표로 하는 개혁조치들은 어느 정도 공적 소유 기업의 독립성을 증가시키고, 수평적 시장관계에 약간이나마 더 많은 여지를 주고, 그래서 생산품의 질과 종류를 어느 정도 개선한다. 바로 이러한 사실이 삶의 질을 개선하는 데 기여한다.

이러한 관점에서 가장 성공한 국가는 헝가리이다. 헝가리에서는 방금 언급한 요인들의 효과 덕분에, 주민들 거의 대다수의 생활수준이 약 15년 동안 지속적으로 눈에 띄게 개선되었다. 많은 동일한 것들을 유고슬라비아와 중국에 대해서도 이야기할 수 있다. 그리고 훨씬 부족하지만 눈에 띄는 개선이 다른 개혁국가들에도 부분적으로나마 나타났다.

그러나 얼마 지나지 않아, 상대적으로 가장 성공적이었던 개혁국가들에서조차 개선 경향은 꺾인다. 그리고 덜 성공적이었던 국가들에서는 개선 경향이 결코 실제로 나타나지 않는다. 어떤 국가도 이 장에서 검토한 거시적 긴장으로부터 벗어나지 못한다. 한동안 긴장은 계속 잠복해 있거나, 지도부의 의식적 노력에 의해 감추어지거나, 심지어 더 나빠진다. 지도부는 난관의 발생을 단지 연기하기만 하고 장기적으로는 문제를 더욱 증가시키는 단기적 조치를 취한다.

고전적 체제하에서 소비는 거시적 분배의 잔여 변수이다. 만일 어려움이 발생하면, 생활수준은 지체 없이 강제적으로 저하된다. 그러나 투자와 군비지출은 전혀 방해받지 않고, 해외신용을 얻으려는 어떠한 시도도 이루어지지 않는다. 관료가 이런 방식으로 행동할 수 있는 것은 사회를 지배하는 전체주의적 권력과 강력한 탄압이 저항을 불가능하게 만들기 때문이다.

개혁사회주의하에서 그러한 해결책은 더 이상 자명하지 않다. 자유화와 글라스노스트의 진행 정도에 따라서, 일반대중은 자신들의 불만을 표출할 수 있다. 국가를 운영하는 사람들은 불만을 피해야 할 필요가 있다고 생각한다. 개혁은 고전적 체제가 초래한 고통이 종식되고 생활이 개선될 것이라는 약속과 함께 시작되었다. 따라서 지도부는 먹구름이 경제를 뒤덮어 오기 시작할 때에 소비를 제한하는 낡은 조치를 자동적으로 사용하지는 않는다. 그 대신에, 지도부는 다른 뭔가를 하려고 할 수도 있다.

군비는 보통 감축되지 않는다.[45] 따라서 투자 축소와 해외신용 증대라는 두 가지 가능성이 남는다. 이러한 조치들은 일시적이나마 실질소비가, 비록 속도는 더 느려질지 몰라도, 지속적으로 증가하도록 만든다. 실질소비가 더 이상 증가하지는 않더라도, 최소한 떨어지지는 않는다. 또는 실질소비가 하락한다고 해도, 최소한 급락하지는 않는다. 생활수준과 관련한 프로그램들은 점점 더 약속을 적게 하지만 그럴 경우에조차 약속은 결국에 나타날 실제 결과보다 언제나 더 거창하다.

지도부가 생활수준의 급락을 막기 위해 사용하는 두 가지 방법이 장

45) 1980년대에는 군비감축도 일어나기 시작했다. 점증하는 국내의 경제적 어려움은 소련이 초기의 입장에서 물러나 합의에 도달하려는 더 큰 의지를 보이게 만들었다. 이는 다른 이유들 중에서도, 군사적 용도를 줄여서 뽑아낸 경제적 자원을 필요로 했기 때문이었다. 군사적 측면에서 소련에 긴밀하게 의존하는 상태에 있는 한, 동유럽 국가들은 자국의 군비지출을 감축하기 전에 소련의 동의를 필요로 했다. 따라서 대략적으로 말하자면, 이러한 자원의 재배분은 소련에서, 그리고 소련과 군사적 동맹을 맺은 다른 사회주의 국가들에서 동시에 일어났다.

실제로는, 군비지출 삭감과 삭감된 자원의 민간소비로의 이전 사이에는 시간이 많이 걸린다.

기적으로 서로를 방해하기 때문에, 이러한 사정은 더욱더 그러하다. 투자 축소는 미래 성장기반을 침식하고, 조만간 생산이 정체하거나 하락하도록 만든다. 관료적인 투자 제한이 계속되는 동안에, 투자영역에서의 긴장은 훨씬 더 고조된다. 투자계획은 계속해서 줄어드는 가용자금을 항상 넘어선다. 투자사업은 미루어지고 계속해서 쌓인다. 적정한 몫의 투자자금을 받지 못한 분야나 지역의 관료들은 불만의 대열에 합류한다.

투자와 소비의 딜레마는 그 둘의 합계가, 즉 투자와 소비를 합한 총지출이 해외자원을 활용함으로써 조달된다면 피할 수 있다. 이는 예를 들면, 종종 언급되는 '굴라시 공산주의' 또는 '냉장고 사회주의'가 서구로부터 광범위하게 자금을 조달받는 동안에는 겉보기에 튼튼한 복지 증가를 실현한 헝가리의 1970년대 성공을 뒷받침한 기초의 일부였다. 해외 융자는 다른 개혁국가들에서도 국내의 거시적 긴장들이 실제로 일어난 생활수준의 하락보다 훨씬 큰 생활수준의 하락을 일으키지 않도록 비슷한 방법으로 도와주었다. 그러나 이 장에서 앞서 언급한 것처럼, 문제는 장기적으로 악화될 뿐이다. 부채 누적과정은 시작되고, 또 가속화된다. 결국에는 부채상환 청구서가 일반대중의 집 앞에 도착한다. 그리고 그 후 일반대중은 자신들의 소비를 훨씬 더 많이 줄여야만 한다.

거시적 긴장 완화와 관련한 또 다른 특징이 있다. 실질소비의 제한 또는 축소가 일어날 때, 그 방법은 결코 명목임금을 삭감하는 것이 아니다. 선호되는 조치는 공공연하게 또는 은밀하게 소비자 가격을 올리는 것이다. 이는 다른 어떤 이유보다도, 상대적으로 너무 높지 않고 여전히 한 자리 숫자에 머물러 있는 인플레이션율이 명목임금을 삭감하는 공개적 캠페인보다 정치적으로 다루기가 더 쉽기 때문이다.

인플레이션은 일인당 평균 실질소비의 정체, 그리고 아마도 약간의 실질소비 증가와 양립할 수 있다. 동시에 그것은 불가피하게 실질소득의 재분배를 낳는다. 주민의 일부 집단은 자신들의 경제적 이익을 방어할 수 있지만, 다른 사람들(연금수급자들, 약한 협상 지위를 가진 고정 급료를 받는 피고용자들 등)은 생활수준의 지속적 하락을 경험한다. 사회적 긴장은 점증하는 불평등에 의해 고조된다.[46]

이 장에서 다룬 거시적 긴장은 체제의 속성에서 비롯한 직접적 결과이고, 상당 부분 개혁 자체로부터 발생한다. 이러한 긴장의 원천을 제거할 수 있는 신비의 약은 현존하는 체제 안에 없다. 사용된 각각의 절차(투자 감축, 신용 증대 등)는 단지 긴장을 유예하는 것일 뿐이다. 문제는 여전히 남아 있고, 나중에는 훨씬 더 파괴적인 힘을 가지고 자신을 드러낸다.

개혁체제에서 국가를 운영하는 사람들은 이러한 상호작용하는 효과들을 인지하지 못한다. 중요한 문제는 그러한 효과들을 인지할 전문지식이 없다는 것이 아니라,[47] 이데올로기적 장벽이 존재한다는 것이다. 한 개인이 사회주의 체제에 대한 믿음을 확고하게 가질수록, 그는 지금까지 악화되어 온 문제들이 체제 자체로부터 나온다는 것을 이해하기가 더욱 어렵다. 개혁과정 초기에 삶의 개선을 약속하고, 그 뒤

---

46) 개혁사회주의하의 사회적 긴장과 불평등에 대한 분석은 T. Zaslavskaya (1990, 특히 pp. 86~153), 그리고 Z. Ferge (1988)를 보라.

47) 특정 시기와 국가에서는 이러한 문제로 인한 어려움도 존재한다. 공식적 원리에 따른 교육을 받은 경제지도부는 자신들이 취한 조치의 결과로 인해서 주로 일어나는 경제에서의 금융 과정들과 거시적 상호관계를 이해하지 못한다.

난관에 봉착함에 따라 애초의 약속을 지키기 위해 반복해서 최종 기한을 연장하는 공산주의 지도자들이 인민들을 속이려는 뒤틀린 욕망을 감추고 있다고 가정해서는 안 된다. 그들은 진정으로 그 문제가 일시적인 것이라고 믿는다(아마도 확신은 꾸준히 약화되겠지만).[48]

대중적 정서의 악화는 단순히 경제상태가 확연하게 나쁘다는 사실에서 초래된 것은 아니다. 그것은 지도부의 약속에 대한 환멸 때문에 더 심해진다. 각각의 이행되지 않은 약속은 신뢰를 손상시킨다. 거시적 긴장들의 고조, 생활수준의 정체와 하락, 지도부의 신뢰 상실은 혁명적 변화의 기반을 마련한다.

권력을 가진 사람들이 산적한 문제를 극복할 수 있는 자신들의 역량에 대해서 결국에는 자신감을 상실할 때, 혁명은 불가피해진다. 또는, 대중이 지도부의 저항을 뚫고 돌파해 나갈 수 있을 정도로까지 불만을 품고 체제에 대한 지지를 철회할 때에도 혁명은 일어날 수 있다.

9. 미리 보기: 탈사회주의 체제의 거시적 긴장

탈사회주의 체제는 개혁과정에 의해 변형된 사회주의 체제를 대체하고 난 뒤에는 이 장에서 서술한 거시적 긴장들을 물려받는다. 임금상

---

48) 고르바초프는 신년사(*Pravda*, 1989. 1. 1)에서 다음과 같이 말했다. "그리고, 여전히 경제개혁은 전속력으로 진행되지 않고 있습니다. 지금까지 이룩한 결과들은 우리를 만족시킬 수 없습니다. 일상생활에서는 여전히 해결하지 못한 부족 사태가 벌어지고, 다른 어려움들도 존재합니다. … 우리가 경제상황을 결정적으로 더 나은 방향으로 변화시키기 위해서는 신년에 많은 일을 해야만 합니다. 그리고 이러한 변화는 이루어질 것입니다."

승 압박이 경제의 국가 부문에서 일어난다. 투자영역에서의 상황은 여유가 없다. 국가예산은 적자에 시달린다. 신용의 수요는 공급을 초과한다. 화폐공급의 과도한 증가를 요구하는 압박은 강력하다. 인플레이션이 계속되고, 실제로 가속화될 수도 있다. 여러 영역에서 부족이 극심해진다. 자본주의 국가들과의 무역수지는 처참한 상태에 놓인다. 부채가 엄청나고 또 계속 증가한다.

일반대중은 체제가 변화하는 몇 달 동안 점점 개선되는 방향으로 일어나는 정치적 전환의 즐거움을 경험한다. 하지만 경제상황은 그렇게 짧은 기간에 바뀌지 않는다. 대중은 이전 시기에 이미 지쳐 버렸기 때문에, 새로운 약속들을 믿기란 어렵다고 생각한다. 그러한 약속들이 완전히 다른 정치체제에서 이루어졌다고 해도 마찬가지이다.

새로운 민주주의는 이전 체제로부터 거시적 긴장들을 물려받으며, 따라서 출발의 순간부터 이전 체제가 해결할 수 없었던 바로 그 딜레마에 직면한다. 일련의 부분적 변화들이 장기간에 걸쳐 일어나야 하는가? 아니면 한 묶음의 조치들이, 곧 포괄적이고 일관성 있는 거시적 안정화가 임금통제 질서의 회복, 예산적자의 해소, 신용공급의 제한, 가격자유화, 태환성 도입 등을 동시에 실현하기 위해서 단호하게 추진되어야 하는가?

먼저 개혁과정이 진행되고 난 뒤에 혁명이 시작되지 않고 고전적 사회주의 체제가 마지막 순간까지 살아남았다면, 이 장에서 논의한 긴장들 중 일부는 나타나지 않고, 또 일부는 체제 변화의 출발 시점에 덜 극심한 형태로 나타난다. 지금까지 살펴본 것처럼, 억압과 관료적 강제를 행사하는 고전적 체제는 절반은 느슨해지고 절반은 퇴보한 개혁체제보다 이러한 경향의 대부분에 대해 더 잘 버틸 수 있다. 차우셰스쿠, 지프코프(Zhivkov), 후사크(Husak) 등의 과거 정부들이 강경한 수단을 사용해서 억눌렀던 거시적 긴장이, 이러한 국가들에서 혁명 이후 확대될 가능성을 생각해 보아야 한다.[49] 미래에는 국가 행정이 민주적 정부들의 수중에 놓이게 될 것인데, 바로 그렇기 때문에 한 가지 위험이 존재한다. 민주적 정부들은 국유 부문이 여전히 지배하는 경제가 만들어 낸 부정적 경향들에 대해 충분히 강력하게 저항하지 못할 수 있다. 이러한 국가들에서도 임금압박이 증가하고, 인플레이션이 가속화되고, 외채가 증가할 가능성이 있다.

상당한 실업이 발생할 것이라고 역시 예상할 수 있는데, 사회는 그 문제에 대비하지 않았다. 사회주의 체제하에서 피고용인들은 완전고용 또는 거의 완전고용에 가까운 상태를 당연하게 받아들였다. 실업의 문제는 눈앞에 닥치자마자 그들에게 금전적·심리적으로 충격을 던졌다. 그것과는 별도로, 사회는 여전히 실업을 다루기 위한 기관들, 예를 들면 실업자들을 등록시키고, 그들에게 실업수당을 주고, 그들을 재훈련시키거나 새로운 직업으로 보내기 위한 기관들을 가지고 있지 못하다.

이 장의 의도는 발생할지도 모르는 문제와 위험에 대해, 그리고 그 중에서도 탈사회주의 체제의 거시경제에서 과거 체제의 유산으로서 나타날 문제와 위험에 대해서만 주의를 환기하려는 것일 뿐이다. 새로운 체제가 이러한 긴장들을 어떻게 극복할 수 있을 것인가에 대한 검토는 이 책의 범위를 벗어난다.

49) 여기에서는 동독에 대해 언급하지 않겠다. 선행하는 사건들은 유사하다고 하더라도(고전적 사회주의에서 탈사회주의로의 도약), 통일 독일이라는 틀 내에서 진행되는 이행의 환경들은 독특하다.

제 24 장 끝맺는 말

앞 장들에서는 고전적 체제로부터 벗어나는 움직임에서 나타나는 가장 전형적인 경향들을 하나씩 다루었다면, 여기에서는 그러한 경향들 사이의 관계에 대해 몇 가지 언급을 한다. 그리고 개혁과정에 대한 요약과 평가를 여러 관점에서 제시한다. 끝으로, 사회주의 체제에 관한 이 책을 마무리하기 위해, 이 체제를 사라지게 만드는 전환(*transformation*)에 대해 추가적인 전망을 제시한다.

1. 변화의 심도와 급진성, 그리고 인과관계의 주요 방향

여기에서 제시할 것들에 대한 설명과 관련해서, 독자들은 〈그림 15-1〉과 16장 2절을 상기할 필요가 있다. 〈그림 15-1〉은 고전적 체제의 주요 특징들 사이에 존재하는 인과관계의 주요 방향(*main line*)을 보여

〈표 24-1〉 변화의 심도와 급진성

경향	〈그림 15-1〉에 있는 심도	급진성의 정도
0. 통제의 '완성'	블록 3: 조정	두드러진 변화 없음
1. 정치적 자유화	블록 1: 권력과 이데올로기	온건 또는 중간
2. 사적 부문의 부활	블록 2: 재산	급진적이지만, 오로지 협소한 영역에만 한정
3. 자주관리	블록 3과 4: 조정과 행동	중간
4. 시장사회주의	블록 3과 4: 조정과 행동	온건 또는 중간
5. 가격개혁	블록 3과 4: 조정과 행동	온건
6. 거시적 긴장	블록 4와 5: 행동과 지속적 경제현상	중간

준다. 16장 2절은 고전적 체제로부터 벗어나는 움직임을 분석하기 위한 두 가지 기준 — 그러한 변화들은 얼마나 깊었는가, 그리고 얼마나 급진적이었는가 — 을 소개했다. 이러한 분석장치의 도움을 통해, 앞 장들에서 논의한 주요 경향들이 〈표 24-1〉에서 검토된다.

〈표 24-1〉의 제일 위에 있는, '경향 0'이라는 번호가 붙어 있는 현상은 통제의 '완성'이라고 이름 붙여졌다. 변화의 심도라는 관점에서, 이러한 현상은 인과연쇄의 중간 지점에, 조정과 통제의 변경에 맞추어져 있지만, 그 영역에서조차 고전적 체제의 초기에 발견했던 본질적 특징을 개조하지는 않는다. 비록 그러한 경향이 공식 선전에서는 일종의 개혁으로 간주된다고 하더라도, 그러한 경향의 결과는 기존의 고전적 체제를 보존하는 것이다.

의사개혁을 언급한 후, 〈표 24-1〉은 개혁의 실제 과정을 그 아래에 보여 준다. 그 과정이 1번부터 6번까지이다. 이것들은 개혁의 심도에 따라 배치되었다.

경향 1, 정치적 자유화는 인과관계의 가장 깊은 층위에 영향을 미친다. 고전적 체제의 권력구조와 공식 이데올로기는 실질적으로 바뀐다. 이는 단지 그 자체로만 중요한 것이 아니다. 다른 모든 영역에서 어떤 두드러진 변화를 촉발하기 위해서 반드시 필요한 조건이기도 하다. 공산당이 권력을 쥐고 있는 동안에는 공산당이 변화 자체를 추진하거나 변화를 묵인할 경우에만 고전적 체제로부터 벗어날 수 있다. 그때에는 공산당이 변화를 체제의 공식 이데올로기 속으로 흡수하거나, 이데올로기적으로 양보하여 당의 이념과 충돌하는 현상들을 무시한다.

개혁과정은 정치구조에서는 변화를 그다지 많이 일으키지 않는다. 자유화는 착실하게 추진되지 않고, 또 완전하게 전개되지 않는다. 낡은 고전적 체제의 핵심 특징인 공산당의 권력이 그대로 존속하는 동안에는 포괄적이고 일관되게 급진적인 전환이 일어날 수 없다. 권력독점이 흔들리고 공식 이데올로기가 해체되기 시작하더라도, 그것들은 체제의 다른 요소들에서 일관되고 완전한 변화가 발생하는 것을 방해할 정도로 여전히 강력하게 남는다.

경향 2, 사적 부문의 부활은 두 번째로 깊은 층위인 재산관계(블록 2)에서, 비록 그중 협소한 부분만을 대상으로 하더라도, 급진적 변동을 일으킨다. 이는 경제개혁과 연관된 많은 현상 전체에서 가장 중요하다. 그것은 위조된 변화가 아니라 진정한 변화를 가져온다.

사적 활동이 사적 재산의 토대 위에서 이루어지는 구역에서는 사회주의 체제에 맞지 않는 요소가 등장한다. 그러한 요소는 체제의 다른 부분들과 완전하게 융합될 수 없다. 정치체제가 이전의 고전적 체제보다 더 자유롭다고 할지라도, 정치체제는 사적 부문의 자유로운 발전을 묵인할 수 없고, 묵인하기를 싫어한다. 따라서 정치체제는 사적 부문의 운영과 확장에 엄격한 제한을 가한다.

경향 3, 자주관리는 똑같이 재산관계(블록 2)에 변화를 가져오지만, 사적 부문의 부활에 의해 야기된 변화보다는 훨씬 덜 급진적이다. 블록 3에서, 자주관리의 도입은 조정 형태에 상당한 변화를 유발하며, 통제의 중앙집중화를 부분적으로 포기하게 만든다.

자주관리는 기원(중앙의 관료적 명령에 의한 시행)과 일상적 작동 모두에서 권력구조와 연결되는데, 이러한 권력구조는 오로지 부분적으로만 고전적 체제의 권력구조와 다르다.

경향 4, 시장사회주의 이념으로부터 나온 개혁은 블록 3과 4, 즉 조정기제에서 실질적 변화를 야기한다. 사실 시장사회주의의 '청사진'은 블록 1의 핵심 특징인 공산당의 권력독점이나 블록 2의 핵심 특징인 공적 소유의 지배를 문제 삼지 않는다. 핵심 사상은 현존하는 정치구조 내에서 공적 소유를 시장 조정과 결합하는 것이다. 명령경제는 전체적으로 혹은 부분적으로 소멸되고, 공유기업들의 자율성은 증가한다.

시장사회주의를 위한 청사진이 어쨌든 실현된다면, 중요한 고전적 교리 하나가 공식 이데올로기로부터 어쩔 수 없이 제거된다는 사실 덕분에 시장사회주의가 존재하게 되었다고 말할 수 있다. 계획화, 관료적 조정은 시장 조정보다 우월하며 시장 조정을 대체할 수 있다는 것이 바로 그 교리이다. 관료가 자신의 가장 고유한 무기인 명령을 포기하지 않을 수 없고 또한 위계제의 상층이 특정한 정책결정 영역을 하위 공직자들에게 넘겨준다는 사실도 역시 시장사회주의의 실현과 관련하여 언급할 수 있다.

그런데 지금까지의 언급에 몇 가지 보충적 논의를 추가해야 한다. 공식 이데올로기는 사회주의가 시장경제에 기반을 두어야 한다는 생각을 일관되게 받아들일 수는 없다는 것을 드러낸다. 더욱 중요하게는, 관료기구 내의 고위 관리들이 공적 부문에 대한 자신들의 지배를 포기할 수도 없고 포기하려고도 하지 않는다. 현존하는 정치구조하에서는 관료적 미시통제, 기업 업무에 대한 끊임없는 간섭, 수평적 시장 의존에 비해 수직적 종속관계가 갖는 우월적 지위 등을 피할 길이 없다. 블록 1과 2의 특징들이 여전히 기본적으로 변하지 않고 남아 있는 한, 블록 3과 4에서 급진적 변화는 있을 수 없다. 시장사회주의의 청사진은 일관성 있게 추진될 수 없다. 청사진은 불가피하게 모순적인 방식으로 적용된다.

경향 5, 일련의 부분적 가격개혁은 블록 3과 4에서 변화들을 야기한다. 가격개혁의 도입은 경향 1~4의 결합된 효과 때문에 추진된다. 나는 완전한 목록을 작성하지 않고, 몇 가지 전형적 인과관계만을 언급하고자 한다. 이데올로기의 변화는 몇 가지 가부장주의적 보조금의 폐지를 유도하며, 이는 가격에 영향을 미친다. 사적 부문의 부활은 경제의 특정 구획에서 시장가격을 동반한다. 시장사회주의 이념으로부터 나온 변화들은 가격설정에서 기업들이 주요 역할을 하도록 만들고, 기업들은 시장청산가격의 발전을 더욱 강하게 요구한다.

이 지점에서 경향 4와 마찬가지로 몇 가지 보충적 언급을 추가할 수 있다. 공식 이데올로기의 많은 요소들이 여전히 남아 있는데, 이는 가격 책정 및 조세와 관련하여 낡고 수많은 비시장 원칙들이 그대로 유지되고 있다는 것을 의미한다. 관료는 중앙집중적 가격 책정정책이 광범위한 영역에 적용되고 대부분의 가격들이 국가에 의해 설정된다는 사실로부터 도출되는 권력을 포기하고 싶지 않다. 가격 당국과 기업이 가격을 놓고 벌이는 수직적 흥정은 공적 부문에서는 일상적 일이 된다. 반면, 가격의 자연적 형태가 시장가격으로 나타나는 사적 부문의 운용은 여전히 협소한 구역으로 제한된다.

정치적 자유화는 부분적이라 하더라도, 대중의 불만이 표출되도록 만드는 경향이 있다. 이러한 정치적 분위기하에서는 지도부가 포괄적 가격자유화를 도입할 마음을 가질 수도 없고, 행정가격 책정이 상당 정도 유지되고 있다면 어쨌든 포괄적 가격개혁을 추진할 마음도 가질 수 없다. 이러한 사실들은 부분 가격개혁 경향이 인플레이션을 야기하면서도 합리적이고 시장청산적인 가격체계로는 수렴되지 않는 일련의 부분적 가격조치들에 한정되어 일어나는 이유를 충분히 설명한다.

경향 6, 개혁과정의 특징인 거시적 긴장들의 동시 출현은 블록 4와 5에서, 경제참가자들의 행동과 장기적 경제현상에서 나타난다. 긴장들 중 어떤 것(인플레이션, 부채)은 다른 체제에서도 역시 나타난다. 여기에서, 개혁과정이 특수한 전달경로를 통해서 특정한 긴장들을 고조시킨다는 사실을 강조할 필요가 있다. 임금 압력, 고삐 풀린 투자, 예산적자, 인플레이션, 만성적 부족, 부채 등이 그러한 긴장들이다. 이를 〈그림 15-1〉의 용어로 말하자면, 개혁과정에서 블록 4와 5의 주요한 특징들이 어떻게 블록 1~3에서 발생한 변화들에 의해서 대부분 설명될 수 있는지가 밝혀졌다.

일곱 가지 경향에 대한 개관은 인과관계의 주요 방향이 블록 1에서 블록 5로, 즉 권력과 이데올로기로부터 지속적 경제현상들로 나아간다는 전체적인 이론적 추론(15장 5절 참조)을 강화한다. 결국 정치, 권력, 이데올로기 영역이 결정적 영역이다. 이는 사회주의 체제를 존재하게 하는 '유전적 프로그램'을 제공하는데(15장 3절 참조), 이러한 유전적 프로그램의 영향하에서 고전적 체제가 발전했다. 원래의 고전적 특성들을 가능한 한 많이 유지하기 위해서, 강력한 또는 심지어 필사적으로 공격적인 저항이 블록 1에서의 급진적 변화에 대해 나타날 수 있다. 이러한 유전적 프로그램이 수정될 때에, 그리고 오직 그럴 때에만, 심층적이고 급진적이고 지속적인 변화가 유기체 전체에서 일어날 것이다. 블록 1의 상태에 대한 이해는 다른 모든 블록들을 이해하고 개혁과정의 진전과 한계를 드러내는 데에 가장 중요한 분석 도구를 제공한다. 또한 지금까지의 관찰은 개혁과정을 설명하는 데에서 재산관계가 하는 (비록 이차적이라고 하더라도) 대단히 중요한 역할을 더욱 강조한다.

고전적 체제에 대한 검토의 끝부분에서, 15장에서 제시한 인과적 설명이 갖는 진실성이 어떻게 확인될 수 있는가 라는 질문이 제기되었다. 제안되었던 주요 시금석은 체제의 변화가 이론에 의한 예측을 따르는가 하는 것이었다. 모든 사회주의 국가들을 총괄해서 보았을 때, 개혁과정과 탈사회주의적 전환이 끝나려면 아직도 멀었지만, 이제까지의 관찰에 근거하여 다음과 같이 말할 수 있다. 지금까지의 경험은 인과관계의 주요 방향에 관한 이론적 진술들이 유효함을 확인해 준다.

인과관계의 주요 방향은 블록 1에서 5로, 즉 보다 심층적인 원인에서 보다 피상적인 원인들로 나아가지만, 수많은 피드백과 반작용, 상호작용이 일어난다. 세 가지 중요한 관계만을 예로서 제시해 보자.

한 가지 상호작용을 보면, 개혁 경향들은 여러 측면에서 개인, 집단, 조직의 자율성을 증가시킨다. 이는 독립적 정치운동, 사회단체, 사적 영업조직, 자율적 지방정부기관, 자율경영기업, 시장사회주의 사상에 따라 더욱 독립적이 된 국유기업 등에 적용된다. 자율과 종속 사이에서 다양한 결합 방식이 나타나는데, 그중에서도 자율성의 비중이 개혁의 결과로 증가한다. 그리고 자율성이 증가함에 따라, 중앙 지도부의 전체주의적 권력은 감소한다. 다민족국가들에서 민족독립운동이 서서히 나타나고 힘을 모은다. 자율성의 증가가 일단 일정 단계에 오르면, 그것은 자기증식 과정으로 들어간다. 관료기구가 모든 조직과 개인을 마음대로 몰아갈 수 있도록 해주던 지배 권력이 그들의 손아귀로부터 빠져나간다.

반작용의 사례를 또 하나 들어 보면, 거시적 긴장들은 사적 부문의 성장에 자극을 준다. 공적 부문이 수요를 충족시킬 수 없고 또 사적 부문이 운영되도록 허용된(혹은 적어도 박해를 받지 않는) 영역에서 획득 가능한 커다란 이윤은 사적 기업가들의 진입을 고무하여 부족현상을 완화한다.

끝으로, 특별히 중요한 반작용이 세 번째로 존재한다. 인플레이션, 부족현상, 생활수준의 정체 혹은 하락은 대중의 불만을 증가시킨다. 경제적 긴장은 정치적 긴장을 낳는다. 이는 파업과 시위의 폭발적 분출로 이어질 수 있다. 궁극적으로 경제위기는 정치위기를 촉발하고 급진적이고 혁명적인 변화가 일어나도록 할 수 있다.

그러나 전체적으로 보면 이러한 관계들이 중요하다고 하더라도, 그것들은 인과관계의 주요 방향을 이루고 있지 않고, 주요한 인과적 결과에 대한 반작용이나 그러한 결과들과 함께 작동하는 상호작용으로 서술될 수 있을 뿐이다. 다음 절에서는 몇 가지 다른 반대결과들이 언급될 것이다.

지적해야 할 점은 각 장들의 배열과 〈표 24-1〉의 요약에서 나타나는 경향 1~6의 배치 순서가 관계들의 논리적 구조와 일치한다는 사실이다. 개혁의 사건들이 일어난 실제 역사 순서라는 문제는 이와는 완전히 다르다. 앞에서 강조했듯이(16장 4절 참조), 개혁국가들에서 진행되는 역사적 과정을 연구해 보면, 이러한 관점에서 발견되는 규칙성은 거의 존재하지 않는다. 예를 들면 중국의 경우, 수억의 농민들에게 영향을 미치는 재산관계 개혁은 고전적 체제로부터 벗어나는 움직임의 시작점에서 바로 발생했지만, 그 시기에 정치영역에서는 거의 변화가 없었다. 반면에 소련의 경우, 수년 동안 극적인 변화가 정치에서 일어났지만, 재산관계를 전환하려는 움직임은 오랜 기간 단지 미미하게만 일어났다.

하나의 규칙성이 보이기는 하는데, 이러한 규칙성은 앞에서 언급한 사고의 전개로부터 역시 연역적으로 도출된다. 공산당 지도부가 고전적 체제로부터의 분명한 이탈을 시작하려고 스스로 결정할 수 있기 전에, 혹은 적어도 그러한 이탈의 발생을 체념적으로 받아들일 수 있기 전에, 공산당 지도부의 사고에서 상당한 변화가 일어나야만 한다. 그러한 관점에서, 어느 국가에서든 출발점은 블록 1에서, 위로부터의 조치들과 아래로부터의 자발적 구상이나 압력이 서로 결합된 결과로서 발견되어야 한다. 만약 공산당이 모든 변화에 완고하게 저항한다면, 변화를 지향하는 모든 노력들을 억압하는 데 성공할 수도 있고(예를 들어, 1990년의 쿠바와 북한에 대해 말할 수 있듯이), 아니면 혁명이 점진적 개혁 국면을 뛰어넘어서 말 그대로 발생할 수도 있다(1989년의 체코슬로바키아, 동독, 루마니아).[1]

---

1) 체코슬로바키아와 동독의 경우, 권력 집단의 변화에 대한 완고한 저항은 궁극적으로 소련 지도부가 보낸 분명한 메시지에 의해서 와해되었다. 고르바초프는 그들이 반란 진압과정에서 소련의 도움에 더 이상 기댈 수 없다는 점을, 동유럽에서 이전과 같은 군사 개입이 반복되지 않을 것이라는 점을 그들에게 알

2. 개혁 경향들의 비일관성

고전적 체제는 일관된 통일체를 형성하고 있다(15장 1절 참조). 고전적 체제의 요소들 사이에는 친화성이 작용하며, 따라서 그러한 요소들은 서로 보완하고 유인한다. 적어도 순수한 이론적 원형으로서, 고전적 체제는 모든 구성 블록들이 서로 간에 연결되어 있는 건물과도 같다. 그 건물은 감옥일지도 모른다. 창살은 외부세계로부터 감옥을 분리하고, 자물쇠는 단단히 잠겨 있고, 간수들은 옥문에 있는 감시구멍을 통해 들여다볼 수 있으며, 죄수들과 정보원들은 잘 훈련된 방식으로 자신들의 할 일을 한다.

개혁은 고전적 체제의 일관성을 무너뜨리지만, 그 자리에 새로운 질서를 세울 힘이 없음을 드러낸다.[2] 낡은 규칙성들은 오로지 부분적으로만 적용되고, 새롭고 내구성 있는 규칙성들은 서로 결합하지 못한다. 모든 것들이 유동적이거나, 또는 심하게는 서로 미끈거린다. 사회는 친화성이 없는 요소들로 가득하다. 그것들은 서로를 끌어당기기보다는 오히려 밀어낸다. 이러한 내적 비정합성들 중 거의 대부분

렸다.

2) 1986년에 소련을 떠난 뒤 1991년에 방문차 돌아온 저명한 반체제 인사 오를로프(Yuri F. Orlov)는 그러한 상황을 이렇게 묘사했다. "고르바초프는 시작했을 때에는 아무것도 이해하지 못했다. … 그가 알고 있던 모든 것은 사회주의가 개선되어야 한다는 것이었다. 그의 생각은 단순했고, 서구적 사고에 가까웠다. 만약 당신이 사회주의를 취하고 민주주의와 자유 언론을 보탠다면, 모든 것이 잘될 것이다. 그러나 그가 발견한 것은 레닌이 고안한 체제가 일단 벽돌 하나를 빼내면 전체가 무너져 버리는 체제였다는 사실이다. 이제 그는 벽돌을 다시 밀어 넣으려고 하고 있다. 이는 희극이자 비극이다."(*New York Times*, 1991. 2. 10., p. 4)

은 앞의 장들에서 살펴보았다. 개혁 국면에서 발견되는 비정합성과 비일관성의 사례들이 제시될 때, 일부는 여기에서 반복될 것이다. 이제 쌍으로 나타나는 몇몇 현상들을 검토하면서, 그러한 쌍의 두 구성부분이 어느 정도까지 일치하는지, 친화성이 있는지, 어떠한 갈등을 일으키는지 등을 살펴보자. 쌍으로 나타나는 현상들 중 첫 번째 구성요소들은 〈그림 15-1〉에서 그들의 논리적 위치에 따라 정해진 순서로 선택되었다.

공산당은 개혁과정 속에서 권력독점을 유지하기를 원하지만, 당분간은 이러한 권력독점의 폐기를 즉각적으로 요구하는 정치세력들을 풀어 놓는다. 당은 '글라스노스트'(*glasnost*)를 선포하지만 인민들은 고맙게 생각하기보다는 자신들이 경험했고 또한 당과 체제에 책임이 있다고 생각하는 모든 비극과 상처를 파헤친다. 공산당은 인민들을 위협하는 온갖 무자비한 방법들을 포기할 의사가 있음을 밝히지만, 두려워해야 할 것들이 적어짐에 따라 자의적 지배의 완전한 폐지와 민주주의의 제도적 보장에 관한 기본적 요구가 인민들로부터 한꺼번에 쏟아져 나온다. 이는 공산당의 권력을 위험에 빠뜨리며, 치명적 위험 속에 놓인 긴장 상태로 몰아간다.

사태에 대한 통제가 약화되면서, 사상에 대한 통제도 약화된다. 경직화된 도그마에 대한 첫 번째 개혁물결이 일어나는 시기에는 정당화를 위한 참조가 여전히 마르크스와 레닌을 대상으로 이루어질 수 있다. 사실 그들 자신은 융통성 없는 교조주의자가 아니었고, 자신들의 사상에 신화적 의미를 부여하는 사람들을 혐오하였다. 그런데 각성의 과정을 멈추라는 지시를 내리기는 어렵다. 과거에 체제를 진정으로 신뢰했고 당의 용어로 '훈련된 마르크스-레닌주의자'였던 공직자는 스탈린이 그의 저작이나 명제 한두 개에서 틀릴 수도 있었을 것이라는 의심을 시작한다. 그 뒤에, 그는 스탈린을 레닌의 올바른 가르침을 틀리게, 그리고 아마도 죄를 짓듯이 잘못된 방법으로 적용한 사람으로 간주한다. 그 이후 새로운 각성의 파도가 몰아치면, 그는 레닌주의의 토대를 의심한다. 이제 그곳으로부터 마르크스를 부정하기에 이르는 데까지는 오직 한 걸음만 남았다.

자유화 경향의 한 가지 표시는 인민들, 주요하게는 지식인들과 연구자들이 스스로 생각하고 현실을 정직하게 분석하는 데 나선다는 것이다. 그런데 그러한 행동은 어디에 도달하는가? 그들은 온갖 해로운 현상들의 원인이 무엇인지 궁금해 하기 시작한다. 인식의 과정은 길다. 첫 번째 단계는 개인들에게서 잘못을 찾는 것이다. 이 지점에서 스탈린과 전국의 모든 작은 스탈린들(*petty Stalins*)은 모든 문제에 대해 주로 책임을 져야 할 악인으로 낙인찍힌다. 다음 단계는 그러한 문제들을 단순히 개인들뿐 아니라 특정한 시기에 취한 잘못된 정치노선 탓으로 돌리는 것이다. 그 뒤에는 이것조차 어떤 타당한 설명을 제시하지 못한다. 사회주의는 좋은 체제이지만 지금까지 적용해 온 사회주의의 특별한 유형(특수한 '모델')이 잘못되었다. 폐기해야 할 것은 사회주의가 아니라 바로 '국가주의'(*étatism*) (1950년대 유고슬라비아의 공식 입장), 낡은 '명령 메커니즘'(*command mechanism*) (1960년대 후반 헝가리의 공식 입장) 혹은 '명령-행정 체제'(*command-administrative system*) (1980년대 말 소련의 공식 입장)이다. 체제(*system*)의 변화가 아니라 '모델의 변화'(*change of model*)가 요구된다. 그 이후 새로운 각성의 파도가 칠 때, 인민들은 문제가 체제의 특수한 유형에 있는 것이 아니라 체제 자체에 있다는 사실을 깨닫는다.

고전적 체제의 이데올로기는 엄격했고 논리적으로 폐쇄적이었다. 그 이데올로기는 공리들에, 어떠한 이의도 제기될 수 없고 또한 공리이기 때문에 어떠한 증명도 필요로 하지 않는 공리들에 근거를 뒀다. 예를 들면, 공리 중 하나는 고전적 체제의 우월성이었다. 어떤 부정적 현상이 나타나더라도 그 모든 것은 자본주의의 유산이거나, 특정 개인의 잘못이거나, 계급의 적이 일으킨 사보타주의 결과였다. 어떠한 상황에서도 그것은 체제의 결과가 아니었다. 그와 같은 공리 중 또 하나는 당의 지도적 역할(즉, 당의 권력독점)이었다. 당의 노선에 어떤 변화가 발생하더라도 그러한 공리의 진실성을 의심할 이유가 없다. 사실은 그 반대이다. 스스로 고치려는 의지는 당이 지혜를 가지고 있다는 하나의 증거이다. 공리들에 대해 문제를 제기하는 것이 개혁하에서 허용되는데, 이러한 문제제기는 조심스럽게 조립된 논리구조를 단번에 붕괴한다.

낡은 원칙이나 도덕적 원리 중 그 어느 것도 개조되지 않고는 유지될 수 없다. 그러나 이데올로기적 혼돈 없이 어떻게 공적 소유에 대한 믿음을 사적 부문에 대한 묵인과, 심지어 장려와 조화시키고, 계획에 대한 칭송을 계획의 거의 완전한 포기와 조화시키고, 시장에 대한 전통적 경멸을 시장을 지지하는 새로운 선전과 조화시킬 수 있겠는가? 이전에는 사람들이 희생하고 규율을 지키라는 독려를 받았지만, 개혁 과정 동안에는 물질주의, '돈 없이는 꿈쩍도 하지 않는' 관행, 향락주의, 그리고 '소비자 사회' 가치들의 수용 등이 좀더 일반적인 행동이 되었다. 전문 혁명가의 청교도주의와 금욕주의는 시대에 뒤떨어진 기괴한 것으로 간주된다.

쌍으로 나타나는 현상들 중 일관성이 없는 다른 두 개가 앞 장들에서 상세하게 논의되었다. 그중 하나는 관료기구와 사적 부문의 공생 현상이고(19장 5절 참조), 다른 하나는 당-국가의 정치권력 및 국가 소유와 시장사회주의하의 시장 조정기제 사이의 연결이다(21장 6절 참조).[3] 여기에서는 이러한 두 개의 관계와 그것들이 개혁과정의 내적 비정합성을 발생시키는 데에서 한 특별하게 중요한 역할을 상기시키는 것만으로 충분하리라 본다.

개혁국가들의 역사를 연구해 보면, 내적 비정합성들이 꾸준히 정화되거나 점진적으로 해소되는 증거들이 보이지 않는다. 그와는 반대로, 각각의 비정합성은 새로운 갈등을 낳는다. 모든 개혁국가의 역사는 즉흥성과 조급성의 예들로 가득 차 있다. 무엇인가 새로운 것을 만들어 내려는 실험들이 시도되기는 하지만, 낡은 고전적 체제를 되살리는 쪽으로 후퇴하는 일이 여러 영역에서 반복해서 일어난다. 물론 고전적 체제가 원래 형태로 복원되는 것은 더 이상 가능하지 않다. 문제가 커지면 지도부는 그러한 문제들의 존재 자체를 부정함으로써, 혹은 어떤 것도 작동하지 않으면 억압을 강화함으로써 문제들을 해결하려고 한다.

요약하면 고전적 체제는, 적어도 유지될 수 있는 한에서는, 어느 정도의 안정성과 견고성을 갖는다. 반면에 개혁으로 뒤틀리기 시작하면, 고전적 체제는 본질적으로 불안정하게 된다. 개혁체제는 어떤 곳

3) 1989년 베이징에서 발생한 학생시위의 패배 이후 중국에서는 광범위한 정치적 억압이 발생했다. 비록 새로운 지도부가 경제개혁에 반대하지 않는다고 단호하게 선언했을지라도, 이러한 사태는 경제개혁 과정도 역시 방해했거나 사실상 역전시켰다. '시장사회주의'라는 표현을 모방하여, 영국의 중국 전문가 린(C. Lin)은 1989~1990년대 중국 체제를 '시장 스탈린주의'라고 묘사했다.

에서는 단기간 겨우 생존할 수 있고, 또 어떤 곳에서는 특수한 환경 덕분에 조금 더 유지될 수 있지만, 어느 곳에서도 지속적으로 살아남을 수는 없다(그리고 이 책에서 제시한 논리전개에 따라 예측해 본다면, 미래에도 지속적 생존은 불가능할 것이다).

개혁된 사회주의 체제의 불안정성을 다루고 있긴 하지만 잠깐 제 3의 길에 관한 논의를 간략하게 다룰 필요가 있다. 개혁을 처음 주도한 사람들 사이에는 다음과 같은 생각이 광범위하게 퍼져 있다. 우리는 사회주의의 고전적 형태가 지닌 심각한 죄악과 결점 때문에 그것을 거부해야 하지만, 그렇다고 자본주의 체제로 되돌아가서도 안 된다. 대신에 제 3의 길을 발견해야만 하는 것이다. 고르바초프는 이러한 생각을 한 연설에서 언급했다. "우리들 앞에 어떤 대안들이 존재하는가? … 하나는 명령-행정 체제, 엄격한 계획화, 경제와 문화 모두에 대한 명령 등을 유지하는 것이다. 다른 하나는 우리가 과거에 걸어 온 그 길이 10월 혁명의 선택을 완전히 손상시켰다는 확신에 따라서 자본주의로 되돌아가기를 주장하는 것이다. 우리는 이러한 길들 중 어느 한쪽을 선택할 수 있는가? 아니다. 우리는 그것들을 거부한다. … 우리는 사회적 진보로 이끄는 또 다른 길을 바라본다. … 사회주의의 새로운 이미지는 인간의 얼굴을 갖는다. 그것은 미래 사회가 실제로 달성될 수 있는 진정한 휴머니즘에 이른다고 본 마르크스의 사상과 일치한다. 그리고 그런 점에서 페레스트로이카는 그의 저작에 기대고 있으며, 우리는 우리가 인본주의적 사회주의(*humanist socialism*)를 건설하고 있노라고 아주 정당하게 말할 수 있다."[4]

4) *Pravda*(1989. 11. 26.)를 참조하라. 고르바초프의 이 구절은 1968년에 체코

인류는 대단히 많은 제 3의 길이라는 해결책들을 실험해 왔다. 거의 14억 명의 인구에 직접 영향을 미치는 사회주의 체제의 개혁은 지금까지 시도된 가장 엄청난 제 3의 길이다. 개혁을 중점적으로 다룬 아홉 장들의 분석에 근거하여, 이 책 말미에서 다음과 같은 주장을 과감하게 제기할 수 있다. 이 거대한 실험은 지금까지는 실패했다. 여기에 덧붙여 말할 수 있다. 만일 이 책의 논리전개에 따른 예측이 올바른 것으로 증명된다면, 미래에도 그 실험은 결코 성공하지 못할 것이다.

앞에서 언급했듯이, 개혁사회주의 체제가 갖는 비일관성, 내적 모순들, 안정성 부족 등은 그 체제가 지속적으로 생존할 수 없다는 것을 의미한다. 개혁과정은 자기 파괴의 원인들을 품고 있는 이형(異形) 구성체(*heteromorphic formation*)를 만든다. 그 구성체가 폭발할 때까지는 계속 증가하는 내적 긴장들이 바로 그러한 원인이다. 이 내적 긴장을 줄일 수 있는 하나의 대안은 권력을 가진 자들이 인민의 불만을 폭력으로 억눌러서 사회를 제 2의 길로 끌고 가는 것이다. 다른 하나의 대안은 개혁과정을 혁명적인 정치적 변화과정으로 전환하는 것이다. 이는 자유로운 정치적 선택의 기회를 제공하는데, 그 경우에 국민 대다수는 제 1의 길(*the first road*)을 선택한다.

나의 관점에서 볼 때, 역사가들은 사회주의 체제의 개혁과정을 처음 주도하고 지지한 고르바초프와 다른 모든 이들을 불멸의 공로를 세운 사람들로 볼 것이다. 그러나 이들의 공로는 해방에 이르는 제 3의 길로 인류를 이끌려고 한 데에 있지 않다. 그들은 아주 다른 이유로 후

슬로바키아 공산당 총서기이자 프라하의 봄의 주역이었던 두브체크(Alexander Dubček)가 내놓아서 자주 인용되는 생각을 반복한다. "우리는 '인간의 얼굴을 한 사회주의'를 창조해야 한다."

세의 감사를 받을 만하다. 단기적으로 개혁의 모든 부분에는 당대 사람들의 삶을 조금이나마 편안하게 해주는 혜택이 존재한다. 많은 사람들의 생활수준이 적어도 어느 정도는 향상되고, 사람들의 자유와 자율성이 신장되고, 인간적 굴종이 잦아들고, 공포가 줄었다. 그리고 장기적으로 개혁은 고전적 사회주의 체제의 권력구조와 사상·이념에 대한 통제를 분해함으로써, 그 체제의 토대를 침식시켰다. 그렇게 함으로써 개혁은 실질적인 체제 변화를 위한 길을 연다.

3. 개혁과 대중감정

몇몇 사회적 변화들과 관련해서는 사회의 어떤 집단이 그러한 변화들을 지지하고 또 어떤 집단이 반대하는지를 밝히기가 꽤 간단하다. 반면 사회주의 체제하에서 일어나는 개혁과정의 경우에는 그렇지 않다. 누가 지지자이고 누가 반대자인지에 관한 일반적이고 명백한 진술에 도달하기란 불가능해 보인다.

다음과 같은 고정관념이 널리 인정을 받았다. 관료기구에 근무하는 개화된 공직자들까지도 포함하여, 실제로 전체 인민이 개혁을 지지한다. 반면 저항은 당의 보수파들로부터, 그리고 어쩌면 비밀경찰과 군대의 지도부로부터 나온다. 그러나 사실 상황은 훨씬 더 복잡하다.

유고슬라비아에서 오래 유지된 하나의 응집력은 민족감정인데, 바로 이 민족감정이 소련의 사회 모델에 대한 거부도 포함하여 소련과의 단절을 지지했다. 헝가리의 경우, 유혈 희생을 가져온 1956년 혁명의 충격적 패배는 평화와 평온, '정치에 무관심한' 삶, 생활수준의 실질적 향상 등에 대한 광범위한 요구, 작은 정치적 양보와 이차경제에서 버는 수입의 공식적 묵인 등에 오랫동안 기꺼이 만족하는 태도와 같은 광범위한 사회적 합의를 만들었다. 그러나 개혁 균형이 상대적으로 가장 오랫동안 지속된 이들 두 국가에서조차도 변화에 대한 인민의 태도는 사실상 이중적이었다(18장 7절 참조). 이러한 사실은 다른 개혁 국가들의 경우에 더욱 잘 적용된다. 모든 변화에 처음부터 계속해서 완강하게 반대하는 계층은 상대적으로 제한적이다. 그 외의 사람들은 기뻐하면서도 슬퍼하고, 신뢰하면서도 불안하게 생각한다.

개혁의 결과로 전체주의적 억압은 실질적으로 줄어든다. 대중에 대한 무자비하고 예측할 수 없는 공포정치는 완화된 형태의 억압으로 바뀌고, 활동적인 저항자들에게만 가해진다. 비판과 반대의 폭도 넓어진다. 그러나 정치적 자유의 진정한 맛을 아는 사람이라면 이러한 제한적이고 극히 작은 자유에 만족할 수 없다. 바로 이 시점에서 표현과 결사의 완전한 자유에 대한 요구가 점차 많은 수의 인민, 주요하게는 지식인에 속하는 사람들로부터 자연스럽게 터져 나오기 시작한다.

대부분의 사람들은 자신의 독립성이 증가하고 국가기관이 자신의 삶에 덜 개입하려는 것에 기뻐한다. 그러나 그들은 동시에 가부장주의에 의해 제공되는 보호의 상실을 두려워하기도 한다. 당연하게도 기업의 책임자들은 진정한 시장경쟁과 구매자 시장 체제를 두려워하고, 종업원들도 안정된 직장과 완전고용 보장의 종말을 두려워한다.

가격체계는, 그리고 그것과 함께 재정 재분배 체계는 혼란스러워진다. 경제적 분석의 토대 위에서 그것을 이해하는 사람은 누구라도 가격들 간의 질서가 복구되어야 한다고 생각할 수 있다. 그러나 사람들은 이런 혼란스러운 가격과 조세 체계에 점점 익숙해진다. 대다수 인민들은 식료품, 여타의 대중소비 상품들, 국가 소유 주택 등에 대한 보조금의 수혜자들이다. 만약 그러한 보조금이 중단된다면, 바로 이 대중이 스스로를 손해를 보는 사람이라고 생각할 것이다.

탈중앙집중화 조치가 부분적으로 취해지면, 자신들의 권한 영역이 증가하는 사람들은 즐겁다. 그렇지만 이는 그들 위에 있는 사람들의 권력이 감소하였음을 의미하고, 따라서 권력을 잃은 사람들은 보통 그러한 상황을 환영하지 않는다.

사적 부문의 성장은 그 속에서 활동하는 사람들에게 혜택을 준다. 그러나 그들조차도 일단 활동을 시작하고 난 뒤에는 다양한 관료적 제약들, 조세 부담들, 여타 문제점들에 대해 불평하기 시작한다. 사적 부문에서 구매하는 사람들은 공급의 개선에 대해서는 좋아하지만 높은 가격에 대해서는 불평을 한다.

이중적 반응들의 목록을 계속 열거할 필요도 없이, 우리는 대중이 개혁과정에 관한 생각들에 내재하는 비정합성 때문에 그러한 생각들을 그대로 따르지 않는다고 말할 수 있다. 대중운동은 특정 시기에 특정 국가에서 특수한 개혁사상을 지지하면서 발생한다. 가장 두드러진 사례는 1989년 중국의 학생시위였으며, 그 시위를 주도한 개념은 민주주의에 대한 요구이다. 하지만 그 경우에서조차도, 학생들과 그들에게 힘을 합친 베이징 시민들이 하나의 포괄적 개혁 프로그램을 지지하는 목적을 가지고 있었다고 말할 수는 없다. 다른 국가들(폴란드, 유고슬라비아, 그리고 소련)의 경우, 식량부족이나 가격상승에 저항하기 위해 파업이 일어났다. 이러한 파업들은 분명 반개혁 시위들이 아니었지만, 그렇다고 개혁 자체 또는 그러한 개혁 속에 부분적으로 들어 있던 어떤 확실한 프로그램을 지지하기 위해 명백하게 기획되었다고 말할 수는 없다. 인민들을 실질적으로 동원한 것은 이전 약속들에 대한 환멸과 경제상황의 악화에 대한 분노였다.

파업들은 광범위한 영역에 걸쳐 덜 뚜렷한 방식으로 드러날 무엇인가를 뚜렷한 형태로 보여 준다. 시간이 지날수록, 대다수 인민들이 개혁에 대해 가졌던 초기의 열정들이 사라진다. 옛날 상황들이 참을 수 없는 것이었다고 이제는 깨닫게 된, 이전에 보수적이었던 공직자들 사이에서 개혁에 대한 새로운 지지자들이 나타난다고 하더라도, 점점 더 많은 사람들은 그 사이에 환멸감을 느끼거나 심지어 속았다고 생각한다. 그것이 1980년대 말 최종적 국면에서의 경우였다. 바로 그때 폴란드와 헝가리는 개혁이 혁명으로 전환되는 시점에 도달했다. 유사한 사태가 소련에서 관찰될 수 있었다. 소련에서는 1989~1990년 고통과 환멸이 점점 더 넓게 확산되고, 정치적 긴장이 증가하였다. 개혁이 일상생활에 아무리 많은 개선을 가져다주더라도, 사람들은 그러한 변화들을 거의 믿지 않았다. 사람들은 개혁이 제시한 약속과 그 약속의 이행이 가져다줄 것으로 점점 더 기대하게 된 성과 사이에 존재하는 깊은 골이 벌어지는 것을 훨씬 더 강하게 느낀다. 역사에 비추어 보았을 때, 개혁사회주의는 장기적으로 안정될 수 없다.

4. 미리 보기: 사회주의 체제의 유산과 탈사회주의

이 책의 주제는 사회주의 체제에 대한 실증적 분석이다. 따라서 이 책은 탈사회주의 체제를 다룰 때에 규범적 접근을 취하지 않고, 또한 이행이 국가 의제가 된 국가들을 위한 실천적 제안도 내어놓지 않는다.[5] 감히 제시할 수 있는 것이라고는 지금까지 논의한 것들로부터 즉각적으로 도출할 수 있는 몇 가지 예상적인 추측들뿐이다.

혁명적 전환이 사회에서 일어난다. 몇몇 국가들에서는 중요한 정치적 사건들이 상당히 짧은 기간에 모여서 거의 폭발적으로 발생한다. 며칠이나 몇 주에 걸쳐서 격동적인 대중시위가 발생하고, 공산당 정부가 그 다음에 사임하고, 반대파를 포함한 새로운 정부가 그 자리를 차지한다. 이러한 일이 예를 들면 1989년에 체코슬로바키아와 동독에서 발생한 것이다. 그러나 정권교체는 체제 전환이 아니라 단지 체제 전환을 위한 정치적 전제조건의 하나일 뿐이다. 체제 전환은 장기간을 요구한다고 예상되는 역사적 과정이다. 새로운 체제가 낡은 체제로부터 물려받은 유산이 체제 전환이 출발해야 하는 지점이다. 17~23장은 모두 끝 절에서 그러한 유산 중 개별적 구성요소 각각을 제시하였다. 완전하게 고찰할 수는 없지만, 이제 그러한 유산을 재검토함으로써 요약할 때가 되었다.

새로운 체제는 궁핍한 상태에 놓인 **국민경제**를 물려받는다. 고전적 체제가 야기했고 개혁체제가 개선시키지 못했거나 개선하려는 시도조차 하지 않았던 온갖 왜곡들은 국민경제에 흔적을 남겨 놓았다. 국민경제는 기술적으로 너무나 후진적이고, 심각할 정도로 낡고 잘 관리되지 않은 수많은 기계설비와 건물을 물려받았다. 상업유통망, 수송, 주택, 보건제도 등은 특히 심각하게 낙후해 있다. 지체된 것들을 따라잡는 과제는 오랫동안 항상 연기되어 왔다. 모든 사람은 더 이상 연기하면 훨씬 더 심각한 재앙이 덮칠 것이라는 것을 이제는 알고 있다. 생

5) 정책 권고들에 관련한 문헌은 부록을 참조하라.

산과 인민의 일상생활은 자연환경을 끊임없이 손상시키는 방식으로 정착해 왔다. 환경보호 역시 위험천만하게 무시한 과제들에 속한다.

물질적 부의 빈곤한 상태는 이전 체제에서 물려받은 인적 자본의 허약한 상태와 결합해 있다. 선진 공업국들과 비교했을 때, 노동력의 전문기술은 많은 영역에서 뒤떨어지며 노동 규율도 느슨하다. 관리자들과 사무직 노동자들은 현대적 시장경제의 작동에 익숙하지 못하다. 교육에서도 수십 년 동안 심각한 결함들이 존재했기 때문에, 이들을 대체할 후속세대의 능력도 그다지 유망하지 않다. 설령 경제 전체가 순조로운 속도로 성장한다고 하더라도, 미루어지고 무시되었던 과제들을 수행하려면 엄청난 노력이 요구될 것이다. 사실, 새로운 정부는 경기침체나 경기후퇴라는 매우 어려운 상황에서 보통 권력을 잡고, 그 때문에 경제에서 조화로운 균형을 세우는 일은 상당한 시간이 걸릴 수 있다.

새로운 체제는 심각한 **거시적 긴장**을, 특히 금융 분야에서 물려받는다. 인플레이션과 부족, 초과수요와 사용될 수 없는 축장된 화폐 등이 그것이다. 몇몇 국가들에서는 외채라는 심각한 부담이 추가된다. 거시적 긴장들 중 일부는 사회주의적 정치구조와 재산관계로부터 물려받은 체제특수적인 것이며, 이것들은 개혁사회주의 속에서 출현하는 경향들로 인해서 고조될 수도 있다. 이러한 물려받은 거시적 긴장들은 상당 기간 지속될 가능성이 높다. 당연히 많은 것들은 거시적 안정화를 위한 급진적 프로그램을 추진할 수 있는 새로운 정권의 의지와 능력에 달려 있다.

새로운 체제는 특수한 구조와 다층적 위계로 이루어진 국가기구, 일련의 법적 규제 등 낡은 구성의 **제도들**을 물려받는다. 이 모든 것은 수십 년 동안의 진화 과정을 거쳐서 발전된 것들인데, 그 진화 과정 속에서 구체제는 자신의 필요에 따라 가능한 형태들 중에서 선택해 왔다. 새로운 정부는 낡은 것들을 무자비하게 파괴하고 새로운 것을 세우려고 한 레닌주의적 방식을 적용하려고 하지 않으며, 평화롭고 순조로운 이행을 목표로 삼는다. 바로 그런 이유 때문에, 낡은 제도들이 새로운 체제의 발전을 오랫동안 방해할 수도 있다. 새로운 제도들이 나타나는 데는 상당 기간이 걸린다.

또한 지배적인 공적 부문, 자주관리의 특정한 요소들, 반은 공개되어 있고 반은 숨겨져 있는 허약한 사적 부문 등과 같은 낡은 **재산관계**도 물려받는다. 경제를 사유화하기 위한 수많은 계획들이 존재한다. 일부 제안들은 단기간에 문제를 해결하는 해법을 제공하는 것처럼 보인다. 그러나 어떤 제안들이 적용되든 간에, 자본주의를 위한 광범위한 사회적 토대를 제공하는 새로운 소유자와 기업가 계층은 단기간에 형성되지는 않을 것이다.

새로운 체제는 구체제의 **전문가 집단**을 물려받는다. 이 책의 주제가 정치경제학이기 때문에, 여기에서는 관료기구 구성원들과 경제계 지도자들에만 한정해서 언급할 것이다. 정치적 전환은 많은 사람들에게 개인적 영향을 분명히 미친다. 이전 정부와 보다 긴밀하게 연결되었던 사람들에게는 역할의 재분배에서 좀더 나쁜 기회가 올 것이고, 현재 권력을 쥐고 있는 새로운 정치적 경향과 좀더 강력한 관계를 가지고 있는 사람들에게는 좀더 좋은 기회가 올 것이다. 그러나 우리는 단지 개연성에 대해서만 말할 수 있다. 탈사회주의적 이행이 시작되었던 어떤 국가에서도 지금까지 마녀사냥은 일어나지 않았다. 이전에 어떤 지위를 가졌던 사람들은 그 지위에 여전히 있거나 아니면 다른 영역으로 옮겨간다(예를 들면, 어떤 공무원은 훨씬 좋은 급여를 받는 사적 기업의 관리자가 될 수 있다).[6] 국경의 개방은 많은 사람들에게 이민을 가거나 해외에서 취업하도록 자극하고, 따라서 이는 국내에 머물고 있는 전문가 집단에 대한 수요를 증가시킨다. 전문가들 사이에서 자리의 배치는 어느 정도 변화하지만, 대체로 똑같은 직원들이 여전히 근무하게 된다. 이는 구체제와 신체제 사이의 연속성을 증가시켜 주며, 구체제에서 주입된 뿌리 깊은 습관과 규범을 생존시킨다.

이러한 환경하에서 탈사회주의 사회에서는 하나의 진기한 **이중체제**(*dual system*)가 한동안 존속한다.[7] 그것은 사회주의 사회와 자본주의 사회의 많은 요소들이 나란히 또 서로 뒤섞여 존재하는 '혼합' 체제이다.[8] 만일 실질적인 발전 과정이 권력을 장악한 당과 운동조직이 선언한 프로그램들을 따라서 전개된다면, 자본주의적 요소는 우세해질 것이다. 이러한 일이 일어날 가능성이 매우 크지만, 설령 그렇게 된다 하더라도 사회주의 질서의 유산은 사회경제적 활동의 모든 차원에서 오랫동안 남아 있을 것이다. 이러한 이중성은 많은 종류의 갈등

---

6) 악명 높은 사람들을 포함한 구체제의 권력 소유자들이 새로운 조건하에서 명망 있고 높은 급료를 받는 직업을 얻음으로써 자신들을 '구조하고' 있다는 항의들이 종종 일어난다. 항의들은 몇몇 특수한 경우에는 구조 작업을 미연에 방지했지만, 그러한 현상은 여전히 흔하게 일어난다.

7) 이러한 상황은 앞에서 언급한 나의 책(1990)에서 이미 예상되었다. 이와 유사한 예상이 매우 다른 논리전개에 근거해서 뮤렐(P. Murrell, 1990a, 1990b)에 의해 독자적으로 제기된 바 있다. 심지어 두 책에서 사용된 표현은 똑같다.

8) 이것의 서막은 개혁사회주의 체제하에서의 사회주의와 사적 부문의 공존이다(19장 5절 참조). 그러나 그 경우에 사적 부문은 종속적이고, 용인을 받는 상태에 있다. 탈사회주의 체제하에서 권력관계가 변할 것이라는 기대를 할 수 있다. 사적 부문은 자신들의 뒤에 국가 권력의 지지도 끌어댐으로써 조만간 경제의 지배적 부문이 될 것이다.

을 야기하는 원천이 될 것이다.[9] 여기에서는 그중 오로지 하나의 문제 영역만을 언급하고자 한다. 그것은 아마도 시민들이 수용했고 존중했던 **도덕적 가치**에서 일어날 전환이다. 물론 이 문제에 대한 논의도 단지 몇 가지 질문만을 제출하는 것에 그치게 될 것이다.

전혀 과장 없이 말해서, 탈사회주의적 이행의 길에 진입한 국가의 대다수 주민은 사회주의 체제에 대해서 깊은 환멸을 느끼게 되었다. 그들은 사회주의 체제에 대해 반감을 가지고 회고하며, 그들 중 많은 사람들은 사회주의 체제를 절대적으로 혐오한다. 그러나 이러한 진술은 다음과 같은 관찰과 모순되지 않는다. 인민들 중 대다수는 자신들이 받은 교육의 가르침에 따라서 스스로 사회주의적 가치라고 평가하는 도덕적 가치들 — '좋은 사회'라는 관념의 속성들 — 에 대해 계속해서 애착을 가진다.[10] 바로 이러한 시기에 그들은 혼란에 빠진다. 그들은 오랜 기간에 걸쳐 주입된 이러한 가치들과 날카롭게 대립하는 도덕적 가치들 쪽으로 끌려가기도 한다. 몇 가지 예를 들어 보자.

탈사회주의 국가의 시민들은 무엇을 갈망하는가? 국가로부터 마침내 자유롭게 되기를, 수많은 규제로부터 방해받지 않기를, 그리고 수많은 의무로부터 제약을 받지 않기를 바라는가? 아니면 현명한 조치

---

9) 앞의 장들에서 탈사회주의를 다루는 마지막 절들은 갈등의 원천이 될 수 있는 영역을 여러 곳에서 지적하였다.

10) 이러한 가치들이 사회주의의 이데올로기적 영역에서만 배타적으로 나타난다고 주장할 수는 없다. 그것들 중 많은 부분은 기독교의 도덕적 개념 속에 융합되거나 서구의 자유사상이라는 지적 흐름의 윤리학 속에 융합되어 있다. 그러나 아마도 인생의 중반 혹은 말년으로 나아가는 시기의 성인으로서 이제 새로운 정부로 옮겨 가는 세대들은 사회주의 체제하에서 자라면서 이러한 가치들을 존중하도록 교육받았다.

를 취하고, 불우한 사람들을 돌보고, 환경을 보호하고, 마구 날뛰는 가격상승을 규제하는 능동적 국가를 요구하는가? 그들은 모든 사람들이 능력에 따라 벌 수 있다는 사실을 받아들이거나 심지어 환영하는가? 아니면 높은 소득에 분노하면서 거기에 무겁게 과세할 것을 요구하는가?

만약 정치적 상황이 어떠한 과도함도 없이 조용히 전개된다면, 정치인들이나 국가기구의 공무원들 모두는 사회와 경제의 작동을 혼란에 빠뜨리거나 그러한 작동방식의 고유한 동기와 활력을 빼앗지 않고도 사회와 경제의 작동과정에 온건하고 잘 조정된 방법으로 개입하는 방법을 배우게 될 것이다. 그러나 그러한 상태가 되기 전까지는 사람들의 태도가 여전히 모순적이다. 사람들은 국가가 현명하게 개입하기를 바라면서도, 여전히 국가에 대해 의구심을 가지고 있다. 그러한 의구심이 사라지려면 매우 오랜 시간이 걸릴 것이다.

많은 시민들이 연대, 공정성, 약자에 대한 연민, 사회적 수준의 합리성 등의 관념들, 즉 그토록 많은 순수한 사람들을 사회주의적 이상으로 끌어들였던 가치들에 대해 여전히 신뢰를 가지고 있다고 생각할 수도 있다. 그러나 많은 사람들이 관료적 지배, 국가주의, 가부장주의, 평등주의 등 믿을 수 없는 이데올로기에 때때로 다시 빠져들 가능성 또한 존재한다. 가치체계의 변화와 정화가 얼마나 급속하게 또는 얼마나 정합적으로 일어날지 말하기란 어렵다. 그리고 대중감정의 발전 이외에도, 사회의 다른 속성들 모두가 근본적으로 전환되는 데 얼마나 시간이 걸릴지도 예측하기 어렵다. 만약에 이행에 관련된 사람들, 특히 책임 있는 지위에 있는 사람들이 이행이 어디에서 출발하는지, 그리고 새로운 질서에 그토록 깊은 흔적을 남겨 놓은 낡은 질서의 본성이 무엇인지를 가능한 한 완전히 깨닫게 된다면, 이행은 확실히 더 수월하게 이루어질 것이다. 바로 이러한 생각이 나로 하여금 사회주의 체제를 분석하는 책을 쓰도록 만든 기본적 동기였다. 그리고 이러한 깨달음이 이 책을 끝까지 읽을 만한 가치가 있었다고 독자들을 안심시킬지도 모르겠다.

옮긴이 해제

1. 코르나이, 생애와 학문 세계 1)

코르나이, 생애

야노쉬 코르나이(János Kornai)는 헝가리의 걸출한 경제학자로, 1928년 1월 21일 다뉴브강이 흐르는 헝가리의 수도 부다페스트(Budapest)에서 태어났다. 코르나이는 유대계 헝가리인이었지만 독일어를 완벽

1) 코르나이의 생애와 학문 세계에 대해서는 기본적으로 코르나이가 저술한 자서전을 참조하였다. 그는 2005년에 헝가리어로 자서전(J. Kornai. 2005. *A Gondolat Erejével: Rendhagyó önéletrajz*. Budapest: the Osiris Kiadó Publications Ltd.)을 집필하고, 영어판(J. Kornai. 2006. *By Force of Thought: Irregular Memoirs of An Intellectual Journey*. MIT Press)은 2006년에 집필 출간하였다. 헝가리어판은 일본에서도 같은 해인 2006년에 번역되어 나왔다(J. Kornai. 盛田常夫譯. 2006. 《コルナイ.ヤ-ノシユ自傳》. 日本評論社).

하게 습득하기를 원했던 양친의 뜻에 따라 1933년에 부다페스트의 독일제국학교(Reichsdeutsche Schule)에 입학하여 8년 동안 수학하였다. 이 시기에 코르나이는 생애에서 가장 중요한 친구들을 사귀게 되었고, 향후 인생에서 부각될 인성을 형성해 나가기 시작했다. 이 시기 학창 시절은 평온하고 평범했으며, 이후에 코르나이 자신이 회고하기로는 대단히 긍정적인 영향을 미쳤다.

코르나이 개인에게 1944년은 잔인한 경험을 부여한 해로 기억되었다. 그해 헝가리에 독일군이 진주하면서 가족들의 비극이 시작된 것이다. 이해 코르나이의 아버지와 형이 아우슈비츠 형무소로 끌려가 결국 그곳에서 생을 마감하는 비극을 겪었고, 코르나이 또한 아직 어린 나이었지만 군수공장의 강제 노동에 징용당하였다. 코르나이는 이 상황과 트라우마로부터 탈출하려고 무던히 애를 썼다. 결국 소련군 진격 때 도망쳐 나와 목숨을 부지하는 데 성공한 코르나이는 17세를 맞이하여 탈출한 이 시기를 소년시대의 종지부를 찍는 시기이자, 자신의 인생의 1장이 끝난 시기로 회고하였다.

제 2차 세계대전 이후 코르나이는 부다페스트에 위치한 칼 마르크스 경제대학〔the Karl Marx University of Economics, 현재의 코르비누스 부다페스트대학(Corvinus University of Budapest)〕에서 역사와 철학을 공부하였다. 이 시기에 코르나이는 공산당과 공산주의에 친근하게 된다. 이것은 아마도 1944년의 트라우마로부터의 탈출이자 그에 대한 반동이었을 것이다. 1945~1947년경에 그는 공산주의를 열성적으로 흠모하게 되었다. 그는 1945년에 공산당 지도하에 있던 청년조직인 헝가리 민주청년동맹(MADISZ)에서 활발하게 활동했으며, 이후에는 이 조직의 부다페스트 중앙본부 집행위원이 되었고, 급기야 공산당에 가입하였다.

1947~1955년은 코르나이에게는 또 다른 영역으로 옮겨 가게 된 시기였다. 1947년 6월 코르나이는 공산당 중앙기관지인 〈자유로운 인민〉(*Szabad Nép*) 편집국에서 근무하기 시작했다. 그로부터 8년 뒤, 법률위반으로 해고되는 1955년 여름까지 이곳 일을 맡아서 했다. 코르나이는 경제부문 편집장을 맡았는데, 이는 그에게 사회주의 경제를 내부에서 관찰할 수 있는 좋은 기회를 제공하였다. 하지만 이 시기는 코르나이의 각성기이기도 했다. 그가 있던 〈자유로운 인민〉 편집국이 공산당에 반기를 들었고, 결국 1955년 코르나이의 〈자유로운 인민〉 시대도 종언을 고했다.

이후 1955년 그는 새로이 설립된 헝가리 과학아카데미 경제연구소(Institute of Economics of the Hungarian Academy of Sciences)에 초청되었다. 1956년에 그는 여기서 박사학위를 취득하게 된다. 그리고 같은 해 10월에 코르나이는 《경제 관리의 과도집권화》(*Overcentralization of Economic Administration*, 영어판은 1959년)라는 제목의 책을 저술하였는데, 이 책은 공산주의적 중앙계획에 대해 그가 느꼈던 최초의 환멸을 표현한 책이었다. 사실 이 책의 근간은 그의 박사 논문이었으며, 소련형 체제를 본격적으로 비판한 연구이기도 했다. 하지만 당시 헝가리에서 소련형 체제를 비판한다는 것은 정치적으로 대단히 위험한 일이었는데, 결국 코르나이는 이러한 비판적 작업을 이유로 반혁명분자로 몰려 경제연구소에서 추방당하게 된다. 코르나이는 1956년 헝가리 혁명을 위한 이데올로기적 준비에도 가담할 정도로 현실 문제에도 애착과 사명감을 가지고 있었다.

헝가리 혁명 이후 1958년부터 코르나이는 다양한 장소와 영역에서

학자이자 경제 실무자로 근무하면서 연구 활동을 지속하였다. 1958~1960년에는 부다페스트의 경공업 계획국에서 경제학자로 근무하였고, 1960~1963년에는 부다페스트의 섬유산업연구소 부장으로 근무하였다. 1963~1967년에는 부다페스트 헝가리 과학아카데미의 컴퓨팅센터 부장으로, 1967~1993년에는 이 아카데미의 경제학연구소 연구교수로 근무하였다. 코르나이는 1958년부터 외국의 많은 연구기관들로부터 방문해 달라는 초청을 여러 차례 받았지만, 헝가리 당국으로부터 여권 발급을 거부당했으며, 1963년까지는 해외여행이 허용되지 않았다. 한편, 그는 1961년에 그가 졸업한 칼 마르크스 경제대학으로부터 경제학 박사학위를 받았고, 1965년에는 부다페스트 헝가리 과학아카데미로부터도 박사학위를 받았다.

이후 코르나이는 1984년부터 하버드대학에서 강의를 시작했으며, 1986년에 하버드대학 경제학 교수에 임명되어 2002년 퇴임할 때까지 근무하였다. 그동안 코르나이는 영국 케임브리지, 미국 매사추세츠, 그리고 헝가리 부다페스트 사이를 오가며 활발한 학술 활동을 하였다. 1992년에 그는 고등연구소로 새로이 설립된 콜레지움 부다페스트(Collegium Budapest)의 상임 선임연구원이 되었고, 탈 소비에트 경제전환(*post-Soviet economic transition*)에 관한 영향력 있는 이론가가 되었다. 2002년 하버드대학과 콜레지움 부다페스트에서 동시에 은퇴한 코르나이는 부다페스트에 설립된 중부유럽대학(Central European University)을 맡았고, 2011년부터는 그가 젊은 시절에 한때 다녔던 코르비누스 부다페스트대학에서 명예교수로 근무했다.

코르나이는 다양한 기관과 학회에서 활발하게 활동해 왔다.

· 헝가리 과학아카데미와 유럽 과학아카데미 회원.
· 미국, 영국, 스웨덴, 핀란드, 그리고 러시아 과학아카데미 해외회원(Foreign Member).
· 전미경제학회(the American Economic Association) 명예회원.
· 1978년 계량경제학회(Econometrics society) 회장 역임.
· 1987년 유럽경제학회 회장 역임.
· 1995~2001년 헝가리 중앙은행인 헝가리 국립은행(the National Bank of Hungary) 이사회 멤버 역임.
· 2002년 국제경제학회 회장 역임.

코르나이는 다음과 같이 다양한 상과 훈장 또한 수상하였다.
· 헝가리에서 세체니 상(Széchenyi Prize)과 헝가리 십자공로훈장(the Commander's Cross) 수상.
· 독일에서 훔볼트 상(the Humboldt Prize) 수상.
· 미국에서 세이드먼 상(the Seidman Award) 수상.
· 프랑스에서 오피시에 등급의 레지옹 도뇌르 훈장(Legion d'Honneur) 수상.
또한 수많은 대학으로부터 명예박사학위를 수여받았다.

코르나이, 학문 세계

코르나이의 본격적인 연구 인생은 1955년부터라고 할 수 있다. 이해 그는 헝가리 과학아카데미 경제연구소에 들어갔으며, 다음 해인 1956년에 박사학위를 취득하였다. 그리고 10월에 《경제 관리의 과도집권화》라는 제목의 책을 저술하였다. 이 책에서 그는 사회주의 경제체제의 특징으로 대략 7가지 명제를 제시한다. 첫째, 관리자는 양(量)을 강조한다. 둘째, 잘못된 '중요도'에 따라서 과제가 설정된다. 셋째, '100%'에 대한 숭배가 존재한다. 넷째, 계획경제의 투기(投機)가 존재한다. 다섯째, 계획의 이완과 긴장을 둘러싼 싸움이 존재한다. 여섯째, 생산주기의 불균등성이 존재한다. 마지막으로 '현재'와 '미래'가 대립한다. 이 책을 통해서 그는 마르크스 정치경제학과 결별하게 된다. 이 책이 가진 의미는 이른바 '철의 장막'(*iron curtain*) 뒤에서 살아가는 사람이 쓴 최초의 소련형 체제에 대한 공개적 비판이라는 점이었다. 이 책은 헝가리에서 반소련 혐의로 공격받았지만, 서구의 경제학자들은 환영하였다. 결국 코르나이는 연구소로부터 추방당하였다.

1956년은 헝가리 혁명의 시기였다. 언론의 자유와 친소 정권 퇴진을 요구하는 자유화 물결이 헝가리에서 발생했다. 6월에 서기장 라코시(M. Rákosi)가 소련으로 도주하였고, 헝가리 국민의 끈질긴 요구 끝에 임레 나지(I. Nagy)가 수상에 취임하였다. 하지만 소련은 11월에 2만 5천 대의 탱크와 15만 명의 병력을 헝가리 전 지역에 투입하였다. 소련은 임레 나지를 극비리에 처형하고, 수많은 저항자들 또한 처형하였다. 약 18만 명의 헝가리인이 오스트리아를 통해 서방세계로 탈출하였고, 약 2만 명은 유고슬라비아로 피신하였다. 헝가리 혁명은 소련, 공산주의, 계획경제, 사회주의 체제 등에 대한 코르나이의 지식과 신념, 세계관에 있어 커다란 전환점이 되었다.

헝가리 혁명 이후 1957년부터 코르나이는 주로 대학을 중심으로 연구를 진행하였다. 스스로를 '독학(獨學) 대학원생'이라고 칭한 이 시기에 그는 중등 수학을 다시 공부하였고, 당시에 경제학자들이 사용했던 선행대수와 같은 수학을 집중 공부했다. 또한 그는 이 시기에 랑게(O. Lange) – 하이에크(F. Hayek) 논쟁을 관찰하였다. 사실상 20세기 초 소련이 계획경제를 수립하면서부터 국가에 의한 인구, 노동력의 관리가 시급한 문제로 등장하였다. 국가가 경제를 계획 관리할 수 있는지 여부를 둘러싸고 이른바 '사회주의 계산 논쟁'이 벌어졌는데, 미제스(L. Mises), 하이에크와 테일러(F. Taylor), 랑게 등이 이에 참여했다. 당시 미제스와 하이에크는 요소 시장과 소비자의 선호에 대한 정보가 불완전하여 정부는 경제를 계획할 수 없다고 주장하였고, 테일러와 랑게는 변형된 형태의 가격에 대한 정보만 있으면 충분히 정부가 경제를 관리할 수 있다고 주장하였다. 이 논쟁은 사회주의 경제체제에 대한 논의에서 코르나이에게 중요한 지적 성찰을 제공하였다.

그리고 1959년에 코르나이는 중대한 결단을 내리게 된다. 공산당과 결별한다는 것, 망명은 하지 않는다는 것, 정치가 아니라 학문 연구를 직업으로 삼는다는 것, 마르크스주의와 결별한다는 것, 현대적인 경제학의 기초지식을 정리한다는 것 등이 그것이다. 코르나이는 훗날 이때 내린 결단을 "이후 나의 인생을 결정한 결단"이라고 언급하였다.

이후 1968년에 이르는 시기는 경제학자로서 코르나이에게 매우 중요한 시기였다. 이 시기에 그의 지적 관심은 '경제학에 수학적 방법을 적용'하는 것이었는데, 특히 1958년에 도프만(R. Dorfman), 사무엘슨(P. A. Samuelson), 솔로(R. M. Solow)가 공동 집필한 저작(*Linear Programming and Economic Analysis*)으로부터 가장 큰 영향을 받았다고 한다. 이렇게 하여 나온 대표적 작업이 바로 '이(二) 수준 계획화'(*two-level planning*)이다. '이(二) 수준 계획화'는 집권화된 계획의 이상적 모델이다. 이 수준은 중앙계획과 산업부문이라는 2개의 수준을 말한다. 이 모델은 중앙계획 당국과 (산업의) 부문 계획자가 공동의 노력에 의해서 다음과 같은 대략 4가지 요건을 만족하는 계획에 도달할 수 있는 절차가 존재함을 증명하였다. 첫째, 부문 계획은 중앙계획 수치와 정확하게 들어맞는다. 중앙과 부문의 계획이 완전하게 조화된다. 둘째, 계획은 실현 가능하며, 국민경제 수준과 부문 수준 모두에서 자원의 제약 속에서 '안정화된다'. 셋째, 계획은 계산된 변이(*variation*) 중에서 가장 좋은 것이다. 이것이 중앙계획 당국에 의해서 지시된 목적을 가장 잘 만족시킨다. 넷째, 계획은 단순한 중앙지령이 아니다. 모든 정보가 중앙경제 당국의 수중에 있다는 것을 전제하지 않는다. 그와 반대로 분권적(모델에서는 경제 부문)으로 축적된 정보에 의해서도 구축된다.

이와 같은 '이(二) 수준 계획화' 이론 모델에 관한 '코르나이-립택(Kornai-Liptak) 이론'은 수리경제학자들의 커다란 관심을 끌었다. 이 시기에 코르나이는 '이(二) 수준 계획화'를 포함해서 이윤분배의 수학적 검증, 섬유공업의 계획화, 중앙계획화의 이상적 모델, 국민경제 계획화의 출발점과 원리, 그리고 컴퓨테이션(*computation*) 등에 학문적 열정을 쏟아부었으며, 1963년 이후에는 영국의 케임브리지와 런던경제대학 등으로 발걸음을 옮겨 다니며 견문을 넓혔다.

1967년이 되면서 코르나이는 또 다른 연구 주제로 옮아갔다. 그것은 바로 '가격'이다. 그리하여 1967년 집필된 저작이 바로 《반균형》(*Anti-Equilibrium*)이다. 이 책은 신고전파 이론에 대한 비판이며, 그 중에서도 일반균형이론에 대한 비판을 의미한다. 이 시기에 그는 합리적인 의사결정자, 비가격적 시그널, 균형, 구매자 시장, 판매자 시장, 정치적 관점에서 해석한 '일반균형이론', 과학에 있어서 개혁과 혁명 등을 중심으로 연구하였다.

1971~1976년에 코르나이의 학자로서의 학술적 활동과 학문적 여정은 성숙기에 접어들게 된다. 이 시기에 집필된 《강요된 성장인가 조화로운 성장인가》(*Rush versus Harmonic Growth*, 1972)는 매우 유명한 연구이다. 당시 이 책에 기초한 강의는 커다란 반향을 일으키기도 했다. 이것은 당시의 지배적인 '불균형 성장이론'에 논쟁을 제기한 것이었다. 즉, 코르나이는 사회주의 경제에서의 힘든 경험으로부터 성찰을 얻어, 사회주의 경제에서 불비례성이 이점이라기보다는 많은 문제점을 불러일으킨다는 점을 언급하였다. 사회주의 경제에서 만들어진 계획의 문제는 활동을 없애는 것이 아니라 오히려 활동을 극대화하는 강력한 투자를 준비시키게 된다는 것이다. 이러한 왜곡된 강제성장과 부족(*shortage*) 사이의 연관성을 도출해 낸 것이다. 이 시기에 영국 케임브리지대학에서 코르나이를 초빙하였고, 프린스턴과 스탠퍼드대학 등에서도 초빙되어 강의하였다. 1974년에는 "삐걱거리는 적응기계"(The Creaking Mechanism of Adaptation)라는 제목의 논문을 발표하기도 했다. 이 논문은 이후에 집필될 《부족의 경제학》의 사고를 미리 고민하게 된 논문이기도 하다.

1976~1980년에 코르나이는 자신의 연구의 전체적인 윤곽을 그려나갈 수 있게 되었다. 이 시기에 그는 《부족의 경제학》(*Economics of Shortage*, 1980)을 집필했다. 1976년 스톡홀름에서 객원교수로서 대학부설 국제경제연구소에서 장기 체류하게 된 코르나이는 이 시기를 가리켜 "나의 연구역사 중에서 가장 생산적인 시기가 시작되었다"고 언급했으며, 여기서 《부족의 경제학》이 집필된 것이다. 이 책을 요약

하자면 이러하다. 경제 전체를 포괄하는 만성적이고 강력한 부족이 부족경제를 특징짓고 있다. 부족경제에서 시장은 수급의 균형점 주변에서 움직이지 않는다. 이른바 '왈라스적 균형'(*Walrasian equilibrium*)으로부터 지속적으로 이탈하고 있다는 것이다. 만성적인 부족은 특별한 현상이 아니라 오히려 이 제도의 '정상적인 상태'이다. 이 시기에 코르나이는 이른바 '불균형 학파'와 토론하고 '소련 정통파 경제학자'들과도 논쟁하였다. 《부족의 경제학》은 사회주의 국가에서 더욱 관심을 끌어, 폴란드에서 번역되어 나왔고, 체코와 소련에서도 이 책이 유통되었으며, 1986년에는 중국어판이 출간되어 중국에서만 10만 부 이상이 팔리기도 했다.

1979년 이후 코르나이는 학문적으로 새로운 돌파를 시도하였다. 그 대표적인 연구가 《연성예산제약》(*The Soft Budget Constraint*, 1986)이다. 2004년에 코르나이는 마스킨(E. Maskin), 롤란드(G. Roland)와 공동으로 "연성예산제약"이라는 논문을 발표하였는데, 이 연성예산제약이라는 개념은 1979년에 처음으로 사용된 이후 25년 동안 광범위하게 회자되었다. 사회주의 체제에서 연성예산제약은 심각한 폐해를 낳았다. 가격이 합리적인 경우에도 기업은 가격, 비용, 이윤의 시그널에 충분히 반응하지 않게 된다. 예산제약이 경성이라면, 생산성과 수익성을 고려하지 않으면 안 된다. 여기에 반해서 예산제약이 연성이라면 기업의 경영자는 자금원조와 구제를 기대할 수 있는 '상부기관과의 관계'를 좋게 유지하는 것이 가장 중요하다. 공장 현장보다는 권력자와 상부기관에 대한 로비활동이 중요해지는 것이다. 1988년에 골드펠드(S. Goldfeld)와 퀀트(R. Quandt)가 공동으로 연성예산제약과 기업의 투입재 수요 증가 사이에 존재하는 이론적 연관을 증명하는 논문

(Budget Constraints, Bailouts and the Firm under Central Planning)을 제출하였고, 그들은 이것에 '코르나이 효과'(*Kornai effect*)라는 이름을 부여했다.

이 시기 이후 코르나이의 연구는 다시금 새로운 주제로 나아가기 시작했다. 주로 탈사회주의 전환(*the post-socialist transition*)으로 나아갔다. 1980년대 말, 소련과 동유럽에서는 체제 전환의 급물결이 출렁이고 있었고, 코르나이는 이미 개인적으로 《사회주의 체제의 정치경제학》을 한창 집필하고 있었다. 실천적 지식인이었던 코르나이는 《사회주의 체제의 정치경제학》 집필을 잠시 미루고 체제 전환 이후의 경제적 이행 전략을 주제로 한 《자유경제로의 길》(*The Road to a Free Economy*, 1989, 영어판은 1990년)이라는 책을 집필하기 시작했다. 특히 이 책에서 그는 안정화, 자유화, 그리고 사유화에 초점을 맞추고 체제 이행 전략을 연구하였다.

또한 코르나이의 최근 저작들은 탈사회주의 사회에서 국가의 역할에 초점을 맞춘다. 그는 이러한 주제들에 관해서 여러 권의 책을 저술했다. 《모순과 딜레마》(*Contradictions and Dilemmas: Studies on the Socialist Economy and Society*, 1986), 《고속도로와 샛길들》(*Highways and Byways: Studies on Reform and Post-communist Transition*, 1995), 《사회주의에서 자본주의로》(*From Socialism to Capitalism*, 1998) 등이 그것이다. 2000년대에 들어서는 "사회주의에서 자본주의로의 전환이 의미하는 것, 의미하지 않는 것"(What the Change of the System from Socialism to Capitalism Does and Does Not Mean, 2000), "《자유경제로의 길》 이후 10년"(Ten Years After *The Road to a Free Economy*, 2001) 등의 논문을 발표하였으며, 2004년에는 미국의 마이애미대학

에서 쿠바의 전환과 관련하여 《탈사회주의 전환에 있는 국가들이 지금까지의 경험으로부터 무엇을 배울 수 있는가?》(*What Can Countries Embarking on Post-Socialist Transformation Learn from the Experiences So Far?*) 라는 다소 긴 제목을 가진 책을 출간한 바 있다. 그리고 최근에는 코르나이 자신의 자전적 노트라 할 수 있는 《생각의 힘으로》(*By Force of Thought: Irregular Memoirs of an Intellectual Journey*, 2006) 를 발간하기도 하였다.

2. 《사회주의 체제의 정치경제학》에 대하여

코르나이는 1983년 미국 프린스턴에 체류할 당시에 20세기 사회주의 체제에 관하여 종합적으로 정리한 책을 써야겠다는 결심을 하게 된다. 이리하여 《사회주의 체제의 정치경제학》(*Socialist System*) 에 대한 최초의 구상이 완성되었다. 그리고 때마침 하버드대학에서 교편을 잡게 되어 이 작업은 새로운 동기부여가 되었는데, 첫 해인 1984년에 코르나이는 사회주의의 정치경제학에 관한 총괄적인 전망을 하는 강의를 담당했다. 1986년의 하버드 강의에서는 매년 조금씩 늘려서 작성해 온 강의안을 학생들에게 배포하였는데, 이것이 사실상 《사회주의 체제의 정치경제학》의 최초의 초고가 되었다.

코르나이가 맡아 진행한 당시 강의는 다양한 나라의 학생들이 수강하고 있었다. 그중에는 마오쩌둥(毛澤東) 시대에 농촌에 하방(下方)된 경험을 가진 중국 학생, 계획경제를 내부로부터 잘 알고 있는 폴란드의 젊은 경제학도, 사회주의 제도의 기능에 대해서 거의 아무것도 모르는 학생들, 또한 첨예한 반공주의에 대한 확신에 찬 학생들, 그리고 미국과 독일의 '신좌파'적 경향을 가진 학생들도 있었다고 한다. 대체로 그들은 전체주의의 본질적 성격에 대해서 아무것도 알지 못하는 학생들이었다. 코르나이는 이들을 대상으로 사회주의 정치경제학 강의를 매년 반복하였고, 그때마다 내용을 확충해 갈 수 있었다.

집필 과정

코르나이는 1988년 봄에 《사회주의 체제의 정치경제학》의 구상과 장(*chapter*) 편성을 어느 정도 마쳤다고 한다. 그는 이 시기에 책의 집필에 전념할 수 있는 아주 좋은 제안을 받게 된다. WIDER(World Institute for Development Economics Research, 유엔대학 개발경제세계연구소)[2]라고 불리는 경제연구소가 헬싱키에 있는데, 1988년 5월에 그곳으로 옮겨가 9개월 동안 주택과 연구실 등 적절한 지원을 받게 된 것이다. 코르나이는 이 시기를 가장 행복했던 집필 시기 중 하나로 기억한다. 세계 각지의 경제학자들이 WIDER를 찾아 코르나이를 방문한 것으로 보인다. 자크 드레제(J. Dréze), 스티븐 마아글린(S. Marglin), 아마르티아 센(A. Sen), 에드몽 말랭보(E. Malinvaud, 《사회주의 체제의 정치경제학》에 대한 초기의 조언자였다고 한다) 등이 방문하여 이 책의 집필에 많은 도움을 주었다.

---

2) 여러 개발도상국들의 경제개발에 관한 문제들을 연구하고 개발도상국가 연구원들의 연수를 실시하는 국제연합대학 부설 연구·연수기관이다. 1984년 2월 국제연합대학과 핀란드 정부 간에 협정이 맺어져 핀란드가 기금을 출연하여 1985년 봄 핀란드 수도 헬싱키에서 처음으로 문을 열었다.

《사회주의 체제의 정치경제학》은 32년간에 걸친 코르나이의 연구 성과를 집대성한 것이다. 이 책을 준비하는 데 소요된 시간만 이미 5년이었다. 당시 헝가리로부터는 체제 동요와 지적 정치적 저항에 대한 소식이 들려오고 있었다. 코르나이는 이러한 상황들로부터 의식적으로 자신의 사고를 단절시키려고 했다. 책을 집필하는 데 전력을 기울이기 위해서였다. 코르나이는 1988년 가을에 부다페스트로 돌아갔다. 현실을 가까이서 볼 수 있었다. 《사회주의 체제의 정치경제학》의 절반의 집필은 끝냈지만 갈 길은 아직 먼 상황이었다. 1989년의 전반부는 케임브리지에서 집필을 이어가다가 후반부에 완전히 집필을 멈추었다. 코르나이는 실천적 경제정책을 제안할 때가 되었다고 생각하고, 1989년 《경제적 과도기 문제에 관한 감정적 팸플릿》(*Passionate Pamphlet in the Cause of Economic Transformation*, 이하 《감정적 팸플릿》)이라는 제목의 책을 썼다. 그리고 당시 현실의 사회주의 체제 전환 문제에 대해서 발언할 필요가 있다고 느껴서 체제 전환 이후의 경제적 이행 전략을 주제로 한 《자유경제로의 길》이라는 책을 집필하였다.

그러니까 코르나이는 이 시기에 3개의 책을 동시에 집필하고 있었던 셈이다. 《감정적 팸플릿》과 《자유경제로의 길》, 《사회주의 체제의 정치경제학》이 그것이다. 코르나이는 부다페스트와 케임브리지에서 이 책들을 동시에 집필하다가 결국 1991년 여름이 되어서야 나머지 시간을 통째로 《사회주의 체제의 정치경제학》에 쏟을 수가 있었다. 1989~1991년에 걸쳐서 소련과 동유럽에서 사회주의 체제가 붕괴했다. 많은 전문가들이 사회주의 체제에 대해서 기존에 서술했던 것을 수정하지 않으면 안 되었다. 하지만 코르나이는 그때까지 집필하던 내용을 변경할 필요가 없었다. 현실이 코르나이가 분석한 그대로 돌아가고 있었기 때문이었다. 코르나이의 말에 따르면, "《사회주의 체제의 정치경제학》의 서술과 분석은 최초의 역사의 시련을 견디어 내었다". 하지만 개혁과 관련된 책의 후반부는 많은 수정을 필요로 하였고, 새로 써야만 했다. 그리고 코르나이는 1991년에 집필을 끝내었다. 《사회주의 체제의 정치경제학》의 초고는 헝가리어로 썼지만, 곧이어 영어 번역이 완성되었다. 영어판이 먼저 출판되고, 그로부터 조금 지나 헝가리어판이 출판되었다.

종합적인 사회과학 연구, 《사회주의 체제의 정치경제학》

코르나이가 《사회주의 체제의 정치경제학》에 설정한 가장 커다란 목적은 자신의 연구의 주요 성과들을 종합하여 정리하는 것이었다. 십수 년의 연구를 통해서 코르나이는 다양한 주제에 천착하였고 새로운 문제에 대응하면서 경제학의 다양한 문제들을 섭렵해 왔다. 코르나이가 생각하기에 서로 별개의 주제들이 중요한 부분에서 서로 겹치고 있으며, 또한 동일한 주제로 수렴되는 과정을 거쳐서 점차 세련된 형태로 분석되었다. 결국 부분적인 주제와 연구들은 말하자면 하나의 '계'(系)를 형성하고 있었다. 그리하여 지금까지 별개로 정립된 부분 명제들을 논리적으로 정리하는 방식의 분석 구조를 만들게 된 것이다.[3)]

코르나이는 1980년 《부족의 경제학》이라는 책을 발간할 때 그 전문에서 이 책이 사회주의 정치경제학의 모든 것이 아니라 그 일부를 취

3) 예를 들면 권력의 집중, 전체주의의 성격, 부족 현상, 그 밖에 많은 현상에 대해서 서술한 것들 대다수는 코르나이의 개인적 체험에 기초한 것들이다. 이것들이 하나의 분석 구조 안에서 수렴되고 정리되는 것이다.

급하는 것에 지나지 않는다는 것을 강조한 바 있다. 흥미롭게도 코르나이는 이것을 수치로 표현했는데, "사회주의 경제의 포괄적인 저작을 100%라고 한다면, 《부족의 경제학》은 약 30%를 취급하는 것에 지나지 않는다"고 언급한 것이다. 그리고 이후 코르나이는 완전을 기할 때가 왔다고, 즉 100%를 기록한 책을 마무리해야 한다고 생각한 것이다. 여기서 완전을 기한다는 의미는 사회주의 체제의 본질적인 특징들을 모두 거론하겠다는 의미이다.

《부족의 경제학》은 사회주의 체제의 정치구조와 이데올로기를 취급하지 않는다. 하지만 코르나이는 《사회주의 체제의 정치경제학》에서는 이러한 주제를 포함시켜 분석하였다. 《사회주의 체제의 정치경제학》이 체제의 총괄적인 이해를 목표로 하는 다른 많은 '경제체제 비교이론'들과 다른 점은 중앙계획화로부터 시작하는 것이 아니라, 혹은 국가소유로부터 시작하는 것이 아니라, 정치적 분야의 가장 현저한 특징으로부터 시작한다는 점이다. 즉, 코르나이는 공산당의 일당지배로부터 출발하였다. 사실 코르나이는 당시의 암울하고 독재적인 정치적 환경을 고려하여, 자기검열을 통해서 이러한 주제를 《부족의 경제학》에서 빼버렸다. 그러나 코르나이는 1983년에 《사회주의 체제의 정치경제학》의 구상에 착수할 때 용감하게도 이러한 제약을 넘어서기로 결정했다. 특히 1984년부터 시작된 하버드대학의 강의에서는 아무런 제약을 받지 않고 공산당, 정치구조, 공식 이데올로기의 역할에 대해서 견해를 표명할 수 있었다. 1986년에 학생들에게 배포한 강의안에서는 공산당의 역할에 대한 설명에서부터 논지를 전개하였다. 이리하여 코르나이는 진정한 정치경제학을 서술할 수 있게 되었다.

《사회주의 체제의 정치경제학》은 경제학, 정치학과 관련된 부분과 서로 중첩되는 주제들도 분석에 도입하려고 하였다. 그 밖에도 사회과학 분야, 특히 사회학, 사회심리학, 정치철학의 관점도 고려하였다. 코르나이는 이 저작이 단순히 경제학 저작이 아니라 모든 전문분야를 통합하는 사회과학 작품으로 간주될 수 있도록 집필하였다.

시스템 패러다임

사회주의 경제를 다루는 대부분의 책들은 부분적인 분석을 실시한다. 즉, 사회주의 체제에서 명료하게 분리 가능한 분야나 특징적인 특성만을 검토하는 경우가 대부분이다. 코르나이가 목표로 삼은 것은 '부분에서 전체가 어떻게 구성되는가'를 명료하게 분석하는 것이었다. 코르나이가 보기에는 정치, 경제, 사회관계, 이데올로기 사이에는 밀접한 상호작용이 존재하며, 그것들이 함께 기능하여 다양한 집단과 사회적 역할 영역의 행동의 규칙성을 만들어 낸다. 코르나이는 이러한 접근을 '시스템 패러다임'(*system paradigm*)이라고 명명했다.4)

코르나이의 사고방식에서 이러한 패러다임의 응용에는 오랜 역사가 존재하는데, 그 최초의 위인이 바로 마르크스(K. Marx)이다. 마르크스는 부분적인 연구를 많이 실행했지만, 주요 작품인 《자본론》에서는 체제로서의 자본주의를 명확하게 보여 주고자 했다는 것이다. 특

4) 패러다임은 1962년에 출판된 토마스 쿤(Thomas S. Kuhn)의 《과학혁명의 구조》에서 도입된 것이고, 코르나이는 토마스 쿤의 의미로 패러다임 용어를 사용하였다. 패러다임이라고 이름 붙인 것은 특징적인 기법, 시각, 방법론, 분석 도구, 논의 방법 등 특정 연구자 그룹이 공통적으로 혹은 상호적으로 유사한 형태로 응용하는 것을 말한다.

히 마르크스는 그 시대의 다양한 관계가 상호간에 어떻게 서로 연관되며 어떻게 서로의 존재를 결정하는지를 다루고 있다고 보았다. 이러한 맥락에서 코르나이는 《사회주의 체제의 정치경제학》 서문에서 마르크스가 자신의 사고에 매우 커다란 영향을 미쳤음을 특필하였다. 코르나이가 보기에 마르크스가 자신에게 준 영향은 무엇보다도 체제이론의 응용에서 나타난다.

코르나이는 《사회주의 체제의 정치경제학》 서문에서 마르크스 외에도 슘페터(J. A. Schumpeter)와 하이에크의 이름을 거론하였다. 코르나이는 슘페터의 《자본주의, 사회주의, 민주주의》(*Capitalism, Socialism, and Democracy*, 1942)와 하이에크의 《노예의 길》(*The Road to Serfdom*, 1944)은 '시스템 패러다임'의 모범적인 사례라고 거론하면서 자신의 사고에 커다란 영향을 끼쳤음을 언급하였다.[5] 그럼에도 불구하고, 코르나이는 특징적인 언급을 하였다. 즉, 《사회주의 체제의 정치경제학》을 무언가 기존의 분류 기준을 통해서 분류하려고 하면, 이 책은 마르크스적이지도 않고, 신고전파적이지도 않고, 또한 케인스적이지도 않으며, 하이에크적이지도 않은 저작이라는 것이다. 코르나이는 《사회주의 체제의 정치경제학》이 구체적인 주제, 결국 사회주의 체제에 관련된 여러 가지 명제를 정리하는 데 그치는 게 아니라, 체제를 분석함으로써 자신이 사용한 학문적 기법들, 접근법을 명확하게 하였다.

---

5) 머리말에서는 케인스(J. M. Keynes)도 코르나이에게 정신적 영향을 미친 인물로 언급했다. 실제로 거시경제학과 불균형 문제를 재고하는 데 커다란 영감을 얻었다고 한다. 그럼에도 불구하고 '시스템 패러다임'은 케인스의 저작을 관통하고 있지는 않다고 언급하였다.

《사회주의 체제의 정치경제학》의 실증 분석과 가치들

코르나이는 《사회주의 체제의 정치경제학》을 집필함에 있어서 규범적 접근법을 취하지 않았다. 즉, '어떤 사회가 좋은가'라는 규범적 문제를 제기하지 않았으며, 마르크스, 레닌 혹은 그 후계자들이 그렸던 사회주의의 설계도가 '보다 나은 사회'의 실현에 상응하는 것인가 하는 문제도 제기하지 않았다. 코르나이는 이러한 규범적 문제를 피하고 실증적 접근에 노력을 기울였다. 장기간에 걸쳐서 공산당이 유일한 지배자인 일군(一群)의 국가들이 존재한다. 코르나이에 따르면 1980년대 중반에는 26개국이 이러한 국가 집단에 속해 있었고, 지구 인구의 약 3분의 1이 여기에서 생활하고 있었다. 코르나이가 하고자 했던 것은 사회주의 신봉자가 생각한 이상(理想)이 아니라, 그야말로 이러한 국가들의 정치, 사회, 경제 생활의 현실을 분석하는 일이었다. 또한 코르나이는 무언가 '판정'을 내리는 것도 피하려 했다. 베를린 장벽 붕괴 이후에는 《사회주의 체제의 정치경제학》 서문에서 기술한 바와 같이 "가혹하게 비판적인 묘사를 회피하면서 과학적 냉정함을 가진 어조로 글을 쓰기 위해서는 오늘날 약간의 용기를 필요로 한다"고 언급했다.

코르나이가 《사회주의 체제의 정치경제학》에서 높은 가치를 부여한 것은 바로 '경제 실적'이다. 이것은 통상적인 경제 기준을 통해서 평가하였다. 즉, 주민들의 복지, 성장률, 기술발전 속도, 경제적 혁신 능력과 응용력 등이 그것이다. 그리고 코르나이는 러시아 혁명 이후 레닌이 사회주의를 확립해 나갈 때 설정했던 기준도 응용했다. 레닌의 말대로 "사회주의와 자본주의의 경쟁에서는 생산성이 높은 쪽이 승리한다"는 것이다. 결국 《사회주의 체제의 정치경제학》에서는 이러한 레닌의 기준에 기초해서 사회주의 체제의 패배가 불가피했다는 것을 보여 주었다.

코르나이는 이 책의 제목을 붙이는 문제에서 망설였다고 한다. 권력을 장악한 공산당은 마르크스의 개념 사용에 따라서 '공산주의'라는 명칭을 '필요에 따른 분배'가 지배하는 유토피아적 체제를 의미하는 것으로 사용하고 있으며, 거기에 비해서 훨씬 작은 것을 약속하는 '사회주의'를 현재 자신의 체제 호칭으로 사용했다. 결국, 이 2개의 명칭 중에서 선택해야만 한다면 26개국의 현실 세계로부터 이러한 명칭을 박탈할 이유가 없으므로 이 26개국은 '현존하는 사회주의'이며 그런고로 자신이 사회주의 체제라고 명명한 것이라고 설명한다.

일반 모델과 《사회주의 체제의 정치경제학》

'비교경제체제론'은 소련에 초점을 맞추는 것이 일반적이다. 1917년 혁명의 전사(前史)로부터 시작해서 소련 체제의 확립, 안정, 발전, 붕괴로 이어진다. 이것을 보충하는 역할을 하는 것이 소련권에 편입된 국가들의 발전사(發展史)이다. 이들에 대해서는 이른바 '소련형 경제'라는 용어가 빈번하게 사용되었다. 그리고 그 중요한 특수 사례로서 중국이 검토대상이 된다.

일반적으로 다양한 국가들의 독자적인, 즉 다른 국가와는 다른 역사적인 발전에 주목하는 방법은 그 자체로서 하나의 존재 가치를 가지고 있다. 또한 사회주의 체제를 이해하려고 할 때도 도움이 된다. 그러나 코르나이의 《사회주의 체제의 정치경제학》에서는 이와는 다른 방법을 취한다. 26개 국가가 가진 다양한 차이들을 사상(捨象) 하고 그것들에게 공통적인 것을 증류(蒸溜) 시킨다. 이 국가들을 세계의 다른 부분으로부터 구별시킬 수 있는 공통의 본질적 특징들을 찾아낼 수 있다면, 이 특징들을 정리해서 '독특한 체제'라고 말할 수 있게 된다는 것이다. 그렇다면 코르나이에게는 이러한 본질적인 특징들을 도출해 내는 것이 중요한 과제가 된다.

일반 모델을 기술함에 있어서 상세하게 서술하는 것이 목적이 아니다. 그렇기 때문에 코르나이는 《사회주의 체제의 정치경제학》에서 소련, 동유럽, 중국 혹은 베트남의 역사와 각종 흥미로운 특징들에 대해서는 언급하지 않는다. 그와는 반대로 코르나이는 소련과 알바니아와 몽골의 정치 · 경제 기능 중 공통하는 것만을 서술하였다.

코르나이는 《사회주의 체제의 정치경제학》에서 사회주의 체제의 역사를 크게 3개 기간으로 나누었다. 제 1기는 자본주의로부터 성숙한 사회주의로의 과도기이다. 이 시기는 소련에서는 농업 집단화와 당내 반대파에 대한 최초의 숙청(1936~1938년) 으로 끝났다. 대략 20년간 지속된 과정이다. 동유럽에서는 소련군의 점령에 의해서 이루어졌기 때문에, 이러한 제 1기는 소련에 비해서 확실히 짧았다.

제 2기에 해당하는 체제는 '고전적 사회주의'로 명명하였다. 이 시기에는 체제의 모든 주요한 특징들이 안정적으로 관철되었다. 코르나이에 따르면, '고전적'이라는 용어는 그때까지 아직 유동적인 상태에 있었던 것이 고정되어, 그와 함께 모든 특징적인 특성들이 발현된 것임을 의미하는 용어이다. 또한 탄압, 처형, 혹은 대량의 유형과 감옥 등이 고전적 시대의 개시(開始) 를 특징짓는다.

제 3기는 사회주의 국가가 고전적인 상태로부터 움직이는 시기이다. 이러한 변동은 사회주의 체제 내의 개혁으로서, 다양한 방향이 존재한다. 조직의 재편성과 근대적인 컴퓨터를 사용해서 중앙계획화의 '완성화'(*perfection*, 完成化)를 목표로 했던 국가도 있다. 유고슬라비아에서는 자주관리가 실험되었다. 코르나이에 따르면, 유고슬로비아를 포함해서 헝가리에서도, 나중에는 다른 사회주의 국가에서도 국가소유와 공산당의 권력독점 유지를 전제한 시장 메커니즘의 도입이 실험되었다. 그리고 이러한 변동들은 정치적 억압의 완화를 수반하였다. 종국적으로 체제의 붕괴는 이러한 개혁이 수반한 현상이라고 보았다.

《사회주의 체제의 정치경제학》에서는 이러한 3개 시기로 역사를 구획하였지만, 코르나이에게 이것은 어디까지나 모델인 것이다. 즉, 각자의 구체적인 역사를 말하는 것이 아니라, 체제의 생존사(生存史)인 것이다.

사회주의 체제의 확립에 있어서 마르크스, 레닌, 스탈린, 마오쩌둥 같은 사상가가 커다란 영향을 미쳤다. 《사회주의 체제의 정치경제학》에서 코르나이는 현실 사회주의가 낮은 생산성으로 고통받았던 책임으로부터 마르크스를 면책해 주려는 사람들에게 도전했다. 이들은 "마르크스는 이렇게 생각했을 리가 없다. 마르크스의 사상을 잘못 실행한 것이다"라고 주장했지만, 코르나이가 보기에는 마르크스에 의해서 제기된 프로그램의 가장 중요한 요소는 사적 소유와 시장을 없애고 공유와 관료적 조정으로 대체하는 것이었다. 결국, 마르크스의 프로그램이 실행됨으로써 사회주의가 붕괴한 것이다. 따라서 이것을 구세주적인 프로그램이라고 선전한 사람은 역사에 대한 지적 책임을 면할 수 없다는 것이 코르나이의 입장이다.

《사회주의 체제의 정치경제학》에서 코르나이가 사고했던 것은 "권력을 장악한 공산당은 사적 소유와 시장의 일소를 포함한 계획의 실현에 착수했다"는 것으로 할 일을 끝냈다는 것이다. 이것은 이른바 '유전자 코드'처럼 이후의 프로세스를 실행하고 그 과정을 제어한다. 코르나이가 보기에는 여기서부터 제도의 자연 도태도 기능하기 시작했다. 국가 건설과 경제 관리의 여러 가지 형태를 시도하고, 주어진 관계 속에서 존속 능력이 없는 것은 소멸하고, 체제의 기능에 이로운 것이 체제에 짜 넣어진 것이다. 마르크스와 엥겔스는 상세한 도면을 그린 것도, 의무적인 물적 계획지표 제도를 지시한 것도 아니다. 코르나이가 보기에는, 이것은 사회주의 제도의 구축 과정에서 형성되었고 사태가 진행되는 과정에서 나타난 것이다.

《사회주의 체제의 정치경제학》의 기본적인 사고 중 하나는 "고전적 사회주의 제도의 다양한 요소들 사이에는 제도의 자연도태와 자생적인 발전의 결과로서 친화력이 존재한다"는 것이었다. 톱니바퀴처럼 전제제도(專制制度)에 멋들어지게 톱니가 들어맞게 되었던 것이다. 전체주의적인 고전적 사회주의는 조폭적인 억압을 행사하지만 그것이 전체의 결합력을 만들어 내는 것이다.

그런데 개혁 과정은 이러한 결합력을 해체한다. 억압이 완화되고 집권화가 이완된다. 그로 인하여 인민들이 생활하는 것은 쉬워지나 제도의 근본을 침식해 나가게 된다. 1968년 체코의 '프라하의 봄'에서 나온 슬로건 "인간의 얼굴을 한 사회주의"는 희망에 지나지 않는다. 결국 코르나이의 입장에서는 인간의 얼굴에 근접하면 근접할수록 제도가 기능을 하지 않게 되는 것이다. 스스로를 공산주의자라고 생각하는 사람들의 맹신이 소멸한다면 제도는 기둥을 잃게 된다. 정치개혁이 진행되고, 이데올로기, 신조, 정치적 대표자를 선출할 가능성이 현실화하면 사람들 대부분은 지금까지의 지배적인 제도를 선택하지 않게 된다는 것이 코르나이의 생각이다. 《사회주의 체제의 정치경제학》의 후반부는 이러한 코르나이의 사고를 상세하게 설명하며, 각종 개혁의 조류를 순서대로 취급하면서 그것들이 맞닥뜨린 막다른 골목길을 명확하게 보여 준다. 결국, 코르나이는 자신이 지금까지 연구하고 분석한 수많은 논문과 저작을 통합한 《사회주의 체제의 정치경제학》을 집필한 것으로 사회주의 체제에 이별을 고한다고 언급하였다.

역자를 대표하여

차 문 석

참고문헌

Abraham, Katharine G. and James L. Medoff. 1982. "Unemployment, Unsatisfied Demand for Labor, and Compensation Growth, 1956~1980," in *Workers, Jobs and Inflation*, edited by Martin Neil Baily. Washington, D. C.: Brookings Institution, pp. 49~88.

Adam, Jan. 1984. *Employment and Wage Policies in Poland, Czechoslovakia and Hungary since 1950*. London: Macmillan.

______. 1989. *Economic Reforms in the Soviet Union and Eastern Europe since the 1960s*. London: Macmillan.

______. ed. 1982. *Employment Policies in the Soviet Union and Eastern Europe*. London: Macmillan.

Adirim, Itzchak. 1989. "A Note on the Current Level, Pattern and Trends of Unemployment in the USSR," *Soviet Studies*, July, *41*(3), pp. 449~461.

Afanas'ev, M. P. 1990. "János Kornai: argumenty defitsita"(János Kornai: The arguments of the Economics of shortage"). Moscow: Institute of Economics, Academy of Sciences of USSR. Manuscript.

Aganbegian, Abel G. 1989. *Inside Perestroika*. New York: Harper and Row.

Alchian, Armen A. 1950. "Uncertainty, Evolution, and Economic Theory," *Journal of Political Economy*, *58*(3), pp. 211~221.

______. 1965. "Some Economics of Property Rights," *Il Politico*, *30*(4), pp. 816~829.

______. 1974. "Foreword," in *The Economics of Property Rights*, edited by Erik G. Furubotn and Svetozar Pejovich. Cambridge, Mass.: Ballinger, pp. xiii~xv.

Alchian, Armen A. and Harold Demsetz. 1972. "Production, Information, Costs, and Economic Organization," *American Economic Review*, December, *62*(5), pp. 777～795.

Alessandrini, Sergio, and Bruno Dallago, eds. 1987. *The Unofficial Economy. Consequences and Perspectives in Different Economic Systems.* Aldershot, England: Dartmouth, and Brookfield, Vt.: Gower.

Alexeev, Michael. 1986. "Factors Influencing Distribution of Housing in the USSR," *Berkeley-Duke Occasional Papers on the Second Economy in the USSR*, December, no. 8.

______. 1987. "Microeconomic Modeling of Parallel Markets: The Case of Agricultural Goods in the USSR," *Journal of Comparative Economics*, December, *11*(4), pp. 543～557.

______. 1988a, "Markets vs. Rationing: The Case of Soviet Housing," *Review of Economics and Statistics*, *70*(3), pp. 414～420.

______. 1988b. "The Effect of Housing Allocation on Social Inequality: A Soviet Perspective," *Journal of Comparative Economics*, June, *12*(2), pp. 228～234.

______. 1990. "Retail Price Reform in a Soviet-Type Economy: Are Soviet Reform Economists on a Right Track?" *Berkeley-Duke Occasional Papers on the Second Economy in the USSR*, February, no. 19.

Alton, Thad P. 1977. "Comparative Structure and Growth of Economic Activity in Eastern Europe," in *East European Economies Post Helsinki.* Joint Economic Committee, Congress of the United States. Washington, D. C.: Government Printing Office, pp. 199～266.

______. 1981. "Production and Resource Allocation in Eastern Europe: Performance, Problems and Prospects," in *East European Assessment, Part 2.* Joint Economic Committee, Congress of the United States. Washington, D. C.: Government Printing Office, pp. 348～408.

Alton, Thad P., et al. 1979. "Official and Alternative Consumer Price

Indexes in Eastern Europe, Selected Years, 1960～1978," *Working Papers*, L. W. International Financial Research, Inc., New York, September.

______. 1984. "Money Income of the Population and Standard of Living in Eastern Europe, 1970～1983," *Occasional Paper*, no. 83, Research Project on National Income in East Central Europe, New York: L. W. International Financial Research.

Amalrik, Andrei. 1970. *Will the Soviet Union Survive until 1984*? New York: Harper and Row.

Amann, Ronald, Julian M. Cooper, and Robert W. Davies, eds. 1977. *The Technological Level of Soviet Industry*. New Haven: Yale University Press.

Amann, Ronald. and Julian M. Cooper. eds. 1982. *Industrial Innovation in the Soviet Union*. New Haven: Yale University Press.

______. 1986. *Technical Progress and Soviet Economic Development*. New York: Basil Blackwell.

Andorka, Rudolf. 1988. "A magyarországi társadalmi mobilitás nemzetközi öszszehasonlítása: A férfiak nemzedékek közötti társadalmi mobilitása"(Hungarian social mobility in international comparison: Male intergenerational social mobility), *Szociológia*(3), pp. 221～240.

Antal, László. 1979. "Development－with Some Digression. The Hungarian Economic Mechanism in the Seventies," *Acta Oeconomica*, *23*(3-4), pp. 257～273.

______. 1985. *Gazdaságirányítási és pénzügyi rendszerünk a reform út ján* (The Hungarian system of economic control and finance on the way of reform). Budapest: Közgazdasági és Jogi Könyvkiadó.

Arendt, Hannah. 1951. *The Origins of Totalitarianism*. New York: Harcourt Brace Jovanovich.

Arrow, Kenneth J. 1964. "Control in Large Organizations," *Management Science*, April, *10*(3), pp. 397～408.

Árvay, János. 1973. *Nemzeti termelés, nemzeti jövedelem, nemzeti vagyon* (National production, national income, and national wealth). Budapest: Közgazdasági és Jogi Könyvkiadó.

Ash, Timothy G. 1990. *The Magic Lantern: The Revolution of 1989 Witnessed in Warsaw, Budapest, Berlin and Prague.* New York: Random House.

Åslund, Anders. 1985. *Private Enterprise in Eastern Europe. The Non Agricultural Private Sector in Poland and the GDR, 1945~1983.* Oxford: Macmillan, in association with St. Antony's College.

______. 1989. *Gorbachev's Struggle for Economic Reform. The Soviet Reform Process, 1985~1988.* Ithaca: Cornell University Press.

______. 1990. "How Small Is Soviet National Income?" in *The Impoverished Superpower: Perestroika and the Soviet Military Burden*, edited by Henry S. Rowen and Charles Wolf. San Francisco: ICS Press, pp. 13~62.

______. 1991. "The Soviet Economic Crisis: Causes and Dimensions," *Working Paper*, no. 16. Stockholm: Stockholm Institute of Soviet and East European Economics.

Augusztinovics, Mária. 1965. "A Model of Money Circulation," *Economics of Planning*, 5(3), pp. 44~57.

Ausch, Sándor. 1972. *Theory and Practice of CMEA Cooperation.* Budapest: Akadémiai Kiadó.

Azicri, Max. 1988. *Cuba: Politics, Economics and Society.* Boulder: Lynne Rienner Publishers.

Balassa, Béla. 1987. "China's Economic Reforms in a Comparative Perspective," *Journal of Comparative Economics*, September, *11*(3), pp. 410~426.

Balázs, Katalin, and Mihály Laki. 1991. "A pénzben mért magángazdaság súlya a magyar háztartások bevételeiben és kiadásaiban"(The share of private economy in monetary terms in Hungarian household income and expenditure), *Közgazdasági Szemle*, May, *38*(5), pp. 500~522.

Balcerowicz, Leszek. 1988. "Polish Economic Reform, 1981~1988: An Overview," in *Economic Reforms in the European Centrally Planned Economies*. New York: United Nations, Economic Commission for Europe, pp. 42~51.

Baló, Görgy, and Iván Lipovecz, eds. 1987. *Tények könyve, 1988. Magyarés nemzetközi almanach* (The book of facts, 1988. Hungarian and international almanac). Budapest: Computerworld Informatika Kft and Móra Ferenc Ifjúsági Könyvkiadó.

Banerjee, Abhijit, and Michael Spagat. 1987. "Productivity Paralysis and the Complexity Problem: Why Do Centrally Planned Economies Become Prematurely Gray?" in M. Spagat, "Supply Disruption in Centrally Planned Economies," Ph. D. dissertation. Harvard University, pp. 2~20.

Bannasch, Hans-Gerd. 1990. "The Role of Small Firms in East Germany," *Small Business Economics*, December, *2*(4), pp. 307~311.

Barone, Enrico. (1908) 1935. "The Ministry of Production in the Collectivist State," in *Collectivist Economic Planning*, edited by Friedrich A. Hayek. London: Routledge and Kegan Paul, pp. 245~290.

Barro, Robert J., and Herschel I. Grossman. 1971. "A General Disequilibrium Model of Income and Employment," *American Economic Review*, March, *61*(1), pp. 82~93.

______. 1974. "Suppressed Inflation and the Supply Multiplier," *Review of Economic Studies*, January, *41*(1), pp. 87~104.

Bársony, Jenő. 1982. "Tibor Liska's Concept of Socialist Entrepreneurship," *Acta Oeconomica*, *28*(3-4), pp. 422~455.

Bauer, Támás. 1978, "Investment Cycles in Planned Economies," *Acta Oeconomica*, *21*(3), pp. 243~260.

______. 1981. *Tervgazdaság, beruházás, ciklusok* (Planned economy, investment, cycles). Budapest: Közgazdasági és Jogi Könyvkiadó.

______. 1983. "The Hungarian Alternative to Soviet-Type Planning," *Journal of Comparative Economics*, September, *7*(3), pp. 304~316.

______. 1987. "Reforming or Perfectioning the Economic Mechanism," *European Economic Review*, February/March, *31*(1-2), pp. 132~138.

Bek, Aleksandr. 1971. *Novoe naznachenie* (New appointment). Frankfurt am Main: Possev.

Belyó, Pál, and Béla Drexler. 1985. "A nem szervezett (elsősorban illegális) keretek között végzett szolgáltatások" (Services supplied within nonorganized, mainly illegal, framework). Budapest: University of Economics. Manuscript.

Benassy, Jean-Pascal. 1982. *The Economics of Market Disequilibrium*. New York: Academic Press.

Ben-Ner, Egon Neuberger. 1990. "The Feasibility of Planned Market Systems: The Yugoslav Visible Hand and Negotiated Planning," *Journal of Comparative Economics*, December, *14*(4), pp. 768~790.

Berend, Iván T. 1979. *A szocialista gazdaság fejlődése Magyarországon, 1945~1975* (Development of the socialist economy in Hungary, 1945~1975). Budapest: Kossuth.

______. 1990. *The Hungarian Economic Reform*. Cambridge: Cambridge University Press.

Beresford, Melanie. 1988. *Vietnam: Politics, Economics and Society*. Boulder: Lynne Rienner Publishers.

Bergson, Abram. 1944. *The Structure of Soviet Wages*. Cambridge: Harvard University Press.

______. 1948. "Socialist Economics," in *A Survey of Contemporary Economics*, edited by Howard S. Ellis. Homewood, Ill.: Irwin, pp. 1412~1448.

______. 1961. *The Real National Income of Soviet Russia since 1928*. Cambridge: Harvard University Press.

______. 1967. "Market Socialism Revisited," *Journal of Political Economy*, October, *75* (5), pp. 655~672.

______. 1974. *Soviet Post-War Economic Development*. Stockholm: Almquist and Wicksell.

______. 1978a. *Productivity and the Social System: The USSR and the West*. Cambridge: Harvard University Press.

______. 1978b. "Managerial Risks and Rewards in Public Enterprises," *Journal of Comparative Economics*, September, *2* (3), pp. 211~225.

______. 1978c. "The Soviet Economic Slowdown," *Challenge*, January/February, *20* (6), pp. 22~27.

______. 1979. "Notes on the Production Function in Soviet Postwar Growth," *Journal of Comparative Economics*, June, *3* (2), pp. 116~126.

______. 1983. "Technological Progress," in *The Soviet Economy: Toward the Year 2000*, edited by Abram Bergson and Herbert S. Levine. London: Allen and Unwin, pp. 34~78.

______. 1984. "Income Inequality under Soviet Socialism," *Journal of Economic Literature*, September, *22* (3), pp. 1052~1099.

______. 1987. "Comparative Productivity: The USSR, Eastern Europe, and the West," *American Economic Review*, June, *77* (3), pp. 342~357.

Bergson, Abram, and Simon Kuznets, eds. 1963. *Economic Trends in the Soviet Union*. Cambridge: Harvard University Press.

Berle, Adolf A., and Gardiner C. Means. (1932) 1968. *The Modern Corporation and Private Property*. New York: Harcourt Brace and World.

Berlin, Isaiah. 1969. "Two Concepts of Liberty," in I. Berlin, *Four Essays on Liberty*. Oxford: Oxford University Press, pp. 118~172.

Berliner, Joseph S. 1957. *Factory and Manager in the USSR*. Cambridge: Harvard University Press.

______. 1976. *The Innovation Decision in Soviet Industry*. Cambridge: MIT Press.

Bettelheim, Charles. 1987. "Les grands cycles de l'économie cubaine, 1959~1985," in *Régulation, cycles et crises dans les économies socialistes*, edited by Bernard Chavance. Paris: Éditions de l'EHESS, pp. 241~262.

Beznosnikov, V. N. 1990. Participant in a conversation in *Individual' no-kooperativnyi sektor* (The individual cooperative sector), edited by Abel G. Aganbegian et al. Moscow: Ekonomika, p. 25.

Bialer, Seweryn. 1980. *Stalin's Successors*. New York: Cambridge University Press.

Bibó, István. (1945) 1986a. "A magyar demokrácia válsága" (The crisis of Hungarian democracy), in I. Bibó, *Válogatott tanulmányok. Második kötet, 1945~1949* (Selected studies. Second volume, 1945~1949). Budapest: Magvető, pp. 13~79.

______. (1946) 1986b. "A magyar demokrácia mérlege" (An evaluation of Hungarian democracy), in I. Bibó *Válogatott tanulmányok. Második kötet, 1945~1949* (Selected studies. Second volume, 1945~1949). Budapest: Magvető, pp. 119~183.

Birman, Igor. 1980. "The Financial Crisis in the USSR," *Soviet Studies*, January, *32* (1), pp. 84~105.

Birta, István. 1970. "A szocialista iparosítási politika néhány kérdése az első ötéves terv időszakában" (Selected issues of the socialist industrialization policy in the period of the first five-year plan), *Párttörténeti Közlemények*, *16* (4), pp. 113~150.

Bleaney, Michael. 1988. *Do Socialist Economies Work? The Socialist and East European Experience*. Oxford and New York: Basil Blackwell.

Blejer, Mario I., and György Szapáry. 1990. "The Evolving Role of Tax Policy in China," *Journal of Comparative Economics*, September, *14* (3), pp. 452~472.

Bogomolov, Oleg. 1987. "Skol'ko stoiat den'gi"(How much does money cost), *Literaturnaia Gazeta*, September, *16*(38), p. 12.

Boiko, Tatiana M. 1990. "Nash potrebitel'skii rynok"(Our consumer market), *EKO*, April(4), pp. 84~86.

Bond, Daniel L., and Herbert S. Levine. 1983. "An Overview," in *The Soviet Economy: Toward the Year 2000*, edited by Abram Bergson and Herbert S. Levine. London: Allen and Unwin, pp. 1~33.

Bonin, John P. 1976. "On the Design of Managerial Incentive Schemes in a Decentralized Planning Environment," *American Economic Review*, September, *66*(4), pp. 682~687.

Bonin, John P., and Louis Putterman. 1987. *Economics of Cooperation and the Labor-Managed Economy*. New York: Harwood Academic Publishers.

Bornstein, Morris. 1985. "Improving the Soviet Economic Mechanism," *Soviet Studies*, January, *37*(1), pp. 1~30.

______. 1987. "Soviet Price Policies," *Soviet Economy*, April/June, *3*(2), pp. 96~134.

Bossányi, Katalin. 1986. "Economy on the Way of Democratization," *Acta Oeconomica*, *37*(3-4), pp. 285~304.

Bottomore, Tom, ed. 1983. *A Dictionary of Marxist Thought*. Cambridge: Harvard University Press.

Bowles, Paul, and Gordon White. 1989. "Contradictions in China's Financial Reforms: The Relationship between Banks and Enterprises," *Cambridge Journal of Economics*, December, *13*(4), pp. 481~495.

Boyd, Michael L. 1990. "Organizational Reform and Agricultural Performance: The Case of Bulgarian Agriculture, 1960~1985," *Journal of Comparative Economics*, March, *14*(1), pp. 70~87.

Brabant, Jozef M. van. 1980. *Socialist Economic Integration. Aspects of Contemporary Economic Problems in Eastern Europe*. Cambridge: Cambridge University Press.

______. 1989. *Economic Integration in Eastern Europe. A Handbook.* New York: Harvester Wheatsheaf.

______. 1990. "Socialist Economics: The Disequilibrium School and the Shortage Economy," *Journal of Economic Perspectives*, Spring, *4*(2), pp. 157~175.

Brada, Josef C. 1985. "Soviet Subsidization of Eastern Europe: The Primacy of Economics over Politics?" *Journal of Comparative Economics*, March, *9*(4), pp. 21~39.

______. 1986. "The Variability of Crop Production in Private and Socialized Agriculture: Evidence from Eastern Europe," *Journal of Political Economy*, *94*(3), pp. 545~563.

Brecht, Bertolt. 1967. *Gesammelte Werke*(Collected works). Vol. 10. Frankfurt am Main: Suhrkamp.

Bródy, András. 1956. "A hóvégi hajrá és gazdasági mechanizmusunk"(Rush at the end of the month and our economic mechanism), *Közgazdasági Szemle*, July/August, *3*(7-8), pp. 870~883.

______. 1964. *Az ágazati kapcsolatok modellje. A felhasznált absztrakciók, azok korlátai és a számítások pontossága*(Input-output tables: The abstractions used, their limitations, and the accuracy of the calculations). Budapest: Akadémiai Kiadó.

______. 1969a. *Érték és ujratermelés. Kisérlet a marxi értékelmélet és újratermel ési elmélet matematikai modelljének megfogalmazására*(Value and reproduction. An attempt at formulating the mathematical model of Marxian theory of value and reproduction). Budapest: Közgazdasági és Jogi Könyvkiadó.

______. 1969b. "The Rate of Economic Growth in Hungary, 1924~1965," in *Is the Business Cycle Obsolete*?, edited by Martin Bronfenbrenner. New York: John Wiley, pp. 312~327.

______. 1979. *Prices, Production and Planning*. Amsterdam: North-Holland.

Brooks, Karen M. 1990. "Soviet Agriculture's Halting Reform," *Problems of Communism*, March/April, *39* (2), pp. 29~41.

Brus, Wlodzimierz. (1961) 1972. *The Market in a Socialist Economy*. London: Routledge and Kegan Paul.

Brus, Wlodzimierz, and Kazimierz Laski. 1989. *From Marx to the Market. Socialism in Search of an Economic System*. Oxford: Clarendon Press.

Bryson, Phillip J., and Manfred Melzer. 1987. "The Kombinat in GDR Economic Organization," in *The East German Economy*, edited by lan Jeffries and Manfred Melzer. London: Croom Helm, pp. 51~68.

Brzezinski, Zbigniew. (1961) 1967. *The Soviet Bloc: Unity and Conflict*. Cambridge: Harvard University Press.

______. 1990. *The Grand Failure. The Birth and Death of Communism in the Twentieth Century*. New York: Macmillan.

Brzezinski, Zbigniew, and Carl Friedrich. 1956. *Totalitarian Dictatorship and Autocracy*. Cambridge: Harvard University Press.

Bundesministerium für Innerdeutsche Beziehungen. 1987. *Materialien zum Bericht zur Lage der Nation im geteilten Deutschland 1987*. Bonn.

Bunge, Frederica M. 1985. *North Korea: A Country Study*. Washington, D.C.: Foreign Area Studies, The American University, Government Printing Office.

Burkett, John P. 1988. "Slack, Shortage and the Discouraged Consumers in Eastern Europe: Estimates Based on Smoothing by Aggregation," *Review of Economic Studies*, July, *55* (3), pp. 493~505.

______. 1989. "The Yugoslav Economy and Market Socialism," in *Comparative Economic Systems: Models and Cases*, edited by Morris Bornstein. Homewood, Ill.: Irwin, pp. 234~258.

Burkett, John P., Richard Portes, and David Winter. "Macroeconomic Adjustment and Foreign Trade of Centrally Planned Economies," *Working Paper*, no. 736. Cambridge, Mass.: National Bureau of Economic Research.

Burnham, James. 1941. *The Managerial Revolution.* New York: John Day.

Byrd, William A. 1990. *The Market Mechanism and Economic Reforms in Chinese Industry.* Armonk, N. Y. : M. E. Sharpe.

Byrd, William A., and Qingsong Lin, eds. 1990. *China's Rural Industry. Structure, Development and Reform.* Oxford: Oxford University Press, published for the World Bank.

Calvo, Guillermo A., and Stanislaw Wellisz. 1978. "Supervision, Loss of Control, and the Optimum Size of the Firm," *Journal of Political Economy,* October, *86* (5), pp. 943~952.

Campbell, Neil A. 1987. *Biology.* Menlo Park: Benjamin-Cummings.

Campbell, Robert W. 1978. "Economic Reform and Adaptation of the CPSU," in *Soviet Society and the Communist Party,* edited by Karl Ryavec. Amherst: University of Massachusetts Press, pp. 26~48.

______. (1974) 1981. *The Soviet-Type Economies: Performance and Evolution.* Boston: Houghton Mifflin.

Cao-Pinna, Vera, and Stanislaw S. Shatalin. 1979. *Consumption Patterns in Eastern and Western Europe. An Economic Comparative Approach. A Collective Study.* Oxford: Pergamon Press.

Carr, Edward H., and Robert W. Davies. (1969) 1974. *Foundations of a Planned Economy.* New York: Macmillan.

Ceausescu, Nicolae. 1978. *Speeches and Writings.* London: Spokesmen.

Central Intelligence Agency. 1989. *Handbook of Economic Statistics, 1989.* Washington, D. C. : CIA.

Chamberlin, Edward H. (1933) 1962. *The Theory of Monopolistic Competition.* Cambridge: Harvard University Press.

Chandler, Alfred D. 1977. *The Visible Hand: The Managerial Revolution in American Business.* Cambridge: Harvard University Press.

Chang, Hsin. 1984. "The 1982~1983 Overinvestment Crisis in China," *Asian Survey,* December, *24* (12), pp. 1275~1301.

Chapman, Janet G. 1963. *Real Wages in Soviet Russia Since 1928.*

Cambridge: Harvard University Press.

______. 1977. "Soviet Wages Under Socialism," in *The Socialist Price Mechanism*, edited by Alan Abouchar. Durham, N.C.: Duke University Press, pp. 246~281.

______. 1989. "Income Distribution and Social Justice in the Soviet Union," *Comparative Economic Studies*, Spring, *31*(1), pp. 14~45.

Charemza, Wojciech W. 1989. "Disequilibrium Modelling of Consumption in the Centrally Planned Economy," in *Models of Disequilibrium and Shortage in Centrally Planned Economies*, edited by Christopher Davis and Wojciech W. Charemza. New York: Chapman and Hall, pp. 283~315.

Charemza, Wojciech W., and Subrata Ghatak. 1990 "Demand for Money in a Dual-Currency, Quantity-Constrained Economy: Hungary and Poland, 1956~1985, "*The Economic Journal*, December, *100*(403), pp. 1159~1172.

Charemza, Wojciech W., Miroslaw Gronicki, and Richard E. Quandt. 1989. "Modelling Parallel Markets in Centrally Planned Economies: The Case of the Automobile Market in Poland," in *Models of Disequilibrium and Shortage in Centrally Planned Economies*, edited by Christopher Davis and Wojciech W. Charemza. New York: Chapman and Hall, pp. 405~425.

Chavance, Bernard. 1987. "Fluctuations et cycles économiques en Chine," in *Régulation, cycles et crises dans les économies socialistes*, edited by Bernard Chavance. Paris: Éditions de l'EHESS, pp. 263~283.

Chen, Kuan, et al. 1988. "Productivity Change in Chinese Industry: 1953~1985," *Journal of Comparative Economics*, December, *12*(4), pp. 570~591.

Chinese Institute for Reform of the Economic System. 1986. *Gaige: women mianling de tiaozhan yu xuanze* (Reforms: Our challenges and options). Beijing: Chinese Economic Press.

Chow, Gregory C. 1985. *The Chinese Economy.* New York: Harper and Row.

Close, David. 1988. *Nicaragua: Politics, Economics and Society.* Boulder: Lynne Rienner Publishers.

Clower, Robert W. 1965. "The Keynesian Counterrevolution: A Theoretical Appraisal," in *The Theory of Interest Rates,* edited by F. H. Hahn and F. P. R. Brechling. London: Macmillan, pp. 103~125.

Coase, Ronald H. 1937. "The Nature of the Firm," *Economica,* November, 4(16), pp. 386~405.

______. 1960. "The Problem of Social Costs," *Journal of Law and Economics,* October, 3, pp. 1~44.

Cochrane, Nancy J. 1988. "The Private Sector in East European Agriculture," *Problems of Communism,* March/April, *37*(2), pp. 47~53.

Cohen, Stephen F. (1973) 1980. *Bukharin and the Bolshevik Revolution: A Political Biography, 1888~1938.* New York: W. W. Norton.

______. 1984. "The Friends and Foes of Change: Reformism and Conservatism in the Soviet Union," in *The Soviet Polity in the Modern Era,* edited by Eric P. Hoffman and Robbin F. Laird. New York: Aldine, pp. 85~103.

______. 1985. *Rethinking the Soviet Experience.* New York: Oxford University Press.

Collier, Irwin L. 1986. "Effective Purchasing Power in a Quantity Constrained Economy: An Estimate for the German Democratic Republic," *Review of Economics and Statistics,* February, *68*(1), pp. 24~32.

Colton, Timothy J. 1986. *The Dilemma of Reform in the Soviet Union.* New York: Council on Foreign Relations.

Conn, David, ed. 1979. "The Theory of Incentives," special issue of

Journal of Comparative Economics, September, *3* (3).

Connor, Walter D. 1975. "Generations and Politics in the USSR," *Problems of Communism*, September/October, *24* (5), pp. 20~35.

______. 1979. *Socialism, Politics and Equality. Hierarchy and Change in Eastern Europe and the USSR.* New York: Columbia University Press.

Conquest, Robert. (1968) 1973. *The Great Terror. Stalin's Purge of the Thirties.* New York: Macmillan.

______. 1986. *The Harvest of Sorrow.* New York: Oxford University Press.

Cornelsen, Doris. 1990. "Die Wirtschaft der DDR in der Honecker-Ära," *Vierteljahreshefte zur Wirtschaftsforschung*, DIW, no. 1.

Csaba, László. 1990. *Eastern Europe in the World Economy.* Cambridge: Cambridge University Press.

Csákó, Mihály, et al. 1979. "Közoktatási rendszer és társadalmi struktura" (Public education system and social structure), in *Rétegzödés, mobilitás és egyenlötlenség* (Stratification, mobility, and inequality), edited by K. P. Kál mán. Budapest: MSZMP KB Társadalomtudományi Intézet, pp. 85~164.

Csikós-Nagy, Béla. 1985. *Árpolitikánk idöszerü kérdései (1985~1988)* (Timely issues in our price policy, 1985~1988). Budapest: Közgazdasági és Jogi Könyvkiadó.

Culbertson, William P., and R. C. Amacher. 1972. "Inflation in the Planned Economies: Some Estimates for Eastern Europe," *Southern Economic Journal*, *45* (2), pp. 380~393.

Dahl, Robert A., and Charles E. Lindblom. 1953. *Politics, Economics and Welfare.* New York: Harper and Bros.

Dahrendorf, Ralf. 1959. *Class and Class Conflict.* London: Routledge and Kegan Paul.

Dallago, Bruno. 1990. *The Irregular Economy: The Underground Economy and the Black Labor Market*. Aldershot, England: Dartmouth, and Brookfield, Vt.: Gower.

Dániel, Zsuzsa. 1975. "The 'Reflection' of Economic Growth: Experimental Computations to Revise Synthetic Value Indicators of Output," *Acta Oeconomica*, *15*(2), pp. 135~155.

______. 1985. "The Effect of Housing Allocation on Social Inequality in Hungary," *Journal of Comparative Economics*, December, *9*(4), pp. 391~409.

______. 1989. "Housing Demand in a Shortage Economy: Results of a Hungarian Survey," *Acta Oeconomica*, *41*(1-2), pp. 157~180.

Dániel, Zsuzsa, and András Semjén. 1987. "Housing Shortage and Rents: The Hungarian Experience," *Economics of Planning*, *21*(1), pp. 13~29.

Davies, Robert W. 1980. *The Socialist Offensive: The Collectivization of Soviet Agriculture, 1929~1930*. Cambridge: Harvard University Press.

Davis, Christopher. 1988. "The Second Economy in Disequilibrium and Shortage Models of Centrally Planned Economies," *Berkeley-Duke Occasional Papers on the Second Economy in the USSR*, July, no. 12.

______. 1989. "Priority and the Shortage Model: The Medical System in the Socialist Economy," in *Models of Disequilibrium and Shortage in Centrally Planned Economies*, edited by Christopher Davis and Wojciech W. Charemza. New York: Chapman and Hall, pp. 427~459.

______. 1990. "The High Priority Military Sector in a Shortage Economy," in *The Impoverished Superpower: Perestroika and the Soviet Military Burden*, edited by Henry S. Rowen and Charles Wolf. San Francisco: ICS Press, pp. 155~184.

Davis, Christopher, and Wojciech W. Charemza, eds. 1989. *Models of Disequilibrium and Shortage in Centrally Planned Economies*. London:

Chapman and Hall.

Dembinski, Pawel H. 1988. "Quantity versus Allocation of Money: Monetary Problems of the Centrally Planned Economies Reconsidered," *Kyklos*, *41*(2), pp. 281~300.

Dembinski, Pawel H., and Waclaw Piaszczynski. 1988. *The FOF Matrix Methodology*. Geneva: Cahiers du Département d'Économie Politique, University of Geneva.

Demszky, Gábor, György Gadó, and Ferenc Köszeg, eds. 1987. *Roundtable: Digest of the Independent Hungarian Press*. 2 vols. Budapest: Beszélő, A Hirmondó, and Demokrata.

Deng, Xiaoping. 1987. "The Party's Urgent Tasks on the Organizational and Ideological Fronts," in Deng Xiaoping, *Fundamental Issues in Present-Day China*. Beijing: Foreign Languages Press, pp. 24~40.

______. (1962) 1989. "How Can Agricultural Production be Recovered," in *Deng Xiaoping wenxuan* (Selected works of Deng Xiaoping, 1938~1965). Beijing: People's Press, p. 305.

Denison, Edward F. 1962. *The Sources of Economic Growth in the United States and the Alternatives Before Us*. New York: Committee for Economic Development.

______. 1967. *Why Do Growth Rates Differ? Post-War Experience in Nine Western Countries*. Washington, D.C.: Brookings Institution.

Dervis, Kemal, Jaime de Melo, and Sherman Robinson. 1982. *General Equilibrium Models for Development Policy*. Cambridge: Cambridge University Press.

Desai, Padma. 1976. "The Production Function and Technical Change in Postwar Soviet Industry: A Reexamination," *American Economic Review*, June, *66*(3), pp. 372~381.

______. 1986a. "Soviet Growth Retardation," *American Economic Review*, May, *76*(2), pp. 175~180.

______. 1986b. *The Soviet Economy: Efficiency, Technical Change and*

Growth Retardation. Oxford: Basil Blackwell.

______. 1987. *The Soviet Economy: Problems and Prospects*. Oxford: Basil Blackwell.

______. 1989. *Perestroika in Perspective. The Design and Dilemmas of Soviet Reform*. Princeton: Princeton University Press.

Deutscher, Isaac. 1966. *Stalin: A Political Biography*. New York: Oxford University Press.

Dewatripont, Michel, and Eric Maskin. 1990. "Credit and Efficiency in Centralized and Decentralized Economies," *Discussion Paper*, no. 1512. Cambridge: Harvard Institute of Economic Research, Harvard University.

Djilas, Aleksa. 1991. *The Contested Country. Yugoslav Unity and Communist Revolution, 1919~1953*. Cambridge: Harvard University Press.

Djilas, Milovan. 1957. *The New Class. An Analysis of the Communist System*. New York: Praeger.

______. 1988. "Between Revolution and Counter-Revolution. Djilas on Gorbachev. Milovan Djilas and George Urban in Conversation," *Encounter*, September/October, *71* (3), pp. 3~19.

Dobb, Maurice H. (1948) 1960. *Soviet Economic Development since 1917*. London: Routledge and Kegan.

Domar, Evsey. 1989. "The Blind Men and the Elephant: An Essay on Isms," in E. Domar, *Capitalism, Socialism, and Serfdom*. Cambridge: Cambridge University Press, pp. 29~46.

Drejtoria E Statistikes (Directorate of Statistics). 1989. *Vjetari Statistikor IR. P. S. Të Shgipërisë* (Statistical yearbook of Albania). Tirana.

Dréze, Jacques H. 1976. "Some Theory of Labor Management and Participation," *Econometrica*, November, *44* (6), pp. 1125~1139.

Dunmore, Timothy. 1980. *The Stalinist Command Economy: The Soviet State Apparatus and Economic Policy, 1945~1953*. London: Macmillan.

Dyker, David A. 1990. *Yugoslavia: Socialism, Development, and Debt*.

New York: Routledge.

Echeverri-Gent, John. 1990. "Economic Reform in India: A Long and Winding Road," in *Economic Reform in Three Giants*, by Richard E. Feinberg, John Echeverri-Gent, and Friedemann Müller, New Brunswick: Transaction Books, pp. 103~133.

Eckstein, Alexander. 1980. *Quantitative Measures of China's Economic Output*. Ann Arbor: University of Michigan Press.

Ehrlich, Éva. 1981. "Comparison of Development Levels: Inequalities in the Physical Structures of National Economies," in *Disparities in Economic Development since the Industrial Revolution*, edited by P. Bairoch and M. Lévy Leboyer. London: Macmillan, pp. 395~410.

______. 1985a. "The Size Structure of Manufacturing Establishments and Enter prises: An International Comparison," *Journal of Comparative Economics*, September, *9*(3), pp. 267~295.

______. 1985b. "Infrastructure," in *The Economic History of Eastern Europe 1919~1975*, vol. 1, edited by M. C. Kaser and E. A. Radice. Oxford: Clarendon Press, pp. 323~378.

______. 1985c. "Economic Development Levels, Proportions and Structures," Budapest: MTA Világgazdasági Kutatóintézet. Manuscript.

______. 1990. "Országok versenye"(Competition among countries), *Közgazdasági Szemle*, January, *37*(1), pp. 19~43.

Ellman, Michael. 1971. *Soviet Planning Today. Proposals for an Optimally Functioning Economic System*. Cambridge: Cambridge University Press.

______. 1973. *Planning Problems in the USSR: The Contribution of Mathematical Economics to Their Solution, 1960~1971*. Cambridge: Cambridge University Press.

______. 1982. "Did Soviet Economic Growth End in 1978?" in *Crisis in the East European Economy: The Spread of the Polish Disease*, edited by J. Drewnowski. London, Croom Helm, and New York: St.

Martin's Press, pp. 131~142.

______. 1985. *Capitalism, Socialism and Convergence*. London: Academic Press.

Engels, Friedrich. (1894) 1963. "Nachwort (1894) 〔zu 'Soziales aus Russland'〕," in *Karl Marx, Friedrich Engels Werke*. Vol. 22, Berlin: Dietz Verlag, pp. 421~435.

______. (1847) 1964. "Principles of Communism," in K. Marx and F. Engels, *The Communist lanifesto and the Principles of Communism*. New York: Monthly Review Press, pp. 67~83.

______. (1878) 1975. "Anti-Dühring," in K. Marx and F. Engels, *Collected Works*. Vol. 25. New York: International Publishers, pp. 5~309.

Ericson, Richard. 1983. "On an Allocative Role of the Soviet Second Economy," in *Marxism, Central Planning, and the Soviet Economy: Economic Essays in Honor of Alexander Erlich*, edited by Padma Desai. Cambridge: MIT Press, pp. 110~132.

______. 1984. "The 'Second Economy' and Resource Allocation under Central Planning," *Journal of Comparative Economics*, March, *8* (1), pp. 1~24.

______. 1990. "The Soviet Statistical Debate: Khanin vs. TsSU," in *The Impoverished Superpower: Perestroika and the Soviet Military Burden*, edited by Henry S. Rowen and Charles Wolf. San Francisco: ICS Press, pp. 63~92.

Erlich, Alexander. 1960. *The Soviet Industrialization Debate, 1924~1928*. Cambridge: Harvard University Press.

Estrin, Saul. 1983. *Self-Management. Economic Theory and Yugoslav Practice*. Cambridge: Cambridge University Press.

Eucken, Walter. 1951. *The Foundations of Economics: History and Theory in the Analysis of Economic Reality*. Chicago: University of Chicago Press.

Europa Publications. 1980~1987. *The Europa Yearbook*. London.

European Community. 1990. *Stabilization, Liberalization and Decentralization*. Brussels.

Fallenbuchl, Zbigniew M. 1982. "Employment Policies in Poland," in *Employment Policies in the Soviet Union and Eastern Europe*, edited by Jan Adam. London: Macmillan, pp. 26~48.

______. 1988. "Present State of the Economic Reform," in *Creditworthiness and Reform in Poland. Western and Polish Perspectives*, edited by Paul Marer and Wlodzimierz Siwinski. Bloomington: Indiana University Press, pp. 115~130.

______. 1989. "Poland: The Anatomy of Stagnation," in *Pressures for Reform in the East European Economies*, Vol. 2. Joint Economic Committee, Congress of the United States. Washington, D. C.: Government Printing Office, pp. 102~136.

Fama, Eugene F., and Michael C. Jensen. 1983. "Separation of Ownership and Control," *Journal of Law and Economics*, June, *26*(2), pp. 301~325.

Fazekas, Károly, and János Köllő. 1990. *Munkaerőpiac tőkepiac nélkül* (Labor market without capital market). Budapest: Közgazdasági és Jogi Könyvkiadó.

Fedorenko, Nikolai P., ed. 1975. *Sistema modelei optimal'nogo planirovanii* (The system of optimal planning models). Moscow: Nauka.

Fehér, Ferenc. 1982. "Paternalism as a Mode of Legitimation in Soviet-Type Societies," in *Political Legitimation in Communist States*, edited by Thomas H. Rigby and Ferenc Fehér. Oxford: Macmillan, pp. 64~81.

Fehér, Ferenc, Agnes Heller, and György Márkus. 1983. *Dictatorship over Needs*. Oxford: Basil Blackwell, and New York: St. Martin's Press.

Feige, Edgar L., ed. 1989. *The Underground Economies*. Cambridge:

Cambridge University Press.

Feinberg, Richard E., John Echeverri-Gent, and Friedemann Müller. 1990. *Economic Reform in Three Giants.* New Brunswick: Transaction Books.

Ferge, Zsuzsa. 1988. "Gazdasági érdekek és politikák"(Economic interests and policies), *Gazdaság*, *12*(1), pp. 47~64.

Finansy i Statistika(Finance and Statistics). 1977. *Narodnoe khoziaistvo SSSR v 1977*(The national economy of the Soviet Union in 1977). Moscow.

______. 1985. *SSSR v tsifrakh v 1984 godu*(The USSR in figures in 1984). Moscow.

______. 1987. *Narodnoe khoziaistvo SSSR za 70 let*(The national economy of USSR for seventy years). Moscow.

______. 1988a. *SSSR i zarubezhnye strany 1987*(The USSR and foreign countries, 1987). Moscow.

______. 1988b. *Narodnoe Khoziaistvo SSSR v 1988.* (The national economy of the Soviet Union in 1988). Moscow,

______. 1989a. *Narodnoe K hoziaistvo SSSR v 1989.* (The national economy of the Soviet Union in 1989). Moscow.

______. 1989b, *Statisticheskii ezhegodnik stran-chlenov Soveta Ekonomicheskoi Vzaimopomoshchi*(CMEA statistical yearbook). Moscow.

Fischer-Galati, Stephen, ed. 1979. *The Communist Parties of Eastern Europe.* New York: Columbia University Press.

Freixas, Xavier, Roger Guesnerie, and Jean Tirole. 1985. "Planning under In complete Information and the Ratchet Effect," *Review of Economic Studies*, April, *52*(2), pp. 173~191.

Frydman, Roman, Stanislaw Wellisz, and Grzegorz W. Kolodko. 1990. "Stabilization in Poland: A Progress Report," Revised version of a paper prepared for the conference on Exchange Rate Policies of Less Developed Market and Socialist Economies, Berlin, May 10~

12. Manuscript.

Furubotn, Eirik G., and Svetozar Pejovich. 1972. "Property Rights and Economic Theory: A Survey of Recent Literature," *Journal of Economic Literature*, December, *10*(4), pp. 1137~1162.

Gábor, István R. 1979. "The Second (Secondary) Economy. Earning Activity and Regrouping of Income Outside the Socially Organized Production and Distribution," *Acta Oeconomica*, *22*(3-4), pp. 291~311.

Gábor, István R., and György Kővári. 1990. *Beválthatók-e a bérreform igéretei*? (Can the promises of the wage reform be fulfilled?). Budapest: Közgazdasági és Jogi Könyvkiadó.

Gács, János. 1980. "Importszabályozás és vállalati viselkedés" (Import regulation and the behavior of the firm). Budapest: Konjunktura és Piackutató Intézet. Manuscript.

Gács, János, and Mária Lackó, 1973. "A Study of Planning Behaviour on the National-Economic Level," *Economics of Planning*, *13*(1-2), pp. 91~119.

Gaidar, Egor. 1990. "Trudnyi vybor" (Tough choice), *Kommunist*, January, (2), pp. 23~34.

Galasi, Péter, and Gábor Kertesi. 1987. "The Spread of Bribery in a Centrally Planned Economy," *Acta Oeconomica*, *38*(3-4), pp. 371~389.

______. 1989. "Rat Race and Equilibria in Markets with Side Payments under Socialism," *Acta Oeoconomica*, *41*(3-4), pp. 267~292.

Galasi, Péter, and György Sziráczki, eds. 1985. *Labour Market and Second Economy in Hungary*. Frankfurt: Campus Verlag.

Gapinski, James H., Borislav Skegro, and Thomas W. Zuehlke. 1987. "Modeling, Forecasting, and Improving Yugoslav Economic Performance," Tallahassee, Fla.: Florida State University, and Zagreb: Economics Institute Zagreb, October. Manuscript.

Garetovskii, N. V. 1989. "Voprosy sovershenstvovaniia bankovskoi sistemy"(Issues in perfecting the banking system), *Deng'i i Kredit*, (11), pp. 8~16.

Garvy, George. 1966. *Money, Banking and Credit in Eastern Europe*. New York: Federal Reserve Bank.

______. 1977. *Money, Financial Flows and Credit in the Soviet Union*. Cambridge, Mass.: Ballinger.

Gati, Charles. 1984. "The Democratic Interlude in Post-War Hungary," *Survey*, Summer, *28*(2), pp. 99~134.

Gedeon, Shirley J. 1985~1986. "The Post Keynesian Theory of Money: A Summary and an Eastern European Example," *Journal of Post Keynesian Economics*, Winter, *8*(2), pp. 208~221.

______. 1987. "Monetary Disequilibrium and Bank Reform Proposals in Yugoslavia: Paternalism and the Economy," *Soviet Studies*, April, *39*(2), pp. 281~291.

Gerschenkron, Alexander. 1962. *Economic Backwardness in Historical Perspective*. A Book of Essays. New York: Praeger.

______. 1968. *Continuity in History and Other Essays*. Cambridge, Mass.: Belknap Press.

Glowny Urzad Statystyczny(Central Statistical Office). 1990. *Rocznik Statystyczny 1990*(Statistical yearbook, 1990). Warsaw.

Goldfeld, Stephen M., and Richard E. Quandt. 1988. "Budget Constraints, Bailouts, and the Firm under Central Planning," *Journal of Comparative Economics*, December, *12*(4), pp. 502~520.

______. 1990a. "Rationing, Defective Inputs and Bayesian Updates under Central Planning," *Economics of Planning*, *23*(3), pp. 161~173.

______. 1990b. "Output Targets, Input Rationing and Inventories," in *Optimal Decisions in Market and Planned Economies*, edited by Richard E. Quandt and Dusan Triska. Boulder: Westview Press, pp. 67~81.

Goldman, Marshall I. 1987. *Gorbachev's Challenge. Economic Reform in the Age of High Technology*. New York: W. W. Norton.

Goldmann, Josef. 1975. *Makroekonomická Analyza-a Prognóza* (Macro-economic analysis-a prognosis). Prague: Academia.

Goldmann, Josef, and Karel Kouba. 1969. *Economic Growth in Czechoslovakia*. White Plains, N.Y.: International Arts and Sciences Press.

Gomulka, Stanislaw. 1985. "Kornai's Soft Budget Constraint and the Shortage Phenomenon: A Criticism and Restatement," *Economics of Planning*, *19* (1), pp. 1~11.

______. 1986. *Growth, Innovation and Reform in Eastern Europe*. Brighton: Wheatsheaf.

Gomulka, Stanislaw, and Anthony Polonsky, eds. 1990. *Polish Paradoxes*. London: Routledge.

Gomulka, Stanislaw, and Jacek Rostowski. 1988. "An International Comparison of Material Intensity," *Journal of Comparative Economics*, December, *12* (4), pp. 475~501.

Gorbachev, Mikhail S. 1987. *Perestroika*. New York: Harper and Row.

Gössmann, Wolfgang. 1987. *Die Kombinate in der DDR*. Berlin: Arno Spitz.

Götz-Coenenberg, Roland. 1990. "Währungsintegration in Deutschland: Alternativen und Konsequenzen," *Berichte des Bundesinstituts für ostwissenschaftliche und internationale Studien*, no. 20. Cologne.

Gotz-Kozierkiewicz, Danuta, and Grzegorz W. Kolodko. 1990. "Stabilization in Viet Nam," *Working Papers*, no. 11. Warsaw: Institute of Finance.

Granick, David. 1954. *The Red Executive*. New York: Columbia University Press.

______. 1975. *Enterprise Guidance in Eastern Europe. A Comparison of Four Socialist Economies*. Princeton: Princeton University Press.

Gregory, Paul R. 1990. "The Stalinist Command Economy," *Annals of the AAPS*, January, *507*, pp. 18~26.

Gregory, Paul R., and Irwin L. Collier. 1988. "Unemployment in the Soviet Union: Evidence from the Soviet Interview Project," *American Economic Review*, September, *78* (4), pp. 613~632.

Gregory, Paul R., and Robert C. Stuart. 1980. *Comparative Economic Systems*. Boston: Houghton Mifflin.

______. (1974) 1986. *Soviet Economic Structure and Performance*. New York: Harper and Row.

Griffiths, Franklyn, and Gordon H. Skilling, eds. 1971. *Interest Groups in Soviet Politics*. Princeton: Princeton University Press.

Groenewegen, Peter. 1987. "'Political Economy' and 'Economics'," in *The New Palgrave. A Dictionary of Economics*, edited by John Eatwell, Murray Milgate, and Peter Newman. London: Macmillan, and New York: The Stockton Press. Vol. 3, pp. 904~907.

Grosfeld, Irena. 1986. "Endogenous Planners and the Investment Cycle in the Centrally Planned Economies," *Comparative Economic Studies*, Spring, *28* (1), pp. 42~53.

______. 1989a. "Disequilibrium Models of Investment," in *Models of Disequilibrium and Shortage in Centrally Planned Economies*, edited by Christopher Davis and Wojciech W. Charemza. New York: Chapman and Hall, pp. 361~374.

______. 1989b. "Reform Economics and Western Economic Theory: Unexploited Opportunities," *Economics of Planning*, *22* (1), pp. 1~19.

Grossman, Gregory. 1966. "Gold and the Sword: Money in the Soviet Command Economy," in *Industrialization in Two Systems*, edited by Henry Rosovsky. New York: John Wiley, pp. 204~236.

______. 1977a. "The 'Second Economy' of the USSR," *Problems of Communism*, September/October, *26* (5), pp. 25~40.

______. 1977b. "Price Control, Incentives, and Innovation in the Soviet Economy," in *The Socialist Price Mechanism*, edited by Alan Abouchar. Durham, N. C. : Duke University Press, pp. 129~169.

______. 1983. "Economics of Virtuous Haste: A View of Soviet Industrialization and Institutions," in *Marxism, Central Planning, and the Soviet Economy. Economic Essays in Honor of Alexander Erlich*, edited by Padma Desai. Cambridge: MIT Press, pp. 198~206.

______. 1985. "The Second Economy in the USSR and Eastern Europe. A Bibliography," *Berkeley-Duke Occasional Papers on the Second Economy in the USSR*, September, no. 1.

______. ed. 1968. *Money and Plan*. Berkeley: University of California Press.

Grossman, Sanford J., and Oliver D. Hart. 1986. "The Costs and Benefits of Ownership: A Theory of Vertical and Lateral Integration," *Journal of Political Economy*, August, *94*(4), pp. 691~719.

Groves, Theodore. 1973. "Incentives in Teams," *Econometrica*, July, *41*(4), pp. 617~631.

Hammond, Thomas T., ed. 1975. *The Anatomy of Communist Takeovers*. New Haven: Yale University Press.

Hankiss, Elemér. 1989. "A 'Nagy Koalició' avagy a hatalom konvertálása" (The 'great coalition' or the conversion of power), *Valóság*, February, *32*(2), pp. 15~31.

______. 1990. *East European Alternatives: Are There Any?*. Oxford: Oxford University Press.

Hansen, Bent. 1951. *A Study in the Theory of Inflation*. London: Allen and Unwin.

Hanson, Philip. 1971. "East-West Comparisons and Comparative Economic Systems," *Soviet Studies*, January, *22*(3), pp. 327~343.

______. 1981. *Trade and Technology in Soviet-Western Relations*. London: Macmillan, and New York: Columbia University Press.

Hanson, Philip, and Keith Pavitt. 1987. *The Comparative Economics of Research Development and Innovation in East and West. A Survey.* New York: Harwood Academic Publishers.

Haraszti, Miklós. 1978. *A Worker in a Worker's State.* New York: Universe Books.

Harcourt, Geoffrey C., ed. 1977. *The Microeconomic Foundations of Macroeconomics.* Boulder: Westview Press.

Hardin, Garett. 1968. "The Tragedy of the Commons," *Science*, December 13, *162*(3859), pp. 1242~1248.

Harding, Harry. 1981. *Organizing China: The Problem of Bureaucracy* (1949~1976). Stanford: Stanford University Press.

______. 1987. *China's Second Revolution: Reform after Mao.* Washington, D.C.: The Brookings Institution.

Harrison, Mark. 1985. "Investment Mobilization and Capacity Completion in the Chinese and Soviet Economies," *Economics of Planning*, *19*(2), pp. 56~75.

Hart, Oliver, and Bengt R. Holmström. 1987. "Theory of Contracts," in *Advances in Economic Theory. Fifth World Congress*, edited by T. Bewley. Cambridge: Cambridge University Press, pp. 71~155.

Hartford, Kathleen. 1990. "From Agricultural Development to Food Policy," Manuscript.

Havel, Václav. 1975. "Letter to Dr. Gustav Husak, General Secretary of the Czechoslovak Communist Party," *Survey*, *21*(3), pp. 167~190.

______. ed. 1985. *The Power of the Powerless.* London: Hutchinson.

Hayek, Friedrich A. 1960. *The Constitution of Liberty.* London: Routledge, and Chicago: Chicago University Press.

______. 1973. *Law, Legislation and Liberty.* Chicago: University of Chicago Press.

______. ed. 1935. *Collectivist Economic Planning.* London: Routledge and Kegan Paul.

Heal, Geoffrey M. 1973. *The Theory of Economic Planning*. Amsterdam: North-Holland.

Hedlund, Stefan. 1989. *Private Agriculture in the Soviet Union*. London: Routledge.

Herman, Edward S. 1981. *Corporate Control, Corporate Power*. Cambridge: Cambridge University Press.

Hewett, Ed A. 1980. "Foreign Trade Outcomes in Eastern and Western Economies," in *East European Integration and East-West Trade*, edited Paul Marer and John M. Montias. Bloomington: Indiana University Press, pp. 41~69.

______. 1988. *Reforming the Soviet Economy. Equality versus Efficiency*. Washington, D. C.: The Brookings Institution.

Hinton, Harold C., ed. 1980. *The People's Republic of China, 1949~1979: A Documentary Survey*. 5 vols. Wilmington, Del.: Scholarly Resources.

Hirschman, Albert O. 1958. *The Strategy of Economic Development*. New Haven: Yale University Press.

______. 1970. *Exit, Voice and Loyalty*. Cambridge: Harvard University Press.

Hlavácek, Jirí. 1986. "Homo se assecurans," *Politická ekonomie*, *34*(6), pp. 633~639.

______. 1990. "Producers' Criteria in a Centrally Planned Economy," in *Optimal Decisions in Markets and Planned Economies*, edited by Richard E. Quandt and Dusan Triska. Boulder: Westview Press, pp. 41~52.

Hlavácek, Jirí, and Dusan Triska. 1987. "Planning Authority and Its Marginal Rate of Substitution: Theorem Homo Se Assecurans," *Ekonomicko-Matematicky Obzor*, *23*(1), pp. 38~53.

Hoch, Róbert. 1980. "A világpiaci árak és az árcentrum" (World market prices and the price center), *Közgazdasági Szemle*, October, *27*(10), pp. 1153～1158.

Hoeffding, Oleg. 1959. "The Soviet Industrial Reorganization of 1957," *American Economic Review*, May, *49* (2), pp. 65～77.

Holmström, Bengt R. 1979. "Moral Hazard and Observability," *Bell Journal of Economics*, Spring, *10* (1), pp. 74～91.

______. 1982a. "Design of Incentive Schemes and the New Soviet Incentive Model," *European Economic Review*, February, *17* (2), pp. 128～148.

______. 1982b. "Moral Hazard in Teams," *Bell Journal of Economics*, Autumn, *13* (3), pp. 324～340.

Holmström, Bengt R., and Jean Tirole. 1989. "Theory of the Firm," in *Handbook of Industrial Organization*, edited by Richard Schmalensee and Robert Willig. New York: Elsevier, pp. 61～133.

Holzman, Franklyn D. 1955. *Soviet Taxation*. Cambridge: Harvard University Press.

______. 1960. "Soviet Inflationary Pressures, 1928～1957: Causes and Cures," *Quarterly Journal of Economics*, May, *74* (2), pp. 167～188.

______. 1976. *International Trade under Communism. Politics and Economics*. New York: Basic Books.

______. 1983. "Dumping by Centrally Planned Economies: The Polish Golf Cart Case," in *Marxism, Central Planning, and the Soviet Economy: Economic Essays in Honor of Alexander Erlich*, edited by Padma Desai. Cambridge: MIT Press, pp. 133～148.

______. 1986a. "The Significance of Soviet Subsidies to Eastern Europe," *Comparative Economic Studies*, Spring, *28* (1), pp. 54～65.

______. 1986b. "Further Thoughts on the Significance of Soviet Subsidies to Eastern Europe," *Comparative Economic Studies*, Fall, *28* (3), pp. 59～63.

______. 1989. "A Comparative View of Foreign Trade Behavior: Market versus Centrally Planned Economies," in *Comparative Economic*

Systems: Models and Cases, edited by Morris Bornstein. Homewood, Ill.: Irwin, pp. 463~484.

Holzmann, Robert. 1990. "Unemployment Benefits During Economic Transition: Background, Concept and Implementation," OECD conference paper. Vienna: Ludwig Boltzmann Institute für Ökonomische Analysen.

Horvat, Branko. 1982. *The Political Economy of Socialism: A Marxist Social Theory*. Armonk, N.Y.: M.E. Sharpe.

Horváth, M. Tamás. 1988. "Kisvárosok politikai viszonyai"(Political relations in small towns), *Valóság*, July, *31*(7), pp. 89~98.

Hough, Jerry F. 1969. *The Soviet Prefects: The Local Party Organs in Industrial Decision-making*. Cambridge: Harvard University Press.

______. 1972. "The Soviet System: Petrification or Pluralism," in *The Soviet Union and Social Science Theory*, edited by Jerry F. Hough. Cambridge: Harvard University Press.

Hough, Jerry F., and Merle Fainsod. (1953) 1979. *How the Soviet Union Is Governed*. Cambridge: Harvard University Press.

Hoxha, Enver. 1975. *Our Policy Is an Open Policy, the Policy of Proletarian Principles*. Tirana: "8 Nëntori" Publishing House.

Hrncir, Miroslav. 1989. "From Traditional to Reformed Planned Economy: The Case of Czechoslovakia," *Czechoslovak Economic Papers*, 27, pp. 25~45.

Hsin, Chang. 1984. "The 1982~1983 Overinvestment Crisis in China," *Asian Survey*, December, *24*(12), pp. 1275~1301.

Huang, Yasheng. 1988. "'Web' of Interests and Patterns of Behavior of Chinese Local Economic Bureaucracies and Enterprises During Reforms," lecture at the conference on Social Implications of Reforms, Fairbank Center, Harvard University, Cambridge, May.

Hungarian Central Statistical Office. 1959. *Statistical Yearbook, 1957*. Budapest.

Hungarian Market Research Institute. 1978. "A lakossági személygépkocsi piacegyes időszerű problémái"(Present-day problems on the private car market). Budapest. Manuscript.

Hunter, Holland. 1961. "Optimal Tautness in Development Planning," *Economic Development and Cultural Change*, July, *9*(4), part 1, pp. 561~572.

Hutchings, Raymond. 1983. *The Soviet Budget*. Albany: State University of New York Press.

Ickes, Barry W. 1986. "Cyclical Fluctuations in Centrally Planned Economies: A Critique of the Literature," *Soviet Studies*, January, *38*(1), pp. 36~52.

______. 1990. "Do Socialist Countries Suffer a Common Business Cycle?" *The Review of Economics and Statistics*, August, *72*(3), pp. 397~405.

Illyés, Gyula. 1986. *Menet a ködben* (March in the fog). Budapest: Szépirodalmi Kiadó.

International Communications Union. 1988. *Yearbook of Common Carrier Telecommunication Statistics*. Geneva: Union Internationale des Télécommunications.

International Currency Analysis, Inc. 1990. W*orld Currency Handbook*. Brooklyn, N.Y.

International Labour Office. 1987. *Economically Active Population*, 1950~2025. Geneva.

International Monetary Fund. 1984. *International Financial Statistics. Supplement on Output Statistics*. Supplement series, no. 8, Washington, D.C.

______. 1987. *Government Finance Statistical Yearbook, 1987*. Washington, D.C.

International Monetary Fund, IBRD, OECD, EBRD. 1990. "The Economy of the USSR: Summary and Recommendations," a study undertaken in response to a request by the Houston Summit, Washington, D. C.

Ismael, Tareq Y., and Jacqueline S. Ismael. 1986. *The People's Democratic Republic of Yemen: Politics, Economics and Society.* London: Frances Pinter.

Jánossy, Ferenc. 1963. *A gazdasági fejlettség mérhetősége és új mérési módszere* (The measurability of the economic development level and a new method for its measurement). Budapest: Közgazdasági és Jogi Könyvkiadó.

Jasay, Anthony de. 1990. *Market Socialism: A Scrutiny. 'This Square Circle'.* London: Institute of Economic Affairs.

Jeffries, Ian, and Manfred Melzer, eds. 1987. *The East German Economy.* London: Croom Helm.

Joint Economic Committee, Congress of the United States. 1989. *Pressures for Reform in the East European Economies.* 2 vols. Washington, D. C.: Government Printing Office.

Jones, Derek C., and Mieke Meurs. 1991. "On Entry of New Firms in Socialist Economies: Evidence from Bulgaria," *Soviet Studies*, *43* (2), pp. 311~327.

Judith, Rudolf, ed. 1986. 40 Jahre Mitbestimmung: Erfahrungen, Probleme, Perspektiven. Cologne: Bund Verlag.

Judy, R., and R. Clough. 1989. "Soviet Computer Software and Applications in the 1980s," Bloomington: Hudson Institute, Working Paper HI-4090-P.

Kagalovsky, Konstantin. 1989. "The Pressing Problems of State Financies in the USSR," *Communist Economies*, (4), pp. 447~454.

Kahan, Arcadius, and Blair Ruble, eds. 1979. *Industrial Labor in the USSR.* New York: Pergamon Press.

Kalecki, Michal. 1970. "Theories of Growth in Different Social Systems," *Scientia*, December, *105* (5-6), pp. 311~316.

______. 1972. *Selected Essays on the Economic Growth of the Socialist and Mixed Economies*. Cambridge: Cambridge University Press.

Kaminski, Bartlomiej. 1989. "The Economic System and Forms of Government Controls in Poland in the 1980s," in *Pressures for Reform in the East European Economies*. Vol. 2. Joint Economic Committee, Congress of the United States. Washington, D.C.: Government Printing Office, pp. 84~101.

Kant, Immanuel. (1793) 1970. "On the Common Saying: 'This May Be True in Theory, but It Does Not Apply in Practice'," in *Kant's Political Writings*, edited by Hans Reiss. Cambridge: Cambridge University Press, pp. 61~92.

Kantorovich, Leonid V. (1937) 1960. "Mathematical Methods of Planning and Organizing Production," *Management Science*, *6*(4), pp. 366~422.

______. 1965. *The Best Use of Economic Resources*. Cambridge: Harvard University Press.

Kapitány, Zsuzsa. 1989a. "Kereslet és kinálat a 80-as évek autópiacán" (Demand and supply on the Hungarian car market in the 1980s), *Közgazdaságí Szemle*, June, *36*(6), pp. 592~611.

______. 1989b. "Elosztási mechanizmusok Kelet-Európa autópiacain" (Allocative mechanisms on the Eastern European car markets). Budapest: Institute of Economics. Manuscript.

Kapitány, Zsuzsa, and László Kállay. 1989. *The East European Motor Industry: Prospects and Developments*. London: The Economic Intelligence Unit.

______. 1991. *The Motor Industry of Eastern Europe: Prospects to 2000 and Beyond*. London: The Economic Intelligence Unit.

Kapitány, Zsuzsa, János Kornai, and Judit Szabó. 1984. "Reproduction of Shortage on the Hungarian Car Market," *Soviet Studies*, April, *36*(2), pp. 236~256.

Kaser, Michael. 1965. *Comecon. Integration Problems of the Planned Economies*. London: Oxford University Press.

Katsenelinboigen, Aron. 1977. "Coloured Markets in the Soviet Union," *Soviet Studies*, January, *29*(1), pp. 62~85.

Katz, Barbara G., and Joel Owen. 1984. "Disequilibrium Theory, Waiting Costs and Saving Behavior in Centrally Planned Economies: A Queueing-Theoretic Approach," *Journal of Comparative Economics*, September, *8*(3), pp. 301~321.

Kautsky, Karl. 1910. *The Social Revolution*. Chicago: Charles H. Kerr.

Kendrick, John W. 1981. "International Comparisons of Recent Productivity Trends," in *Essays in Contemporary Economic Problems. Demand, Productivity and Population*, edited by William Fellner. Washington, D.C.: American Enterprise Institute for Public Policy Research, pp. 125~170.

Kenedi, János. 1981. *Do It Yourself*. London: Pluto Press.

Keren, Michael. 1972. "On the Tautness of Plans," *Review of Economic Studies*, *39*(4), pp. 469~486.

______. 1973. "The New Economic System: An Obituary," *Soviet Studies*, April, *24*(4), pp. 554~587.

Keren, Michael, Jeffrey Miller, and James R. Thornton. 1983. "The Ratchet: A Dynamic Managerial Incentive Model of the Soviet Enterprise," *Journal of Comparative Economics*, December, *7*(4), pp. 347~367.

Keynes, John Maynard. 1936. *The General Theory of Employment, Interest and Money*. London: Macmillan.

Khanin, Grigorii. 1988. "Ekonomicheskii rost: al'ternativnaia otsenka" (Economic growth: An alternative assessment), *Kommunist*, November, (17), pp. 83~90.

Khrushchev, Nikita S. 1959. *Let Us Live in Peace and Friendship. The Visit of N. S. Khrushchev to the USA*. Moscow: Foreign Languages

Publishing House.

______. 1960. "Report to the Congress," in *Current Soviet Politics: The Documentary Record of the Extraordinary 21th Congress of the CPSU*, edited by Leo Gruliow and the Staff of the Current Digest of the Soviet Press. New York: Columbia University Press, pp. 41~72.

Kidric, Boris. 1985. *Sabrana Dela* (Collected works). Belgrade: Izdavacki Centar Komunist.

Kis, János. 1989. *L'Egale Dignité*. Paris: Seuil.

Klacek, Jan, and Alena Nesporová. 1984. "Economic Growth in Czechoslovakia-Application of the CES Production Function," *Czechoslovak Economic Papers*, 22, pp. 83~100.

Klaus, Václav. 1989. "Socialist Economies, Economic Reforms, and Economists: Reflections of a Czechoslovak Economist," *Communist Economies*, *1* (1), pp. 89~96.

______. 1990. "Policy Positions Towards the International Monetary Fund and the World Bank by Centrally Planned Economies that Are Not Members of Those Organizations," in *Economic Reforms in Centrally Planned Economies and Their Impact on the Global Economy*, edited by Jozef M. van Brabant. New York: United Nations, Department of International and Social Affairs, pp. 315~327.

Knight, Frank. (1921) 1965. *Risk, Uncertainty, and Profit*. New York: Harper and Row.

Knight, Peter T. 1984. "Financial Discipline and Structural Adjustment in Yugoslavia: Rehabilitation and Bankruptcy of Loss-Making Enterprises," *World Bank Staff Working Papers*, no. 705.

Kolakowski, Leszek. 1978. *Main Currents of Marxism*. 3 vols. Oxford: Oxford University Press.

Kolodko, Grzegorz W. 1989. "Stabilization Policy in Poland-Challenges and Constraints," *Working Papers*, no. 3. Warsaw: Institute of Finance.

______. 1991. "Polish Hyperinflation and Stabilization, 1989~1990," *Most*, *1*(1), pp. 9~36.

Kolodko, Grzegorz W., Danuta Gotz-Kozierkiewicz, and Elzbieta Skrzeszewska-Paczek. 1990. "Hyperinflation and Stabilization in Postsocialist Economies," Warsaw: Institute of Finance. Manuscript.

Komin, A. 1988. "Perestroika tsenovogo khoziaistva"(Restructuring of pricing management), *Voprosy Ekonomiki*, March, (3), pp. 107~114.

Konovalov, V. 1989. "Yugoslav Industry: Structure, Performance, Conduct," Washington, D.C.: Industry Development Division, World Bank. Manuscript.

Konrád, György, and Iván Szelényi. 1979. *The Intellectuals on the Road to Class Power*. New York: Harcourt Brace Jovanovich.

Kontorovich, Vladimir. 1986. "Soviet Growth Slowdown: Econometric vs. Direct Evidence," *American Economic Review*, May, *76*(2), pp. 181~185.

______. 1990. "Utilization of Fixed Capital and Soviet Industrial Growth," *Economics of Planning*, *23*(1), pp. 37~50.

Koopmans, Tjalling C., and John Michael Montias. 1971. "On the Description and Comparison of Economic Systems," in *Comparison of Economic Systems: Theoretical and Methodological Approaches*, edited by Alexander Eckstein. Berkeley: University of California Press, pp. 27~78.

Korbonski, Andrzej. 1981. "The Second Economy in Poland," *Journal of International Affairs*, Spring/Summer, *35*(1), pp. 1~15.

Koriagina, Tatiana I. 1990a. "Tenevaia ekonomika v SSSR(analyz, otsenki, prognozy)"(The shadow economy in the USSR: Analysis, estimates, prognoses), *Voprosy Ekonomiki*, (3), pp. 110~120.

______. 1990b. *Platnye uslugi v SSSR*. (Paid services in the USSR). Moscow: Ekonomika.

Kornai, János. (1957) 1959. *Overcentralization in Economic Administration*. Oxford: Oxford University Press.

______. 1965. "Mathematical Programming as a Tool in Drawing Up the Five-Year Economic Plan," *Economics of Planning*, *5* (3), pp. 3~18.

______. 1971. *Anti-Equilibrium*. Amsterdam: North-Holland.

______. 1972. *Rush versus Harmonic Growth*. Amsterdam: North-Holland.

______. 1980. *Economics of Shortage*. Amsterdam: North-Holland.

______. 1984. "Bureaucratic and Market Coordination," *Osteuropa Wirtschaft*, *29* (4), pp. 306~319.

______. 1986a. "The Soft Budget Constraint," *Kyklos*, *39* (1), pp. 3~30.

______. 1986b. "The Hungarian Reform Process: Visions, Hopes and Reality," *Journal of Economic Literature*, December, *24* (4), pp. 1687~1737.

______. 1990. *The Road to a Free Economy. Shifting from a Socialist System: The Example of Hungary*. New York: W. W. Norton.

Kornai, János, and Tamás Lipták. 1965. "Two-Level Planning," *Econometrica*, January, *33* (1), pp. 141~169.

Kornai, János, and Béla Martos, eds. 1981. *Non-Price Control*. Budapest: Akadémiai Kiadó.

Kornai, János, and Ágnes Matits. 1987. *A vállalatok nyereségének bürokratikus újraelosztása* (The bureaucratic redistribution of firms' profits). Budapest: Közgazdasági és Jogi Könyvkiadó.

______. 1990. "The Bureaucratic Redistribution of the Firms' Profits," in J. Kornai, *Vision and Reality, Market and State: New Studies on the Socialist Economy and Society*. Budapest: Corvina; Hemel Hempstead: Harvester-Wheatsheaf; and New York: Routledge, pp. 54~98.

Kornai, János, and Jörgen W. Weibull. 1978. "The Normal State of the Market in a Shortage Economy: A Queue Model," *Scandinavian Journal of Economics*, *80* (4), pp. 375~398.

______. 1983. "Paternalism, Buyers' and Sellers' Market," *Mathematical Social Sciences*, *6*(2), pp. 153~169.

Kotlove, Barry. 1986. "Soviet Housing Expenditures: A Cross-Sectional Study of Soviet Emigrant Families," Cambridge, Mass.: Economics of Socialism Workshop, Harvard University. Manuscript.

Kovács, János Mátyás. 1988. "Compassionate Doubts about Refonomics in Hungary," Budapest: Institute of Economics, Hungarian Academy of Sciences. Manuscript.

______. 1990. "Reform Economics: The Classification Gap," *Daedalus*, Winter, *119*(1), pp. 215~248.

Köves, András. 1983. "'Implicit Subsidies' and Some Issues of Economic Relations within the CMEA: Remarks on the Analyses Made by Michael Marrese and Jan Vanous," *Acta Oeconomica*, *31*(1-2), pp. 125~136.

______. 1985. *The CMEA Countries in the World Economy: Turning Inwards or Turning Outwards*. Budapest: Akadémiai Kiadó.

______. 1986. "Foreign Economic Equilibrium, Economic Development and Economic Policy in the CMEA Countries," *Acta Oeconomica*, *36*(1-2), pp. 35~53.

Központi Statisztikai Hivatal(Central Statistical Office). 1965. *Nemzetközi statisztikai évkönyv, 1965*(International statistical yearbook, 1965). Budapest.

______. 1971. *Statisztikai évkönyv, 1970*(Statistical yearbook, 1970). Budapest.

______. 1973. *Statisztikai évkönyv, 1972*(Statistical yearbook, 1972). Budapest.

______. 1975. *Statisztikai évkönyv, 1974*(Statistical yearbook, 1974). Budapest.

______. 1980a. *Statisztikai évkönyv, 1979*(Statistical yearbook, 1979). Budapest.

______. 1980b. *Közlekedési és hírközlési évkönyv, 1979* (Transport and news communication yearbook, 1979). Budapest.

______. 1982. *Statisztikai évkönyv, 1981* (Statistical yearbook, 1981). Budapest.

______. 1984. *Statisztikai évkönyv, 1983* (Statistical yearbook, 1983). Budapest.

______. 1985. *Statisztikai évkönyv, 1984* (Statistical yearbook, 1984). Budapest.

______.. 1986. *Statisztikai idősorok a Kinai Népköztársaságról.* (Statistical time series on the People's Republic of China). Budapest.

______. 1987. *Statisztikai évkönyv, 1986* (Statistical yearbook, 1986). Budapest.

______. 1988. *Beruházási statisztikai évkönyv, 1987* (Statistical yearbook of investments, 1987). Budapest.

______. 1989. *Nemzetközi statisztikai évkönyv* (International statistical year book). Budapest.

______. 1990. *Statisztikai évkönyv, 1989* (Statistical yearbook, 1989). Budapest.

Kravis, Irving B., Alan W. Heston, and Robert Summers. 1978. "Real GDP Per Capita for More Than One Hundred Countries," *Economic Journal*, June *88* (350), pp. 215~242.

______. 1982. *World Product and Income*. Baltimore: Johns Hopkins University Press.

Kritsman, L. N. 1926. *Geroicheskii period velikoi russkoi revoliutsii-opyt analiza t. n. voennogo kommunizma* (The heroic period of the great Russian Revolution-An attempt at analysis of so-called War Communism). Moscow: Gosudarstvennoe Izdatel'stvo.

Krueger, Anne O. 1974. "The Political Economy of the Rent-Seeking Society," *American Economic Review*, June, *64* (3), pp. 291~303.

Kuron, Jacek, and Karel Modzielewski. 1968. *An Open Letter to the*

Party. New York: Merit Publishers.

Kuznets, Simon. 1964. *Postwar Economic Growth*. Cambridge: Harvard University Press.

______. 1971. *Economic Growth of Nations*. Cambridge: Harvard University Press.

Kuznetsova, T. 1989. "Kooperatsiia: kakova taktika-takovo i praktika" (The cooperatives: As are the tactics, so is the practice), *Voprosy Ekonomiki*, March, (3), pp. 149~153.

Lackó, Mária. 1975. "Consumer Savings and the Supply Situation," *Acta Oeconomica*, *15*(3-4), pp. 365~384.

______. 1980. "Cumulating and Easing of Tensions," *Acta Oeconomica*, *24*(3~4), pp. 357~377.

______. 1984 "Behavioral Rules in Distribution of Sectoral Investments in Hungary, 1951~1980," *Journal of Comparative Economics*, September, *8*(3), pp. 290~300.

______. 1989. "A beruházási hitelpiac feszültségeinek újratermelődése Magyaror szágon"(The reproduction of tension on the investment credit market in Hungary), *Közgazdasági Szemle*, November, *36*(11), pp. 1323~1341.

Ladányi, János. 1975. "A fogyasztói árak és szociálpolitika"(Consumer prices and social policy), *Valóság*, *18*(2), pp. 16~29.

Laffont, Jean-Jacques. 1989. *Economics of Uncertainty and Information*. Cambridge: MIT Press.

Laki, Mihály. 1980. "End-Year Rush Work in the Hungarian Industry and Foreign Trade," *Acta Oeconomica*, *25*(1-2), pp. 37~65.

Lange, Oscar. 1936, 1937. "On the Economic Theory of Socialism," *Review of Economic Studies*, October, February, *4*(1, 2), pp. 53~71, 123~142.

Lardy, Nicholas R. 1986. "Overview: Agricultural Reform and the Rural Economy," in *China Looks Towards the Year 2000. Vol. 1. The Four*

Modernizations. Joint Economic Committee, Congress of the United States. Washington, D.C.: Government Printing Office, pp. 325~335.

Largentaye, Bertrand de. 1990. "The Response of Western European Countries to the Transformations in Eastern Europe," paper prepared for the colloquium for executive directors on socialist economic reform, World Bank, April 19.

Laulan, Yves M., ed. 1973. *Banking, Money and Credit in the Soviet Union and Eastern Europe*. Brussels: NATO, Directorate of Economic Affairs.

Lavoie, Don. 1985. *Rivalry and Central Planning. The Socialist Calculation Debate Reconsidered*. Cambridge: Cambridge University Press.

Lee, Peter N. 1986. "Enterprise Autonomy Policy in Post-Mao China: A Case Study of Policy-Making, 1978~1983," *China Quarterly*, March, *27*(105), pp. 45~71.

Leijonhufvud, Axel. 1968. *On Keynesian Economics and the Economics of Keynes*. New York: Oxford University Press.

Lenin, Vladimir I. (1918) 1964. "Can the Bolsheviks Retain State Power?" in V. I. Lenin, *Collected Works*. Vol. 26. Moscow: Progress, pp. 87~186.

______. (1920) 1966. "Left-Wing Communism, an Infantile Disorder," in V. I. Lenin, *Collected Works*. Vol. 31. Moscow: Progress, pp. 17~118.

______. (1917) 1969a. "State and Revolution," in V. I. Lenin, *Collected Works*. Vol. 25. Moscow: Progress, pp. 381~492.

______. (1918) 1969b. "Immediate Tasks of the Soviet Government," in V. I. Lenin, *Collected Works*. Vol. 27, Moscow: Progress, pp. 235~277.

______. (1921) 1970. "To the Heads of All Central Soviet Establishments," in V. I. Lenin, *Collected Works*. Vol. 45, p. 423.

Leontief, Wassily, 1953a. *The Structure of American Economy, 1919～1939.* New York: Oxford University Press.

______. ed. 1953b. *Studies in the Structure of the American Economy, 1919～1939. Theoretical and Empirical Explanations in Input-Output Analysis.* New York: Oxford University Press.

Leptin, Gerd, and Manfred Melzer. 1978. *Economic Reform in East German Industry.* Oxford: Oxford University Press.

Levcik, Friedrich. 1986. "The Czechoslovak Economy in the 1980's," in *East European Economies: Slow Growth in the 1980's.* Vol. 3. Joint Economic Committee, Congress of the United States. Washington D. C.: Government Printing Office, March, pp. 85～108.

Levine, Herbert S. 1966. "Pressure and Planning in the Soviet Economy," in *Industrialization under Two Systems,* edited by Henry Rosovsky. New York: John Wiley, pp. 266～286.

Levy, F., et al. 1988. *China: Finance and Investment.* Washington, D. C.: World Bank Country Studies.

Lewin, Moshe. (1968) 1974. *Russian Peasants and Soviet Power.* Oxford: Oxford University Press.

Lewis, Arthur W. 1954. "Economic Development with Unlimited Supplies of Labour," *The Manchester School,* May, *22* (2), pp. 139～191.

______. 1955. *The Theory of Economic Growth.* Homewood, Ill.: Irwin.

Lewis, John W., ed. 1970. *Party Leadership and Revolutionary Power in China.* Cambridge: Cambridge University Press.

Liberman, Evsey G. (1962) 1972. "The Plan, Profit and Bonuses," in *Socialist Economics,* edited by Alec Nove and Domenico M. Nuti. Middlesex: Penguin Books, pp. 309～318.

Lichtheim, George. 1961. *Marxism: A Historical and Critical Study.* New York: Praeger.

Lieberthal, Kenneth, and Michael Oksenberg. 1988. *Policy-Making in*

China: *Structures and Processes*. Princeton: Princeton University Press.

Lindbeck, Assar. 1971. *The Political Economy of the New Left*: *An Outsider's View*. New York: Harper and Row.

Lindbeck, Assar, and Jörgen W. Weibull. 1987. "Strategic Interaction with Altruism-The Economics of Fait Accompli," *Seminar Paper*, no. 376. Stockholm: Institute for International Economic Studies.

Lindblom, Charles E. 1977. *Politics and Markets. The World's Political Economic Systems*. New York: Basic Books.

Lipinski, Edward. 1976. "An Open Letter to Comrade Gierek," *Survey*, *22*(2), pp. 194~203.

Lipton, David, and Jeffrey Sachs. 1990. "Creating a Market Economy in Eastern Europe: The Case of Poland," *Brookings Papers on Economic Activity*(1), pp. 75~133.

Lisiecki, Jerzy. 1990. "Financial and Material Transfers between East and West Germany," *Soviet Studies*, July, *42*(3), pp. 513~534.

Liska, Tibor. (1964) 1988. Ökonosztát(Econostat). Budapest: Közgazdasági és Jogi Könyvkiadó.

Liu, Guoguan. 1986. "Price Reform Essential to Growth," *Beijing Review*, August 18, pp. 14~18.

______. 1989. "A Sweet and Sour Decade," *Beijing Review*, January 2~8, pp. 22~29.

Liu, Pak-Wai. 1986. "Moral Hazard and Incentives in a Decentralized Planning Environment," *Journal of Comparative Economics*, June, *10*(2), pp. 91~105.

Lopinski, Maciej, Marcin Moskit, and Mariusz Wilk, eds. 1990. *Konspira. Solidarity Underground*. Berkeley: University of California Press.

Los, Maria, ed. 1990. *The Second Economy in Marxist States*. Basingstoke: Macmillan.

Lucas, Robert E. 1987. *Models of Business Cycles*. Oxford: Basil Blackwell.

Lucas, Robert E., and Thomas J. Sargent. 1981. "After Keynesian Macroeconomics," in *Rational Expectations and Econometric Practice*, edited by R. E. Lucas and T. J. Sargent. Vol. 1. Minneapolis: University of Minnesota Press. pp. 259~319.

Lukács, Georg. 1971. "Lukács on His Life and Work. Interview," *New Left Review* (68), pp. 49~58.

Lydall, Harold. 1984. *Yugoslav Socialism: Theory and Practice*. Oxford: Clarendon Press, and New York: Oxford University Press.

Maddison, Angus. 1989. *The World Economy in the 20th Century*. Paris: Development Centre of the OECD.

Malecki, Witold, and Grezegorz W. Kolodko. 1990. "The Indebtedness of East European Countries," *Working Papers*, no. 12. Warsaw: Institute of Finance.

Malinvaud, Edmond. 1967. "Decentralized Procedures for Planning," in *Activity Analysis in the Theory of Growth and Planning*, edited by M. O. L. Bacharach and Edmond Malinvaud. London: Macmillan, and New York: St. Martin's Press, pp. 170~208.

______. 1977. *The Theory of Unemployment Reconsidered*. Oxford: Basil Blackwell.

Mao, Zedong. (1938) 1967. "Problems of War and Strategy," in *Selected Works*. Vol. 2. Beijing: Foreign Languages Press, pp. 267~281.

______. 1977. "On the Ten Major Relationships," in *Selected Works*. Vol. 5. Beijing: Foreign Languages Press, pp. 284~307.

Marer, Paul. 1985. *Dollar GNPs of the USSR and Eastern Europe*. Baltimore: Johns Hopkins University Press, published for the World Bank.

Marer, Paul, et al. 1991. *Historically Planned Economies. A Guide to the Data (tentative title)*. Washington, D. C.: World Bank.

Marer, Paul, and Wlodzimierz Siwinski, eds. 1988. *Creditworthiness and Reform in Poland. Western and Polish Perspectives.* Bloomington: Indiana University Press.

Marglin, Stephen A. 1976. "What Do Bosses Do?," in *The Division of Labor*, edited by André Gorz. Hassocks: Harvester Press, pp. 15~54.

Markish, Yuri. 1989. "Agricultural Reforms in the USSR: Intensification Programmes of the 1980s," *Communist Economies*, *1* (4), pp. 421~445.

Marrese, Michael. 1981. "The Bureaucratic Response to Economic Fluctuation: An Econometric Investigation of Hungarian Investment Policy," *Journal of Policy Modelling*, *3* (2), pp. 221~243.

______. 1983. "Agricultural Policy and Performance in Hungary," *Journal of Comparative Economics*, September, *7* (3), pp. 329~345.

Marrese, Michael, and Jan Vanous. 1983. *Soviet Subsidization of Trade with Eastern Europe. A Soviet Perspective.* Berkeley: Institute of International Studies.

Martos, Béla. 1990. *Economic Control Structures: A Non-Walrasian Approach.* Amsterdam: North-Holland.

Marx, Karl. (1871) 1940. *The Civil War in France.* New York: International Publishers.

______. (1875) 1966. *Critique of the Gotha Programme.* Moscow: Progress, and New York: International Publishers.

______. (1864) 1975a. "Inaugural Address of the Working Men's International Association," in K. Marx and F. Engels, *Collected Works.* Vol. 20. New York: International Publishers, pp. 5~13.

______. (1870) 1975b. "Confidential Talk," in K. Marx and F. Engels, *Collected Works.* Vol. 21. New York: International Publishers, pp. 112~125.

______. (1867~1894) 1978. *Capital.* London: Penguin.

McAuley, Alistair. 1979. *Economic Welfare in the Soviet Union*. Madison: University of Wisconsin Press.

McIntyre, Robert J. 1988. *Bulgaria: Politics, Economics and Society*. London: Frances Pinter.

McKinnon, Ronald I. 1990a. "Liberalizing Foreign Trade in a Socialist Economy: The Problem of Negative Value Added," Stanford: Department of Economics, Stanford University, Manuscript.

______. 1990b. "Stabillising the Ruble," *Communist Economies*, *2*(2), pp. 131~142.

McLellan, David. 1973. *Karl Marx, His Life and Thought*. New York: Macmillan.

______. 1980. *The Thought of Karl Marx*. London: Macmillan.

Meade, James E. 1972. "The Theory of Labour-Managed Firms and of Profit-Sharing," *Economic Journal*, March, *82*(325), pp. 402~428.

Medvedev, Roy A. 1989. *Let History Judge: The Origins and Consequences of Stalinism*. Oxford: Oxford University Press.

Meerson-Aksenov, M., and B. Shragin, eds. 1978. *The Political, Social and Religious Thought of Russian Samizdat. An Anthology*. Belmont, Mass.: Nordland.

Meisner, Maurice. 1986. *Mao's China and After: A History of the People's Republic*. New York: Free Press.

Mejstrik, Michal. 1984. "Economic Effects of Export and Their Dependence on the Quality of Products," *Czechoslovak Economic Papers*, *22*, pp. 57~82.

______. 1991. "Transition Measures and External Shocks in Czechoslovakia in 1991," Prague: Institute of Economic Sciences, Charles University. Manuscript.

Merkur Car Trading Co. 1980. "Merkur adatgyűjtemény, 1979"(Merkur data collection, 1979). Budapest. Manuscript.

Mesa-Lago, Carmelo. 1981. *The Economy of Socialist Cuba*. Albuquerque:

University of New Mexico Press.
Michels, Robert. (1911) 1962. *Political Parties: A Sociological Study of the Oligarchical Tendencies of Modern Democracy.* New York: Free Press.
Michnik, Adam. 1985. *Letters from Prison and Other Essays.* Berkeley: University of California Press.
Mihályi, Péter. 1988. "Cycles or Shocks: East European Investments, 1950~1985," *Economics of Planning,* 22(1-2), pp. 41~56.
Milanovic, Branko. 1989. *Liberalization and Entrepreneurship. Dynamics of Reform in Socialism and Capitalism.* Armonk, N.Y.: M. E. Sharpe.
Milenkovitch, Deborah D. 1971. *Plan and Market in Yugoslav Economic Thought.* New Haven: Yale University Press.
______. 1984. "Is Market Socialism Efficient?" in *Comparative Economic Systems: An Assessment of Knowledge, Theory, and Method,* edited by Andrew Zimbalist. Boston: Kluwer-Nijhoff, pp. 65~107.
Ming, Wu. 1990. "The Chinese Economy at the Crossroads," *Communist Economies,* 2(3), pp. 241~313.
Mirrlees, James A. 1974. "Notes on Welfare Economics, Information, and Uncertainty," in *Contributions to Economic Analysis. Essays on Economic Behavior under Uncertainty,* edited by Michael S. Balch, Daniel L. McFadden, and S. Wu. Amsterdam: North-Holland, pp. 243~258.
______. 1976. "The Optimal Structure of Incentives and Authority within an Organization," *Bell Journal of Economics,* Spring, 7(1), pp. 105~131.
Mises, Ludwig von. (1920) 1935. "Economic Calculations in the Socialist Commonwealth," in *Collectivist Economic Planning,* edited by Friedrich A. Hayek. London: Routledge and Kegan Paul, pp. 87~130.
Mitchell, Janet. 1989. "Credit Rationing, Budget Constraints and Salaries in Yugoslav Firms," *Journal of Comparative Economics,* June,

13 (2), pp. 254～280.

Molotov, Viacheslav M. (1937) 1950. *A japán-német trockista ügynökök kártevésének, diverziójának és kémkedésének tanulságai. Beszámoló az SzK (b) P Köz ponti Bizottságának 1937. február 28-i teljes ülésén* (Lessons drawn from the damaging covert and diversionary activities of Japanese-German Trotskyite agents. Report to the Central Committee of CP (b) SU on February 28, 1937). Budapest: Szikra.

Montias, John Michael. 1962. *Central Planning in Poland*. New Haven: Yale University Press.

Moore, Geoffrey H. 1983. *Business Cycles, Inflation, and Forecasting*. Cambridge: Ballinger, published for the National Bureau of Economic Research.

Moroney, John R. 1990. "Energy Consumption, Capital and Real Output: A Comparison of Market and Planned Economies," *Journal of Comparative Economics*, June, *14* (2), pp. 199～220.

Morrisson, Christian. 1984. "Income Distribution in East European and Western Countries," *Journal of Comparative Economics*, June, *8* (2), pp. 121～138.

Muellbauer, John, and Richard Portes. 1978. "Macroeconomic Models with Quantity Rationing," *Economic Journal*, December, *88* (352), pp. 788～821.

Muraközy, László. 1985. "Hazánk költségvetéséről-nemzetközi összehasonlításban" (Hungary's budget in international comparison), *Pénzügyi Szemle*, *29* (10), pp. 745～754.

______. 1989. "A látható kéz" (The visible hand). Debrecen, Hungary: Kossuth Lajos Tudományegyetem. Manuscript.

Murrell, Peter. 1990a. *The Nature of Socialist Economies. Lessons from Eastern European Foreign Trade*. Princeton: Princeton University Press.

______. 1990b. "An Evolutionary Perspective on Reform of the Eastern

European Economies," College Park: University of Maryland. Manuscript.

Nachtigal, Vladimir. 1989. "The Concept of National Income and Productive Labour," *Czechoslovak Economic Papers*, *26*, pp. 73~97.

Nagy, András. 1979. "Methods of Structural Analysis and Projection of International Trade," *Studies*, no. 13. Budapest: Institute of Economics.

______. 1985. "Changes in the Structure and Intensity of East-West Trade," *Acta Oeconomica*, *35* (3-4), pp. 359~375.

______. 1990. "Részérdekek az összeomlásban és a felemelkedésben" (Partial interests in periods of collapse and take-off), *Közgazdasági Szemle*, September, *37* (9), pp. 1012~1024.

Nagy, András, and Péter Pete. 1980. "A világkereskedelem változásainak összefoglaló elemzése" (Summary of changes in the world trade), in *A világkereskedelem szerkezeti változásai 1955~1977 között*, Vol. I, edited by András Nagy. Budapest: MTA Közgazdaságtudományi Intézet, pp. 4~57.

Nagy, Tamás. 1966. *A gazdasági mechanizmus refor nja és a politikai gazdaságtan kategóriái* (Reform of the economic mechanism and the categories of political economy). Budapest: TIT kiadvány.

Naughton, Barry. 1985. "False Starts and Second Wind: Financial Reforms in the Chinese Industrial System," in *The Political Economy of Reform in Post-Mao China*, edited by Elizabeth J. Perry and Christine P. W. Wong. Cambridge: Harvard University Press, pp. 223~252.

Nee, Victor, and David Stark, eds. 1988. *Remaking the Economic Institutions of Socialism*. Stanford: Stanford University Press.

Nelson, Harold D., ed. 1985. *Mozambique: A Country Study*. Washington, D.C.: Foreign Area Studies, The American University, Government Printing Office.

Nemchinov, Vasilii S., ed. 1965. *Primenenie matematiki v ekonomicheskikh issledovaniakh Tom. 3* (Application of mathematics in economic researches. Volume 3). Moscow: Izdatelstvo Sotsial'no-Ekonomicheskoi Literatury.

Neuberger, Egon. 1966. "Libermanism, Computopia, and Visible Hand: The Question of Informational Efficiency," *American Economic Review*, May, *56* (2), pp. 131~144.

Neumann, von John. 1956. "Probabilistic Logics and the Synthesis of Reliable Organisms from Unreliable Components," in *Automata Studies*, edited by C. E. Shannon and J. McCarthy. Princeton: Princeton University Press, pp. 43~98.

Niskanen, William. 1971. *Bureaucracy and Representative Government*. Chicago: Aldine.

Nordhaus, William D. 1990. "Soviet Economic Reform: The Longest Road," *Brookings Papers on Economic Activity*, no. 1. pp. 287~308.

Nove, Alec. 1964. *Economic Rationality and Soviet Politics or Was Stalin Really Necessary?*. New York: Praeger.

______. 1969. *An Economic History of the USSR*. London: Penguin.

______. 1983. "Has Soviet Growth Ceased?" paper presented at the Manchester Statistical Society, November 15.

______. 1989. *Glasnost' in Perspective*. Boston: Unwin and Hyman.

Novozhilov, Viktor V. 1926. "Nedostatok tovarov" (Shortage of commodities), *Vestnik Finansov*, February, (2), pp. 75~96. Republished in *EKO*, 1988, (12), pp. 10~31.

Nozick, Robert. 1974. *Anarchy, State, and Utopia*. New York: Basic Books.

Nuti, Domenico Mario. 1986a. "Hidden and Repressed Inflation in Soviet-Type Economies: Definitions, Measurements and Stabilization," *Contributions to Political Economy*. March, *5*, pp. 37~82.

______. 1986b. "Political and Economic Fluctuations in the Socialist

System," *Working Papers*, no. 156. Florence: European University Institute.

______. 1990. "Internal and International Aspects of Monetary Disequilibrium in Poland," in *Economic Transformation in Hungary and Poland, European Economy*. Commission of the European Communities, no. 43, March, pp. 169~182.

Nutter, Warren G. 1968. "Markets Without Property: A Grand Illusion," in *Money, the Market and the State*, edited by N. Beadles and L. Drewry. Athens: University of Georgia Press, pp. 137~145.

Odom, William. 1976. "A Dissenting View on the Group Approach to Soviet Politics," *World Politics*, July, *28*(4), pp. 543~567.

Ofer, Gur. 1987. "Soviet Economic Growth: 1928~1985," *Journal of Economic Literature*, December, *25*(4), pp. 1767~1833.

______. 1988. "Productivity, Competitiveness and the Socialist System," Jerusalem: Department of Economics, The Hebrew University of Jerusalem, and Washington, D.C.: The Brookings Institution. Manuscript.

______. 1990. "Macroeconomic Issues of Soviet Reforms," *Working Paper*, no. 222. Jerusalem: Department of Economics, The Hebrew University of Jerusalem, April.

Olson, Mancur. 1982. *The Rise and Decline of Nations. Economic Growth, Stagflation, and Social Rigidities*. New Haven: Yale University Press.

Organization for Economic Co-operation and Development. 1990. *Historical Statistics, 1960~1988*. Paris.

______. 1991. *National Accounts. Main Aggregates*. Vol. 1. Paris.

Orlov, B. P. 1988. "Illiuzii i real'nost' ekonomicheskoi informatsii"(The illusions and reality of economic information), *EKO*, *1988*(8), pp. 3~20.

Osband, Kent. 1987. "Speak Softly, but Carry a Big Stick: On Optimal Targets under Moral Hazard," *Journal of Comparative Economics*,

December, *11*(4), pp. 584~595.

Pacsi, Zoltán, 1979. "A megvalósulási idő szerepe és alakulása a beruházásokban"(Construction periods of investment projects), *Pénzügyi Szemle*, August/September, *23*(8-9), pp. 628~638.

Pareto, Vilfredo. (1916) 1935. *The Mind and Society*, edited by Arthur Livingston. New York: Harcourt Brace.

Patocka, Jan. 1977. "Letter from Prague: The Philosophy of 'Charter 77'," *Encounter*, June, *48*(6), pp. 92~93.

Pavlov, V. 1987. "Vazhnaia sostavnaia chast perestroiki"(An important constituent part of perestroika), *Kommunist*, September(13), pp. 14~26.

Peebles, Gavin. 1990. "China's Macroeconomy in the 1980s," *China Working Paper*, no. 5, National Center for Development Studies, The Australian National University.

Perkins, Dwight. 1988. "Reforming China's Economic System," *Journal of Economic Literature*, June, *26*(2), pp. 601~645.

Perry, Elizabeth J., and Christine P. W. Wong, eds. 1985. *The Political Economy of Reform in Post-Mao China*, Cambridge: Harvard University Council on East Asian Studies.

Péter, György. 1954a. "Az egyszemélyi felelős vezetésről"(On management based on one-man responsibility), *Társadalmi Szemle*, August/September, *9*(8-9), pp. 109~124.

______. 1954b. "A gazdaságosság jelentőségéről és szerepéről a népgazdaság tervszerű irányításában"(On the importance and role of economic efficiency in the planned control of the national economy), *Közgazdasági Szemle*, December, *1*(3), pp. 300~324.

Pető, Iván, and Sándor Szakács. 1985. *A hazai gazdaság négy évtizedének története, 1945~1985*(Four-decade history of the Hungarian economy, 1945~1985). Budapest: Közgazdasági és Jogi Könyvkiadó.

Petrakov, Nikolai Iu. 1987a. "Planovaia tsena v sisteme upravleniia narodnym khoziaistvom"(The planned price in the system of administering the national economy), *Voprosy Ekonomiki*, January, (1), pp. 44~55.

______. 1987b. "Prospects for Change in the Systems of Price Formation, Finance and Credit in the USSR," *Soviet Economy*, April/June, *3*(2), pp. 135~144.

Petschnig, Mária, 1985. "Fogyasztói árindexünk-a kritika tükrében" (Our consumer price index in the mirror of the critics). Budapest and Pécs: Institute of Economics. Manuscript.

Phelps, Edmund S., et al. 1970. *Microeconomic Foundations of Employment and Inflation Theory*. New York: W. W. Norton.

Pipes, Richard. 1984a. *Survival Is Not Enough: Soviet Realities and America's Future*. New York: Simon and Schuster.

______. 1984b. "Can the Soviet Union Reform?" *Foreign Affairs*, Fall, *63*(1), pp. 47~61.

Podkaminer, Leon. 1988. "Disequilibrium in Poland's Consumer Markets: Further Evidence on Intermarket Spillovers," *Journal of Comparative Economics*, March, *12*(1), pp. 43~60.

Podolski, T. M. 1973. *Socialist Banking and Monetary Control: The Experience of Poland*. Cambridge: Cambridge University Press.

Polányi, Karl. 1944. *The Great Transformation*. New York: Farrar and Rinehart.

______. 1957. "The Economy as Instituted Process," in *Trade and Market in the Early Empires*, edited by K. Polányi, C. M. Arensberg, and H. W. Pearson, Glencoe: Free Press, pp. 243~270.

Politicheskaia Ekonomiia Sotsializma. Uchebnik(Political economy of socialism. Textbook). 1954. Moscow: Izdatelstvo Politicheskoi Literatury.

Popov, Gavril Kh. 1987a. "S tochki zreniia ekonomista: O romane Aleksandra Beka 'Novoe Naznachenie'"(From an economist's perspective: Bek's novel "New Appointment"), *Nauka i Zhizn'*, April, (4), pp. 54~68.

______. 1987b. "Fasadi i kukhnia 'velikoi reformy'"(The facade and the kitchen of the "great reform"), *EKO*, (1), pp. 144~175.

______. 1988. "Perestroika upravleniia ekonomikoi"(The restructuring of economic administration), in *Inogo ne dano*, edited by Yu. Afana'-siev. Moscow: Progress, pp. 621~633.

Popper, Karl. 1959. *The Logic of Scientific Discovery*. New York: Basic Books.

Porter, Gareth. 1990. "The Politics of Renovation in Vietnam," *Problems of Communism*, May/June, *40*(3), pp. 72~88.

Portes, Richard, et al. 1987. "Macroeconomic Planning and Disequilibrium: Estimates for Poland, 1955~1980," *Econometrica*, January, *55*(1), pp. 19~41.

Portes, Richard, and David Winter. 1980. "Disequilibrium Estimates for Consumption Goods Markets in Centrally Planned Economies," *Review of Economic Studies*, January, *47*(1), pp. 137~159.

Powell, Raymond P. 1977. "Plan Execution and the Workability of Soviet Planning," *Journal of Comparative Economics*, March, *1*(1), pp. 51~76.

Poznanski, Kazimierz Z. 1987. *Technology, Competition, and the Soviet Bloc in the World Market*. Berkeley: Institute of International Studies, University of California.

______. 1988. "The CPE Aversion to Innovations: Alternative Theoretical Explanations," *Economics of Planning*, *22*(3), pp. 136~145.

Prasnikar, Janez, and Jan Svejnar. 1988. "Economic Behaviour of Yugoslav Enterprises," in *Advances in the Economic Analyses of Participatory and Labor Managed Firms*, edited by Derek Jones and Jan Svejnar. Vol. 3. Lexington, Mass.: Lexington Books, pp. 237~311.

______. 1990. "Workers' Participation in Management vs. Social

Ownership and Government Policies: Yugoslav Lessons for Transforming Socialist Economies," *Working Paper*, no. 264. Pittsburgh: University of Pittsburgh.

Prokopovich, Sergei N. 1918. *Opyt ischisleniia narodnogo dokhoda 50 gub. Evropeiskoi Rossii v 1900~1913gg* (An attempt at calculating the national income of the fifty provinces of European Russia from 1910~1913). Moscow: Soviet Vserossiiskikh Kooperativnykh S'ezdov.

Proudhon, Pierre J. 1867~1870. *Oeuvres complètes*. Paris: Lacroix.

Prybyla, Jan S. 1990. *Reform in China and Other Socialist Economies*. Washington, D. C.: Published for the American Enterprise Institute.

Pryor, Frederic L. 1973. *Property and Industrial Organization in Communist and Capitalist Nations*. Bloomington: Indiana University Press.

______. 1977. "Some Costs and Benefits of Markets: An Empirical Study," *Quarterly Journal of Economics*, *91*(1), pp. 81~102.

______. 1985. *A Guidebook to the Comparative Study of Economic Systems*. Englewood Cliffs, N. J.: Prentice-Hall.

Qian, Yingyi. 1986. "Kornai's Soft Budget Constraint: A Neoclassical Interpretation," Cambridge: Department of Economics, Harvard University. Manuscript.

______. 1988. "Profit Levelling and Incentives in Socialist Economies," Cambridge: Department of Economics, Harvard University. Manuscript.

______. 1990. "Incentives and Control in Socialist Economies," Ph. D. dissertation, Harvard University.

Qian, Yingyi, and Chenggang Xu. 1991. "Innovation and Financial Constraints in Centralized and Decentralized Economies," Cambridge: Department of Economics, Harvard University. Manuscript.

Quandt, Richard E. 1986. "Enterprise Purchases and the Expectations of Rationing," *Economics Letters*, March, *21*(1), pp. 13~15.

Quandt, Richard E., and Dusan Triska. 1990. *Optimal Decisions in Markets and Planned Economies*. Boulder: Westview Press.

Rákosi, Mátyás. (1950) 1955. "Legyen a DISZ pártunk biztos támasza!" (Let the Democratic Youth Organization be a firm foundation of our party!), in M. Rákosi, *A békéért és a szocializmus építéséért*. Budapest: Szikra, pp. 234~246.

Reynolds, Bruce L., ed. 1988. *Economic Reform in China: Challenges and Choices*. Armonk, N.Y.: M. E. Sharpe.

Révész, Gábor. 1990. *Perestroika in Eastern Europe: Hungary's Economic Transformation, 1945~1988*. Boulder: Westview Press.

Rigby, Thomas H., and Ferenc Fehér, eds. 1982. *Political Legitimation in Communist States*. Oxford: Macmillan,

Rimler, Judit. 1986. "Economic Obsolescence and Employment (A Comparative Analysis of the Hungarian and Dutch Economies)," *Acta Oeconomica*, *36* (1-2), pp. 123~140.

Riskin, Carl. 1989. "Reform and System Change in China," *WIDER Conference Paper*, Helsinki, March.

Robinson, Joan. 1933. *The Economics of Imperfect Competition*. London: Macmillan.

______. 1969. *The Cultural Revolution in China*. Harmondsworth: Penguin.

Roland, Gérard. 1987. "Investment Growth Fluctuations in the Soviet Union: An Econometric Analysis," *Journal of Comparative Economics*, June, *11* (2), pp. 192~206.

______. 1990. "On the Meaning of Aggregate Excess Supply and Demand for Consumer Goods in Soviet-Type Economies," *Cambridge Journal of Economics*, March, *14* (1), pp. 49~62.

Ronnas, Per. 1989. "Turning the Romanian Peasant into a New Socialist Man: An Assessment of Rural Development Policy in Romania," *Soviet Studies*, October, *41* (4), pp. 543~599.

______. 1990. "The Economic Legacy of Ceausescu," *Working Paper*, no. 11. Stockholm: Stockholm Institute of Soviet and East European Economics.

Rosen, Sherwin. 1982. "Authority, Control, and the Distribution of Earnings," *Bell Journal of Economics*, Autumn, *13* (2), pp. 311~323.

Ross, Stephen A. 1973. "The Economic Theory of Agency: The Principal's Problem," *American Economic Review*, May, *63* (2), pp. 134~139.

Rostowski, Jacek. 1988. "Intra-year Fluctuations in Production and Sales: East and West," in *The Soviet Economy on the Brink of Reform. Essays in Honor of Alec Nove*, edited by Peter Wiles. Boston: Unwin Hyman, pp. 82~111.

______. 1989a. "The Decay of Socialism and the Growth of Private Enterprise in Poland," *Soviet Studies*, April, *41* (2), pp. 194~214.

______. 1989b. "Market Socialism Is Not Enough: Inflation vs. Unemployment in Reformed Communist Economies," *Communist Economies*, *1* (3), pp. 269~285.

Rostowski, Jacek, and Paul Auerbach. 1986. "Storming Cycles and Economic Systems," *Journal of Comparative Economics*, September, *10* (3), pp. 293~312.

Ruble, Blair, and Alex Pravda, eds. 1986. *Trade Unions in Communist States*. Boston: Allen and Unwin.

Rudneva, E. 1989. "Instrument gosudarstvennogo regulirovaniia ekonomiki" (The tool of state regulation of the economy), *Planovoe Khoziastvo*, June, (6), pp. 25~34.

Rusinow, Dennison. 1977. *The Yugoslav Experiment 1948~1974*. London: C. Hurst and Company for the Royal Institute of International Affairs, and Berkeley: University of California Press.

Sacks, Stephen R. 1989. "The Yugoslav Firm," in *Comparative Economic Systems: Models and Cases*, edited by Morris Bornstein. Homewood, Ill.: Irwin, pp. 213~233.

Sakharov, Andrei D. 1968. *Progress, Coexistence, and Intellectual Freedom.* New York: W. W. Norton.

______. 1974. *Sakharov Speaks.* New York: Alfred A. Knopf.

______. 1975. *My Country and the World.* New York: Alfred A. Knopf.

______. 1979. *Alarm and Hope.* London: Collins and Harvill Press.

Sanders, Alan J. K. 1987. *Mongolia: Politics, Economics and Society.* Boulder: Lynne Rienner Publishers.

Savezni Zavod za Statistiku (Federal Statistical Office). 1988. *Statisticki godisnjak jugoslavije 1988* (Statistical yearbook of Yugoslavia, 1988). Belgrade.

Scarf, Herbert. 1973. *A Computation of Economic Equilibria.* New Haven: Yale University Press.

Schaffer, Mark E. 1989. "The 'Credible-Commitment Problem' in the Centre-Enterprise Relationship," *Journal of Comparative Economics*, September, *13* (3), pp. 359~382.

______. 1990. "State-Owned Enterprises in Poland: Taxation, Subsidization, and Competition Policies," *Eastern Europe*, March, p. 188.

Schama, Simon. 1989. *Citizens.* New York: Alfred A. Knopf.

Schelling, Thomas C. 1978. *Micromotives and Macrobehavior.* New York: W. W. Norton.

Schnabel, Claus. 1991. "Structural Adjustment and Privatization of the East German Economy," in *Economic Aspects of German Unification*, edited by Paul Welfens. Heidelberg: Springer, forthcoming.

Schnytzer, Adi. 1982. *Stalinist Economic Strategy in Practice: The Case of Albania.* Oxford: Oxford University Press.

Schroeder, Gertrude E. 1979. "The Soviet Economy on a Treadmill of 'Reforms'," in *The Soviet Economy in a Time of Change.* Joint Economic Committee, Congress of the United States, Washington, D.C.: Government Printing Office, pp. 312~340.

______. 1983. "Consumption," in *The Soviet Economy: Toward the Year*

2000, edited by Abram Bergson and Herbert S. Levine. London: Allen and Unwin, pp. 311~349.

______. 1985. "The Slowdown in Soviet Industry, 1976~1982," *Soviet Economy*, January/March, *1* (1), pp. 42~74.

______. 1988. "Property Rights Issues in Economic Reforms in Socialist Countries," *Studies in Comparative Communism*, Summer, *21* (2), pp. 175~188.

______. 1990a. "Measuring the size and Growth of Consumption in the Soviet Union Relative to Western Countries," University of Virginia. Manuscript.

______. 1990b. "Soviet Consumption in the 1980s: A Tale of Woe," University of Virginia. Manuscript.

Schumpeter, Joseph A. (1912) 1968. *The Theory of Economic Development. An Inquiry into Profits, Capital, Credit, Interest and Business Cycles.* Cambridge: Harvard University Press.

Schweitzer, Iván. 1982. *Vállalatnagyság* (Firm size). Budapest: Közgazdasági és Jogi Könyvkiadó.

Scitovsky, Tibor. (1951) 1971. *Welfare and Competition.* Homewood, Ill: Irwin.

______. 1985. "Pricetakers' Plenty: A Neglected Benefit of Capitalism," *Kyklos*, *38* (4), pp. 517~536.

Scott, Chris. 1990. "Soft Budgets and Hard Rents: A Note on Kornai and Gomulka," *Economics of Planning*, 23 (2), pp. 117~127.

Screpanti, Emilio. 1986. "A Model of the Political Economic Systems in Centrally Planned Economies," *EUI Working Paper*, no. 85/201. Florence: European University Institute.

Selden, Mark. 1988. *The Political Economy of Chinese Socialism.* Armonk, N. Y.: M. E. Sharpe.

Seliunin, Vasilii, and Grigorii Khanin. 1987. "Lukavaia tsifra" (The cunning figure), *Novyi Mir*, February, *63* (2), pp. 181~201.

Sen, Amartya. 1973. *On Economic Inequality*. Oxford: Clarendon Press.

______. 1981. "Ethical Issues in Income Distribution: National and International," in *The World Economic Order: Past and Prospects*, edited by Sven Grassman and Erik Lundberg. London: Macmillan, pp. 465~494.

Sen Gupta, Bhabani. 1986. *Afghanistan: Politics, Economics and Society*. London: Frances Pinter.

Shafir, Michael. 1985. *Romania: Politics, Economics and Society*. London: Frances Pinter, and Boulder: Lynne Rienner.

Shmelev, Nikolai P. 1988a. "Novyi trevogi"(New worries), *Novyi Mir*, April, (4), pp. 160~175.

______. 1988b. "Rethinking Price Reform in the USSR," *Soviet Economy*, October/December, *4*(4), pp. 319~327.

Shulman, Marshall D. 1966. *Beyond the Cold War*. New Haven: Yale University Press.

Sicular, Terry. 1985. "Rural Marketing and Exchange in the Wake of Recent Reforms," in *The Political Economy of Reform in Post-Mao China*, edited by Elizabeth Perry and Christine P. W. Wong. Cambridge: Harvard University Council on East Asian Studies, pp. 83~110.

______. 1990. "Plan, Market and Inflation: Potential Problems with China's Two-Track System," Cambridge: Department of Economics, Harvard University. Manuscript.

Sigg, Hans. 1981. *Grundzüge des sowjetischen Bankwesens*. Bern: Paul Haupt.

Sik, Ota. 1966. *Economic Planning and Management in Czechoslovakia*. Prague: Orbis.

Simon, András. 1977. "A lakossági fogyasztás és megtakarítás vizsgálata ökonometriai módszerrel"(Examination of the consumption and savings of the population with econometric methods), *Szigma*,

10(4), pp. 249~264.

Simonovits, András. 1981. "Maximal Convergence Speed of Decentralized Control," *Journal of Economic Dynamics and Control*, February, *3*(1), pp. 51~64.

______. 1991a. "Investment Limit Cycles in a Socialist Economy," *Economics of Planning*, *24*(1), pp. 27~46.

______. 1991b. "Investment, Starts and Cycles in a Socialist Economy," *Journal of Comparative Economics*, *15*(3), pp. 460~476.

Singleton, Frederick B., and Bernard Carter. 1982. *The Economy of Yugoslavia*. London: Croom Helm, and New York: St. Martin's Press.

Skilling, H. Gordon. 1966. "Interest Groups and Communist Politics," *World Politics*, April, *18*(3), pp. 435~451.

Sláma, Jiri. 1978. "A Cross-Country Regression Model of Social Inequality," in *Income Distribution and Economic Inequality*, edited by Zvi Griliches et al. Frankfurt am Main: Campus Verlag, Halsted and Eiley, pp. 306~323.

Sletsiura, V. 1989. "Kroki ekonomicheskoi reformy" (The cracks of economic reform), *Planovoe Khoziaistvo*, September, (9), pp. 23~33.

Solomon, Susan, ed. 1983. *Pluralism in the Soviet Union*. New York: St. Martin's Press.

Solow, Robert M. (1970) 1988. *Growth Theory: An Exposition*. New York: Oxford University Press.

Solzhenitsyn, Aleksandr I. 1974~1978. *The Gulag Archipelago*. 3 vols. New York: Harper and Row.

Somerville, Keith. 1986. *Angola: Politics, Economics and Society*. Boulder: Lynne Rienner Publishers.

Soós, Károly Attila. 1975. "Causes of Investment Fluctuations in the Hungarian Economy," *Eastern European Economics*, Winter, *14*(2), pp. 25~36.

______. 1984. "A Propos the Explanation of Shortage Phenomena: Volume of Demand and Structural Inelasticity," *Acta Oeconomica*, *33*(3-4), pp. 305~320.

______. 1986. *Terv, kampány, pénz*(Plan, campaign, and money). Budapest: Közgazdasági és Jogi Könyvkiadó.

______. 1990. "Privatization, Dogma-Free Self-Management, and Ownership Reform," *Eastern European Economics*, Summer, *28*(4), pp. 53~70.

Sorokin, V. 1985. *Ochered'*(The line). Paris: Sintaksis.

Spence, Andrew M. 1974. *Market Signalling*. Cambridge: Harvard University Press.

Staar, Richard F. 1987. "Checklist of Communist Parties in 1986," *Problems of Communism*, March/April, *36*(2), pp. 40~56.

Stahl, Dale O., and Michael Alexeev. 1985. "The Influence of Black Markets on a Queue-Rationed Centrally Planned Economy," *Journal of Economic Theory*, April, *35*(2), pp. 234~250.

Stalin, Josef V. 1947. *Problems of Leninism*. Moscow: Foreign Languages Press.

______. 1952. *Economic Problems of Socialism in the USSR*. Moscow: Foreign Languages Press, and New York: International Publishers.

______. (1927) 1954. "Political Report of the Central Committee, 15th Congress of the CPSU, Dec. 2~19, 1927," in J. V. Stalin, *Collected Works*, vol. 10. Moscow: Foreign Languages Publishing House, pp. 277~382.

Staniszkis, Jadwiga. 1989. "The Dynamics of a Breakthrough in the Socialist System: An Outline of Problems," *Soviet Studies*, October, *41*(4), pp. 560~573.

______. 1991. *The Dynamics of Breakthrough in Eastern Europe*. Berkeley: California University Press.

State Statistical Bureau, People's Republic of China. 1985. *Statistical*

Yearbook of China, 1985. New York: Oxford University Press.

______. 1987. *A Statistical Survey in 1987*. Beijing: State Statistical Bureau, New World Press, and China Statistical Information and Consultancy Service Centre.

______. 1988. *China. Statistical Yearbook, 1988*. Hong Kong: International Centre for the Advancement of Science and Technology, and Beijing: China Statistical Information and Consultancy Service Centre.

Statistisches Amt der Deutschen Demokratischen Republik. 1971. *Statistisches Jahrbuch der Deutschen Demokratischen Republik*. Berlin: Staatsverlag.

______. 1990. *Statistisches Jahrbuch der Deutschen Demokratischen Republik*. Berlin: Rudolf Haufe Verlag.

Statistisches Bundesamt. 1970. *Statistisches Jahrbuch für die Bundesrepublik Deutschland*. Stuttgart: Kohlhammer.

______. 1990. *Statistisches Jahrbuch 1989 für die Bundesrepublik Deutschland*. Stuttgart: Metzger Poeschel Verlag.

Statistika (Statistics). 1977. *Narodnoe khoziaistvo SSSR za 60 let* (The Soviet national economy for sixty years). Moscow.

Stiglitz, Joseph E. 1974. "Incentives and Risk Sharing in Sharecropping," *Review of Economic Studies*, April, *41* (2), pp. 219~255.

______. 1976. "The Efficiency Wage Hypothesis, Surplus Labor and the Distribution of Income in L. D. C. s," *Oxford Economic Papers*, July, *28* (2), pp. 185~207.

______. 1987. "Principal and Agent," in *The New Palgrave. A Dictionary of Economics*, edited by John Eatwell, Murray Milgate, and Peter Newman. Vol. 3. London: Macmillan, and New York: The Stockton Press, pp. 966~972.

Stiglitz, Joseph E., and Andrew Weiss. 1981. "Credit Rationing in Markets with Imperfect Information," *American Economic Review*,

June, *71*(3), pp. 393~410.

Stojanovic, Radmila, ed. 1982. *The Functioning of the Yugoslav Economy*. Armonk, N.Y.: M. E. Sharpe, and Nottingham: Spokesman Books.

Stoneman, Colin. 1989. *Zimbabwe: Politics, Economics, and Society*. Boulder: Lynne Rienner Publishers.

Streeten, Paul. 1959. "Unbalanced Growth," *Oxford Economic Papers*, new series, June, *11*(2), pp. 167~190.

Stuart-Fox, Martin. 1986. *Laos: Politics, Economics and Society*. Boulder: Lynne Rienner Publishers.

Summers, Robert, and Alan Heston. 1984. "Improved International Comparisons of Real Product and Its Composition, 1950~1980," *Review of Income and Wealth*, June, *30*(2), pp. 207~261.

______. 1988. "A New Set of International Comparisons of Real Product and Price Levels: Estimates for 130 Countries, 1950~1985," *Review of Income and Wealth*, March, *34*(1), pp. 1~43.

Sun, Yefang. 1982. "Some Theoretical Issues in Socialistic Economics," originally published in the period 1958~1961, in *Social Needs versus Economic Efficiency in China*, edited by K. K. Fung. Armonk, N.Y.: M. E. Sharpe.

Sutela, Pekka. 1984. *Socialism, Planning and Optimality: A Study in Soviet Economic Thought*. Helsinki: The Finnish Society of Sciences and Letters.

______. 1991. *Economic Thought and Economic Reform in the Soviet Union*. Cambridge: Cambridge University Press.

Sutton, Anthony C. 1968. *Western Technology and Soviet Economic Development 1917 to 1930*. Vol. 1. Stanford: Hoover Institution.

______. 1971. *Western Technology and Soviet Economic Development 1930 to 1945*. Vol. 2. Stanford: Hoover Institution.

______. 1973. *Western Technology and Soviet Economic Development 1945 to*

1965. Vol. 3. Stanford: Hoover Institution.

Swaan, Wim. 1990. "Price Regulation in Hungary, 1968~1987: A Behavioural-Institutional Explanation," *Cambridge Journal of Economics*, September, *14* (3), pp. 247~265.

Swain, Nigel. 1987. "Hungarian Agriculture in the Early 1980s: Retrenchment Followed by Reform," *Soviet Studies*, January, *39* (1), pp. 24~39.

Szabó, Judit. 1985. "Kinálati rugalmatlanság, elszaladó kereslet, készletek és hiány" (Inelasticity of supply, runaway demand, stocks, and shortage), *Közgazdasági Szemle*, *32* (7-8), pp. 951~960.

______. 1989. "Book Review. T. Liska: Ökonosztát (Econostat)," *Acta Oeconomica*, *41* (1-2), pp. 237~252.

Szabó, Kálmán. 1967. "A szocialista gazdaságirányítási rendszer" (The socialist system of economic administration), in *A szocializmus politikai gazdaságtana. Tankönyv*, edited by Andor Berei et al. Budapest: Kossuth Könyvkiadó, pp. 248~294.

Szalai, Erzsébet. 1982. "A reformfolyamat és a nagyvállalatok" (The reform process and the large enterprises), *Valóság*, *25* (5), pp. 23~35.

______. 1989. "See-Saw: The Economic Mechanism and Large-Company Interests," *Acta Oeconomica*, *41* (1-2), pp. 101~136.

Szamuely, László. 1974. *First Models of the Socialist Economic Systems. Principles and Theories*. Budapest: Akadémiai Kiadó.

______. 1982. "The First Wave of the Mechanism Debate in Hungary (1954~1957)," *Acta Oeconomica*, *29* (1-2), pp. 1~24.

______. 1984. "The Second Wave of the Economic Mechanism Debate and the 1968 Reform in Hungary," *Acta Oeconomica*, *33* (1~2), pp. 43~67.

Székely, István. 1990. "The Reform of the Hungarian Financial System," in *Economic Transformation in Hungary and Poland*, *European Economy*,

Commission of the European Communities, no. 43. March, pp. 107 ~123.

Szelényi, Iván. 1983. *Urban Inequalities under State Socialism*. Oxford: Oxford University Press.

______. 1986. "The Prospects and Limits of the East European New Class Project: An Autocritical Reflection on 'The Intellectuals on the Road to Class Power'," *Politics and Society*, *15*(2), pp. 103~144.

______. 1988. *Socialist Entrepreneurs: Embourgeoisement in Rural Hungary*. Madison: University of Wisconsin Press.

Taigner, Stefan. 1987. "Polens Second Economy," *Osteuropa-Wirtschaft*, June, *32*(2), pp. 107~121.

Tallós, György. 1976. *A bankhitel szerepe gazdaságirányítási rendszerünkben* (The role of bank credit in our system of economic administration). Budapest: Kossuth.

Tanzi, Victor, ed. 1982. *The Underground Economy in the U. S. and Abroad*. Lexington, Mass.: Lexington Books.

Tardos, Márton. 1981. "The Role of Money: Economic Relations between the State and the Enterprises in Hungary," *Acta Oeconomica 25*(1~2), pp. 19~35.

______. 1986. "The Conditions of Developing a Regulated Market," *Acta Oeconomica*, *36*(1~2), pp. 67~89.

______. 1989. "The Hungarian Banking Reform," Budapest: Pénzügykutató Részvénytársaság. Manuscript.

______. 1990. "Property Ownership," *Eastern European Economics*, Spring, *28*(3), pp. 4~29.

Tedstrom, John B., ed. 1990. *Socialism, Perestroika, and the Dilemmas of Soviet Economic Reform*. Boulder: Westview Press.

Temkin, Gabriel. 1989. "On Economic Reform in Socialist Countries: The Debate on Economic Calculation under Socialism Revisited," *Communist Economies*, *1*(1), pp. 31~59.

Teodorescu, Alin. 1990. "The Future of a Failure: The Romanian Economy," *Working Paper*, no. 12. Stockholm: Stockholm Institute of Soviet and East European Economics.

Thimm, Alfred L. 1980. *The False Promise of Co-Determination: The Changing Nature of European Workers' Participation*. Lexington, Mass.: Lexington Books.

Thornton, James R. 1978. "The Ratchet, Price Sensitivity, and Assortment Plan," *Journal of Comparative Economics*, March, 2(1), pp. 57~63.

Tidrick, Gene. 1987. "Planning and Supply," in *China's Industrial Reform*, edited by Gene Tidrick and Chen Jiyuan. New York: Oxford University Press, pp. 175~209.

Timár, János. 1985. "A társadalmi újratermelés időalapja"(The total of man-hours available for social reproduction). Budapest: University of Economics. Manuscript.

Toranska, Teresa. 1987. *"Them": Stalin's Polish Puppets*. New York: Harper and Row.

Treml, Vladimir G. 1987. "Income from Private Services Recognized by Official Soviet Statistics," in M. Alexeev et al., *Studies on the Soviet Second Economy, Berkeley-Duke Occasional Papers on the Second Economy in the USSR*, no. 11. December, pp. 4. 1~4. 27.

_____. 1990. "Study of Employee Theft of Materials from Places of Employment," *Berkeley-Duke Occasional Papers on the Second Economy in the USSR*, June, no. 20.

Trotsky, Leon. (1937) 1970. *A Revolution Betrayed*. New York: Pathfinder Press.

Tsapelik, V., and A. Iakovlev. 1990. "Kolichestvennye kharakteristiki monopolii"(Quantitative characteristics of monopolies), *Voprosy Ekonomiki*, June, (6), pp. 38~46.

Tucker, Robert. 1973. *Stalin as Revolutionary*. New York: W. W.

Norton.

______. 1990. *Stalin in Power. The Revolution from Above 1928~1941.* New York: W. W. Norton.

Tyson, Laura D'Andrea. 1977. "Liquidity Crises in the Yugoslav Economy: An Alternative to Bankruptcy?" *Soviet Studies*, April, *29*(2), pp. 284~295.

______. 1980. *The Yugoslav Economic System and Its Performance in the 1970s.* Berkeley: Institute of International Studies, University of California.

______. 1983. "Investment Allocation: A Comparison of the Reform Experiences of Hungary and Yugoslavia," *Journal of Comparative Economics*, September, *7*(3), pp. 288~303.

Ulam, Adam. 1973. *Stalin: The Man and His Era.* Boston: Beacon Press.

Ungvárszky, Ágnes. 1989. *Gazdaságpolitikai ciklusok Magyarországon, 1948~1988* (Economic policy cycles in Hungary, 1948~1988). Budapest: Közgazdasági és Jogi Könyvkiadó.

Union Internationale des Télécommunications. 1980. *Annuaire statistique des télécommunications du secteur public.* Geneva.

______. 1982. *Annuaire statistique des télécommunications du secteur public.* Geneva.

______. 1986. *Annuaire statistique des télécommunications du secteur public.* Geneva.

United Nations. 1977. *Comparisons of the System of National Accounts and the System of Balances of the National Economy.* Part 1. Studies in Methods, series F, no. 20. New York.

______. 1981. *Annual Bulletin of Transport Statistics for Europe, 1980.* Vol. 32. New York.

______. Economic Commission for Europe. 1986a. *Human Settlements Situation in the ECE Region around 1980.* New York.

______. 1986b. *International Trade Statistical Yearbook, 1984.* New York.

______. 1986c. "Investment in the ECE Region: Long-term Trends and Policy Issues," *Economic Bulletin for Europe*, *38* (2).

______. 1987. *Environment Statistics in Europe and North America. An Experimental Compendium*. New York.

______. 1989. *Economic Bulletin for Europe*. Vol. 41. New York.

______. 1990a. *Economic Survey of Europe in 1989~1990*. New York.

______. Conference on Trade and Development. 1990b. *Handbook of International Trade Statistics 1989*. New York.

Vanek, Jaroslav. 1970. *The General Theory of Labour-Managed Market Economies*. Ithaca: Cornell University Press.

______. 1971. *The Participatory Economy: An Evolutionary Hypothesis and a Strategy for Development*. Ithaca: Cornell University Press.

______. 1972. *The Economics of Workers' Management: A Yugoslav Case Study*. London: Allen and Unwin.

Várhegyi, Eva. 1987. "Hitelezési mechanizmus és hitelelosztás Magyarországon," (The mechanism of crediting and the allocation of credit in Hungary). Candidate's thesis. Budapest.

______. 1989. "Results and Failures of Monetary Restriction. Some Lessons of Hungarian Financial Policy in 1988," *Acta Oeconomica*, *41* (3~4), pp. 403~420.

______. 1990a. "The Nature of the Hungarian Credit Market, Lessons of an Empirical Investigation," *Acta Oeconomica*, *42* (1~2), pp. 73~86.

______. 1990b. "Pénzfolyamatok a kormányzati törekvések ellenében" (Monetary flows against government objectives), *Külgazdaság*, *34* (8), pp. 30~45.

Varian, Hal R. 1978. *Microeconomic Analysis*. New York: W. W. Norton.

Vass, Henrik, ed. 1968. "Az MSZMP Központi Bizottságának irányelvei a gazdasági mechanizmus reformjára" (The directives of the central committee of the Hungarian Socialist Worker's party for the reform of the economic mechanism), in *A Magyar Szocialista Munkáspárt határozatai és dokumentumai, 1963～1966*. Budapest: Kossuth Könyvkiadó, pp. 301～450.

Vickery, Michael. 1986. *Kampuchea: Politics, Economics and Society*. Boulder: Lynne Rienner Publishers.

Voronin, L. 1989. "Razvitie optovoi torgovli"(The development of wholesale trade), *Planovoe Khoziaistvo*, March, (3), pp. 3～13.

Voronov, A. 1990. "O problemakh preodeleniia defitsita i metodakh regulirovanija potrebitel'skogo rynka"(On the problems of eliminating shortage and methods for the regulation of the consumer market), *Voprosy Ekonomiki*, January, (1), pp. 26～32.

Voszka, Éva. 1984. *Érdek és kölcsönös függőség* (Interest and mutual interdependence). Budapest: Közgazdasági és Jogi Könyvkiadó.

______. 1988. *Reform és átszervezés a nyolcvanas években*. (Reform and reorganization in the 1980s). Budapest: Közgazdsági és Jogi Könyvkiadó.

Ward, Benjamin M. 1958. "The Firm in Illyria: Market Syndicalism," *American Economic Review*, September, *48* (4), pp. 566～589.

Wasilewski, Jacek. 1990. "The Patterns of Bureaucratic Elite Recruitment in Poland in the 1970s and 1980s," *Soviet Studies*, October, *42* (4), pp. 743～757.

Watson, James D. 1968. *The Double Helix. A Personal Account of the Discovery of the Structure of DNA*. New York: Atheneum.

Weber, Max. (1904) 1930. *The Protestant Ethic and the Spirit of Capitalism*. London: Allen & Unwin.

______. (1925) 1978. *Economy and Society: An Outline of Interpretative Sociology*, edited by Gunther Roth and Claus Wittich. New York, Bedminster Press.

Weibull, Jörgen W. 1983. "A Dynamic Model of Trade Frictions and Disequilibrium in the Housing Market," *Scandinavian Journal of*

Economics, *85*(3), pp. 373~392.

______. 1984. "A Stock-Flow Approach to General Equilibrium with Trade Frictions," *Applied Mathematics and Computation*, *14*(1), pp. 63~76.

Weitzman, Martin L. 1970. "Soviet Postwar Economic Growth and Capital-Labor Substitution," *American Economic Review*, September, *60*(4), pp. 676~692.

______. 1976. "The New Soviet Incentive Model," *Bell Journal of Economics*, Spring, *7*(1) pp. 251~257.

______. 1980. "The 'Ratchet Principle' and Performance Incentives," *Bell Journal of Economics*, Spring, *11*(1), pp. 302~308.

______. 1983. "Industrial Production," in *The Soviet Economy: Toward the Year 2000*, edited by Abram Bergson and Herbert S. Levine. London: Allen and Unwin, pp. 178~190.

______. 1984. *The Share Economy*. Cambridge: Harvard University Press.

______. 1985. "The Simple Macroeconomics of Profit-Sharing," *American Economic Review*, December, *75*(5), pp. 937~953.

______. 1987. "On Buyers' and Sellers' Markets under Capitalism and Socialism," *Cambridge: Department of Economics*, Harvard University. Manuscript.

Wellisz, Stanislaw, and Ronald Findley. 1986. "Central Planning and the 'Second Economy' in Soviet-Type Systems," *The Economic Journal*, September, *96*(383), pp. 646~658.

Whitesell, Robert S. 1989~1990. "Estimates of the Output Loss from Allocative Inefficiency. A Comparison of Hungary and West Germany," *Eastern European Economics*, Winter, *28*(2), pp. 95~125.

Whitney, Thomas P., ed. 1963. *Khrushchev Speaks*. Ann Arbor: University of Michigan Press.

Wiles, Peter. 1962. *The Political Economy of Communism*. Cambridge: Harvard University Press.

______. 1968. *Communist International Economics*. Oxford: Basil Blackwell.

______. 1982. "Introduction: Zero Growth and the International Nature of the Polish Disease," in *Crisis in the East European Economy. The Spread of the Polish Disease*, edited by Jan Drewnowski. London: Croom Helm, and New York: St. Martin's Press, pp. 7~17.

Williamson, Oliver E. 1967. "Hierarchical Control and Optimum Firm Size," *Journal of Political Economy*, April, *75*(2), pp. 123~138.

______. 1970. *Corporate Control and Business Behavior*. Englewood Cliffs, N. J.: Prentice-Hall.

______. 1975. *Markets and Hierarchies: Analysis and Antitrust Implications*. New York: Free Press.

Wilpert, Bernhard, and Jörg Rayley. 1983. *Anspruch und Wirklichkeit der Mitbestimmung*. Frankfurt: Campus.

Winiecki, Jan. 1984. "Central Planning and Export Orientation," *Oeconomica Polona*, *10*(3~4), pp. 295~312.

______. 1986. "Are Soviet-Type Economies Entering an Era of Long-Term Decline?" *Soviet Studies*, July, *28*(3), pp. 325~348.

______. 1988. *The Distorted World of Soviet-Type Economies*. Pittsburgh: University of Pittsburgh Press.

______. 1989. "Large Industrial Enterprises in Soviet-Type Economies: The Ruling Stratum's Main Rent-seeking Area," *Communist Economies*, *4*(1), pp. 363~383.

______. 1991. *Resistance to Change in the Soviet Economic System. A Property Rights Approach*. London: Routledge.

Wolf, Thomas A. 1988. *Foreign Trade in the Centrally Planned Economy*. New York: Harwood Academic Publishers.

Wong, Christine P. W. 1986. "The Economics of Shortage and Problems of Reform in Chinese Industry," *Journal of Comparative Economics*, December, *10*(4), pp. 363~387.

World Bank. 1985. *China: Long-Term Issues and Options*. Washington, D.C.

World Development Report 1986. 1986. New York: Oxford University Press, published for the World Bank.

World Development Report 1988. 1988. New York: Oxford University Press, published for the World Bank.

Wu, Jinglian, and Renwei Zhao. 1987. "The Dual Pricing System in China's Industry," *Journal of Comparative Economics*, September, *11* (3), pp. 309~318.

Wulf, Luc de. 1985. "Financial Reform in China," *Finance and Development*, December, *22* (4), pp. 19~22.

Xue, Muqiao. 1982. *Current Economic Problems in China*. Boulder: Westview Press.

Yeltsin, Boris N. 1990. *Ispoved' na zadannaiu temu* (Confession on a given theme). Sverdlovsk: Sredne-Ural'skoe Knizhnoe Izdatel'stvo.

Zafanolli, Wojtek. 1985. "A Brief Outline of China's Second Economy," *Asian Survey*, July, *25* (7), pp. 110~132.

Zaleski, Eugene. 1980. *Stalinist Planning for Economic Growth. 1933~1952*. London: Macmillan, and Chapel Hill: University of North Carolina Press.

Zarnovitz, Victor. 1985. "Recent Work on Business Cycles in Historical Perspective: A Review of Theories and Evidence," *Journal of Economic Literature*, June, *23* (2), pp. 523~580.

Zaslavskaya, Tatiana I. 1990. *The Second Socialist Revolution*. Bloomington: Indiana University Press.

Zauberman, Alfred. 1975. *The Mathematical Revolution in Soviet Planning*. London: Royal Institute for International Affairs and Oxford: Oxford University Press.

______. 1976. *Mathematical Theory in Soviet Planning*. Oxford: Oxford University Press.

Zelkó, Lajos. 1981. "A versenyárrendszer elméleti és gyakorlati problémi" (On the theoretical and practical problems of the competitive price system), *Közgazdasági Szemle*, July/August, *27*(7~8), pp. 927~940.

Zhou, Shulian. 1981. "Sanshi nianlai wouguo jingji jiegou de huigu" (Chinese economic structure in the recent thirty years: A survey), in *Zhongguo Jingji Jiegou, vol. 1.* edited by Ma Hong and Sun Shangqing, Beijing: People's Press, pp. 23~55.

Zhou, Xiaochuan, and Li Zhu. 1987. "China's Banking System: Current Status, Perspective on Reform," *Journal of Comparative Economics*, September, *11*(3), pp. 399~409.

Zhuravlev, S. N. 1990. "Potrebitels'kie Tseny: ikh sootnoshenie s zatratami, vliianie na dokhody naseleniia i narodnokhoziaistvennye pokazateli"(Consumer prices: Their relationship to costs, influence on the income of the population, and on macroeconomic indicators), *Seriia Ekonomicheskaia*, (1), pp. 80~96.

Zimbalist, Andrew, and Claes Brundenius. 1989. *The Cuban Economy: Measurement and Analysis of Socialist Performance.* Baltimore: Johns Hopkins University Press.

Zinov'ev, Aleksandr. 1984. *Homo Sovieticus.* London: Polonia.

Zloch-Christy, Iliana. 1987. *Debt Problems of Eastern Europe.* New York: Cambridge University Press.

Zwass, Adam. 1978. *Money, Banking, and Credit in the Soviet Union and Eastern Europe.* London: Macmillan.

찾아보기(용어)

ㅇ~ㅈ

ㅊ~ㅎ

찾아보기(인물)

ㄱ~ㅁ

ㅂ~ㅇ

ㅈ~ㅋ

ㅌ~ㅎ

지은이 소개

야노쉬 코르나이(János Kornai, 1928~)

1928년 헝가리 부다페스트 생으로, 부다페스트의 칼 마르크스 경제대학(현 코르비누스 부다페스트대학)에서 역사철학을 전공하였으며, 1961년 칼 마르크스 경제대학에서 경제학 박사학위를, 1965년 헝가리 과학아카데미에서 박사학위를 취득하였다.

공산당 중앙기관지 〈자유로운 인민〉(*Szabad Nép*) 편집국, 부다페스트 경공업 계획국, 헝가리 과학아카데미 경제연구소 등에서 근무하였으며, 1986년 이후 하버드대학 경제학 교수 및 헝가리 과학아카데미 교수로 재직하였다. 2011년 이후에는 코르비누스 부다페스트대학 명예교수로 재직 중이다.

대표 저서로는 *Overcentralization of Economic Administration*(1956), *Anti-Equilibrium*(1967), *Economics of Shortage*(1980), *The Soft Budget Constraint*(1986), *The Road to a Free Economy*(1989), *Highways and Byways: Studies on Reform and Post-communist Transition*(1996), *From Socialism to Capitalism*(1998) 등이 있다. 2007년에는 코르나이 자신의 자전적인 노트라 할 수 있는 *By Force of Thought: Irregular Memoirs of an Intellectual Journey*를 발간하기도 하였다.

옮긴이 소개

차문석(車文碩)

성균관대 정치학 박사
전 성균관대 국가경영전략연구소 책임연구원
현 통일부 통일교육원 교수
저서: 《반노동의 유토피아》, 《대중독재의 영웅만들기》, 《뉴딜, 세편의 드라마》(역서), 《악의 축의 발명》(역서), 《북한의 군사공업화》(역서) 등

박순성(朴淳成)

프랑스 파리10대학 경제학 박사
전 통일연구원 부연구위원
현 동국대 사회과학대학 북한학과 교수
저서: 《북한 경제와 한반도 통일》, 《아담 스미스와 자유주의》, 《한반도 평화보고서》(공저), 《북한경제개혁연구》(공편), 《북한의 일상생활세계》(공저)